예수오행

李定洙 지음

예수오행

2011년 01월 03일 인쇄
2011년 01월 05일 발행

지은이 : 이 정 찬
펴낸이 : 김 송 희
펴낸곳 : 자 료 원

우 편 : 405-110
주 소 : 인천광역시 남동구 간석4동 607-12(2F)
전 화 : (032)463-8338(대표)
팩 스 : (032)463-8339(전용)

홈페이지 www.jmg.kr(출판그룹 JMG)
        www.olinews.com(온라인인물뉴스)

출판등록 제42호(1992. 11. 18)
ISBN 978-89-85714-92-1 03230

© 이정찬, 2011. Printed in Korea

※ 책값은 뒷표지에 기록되어 있습니다.

예수오행

李 定 潔 지음

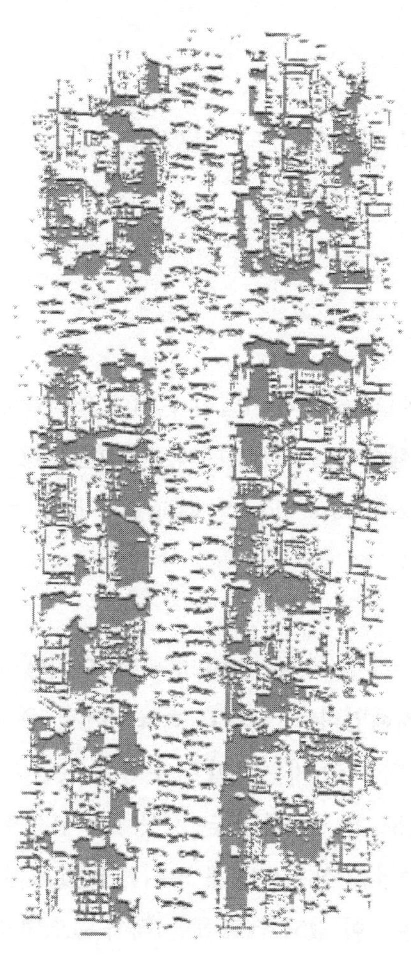

자료원

 머리말

예수오행사상 그 진리의 기록에 앞서

―태초에 감추어진 하늘의 비밀이 현세에 드러났다
―예수 음양오행사상, 그 진리(지혜)의 발현(發現)
the theories(doctrines)of yin and yang and the five elements
(음양오행사상)

《(고린도전서, 고린토 첫째 편지 2:7~10) 여기에서 말하는 지혜는 하느님의 심오한 지혜입니다. 그것은 하느님께서 우리의 영광을 위하여 천지창조 이전부터 미리 마련하여 감추어 두셨던 지혜입니다. 이 세상 통치자들은 아무도 이 지혜를 깨닫지 못했습니다. 만일 그들이 깨달았더라면 영광의 주님을 십자가에 못 박지는 않았을 것입니다. 그러나 성서에는 눈으로 본 적이 없고 귀로 들은 적이 없으며 아무도 상상조차 하지 못한 일을 하느님께서는 당신을 사랑하는 사람들을 위하여 마련해

4

주셨다. ······하느님께서는 그 지혜를 성령을 통하여 우리에게 나타나게 해 주셨다.》

　이 글을 기록하기 위하여 최선을 다하였다. 나는 이름 없는 평범한 사람 중에 한 사람으로서 무속신앙을 숭배하는 가난한 집안의 장남으로 태어났다. 어릴 때부터 병약하여 잔병이 항상 따라다녔으며, 조모님이 신병(神病)이라고 하여 경상남도 고성의 작은 절에서 기거하면서 주지 스님으로부터 철학과 불교학에 대한 가르침을 받았다. 그 후 어떤 계기로 인하여 성경과 인연을 맺게 되었고 성경의 진리를 마음에 심기 시작하였다. 일순간 생사를 넘나드는 모진 시간대에서, 예수가 십자가에 달린 그 모습에서, 예수가 인류에게 무엇을 전하고자 하였는지 예사롭지 않은 느낌을 받게 되었고 그 후 십자가의 진리 즉, 예수오행을 알게 된 것이다. 결국, 나는 주제넘게 펜을 들고 말았으며, 집 모퉁이에 드리워진 외로운 그림자가 되어서 내게 당하여 피할 수 없는 숙명으로 인한 소임을 기록하게 되었다.

　태초에 감추어진 하늘의 비밀, 그 긍정의 힘은 우리 모두를 위한 것이다.

　본문에서 성경 구절을 인용한 것은 보다 설득력 있고 이해력을 높이기 위하여 삽입한 것이며, 예수음양오행사상을 구심점으로 하였으나 전폭적으로 성경 구절을 바탕으로 이 글이 작성된 것이 아님을 밝혀둔다. 즉, 본문이 주장하는 논리와 이치에 대하여 그를 뒷받침하는 적절한 성경 구절을 발췌하여 인용하였음을 말하려 하는 것이다. 그러므로 이 글을 기독교사상과 이념으로만 읽어서는 아니 되며, 성경에만 국한되어 있지 않음을 밝히며, 이를 혼동하지 말았으면 한다. 예수오행은 우리 모두를 위하여 태초에 감추어진 하늘의 비밀을 이 땅에 드러낸 것이기 때문이다.

    — 예수오행은 태초에 감추어진 하늘의 비밀문서이며, 객관적 믿음의 구심점이다.
    — 예수오행은 종교를 불문하고 우리 모두를 위하여 이루어진 실체를 드러낸 사실적인 우주의 대사건이다.
    — 예수오행의 상생원리와 이치에 의하여 하늘의 비밀을 풀어내고 숫자의 의미를 새롭게 하였다.
    — 예수오행은 이름의 심오한 힘의 원천을 드러내게 하였으며 성경은 이름의 중요성을 암시하고 있다.
    — 한글의 위대함은 성경이 암시하는 공식을 체계화하였으며 성경 구절을 폭 넓게 해석할 수 있는 역량과 기량을 발휘하였다.

여기에 적합하게 기록하고 인용한 성경과 복음서의 내용 등은 모두가 때가 되면 예수양음오행사상에 의하여 큰하느님이 탄생하심을 암호 형식으로 기록된 성경 내용들과 숫자와 단어와 문자들을 풀이한 기록들이다. 더불어 성경의 모든 각 구절마다 같은 뜻과 의미를 나타내는 구절 중에서 다소 사람과 물질의 숫자가 다른 것과 뜻과 의미가 상반된 것이 있어도 혼동하지 않았으면 한다. 여기 예수음양오행사상이 탄생하기 위하여 모두가 암호 형식의 구절임을 밝히고 이해시키는 데 미력하지만 노력하였다. 또한 한글로 번역된 성경 구절의 그대로를 중요시하였으며 성경 구절 중 그 뜻과 의미가 상당 중복되고 비슷한 구절들이 계속하여 기록된 구절들은 그 대표적인 구절을 근거하여 기록하였으며,

기독교와 천주교의 성경(성서) 구절을 적절하게 근거 구절로서 표현하였다. '하나님' 과 '하느님' 의 존칭(존명)을 '하느님' 으로 일관하였다. 오해 없기 바란다. '예수음양오행사상' 을 '예수오행' 으로 기록하였으므로 이를 혼동하지 않았으면 한다. 또한 성경 구절과 함께 우리나라 대한민국의 조상들께서 사용하셨던 신의 이름이나 표현 방법을 구사하였으므로 비록, 기록하는 단어와 이미지가 걸맞지 않게 보일 수도 있으나 그 뜻과 부여하는 의미는 같으므로 이 역시 혼동이 없었으면 한다.

이 글은 소설책 읽듯이 읽거나 성의 없이 잃게 되면 이해하지 못한다. 처음에는 지루할지 모르나 점차 흥미로워지며, 처음부터 끝까지 읽었을 때 진가를 확인할 수 있으므로 정독하여 주기 바란다. 우리는 앞으로 본문에서 전개되는 예수오행사상의 대진리를 접하고 그 심오한 진리를 견고히 하게 될 것이다.

《(잠언 1:5) 지혜 있는 자는 듣고 그 학식이 더할 것이요 명철한 자는 지략을 얻을 것이라…….》

새겨서 들어야 한다. 내 처신의 잘못은 까맣게 잊고 남 탓을 안 하는 척하면서 남 탓만 하고 있으니 인간 못남을 망각하지 말라. 이 세상 모든 이들이 나를 주시하고 혹은 기대하고 또는 거부하매 이를 안하무인 천방치축 비정상적인 언행으로 하루를 일삼으니 쥐구멍이 남의 일이 아니더라. 갖은 변명과 비겁한 구변으로 진실을 왜곡하고 상대방에게 혐오감과 반감으로 적대감을 조성하며 얄팍한 지식과 두서 없는 거짓으로 사실인 양 착각하여 모든 이의 일상 사고를 혼란시켜 유대와 이해를 묵살하고 생각 없는 언행으로 피해를 조장하고도 잘못됨을 모르니 마지막 구원의 손길이 지척에 있고 내부에 있으니 참믿음을 묵살하고 깨우침이 천명 때까지 이루어지지 못한다면 자아발견에 이르지 못할 것인즉 천추의 한이 되리라. 높고 큰 믿음은 진정 있으되 망각의 시간이 잦으면 그 은혜를 얻지 못하매 결국 자포로 파멸하리라.

악의 근원이 파멸과 죽음을 원하매 이에 대응할 님은 오직 하나 강한 신념의 큰하느님의 믿음뿐이라. 그 능력과 힘으로 신의 애착을 얻고 모든 인간과 만생만물의 마음을 얻으니 이제 구원의 손길이 끝에 다다랐다. 하나를 잃으면 하나를 얻으매 모든 이가 나를 주시하고 염려하니 기적을 창조하는 강한 믿음이 확신과 신념으로 존재하느니 모든 이의 불안을 일소시키고 새로운 인간으로 반드시 탄생되리라. 이제 옛것을 버리고 새것을 얻으매 또한 옛을 접하매 옛이 마음 열고 반기니 나는 예수오행의 구원을 받은 자라. 잘못된 삶을 꿰뚫어보고 그 죄 값을 치르기를 원하니 내게 당하여 그분이 적인 줄 알았을 제 하늘 중에 높은 하늘이며 진리 중에 높은 진리인지라. 그분의 높은 뜻을 이제야 받드니 처세에 모든 길잡이 되어온즉 또다시 과오를 망각하는 전철을 밟으며 유혹의 길을 피하지 못한다면 영원히 구제 받지 못할 악귀가 되어 후천 세상에 깊은 한을 남기리라.

《(다니엘 12:10) 많은 사람이 연단(단련)을 받아 스스로 정결케 하며 희게 할 것이나 악한 사람은 악을 행하리니 악한 자는 아무도 깨닫지 못하되 오직 지혜 있는 자는 깨달으리라.》

2010년 12월 15일

인천에서　李定濚

차 례

[제2장]
숫자와 한글

[제3장]
예수오행의 진리로 바라본 종말론

[제4장]
예수를 배신한 유다는 과연 정의롭지 못한

[제5장]
십자가와 우상의 이치 및 영혼과 성령의 실체

[제6장]
이름의 중요성과 그 사례

[제7장]
예수오행의 지혜와 숫자에 의한 기도의식

✛ [제8장]
성경은 진화한다

일러두기

1. 이 책에 인용한 성경 구절은 〈재단법인 대한성서공회〉에서 2005년 11월 1일 4판으로 발행한 〈성경전서 개역개정판〉에서 주로 인용하였다.

2. 인용한 성경 구절 중 대조가 필요한 구절은 〈재단법인 대한성서공회〉에서 1995년 4월 20일 31판으로 발행한 〈성경전서 개역한글판〉을 참고하였다.

3. 지은이의 서술 내용과 인용한 성경 구절을 구분하기 위해 성경 구절은 모두 겹꺾쇠괄호(《 》) 속에 인용한 신·구약 성경 제목(실례 : (요한복음)과 장 절(실례 : 14:6)을 먼저 밝힌 뒤, 그 뒤에 성경 구절 내용을 볼드체(굵은 글씨체)로 표기하였다.

4. 인용한 성경 구절 중 〈띄어쓰기〉와 〈부호사용법〉이 무시된 성경 구절은 이 책을 읽는 독자의 혼란을 방지하기 위해 편집자가 〈한글 맞춤법〉 규정에 따라 띄어쓰기를 하였고, 온점(.)이 빠진 문장은 성경 문장의 정확성과 완성도를 높이기 위해 편집자가 부호사용법에 따라 온점(.)을 사용하였다.

제1장
크고 새로운 믿음의 구심점, 예수오행사상의 발현

제1장

크고 새로운 믿음의 구심점,
예수오행사상의 발현

1. 새로운 믿음의 구심점

1) 방향감각은 하늘의 정함이며 우리의 생명이다

《(요한복음 7:28~29) ……나를 보내신 이는 참되시니 너희는 그를

알지 못하나 나는 아노니 이는 내가 그에게서 났고 그가 나를 보내셨음
이라…….》

태초에 아무것도 없던 암흑에서 일순간 '음' 과 '양' 이 생겨나고 그
음과 양이 서로 만나서 대우주를 창조(빅뱅)하니, 그와 함께 다시 '음'
과 '양' 이 교차하여 하나의 형상이 생겨나게 되는지라 그것은 곧 십자
가의 형상이었다. 그 십자가는 동서남북 방향의 기본, 곧 그 방향이 하
느님의 주관적인 모습이기도 하였다. 방향은 음과 양이 생겨나기 전, 그
래서 대우주가 탄생되기 전에 이미 정해져 생겨났으므로 청정인 태초
의 하느님의 형상인 것이다. 그러므로 이 세상에 존재하는 모든 생명체
들은 그 방향감각을 상실하면 곧 길을 잃었다는 것이고 죽음을 의미한
다. 즉, 믿음의 방향을 잃어 버리고 엉뚱한 믿음의 방향으로 간다면 그
영혼은 구제 받을 길이 없어짐을 말하려 하는 것이다.

2) 하늘의 계획에 의하여 예수오행은 이루어졌다

십자가에 못 박히어 생을 마감하니 그 분은 바로 예수였다. 그 분은
이 땅에 진리를 전하러 오셨다. 그 진리는 바로 예수오행 [목, 토, 금, 화,
수] 의 다섯 단계, 5원소의 상생에 대한 대전제로서 태초에 감추어진 비
밀이 세상에 드러났다.

《(요한복음 14:6) 내가 곧 길이요 진리요 생명이니…….》

예수가 스스로(계획된 의도) 죽음을 택하면서까지 온 인류에게 알리
려고 하였던 대진리의 메시지, 예수가 십자가에 달려야 이루어질 수밖
에 없었던 그 숙명적 대사건, 성경이 수천 년을 감추어 두었던 지혜의

메시지, 그 **예수오행상생원리**는 아래의 순서에 의하여 탄생되었다.

첫번째, [(木), 예수가 달린 십자가는 나무로 만들었으니 나무 목(木)에 해당하였다.]

두번째, [(土), 십자가에 달린 예수의 몸은 흙에서 왔으므로 흙 토(土)에 해당하였다.]

세번째, [(金), 십자가에 달린 예수의 손과 발에 못이 박히니, 그 못은 쇠(철)로 만들었으므로 쇠 금(金)에 해당하였다.]

네번째, [(火), 쇠금으로 만든 못이 예수의 몸에 박히니 몸에서 붉은 피가 흘러나온지라 붉은 피는 생명을 뜻하고 불을 의미하니 불 화(火)에 해당하였다.]

다섯번째, [(水), 마지막으로 예수가 하늘을 우러러 뜨거운 눈물을 흘리니 그 눈물은 물을 의미하는지라 물 수(水)에 해당하였다.]

이렇게 인류에게 전하고자 한 진리의 메시지인 다섯 단계의 오행 즉, [목, 토, 금, 화, 수]를 이루시고 예수께서는 숨을 거두셨다.

《(요한복음 19:30) '이제 다 이루었다' 하시고 고개를 떨어뜨리며 숨을 거두셨다.》

《(누가복음, 루가 8:17) 숨은 것이 장차 드러나지 아니할 것이 없고 감

추인 것이 장차 알려지고 나타나지 않을 것이 없느니라.》

3) 예수오행의 상생이론

하느님의 형상은 크고도 거대한 전지전능한 힘을 가진 영적 생명을 얻게 되었고, 그 분은 바로 이 세상을 지배할 **새로운 하느님(목, 토, 금, 화, 수)**으로 탄생하였다. 즉, '목'에 해당하는 하느님의 형상인 십자가인 나무(목)는 (토, 금, 화, 수)의 열매를 맺게 된 것이다. 이는 예수의 희생이 있었기에 예수오행이 탄생할 수 있었던 것이며, 이 새로운 대진리의 이치는 새로운 세상을 창조하고 새로운 삶을 영위하는데 큰 믿음의 구심점임을 알리는 하늘의 메시지인 것이다.

'목'은 '토'를 창조하였고 '토'는 '금'을 창조하였고 '금'은 '화'를 창조하였으며 '화'는 '수'를 창조하였다. 이와 같은 예수오행의 순서에 의하여 대우주가 생성되었음을 알 수 있으며, 이 대진리는 모든 만생만물의 표본(창조의 근본)이며 그 진리의 논리가 곧 영생의 논리이며 새로운 창조의 논리인 것이다. 이는 곧 우주가 생성되기 위하여 빅뱅이 시작되기 전, 이미 동서남북 방향은 존재(혼돈의 방향)하였고, 그 방향이 하나의 형체를 이루기 위하여 음(가로)과 양(세로)이 서로 만나 교차하여 하나의 완전한 형체를 갖추니 이와 함께 대우주의 무유함이 생겨나게 된 원리를 내포하고 있음을 우리는 본문을 통하여 알 수 있을 것이다.

그리하여 그 태초의 하느님의 형상인 십자가인 '목'과 함께 순서대로 '토'와 '금'과 '화'와 '수'가 생겨나서 오늘의 대우주 공간이 현존하고 다시 이와 같은 원리로써 계속하여 우주는 팽창하고 사라지며 다시금 새로운 우주가 재탄생되고 있는 것이다. 그러므로 예수오행의 **[목, 토, 금, 화, 수]**는 그 순서의 진리에 의하여 서로 상생(相生)하고 있다. 즉,

사랑으로써 서로 창조하며 조화와 질서로써 새로운 세상을 이루어내며 우리 인간 세상에 이로움을 주는 획기적 참믿음의 구심점과 이론사상 이 이루어진 것이다.

《(마태복음, 마태오 13:35) 천지창조 때부터 감추어진 비밀을 드러내리라.》

이 성경 구절은 예수오행 즉, [목, 토, 금, 화, 수]의 다섯 단계의 상생원리의 비밀을 말하는 것이다.

《(마가복음, 마르코 13:21~27) 그 때에 사람들이 너희에게 말하되 '보라 그리스도가 여기 있다. 보라 저기 있다.' 하여도 믿지 말라. 거짓 그리스도들과 거짓 선지자들이 일어나서 이적과 기사를 행하여 할 수 만 있으면 택하신 백성을 미혹케 하려하리라. 너희는 삼가라 내가 모든 일을 너희에게 미리 말하였노라. 그 때에 그 환란 후 해가 어두워지며 달이 빛을 내지 아니하며 별들이 하늘에서 떨어지며 하늘에 있는 권능들이 흔들리리라. 그 때에 인자가 구름을 타고 큰 권능과 영광으로 오는 것을 사람들이 보리라. 또 그 때에 그가 천사들을 보내어 자기 택하신 자들을 땅 끝으로부터 하늘 끝까지 사방에서 모으리라.》

이로써 새로운 창조, 새로운 삶의 하느님의 역사는 예수오행의 [목, 토, 금, 화, 수] 상생에 의한 것이며, 그 창조된 세상을 조화와 질서로써 유지 관리하는 이치는 그리스도의 명령《(요한계시록, 묵시록 1장)》 '양 음' '오행' 의 동양오행 상생원리인 [목, 화, 토, 금, 수]의 상생법임을 알 게 되었다.

2. 성경에는 동양의 '양음오행'의 진리와 이치를 기록하고 있다

1) 성경 구절에 존재하는 동양 ['양음' 오행(목, 화, 토, 금, 수)]에 대한 한 풀이

영원의 과거에도 계셨고 이제도 계시며 영원의 후에도 계시는 예수의 진리로서, 예수는 동양의 '양음' '오행(목, 화, 토, 금, 수)' 의 원리와 이 치를 이미 알고 계셨으며, 이를 각 특정 장소로 보내어 그 진리를 깨닫 게 하였던 것이며, 이 동양오행의 진리를 우리가 알고 깨닫고 따를 수 있을 때에 비로소 예수오행의 대진리를 깨달을 수 있음을 알려 주는 단 계의 진리와 지혜를 일깨워줌을 알 수 있다. 예수오행 속에 동양오행이 있고 동양오행 속에 예수오행의 심오한 진리가 내재되어 있음을 우리 는 알아야 할 때가 온 것이다.

그리스도의 명령 《(요한계시록, 묵시록 1:9~20) 나 요한은 너희 형제 요 예수의 환난과 나라와 참음에 동참하는 자라 하느님의 말씀과 예수 를 증언하였음으로 말미암아 밧모라 하는 섬에 있었더니……이르되 네 가 보는 것을 두루마리에 써서 에베소, 서머나, 버가모, 두아디라, 사데, 빌라델비아, 라오디게아 등 일곱 교회에 보내라 하시기로……그러므로 네가 본 것과 지금 있는 일과 장차 될 일을 기록하라. ……네가 본 것은 내 오른손의 일곱 별의 비밀과 또 일곱 촛대라 일곱 별은 일곱 교회의 사자요 일곱 촛대는 일곱 교회니라.》

그리스도의 명령으로 ['양, 음' 오행(목, 화, 토, 금, 수)]의 진리와 이치 를 각각 일곱 개의 장소[사자(使者): 천사]로 보내니 그 진리의 말씀은 순서대로 이러하였다.

　　첫번째 ['양' '음' '목' '화' '토' '금' '수']의 첫번째 (양의 진리) 만
물의 근본이 되는 상반된 성질을 지닌 '양, 음' 중에서 '양 [陽,태양, 日]
의 진리와 이치는 에베소(에페소)로 보냈다.

《(요한계시록, 묵시록 2:1) 에베소 교회의 사자(천사)에게 편지하라
오른손에 있는 일곱 별을 붙잡고 일곱 금촛대 사이를 거니시는 이가 이
르시되…….》

　이 말씀은 구절 중 '오른손' 은 축복과 거룩하신 이의 권능과 구원을
나타내시는 것이며 또한 별과 촛대는 빛과 생명을 나타내는 것이다.

《(시편 18:35) 주께서 주의 구원하는 방패를 내게 주시며 주의 오른손
이 나를 붙들고 주의 온유함이 나를 크게 하셨나이다.》

《(이사야 41:10) 두려워 말라. 내가 너와 함께 함이라. 놀라지 말라.
나는 네 하느님이 됨이라. 내가 너를 굳세게 하리라. 참으로 너를 도와
주리라. 참으로 나의 이로운 오른손으로 너를 붙들리라…….》

　하느님의 말씀의 이치가 이러함으로 **'양'** 은 **오른손이요 선이요** 처음
이요 **높음(하늘)이요 빛(일곱 별)**이며 **생명(촛대)**인지라 **'양'** 의 진리와
이치를 **에베소(에페소)**로 보냈음을 알 수 있다. '양' 을 상징하는 숫자
로는 예수를 상징하는 9의 수로서 9의 수는 기수(기본수)로서 자연수
(십진법)의 만수이며 깨우침의 단계, 완성을 의미하는 노양(老陽)으로

서 깨우친 완성된 인자를 나타내었다. 9의 수가 예수를 상징하는 이유
는 본문에서 따로 설명하였다.

이 성경 구절은 '양'의 이치를 에베소로 보내는 내용이다.

《(요한계시록, 묵시록 2:2~7) 내가 네 행위와 수고와 네 인내를 알고
또 악한 자들을 용납하지 아니한 것과 자칭 사도라 하되 아닌 자들을 시
험하여 그의 거짓된 것을 네가 드러낸 것과 또 네가 참고 내 이름을 위
하여 견디고 게으르지 아니한 것을 아노라. 그러나 너를 책망할 것이
있나니 너의 처음 사랑을 버렸느니라. 그러므로 어디서 떨어졌는지를
생각하고 회개하여 처음 행위를 가지라. 만일 그리하지 아니하고 회개
하지 아니하면 내가 네게 가서 네 촛대를 그 자리에서 옮기리라. 오직
네게 이것이 있으니 네가 니골라 당의 행위를 미워하는도다. 나도 이것
을 미워하노라. 귀 있는 자는 성령이 교회들에게 하시는 말씀을 들을지
어다. 이기는 그에게는 내가 하느님의 낙원에 있는 생명나무의 열매를
주어먹게 하리라.》

두번째 (음의 진리) '음'(陰, 달, 月)의 진리와 이치를 서머나(스미르
나)로 보냈다.

《(요한계시록, 묵시록 2:8) 서머나 교회의 사자(천사)에게 편지하라
처음이며 마지막이요 죽었다가 다시 살아난 이가 이르시되…….》

이 성경 구절은 구절 중 **'처음이며 마지막이요 죽었다가 다시 살아난
이가 이르시되'** 는 '마지막'과 '죽었다'의 표현은 예수오행의 양음 오

행의 대진리이자 큰하느님의 진리를 상징하는 '양음 오행 중'에서 '음'의 진리를 나타내는 것이며 '음'은 왼손이요 거짓과 악(사단)이요 낮음(땅)이며 어두움이요 죽음을 의미하는 것이다.

음을 상징하는 숫자로는 10으로서 이 10의 수는 자연수(천지수)의 만수이며 노음(老陰)으로서 기본수 9로 인하여 존재하게 되며 처음이자 마지막이며 죽었다가 다시 살아남을 의미함이요 즉, 10의 수는 새로운 큰세상을 의미하는 복수의 모체이며 한편에는 기본수 10의 수는 십진법(0, 1, 2, 3, 4, 5, 6, 7, 8, 9)의 절대론과 우연론이 병행하여 깨달음의 단계법칙, 예수를 상징하는 9의 수에서 천지가 새롭게 동하여 새로운 세상을 펼치는 관문의 수이며 복수의 창조수(하느님의 영역)이다.

새로운 세상 하느님의 영역에서는 10의 수는 새로운 기수 1로 다시 자리하니 처음이 되며 10의 수보다 높은 수를 이루게 됨으로 한 알의 밀알로서 자리하여 마지막을 의미함이요 밀알이 썩어서 죽었다가 많은 열매를 맺으니 다시 살아남을 의미한다.

《(사사기, 판관기 3:15~21) 이스라엘 자손이 여호와께 부르짖으매 여호와께서 그들을 위하여 한 구원자를 세우셨으니 그는 곧 베냐민 사람 게라의 아들 왼손잡이 에훗이라 이스라엘 자손이 그를 통하여 모압 왕 에글론에게 공물을 바칠 때에……에훗이 왼손을 뻗쳐 그의 오른쪽 허벅지 위에서 칼을 빼어 왕의 몸을 찌르매…….》

《(사사기, 판관기 20:12~16) 이스라엘 지파들이 베냐민 온 지파에 사람들을 보내어 두루 다니며 이르기를 너희 중에서 생긴 이 악행이 어찌 됨이냐? 그런즉 이제 기브아 사람들 곧 그 불량배들을 우리에게 넘겨 주어서 우리가 그들을 죽여 이스라엘 중에서 악을 제거하여 버리게 하라 하나 베냐민 자손이 그들의 형제 이스라엘 자손의 말을 듣지 아니하고 도리어 성읍들로부터 기브아에 모이고 나가서 이스라엘 자손과 싸우고자 하니라. 그 때에 그 성읍들로부터 나온 베냐민 자손의 수는 칼을 빼는 자가 모두 이만 육천 명이요 그 외에 기브아 주민 중 택한 자가 칠백 명인데 이 모든 백성 중에서 택한 칠백 명은 다 <u>왼손잡이라</u> 물매로 돌을 던지면 조금도 틀림이 없는 자들이더라.》

이 두 성경 구절이 말하듯이 왼손은 거짓과 악(사단)을 표현하였고, 그러므로 그 '음' 의 깊은 진리를 서머나로 보냈음을 알 수 있다.

아래 성경 구절은 '음' 의 기운을 서머나로 보내게 된 내용이다.

《(요한계시록, 묵시록 2:9~11) 내가 네 환난과 궁핍을 알거니와 실상은 네가 부요(富饒)한 자이니라. 자칭 유대인이라 하는 자들의 비방도 알거니와 실상은 유대인이 아니요 사단의 회당이라 너는 장차 받을 고난을 두려워하지 말라 볼지어다. 마귀가 장차 너희 가운데에서 몇 사람을 옥에 던져 시험을 받게 하리니 너희가 십 일 동안 환난을 받으리라. 네가 죽도록 충성하라 그리하며 내가 생명의 관을 네게 주리라. 귀 있는 자는 성령이 교회들에게 하시는 말씀을 들을지어다. 이기는 자는 둘째 사망의 해를 받지 아니하리라.》

세번째 (목의 진리) 예수오행[목, 토, 금, 화, 수] 원소 중 그 첫번째 '목' (木)의 진리와 이치를 버가모(베르가모)로 보내게 되었다.

《(요한계시록, 묵시록 2:12) 버가모(베르가모) 교회의 사자(천사)에게

편지하라 <u>좌우에 날선 검을</u> 가지신 이가 이르시되⋯⋯.》

　이 성경 구절은 구절 중 **'좌우에 날선 검'**은 '좌우'라 함은 '좌'(左)는 '음'(陰)을 뜻함이요 '우'(右)는 '양'(陽)을 뜻한다. 태초에 '음'과 '양'이 서로 만나서 교차하여 하나의 형상을 이루니 이는 곧 하느님을 나타냄이요 역시 구절 중 **'좌우에 날선 검'**은 '좌'의 마이너스(minus), 음성적인 음전극(陰電極)과 '우'의 플러스(plus), 양성적인 양전극(陽電極)을 나타내는 것인즉, 마이너스와 플러스가 서로 교차하여 하나의 형상을 이루니 이는 곧 태초의 하느님의 형상인 것이다.

　예수가 예수오행을 탄생시키기 위하여 나무로 만든 십자가에 달리니 위 구절은 예수오행 **[목, 토, 금, 화, 수]** 중에서 첫번째의 '목'으로서 하느님의 형상을 상징함으로 '목'의 진리와 이치를 버가모로 보냈음을 알 수 있다. 또한, '검'은 쇠로 만든 것이므로 오행 중에서 '금'에 해당한다. 오행에서 '목'과 '금'은 하나로 일치하며 곧 큰하느님을 나타내는데 그 원리와 이치에 대해서는 본문에서 별도로 설명하였다.

　이 성경 구절은 오행 중 '목'을 버가모로 보낸 내용이다.

《(요한계시록, 묵시록 2:13~17) 네가 어디에 사는지를 내가 아노니 거기는 사단의 권자가 있는 데라. 네가 내 이름을 굳게 잡아서 내 충성된 증인 안디바가 너희 가운데 곧 사단이 사는 곳에서 죽임을 당할 때에도 나를 믿는 믿음을 저버리지 아니하였도다. 그러나 네게 두어 가지 책망할 것이 있나니 거기 네게 발람의 교훈을 지키는 자들이 있도다. 발람이 발락을 가르쳐 이스라엘 자손 앞에 걸림돌을 놓아 우상의 제물을 먹게 하였고 또 행음하게 하였느니라. 이와 같이 네게도 니골라 당의 교훈을 지키는 자들이 있도다. 그러므로 회개하라 그리하지 아니하면 내가 속히 가서 내 입의 검으로 그들과 싸우리라. 귀 있는 자는 성령이 교회들에게 하시는 말씀을 들을지어다. 이기는 그에게는 내가 감추었던 만나를 주고 흰 돌을 줄 터인데 그 돌 위에 새 이름을 기록한 것이 있나니 받는 자 밖에는 그 이름을 알 사람이 없느니라.》

네번째 (화의 진리) 예수오행 중 두번째 '화' (火)의 진리와 이치를 두아디라(티아디라)로 보냈다.

《(요한계시록, 묵시록 2:18) 두아디라 교회의 사자(천사)에게 편지하라 그 눈이 불꽃 같고 그 발이 빛난 주석과 같은 하느님의 아들이 이르시되…….》

이 성경 구절은 구절 중 **'불꽃' 과 '빛'** 은 곧 오행 중 불 '화' 를 의미하며 생명(피, 血)을 의미한다. 정한(예수) 생명(인침)이 없는 우상을 믿는 자들은 음침한 기운이 감돌 것이며 그 음침한 기운의 꼬임에 빠져 있는 자들이 회개하지 아니하면 '화' 의 힘과 능력으로써 그들을 다스릴 것이라는 뜻을 담고 있으며, '화' 의 진리와 이치를 두아디라로 보내었음을 알 수 있는 것이다.

이 성경 구절은 오행 중 '화' 의 진리를 두아디아로 보내게 된 내용이다.

《(요한계시록, 묵시록 2:19~29) 내가 네 사업과 믿음과 섬김과 인내

를 아노니 네 나중 행위가 처음 것보다 많도다. 그러나 책망할 일이 있
노라 자칭 선지자라 하는 여자 이사벨을 네가 용납함이니 그가 네 종들
을 가르쳐 꾀어 행음하게 하고 우상의 제물을 먹게 하는도다. 또 내가
그에게 회개할 기회를 주었으되 자기의 음행을 회개하고자 하지 아니
하는도다. 볼지어다 내가 그를 침상에 던질 터이요 또 그와 더불어 간
음하는 자들도 만일 그의 행위를 회개하지 아니하면 큰 환난 가운데에
던지고 또 내가 사망으로 그의 자녀를 죽이리니 모든 교회가 나는 사람
의 뜻과 마음을 살피는 자 인줄 알지라. 내가 너희 각 사람의 행위대로
갚아 주리라. 두아디라에 남아 있어 이 교훈을 받지 아니하고 소의 사
단의 깊은 것을 알지 못하는 너희에게 말하노니 다른 짐으로 너희에게
지을 것은 없노라. 다만 너희에게 있는 것을 내가 올 때까지 굳게 잡으
라. 이기는 자와 끝까지 내 일을 지키는 그에게 만국을 다스리는 권세
를 주리니 그가 철장을 가지고 그들을 다스려 질그릇 깨뜨리는 것과 같
이하리라. 나도 내 아버지께 받은 것이 그러하니라. 내가 또 그에게 새
벽 별을 주리라. 귀 있는 자는 성령이 교회들에게 하시는 말씀을 들을
지어다.》

　　다섯번째 (토의 진리) 예수오행 중 세번째 '토' (土)의 진리와 이치를
사데(사르디스)로 보내게 되었다.

　　《(요한계시록, 묵시록 3:1) 사데 교회의 사자(천사)에게 편지하라. <u>하
느님의 일곱 영과 일곱 별을 가지신 이가</u> 이르시되 내가 네 행위를 아노
니 네가 살았다 하는 이름은 가졌으나 죽은 자로다.》

　　이 성경 구절은 구절 중 **'하느님의 일곱 영과 일곱 별을 가지신 이가'**

의 구절은 예수오행을 나타내는 구절 중 한 대목이다. 일곱 더하기 일곱은 14이며 다시 단수의 법칙에 의하여 1+4=5의 수가 출현하고, 이 5의 수는 예수오행을 상징하는 숫자이다.(단수의 법칙과 산출 법에 대한 설명은 본문에서 별도로 설명하였다.)

예수오행의 대진리 속에 일곱의 영혼과 일곱의 빛나는 신천지에 대한 이치가 있다는 뜻이니 즉, 부활의 예수를 의미하였다. 이 단수에 의한 성경 구절 풀이와 관계없이 '하느님의 일곱 영(영신)과 일곱 별을 가지신 이가'의 구절은 곧 하느님의 아들 독생자 예수를 나타낸 구절이며, 예수는 사람의 몸을 빌려 이 세상에 태어났음으로 사람의 몸은 토(흙)에서 생겨났다. 그러므로 오행 중 '토'의 심오한 진리와 이치를 사데로 보내었음을 알 수 있다.

이 성경 구절은 오행 중 '토'의 기운을 사데로 보낸 내용이다.

《(요한계시록, 묵시록 3:2~6) 너는 일깨어 그 남은 바 죽게 된 것을 굳건하게 하라. 내 하느님 앞에 네 행위의 온전한 것을 찾지 못하였노니 그러므로 네가 어떻게 받았으며 어떻게 들었는지 생각하고 지켜 회개하라. 만일 일깨지 아니하면 내가 도둑 같이 이르리니 어느 때에 네게 이를는지 네가 알지 못하리라. 그러나 사데에 그 옷을 더럽히지 아니한 자 몇 명이 네게 있어 흰옷을 입고 나와 함께 다니리니 그들은 합당한 자인 연고라 이기는 자는 이와 같이 흰옷을 입을 것이요 내가 그 이름을 생명책에서 결코 지우지 아니하고 그 이름을 내 아버지 앞과 그의 천사들 앞에서 시인하리라. 귀 있는 자는 성령이 교회들에게 하시는 말씀을 들을지어다.》

여섯번째 (금의 진리) 예수오행 중 네번째 '금'(金)의 진리와 이치를 빌라델비아(필라델피아)로 보내게 되었다.

《(요한계시록, 묵시록 3:7) 빌라델비아 교회의 사자(천사)에게 편지하라. 거룩하고 진실하사 다윗의 열쇠를 가지신 이 곧 열면 닫을 사람이 없고 닫으면 열 사람이 없는 그가 이르시되…….》

이 말씀은 구절 중 **'열쇠'** 는 쇠 금(鐵金)으로 만들었으니 당연히 '금'에 해당한다. 이 '금'은 예수오행을 창조하는데 결정적인 역할을 한 힘과 능력을 내포하고 있다.(십자가〈목〉에 예수〈토〉가 달리니 쇠못〈금〉이 예수〈토〉에게 박히는지라 십자가〈목〉와 예수〈토〉를 하나 되게 하시고 그로 말미암아 예수의 몸에서 붉은 피〈화〉와 물〈수〉이 흘러나왔다)

《(요한복음 19:34) 그 중 한 군인이 창으로 예수의 옆구리를 찌르니 곧 피와 물이 나오더라.》

예수오행에 의하여 새롭게 탄생하신 큰하느님의 힘과 능력 중 '금'만이 행할 수 있는 힘과 능력을 위 성경 구절은 묘사함으로써 '금'의 진리와 이치를 빌라델비아로 보내었음을 알 수 있다.

이 성경 구절은 오행 중 '금'의 심오함을 빌라델비아로 보낸 내용이다.

《(요한계시록, 묵시록 3:8~12) 볼지어다 내가 네 앞에 열린 문을 두었으되 능히 닫을 사람이 없으리라. 내가 네 행위를 아노니 네가 작은 능력을 가지고서도 내 말을 지키며 내 이름을 배반하지 아니하였도다. 보라 사탄의 회당 곧 자칭 유대인이라 하나 그렇지 아니하고 거짓말 하는 자들 중에서 몇을 네게 주어 그들로 와서 네 발 앞에 절하게 하고 내가 너를 사랑하는 줄로 알게 하리라. 네가 나의 인내의 말씀을 지켰은즉 내가 또한 너를 지켜 시험의 때를 면하게 하리니 이는 장차 온 세상에 임하여 땅에 거하는 자들을 시험할 때라 내가 속히 오리니 네가 가진 것을 굳게 잡아 아무도 네 면류관을 빼앗지 못하게 하라. 이기는 자는 내 하느님 성전에 기둥이 되게 하리니 그가 결코 다시 나가지 아니하리라. 내가 하느님의 이름과 하느님의 성 곧 하늘에서 내 하느님께로부터 내려오는 새 예루살렘의 이름과 나의 새 이름을 그의 위에 기록하리라. 귀 있는 자는 성령이 교회들에게 하시는 말씀을 들을지어다.》

일곱번째 (수의 진리) 예수오행 중 마지막 다섯번째 '수' 의 진리와 이치를 라오디게아(라오디게이아)로 보냈다.

《(요한계시록, 묵시록 3:14) 라오디게아 교회의 사자(천사)에게 편지하라 아멘이시오 충성되고 참된 증인이시오 <u>하느님의 창조인 근본이신 이가 이르시되……</u>.》

이 말씀은 구절 중 **'아멘'**은 기도의 끝맺음을 의미함이요 간구(干求, 구함, 동의)의 마침표를 나타낸다. 그러므로 끝이며 마지막이라 예수오행에서는 수가 마지막의 자리에 계시니 '아멘' 의 뜻은 '수' 를 나타내는 것이며 편지 내용 중에서 '차지도 아니하고 뜨겁지도 아니 하도다.' 라는 표현의 구절이 존재함으로 역시 '수' 를 나타내었다. 또한 구절 중 '하느님의 창조인 근본'은 곧 수(물)는 생명의 근본(根本), 근원(根源)임을 내포(內包)한 것으로써 이 '수'의 힘과 능력을 분명하게 한 말씀의 구절이다. 그 '수'의 힘과 능력으로써 우리를 구원할 것이며, 우리는 차든지 뜨겁든지 분명한 뜻(온도에 의하여 변하는 물의 성질을 비유하여 깨어서 올바른 믿음을 가지든 아니가지든)을 나타내어야 할 것이며, 그렇지 아니하는 자 미지근(믿지도, 아니 믿지도 않는 어정쩡한 마음, 이중〈二重〉적인 성격)하면 우리를 입에서 토하여 내듯이 버릴 것이다, 라는 묘사로 은유하였다. 그러므로 오행 중 '수'의 진리와 이치를 라오디게아로 보냈음을 알 수 있다.

이 성경 구절은 오행 중 '수'의 진리를 라오디게아로 보낸 내용이다.

《(요한계시록, 묵시록 3:15~22) 내가 네 행위를 아노니 네가 차지도 아니하고 뜨겁지도 아니 하도다. 네가 차든지 뜨겁든지 하기를 원하노라. 네가 이같이 미지근하여 뜨겁지도 아니하고 차지도 아니하니 내 입에서 너를 토하여 버리리라. 네가 말하기를 나는 부자라 부요하여 부족한 것이 없다 하나 네 곤고한 것과 가련한 것과 가난한 것과 눈 먼 것과 벌거벗은 것을 알지 못하는도다. 내가 너를 권하노니 내게서 불로 연단한 금을 사서 부요하게 하고 흰 옷을 사서 입어 벌거벗은 수치를 보이지 않게 하고 안약을 사서 눈에 발라 보게 하라. 무릇 내가 사랑하는 자를 책망하여 징계하노니 그러므로 네가 열심히 내게 회개하라. 볼지어다. 내가 문 밖에 서서 두드리노니 누구든지 내 음성을 듣고 문을 열면 내가 그에게로 들어가 그와 더불어 먹고 그는 나와 더불어 먹으리라. 이기는 그에게는 내가 내 보좌에 함께 앉게 하여 주기를 내가 이기고 아버지 보좌에 함께 앉은 것과 같이 하리라 귀 있는 자는 성령이 교회들에게 하시

는 말씀을 들을지어다.》

이로써 '그리스도의 명령'의 성경 구절에서 '양음' '동양오행'의 이치가 성립되어 있음을 확인하였다.

2) 동양오행의 상생에서도 오행 중 '토, 화, 수'가 예수의 실체임을 증거하였다.

예수오행의 대진리인 상생법에서도 '토, 화, 수'의 삼원소가 예수임을 나타내거니와 위 **'그리스도의 명령'**에서도 '토' '화' '수'에 해당하는 성경 구절에서 **'아버지'**라는 표현을 함으로써 예수는 오행 중에서 '토, 화, 수'의 삼원칙으로 구성되어 있음을 증거하고 있음이 여실히 입증되었다.(오행상생의 진리, 원리와 이치에 대하여는 본문에서 별도로 설명하였다.)

이렇듯 예수는 하느님의 종으로서 이 세상에 인간의 몸으로 태어나서 급기야 하느님의 명을 받들어 하느님과 하나 되어 새로운 대진리를 창조하시니, 작은 진리 즉, 동양오행의 진리는 이미 나타내었음이요 큰진리 즉, 대삼라만상(森羅萬象)과 새로운 탄생의 우주공간과 미래에 생겨날 새로운 세상을 의미하는 예수오행, 그 완전한 큰하느님의 진리이신 '양, 음' 예수오행을 이루기까지는 모든 것을 감내하시고 모든 것을 이겨내시며 모든 것을 안으시고 그로 말미암아 부정할 수 없는 범우주적인 대사건을 몸소 실천함으로써 모든 것을 새롭게 하신 것이다.

《(요한복음 19:30) 예수께서 신 포도주를 받으신 후에 이르시되 다 이루었다 하시고 머리를 숙이니 영혼이 떠나가시니라.》

그 새로움은 곧 예수오행에 의하여 탄생하신 큰하느님이시다. 큰하느님의 존재는 하느님과 예수가 합체되어 이루어진 존재임을 우리는 이제 알아야 할 시간적 시대가 왔으며, 한시도 잊지 말아야 할 것이다. 예수의 진리는 전에도 계셨고 이제도 계시며 후에도 계시는 진리임에는 두말할 나위가 없다.

《(이사야 53:4~5) 그는 실로 우리의 질고를 지고 우리의 슬픔을 당하였거늘 우리는 생각하기를 그는 징벌을 받아 하느님께 맞으며 고난을 당한다 하였노라. 그가 찔림은 우리의 허물 때문이요 그가 상함은 우리의 죄악 때문이라. 그가 징계를 받음으로 우리는 평화를 누리고 그가 채찍에 맞음으로 우리는 나음을 받았도다.》

이제 성경 구절에서 수천 년간 숨겨놓은 그 역사적 대사건의 이룸에 의하여 태초에 감추어진 비밀이 현세에 드러났으니 그 분은 바로 예수오행과 예수오행에 의하여 탄생하신 큰하느님의 존재인 것이며, 믿지 아니하는 자는 하느님의 자녀가 아님을 스스로 나타냄이요 하느님의 자녀는 새로운 진리의 예수오행을 믿을 것이며, 그 하느님의 자녀들은 하나로 모이게 될 것이다.

《(요한복음 1:12) 영접하는 자 곧 그 이름을 믿는 자들에게는 하나님의 자녀가 되는 권세를 주셨으니…….》

《(요한복음 11:52) 또 그 민족만 위할 뿐 아니라 흩어진 하나님의 자녀를 모아 하나가 되게 하기 위하여 죽으실 것을 예수는 미리 말함이라.》

3. 예수와 함께 각각 다른 십자가에 달린 두 죄수는
   [양]과 [음]을 나타내다

 1) 두 죄수는 구원받을 자와 구원받지 못할 자로 구분되었다

　예수가 십자가를 지고 형장으로 가서서 죽음을 맞이하실 때에 두 명의 죄인과 함께 십자가에 달렸다. 두 명의 죄인은 예수를 중심으로 한 명은 오른편(우)에 한 명은 왼편(좌)에 달리게 되었다.

《(요한복음 19:18) 그들이 거기서(골고다) 예수를 십자가에 못 박을 새 다른 두 사람도 그와 함께 좌우편에 못 박으니 예수는 가운데 있더라.》

　우리는 분명하게 알아야 할 의무와 과제가 있다. 예수가 3일 만에 부활한 것은 단순이 영이 살아서 부활한 것이 아니라 예수오행의 진리로써 부활한 것이다. 예수가 십자가에 달려서 운명을 달리하면서 대우주 만물의 태초에 감추어진 진리를 이 세상에 전파하고자 계획과 수순에 의하여 이루었고, 예수오행 [목, 토, 금, 화, 수]의 순으로 부활한 것을 말하려 하는 것이다. 왼편으로는 구제 받지 못한 죄인이요 오른편으로는 구제 받은 죄인이 십자가에 달려 있었다. 왼편의 구제 받지 못한 죄인은 음(陰)이며 악(사단)으로 칭함이요 오른편의 죄인은 예수를 믿음으로써 구제 받은 자이며 양(陽)이요 선으로 칭하게 되었다.

《(누가복음, 루가 23:39～43) 예수와 함께 십자가에 달린 죄수 중 하나도 예수를 모욕하면서 '당신은 그리스도가 아니오? 당신도 살리고 우리도 살려 보시오!' 하고 말하였다. 그러나 다른 죄수는 '너도 저 분

과 같이 사형선고를 받은 주제에 하느님이 두렵지도 않으냐? 우리가 한 것을 보아서 우리는 이런 벌을 받아서 마땅하지만 저분이야 무슨 잘못이 있단 말이냐?' 하고 꾸짖고는 '예수님, 예수님께서 왕이 되어 오실 때에 저를 꼭 기억해 주십시오.' 하고 간청하였다. 예수께서는 '오늘 네가 정녕 나와 함께 낙원에 들어가게 될 것이다.' 하고 대답하셨다.》

그리하여 그 연출된 장면을 살펴보니 예수의 왼편에 달린 죄인은 '음' 과 '거짓' 과 '악' 을 나타냄이요 오른편에 달린 죄인은 '양' 이며 '진실의 믿음' 과 '선' 을 나타내는지라. 예수오행과 함께 그 이치를 살펴본즉, 대우주 만물의 법도는 음과 양 그리고 오행으로써 이루어져 있음을 증거하고, 이를 정리하니 [음, 양 오행(목, 토, 금, 화, 수)]의 일곱 개의 각기 다른 성질과 기운을 가진 대진리의 표시(원소, 元素)를 나타내었다.

2) 예수와 함께 십자가에 달린 두 죄인은 죄인으로서 소임을 다하였다

그리하여 십자가에 달린 두 죄수는 예수오행과 함께 [양, 음, 목, 토, 금, 화, 수]의 진리를 실현하는데 일조를 하게 된 것이다. 진정 예수와 함께 각자 십자가에 달린 두 죄인의 장면을 상상하여 보라. 가히 그 심오하고 심오한 하느님의 계획이 얼마나 신비스러운 장면의 연출인가를 우리는 비로소 알게 될 것이다.

이러한 일련의 과정들을 보고 아무도 우연의 일치라고 말할 자는 없을 것이다. 세상만사 어느 것 하나도 하느님이 창조하신 것으로써 버릴 것이 없다. 그러므로 예수와 함께 십자가에 달린 그 죄수들도 자신의 소임을 다한 것의 결과물로써 시대적 죄인 아닌 죄인이 되었던 것이다.

그리하여 이 대진리의 예수 음양오행으로써 새로운 하늘과 땅을 창조하며 새로운 말씀과 진리를 드러낼 것이며, 그로 말미암아 새로운 믿음의 구심점을 발현(發現)시킨 대우주적인 사건인 것이다.

성경 구절의 모든 일곱의 숫자와 관련된 것들은 예수와 두 죄인의 죽음과 직접적으로 간접적으로 관계(암시, 暗示)됨을 우리는 깨우쳐야 한다. 따라서 성경의 모든 기록은 예수님께서 직접 몸으로 보여주신 이 예수오행의 메시지야말로 완벽한 《길이요 진리요 생명》인 진리를 압축시켜 놓은 것이다.

성경의 모든 말씀들은 인간이 배우고 깨우쳐야 할 주된 학문의 연설이며, 대진리의 메시지를 알리게 하기 위한 부연적인 설명과 암호형식의 입장이며, 아울러 우리 삶의 올바른 지침을 일깨우는 하느님의 말씀

48

이다. 예수는 33세의 나이로 십자가에 달려서 [목, 토, 금, 화, 수]의 순으로 세상을 떠나셨다. 새로운 세상의 조화와 질서는 [목, 토, 금, 화, 수]로서 탄생하신 하느님의 세상으로 창조되시며 그 [목, 토, 금, 화, 수]는 인간이 사후세계로의 여행을 떠날 때에 하나의 증표가 될 것이다. 예수는 새로운 세상을 창조하고 인류를 구원하고자 신의 뜻에 따라 희생하여 [목]과 [금]을 얻게 되었고 비로소 새로운 기운을 받아서 부활하시니 곧 [목, 토, 금, 화, 수]의 오행상생의 새로운 대원칙이 탄생되었던 것이다.

4. 예수오행에 의하여 탄생한 큰하느님의 상징인 새로운 십자가의 도형

1) 도형은 각각 방향을 정하여 이루어졌다

《(성약성서 60:7~8) 예수의 어린 시절부터 30세까지의 기록문, 보병궁(寶甁宮) 인간은 '세계교회'를 이해할 만큼 아직 신성한 사상을 갖고 있지 않다. 그런고로 하느님이 나에게 명하신 것은 세계교회를 세우는 일은 아니다. 나는(예수) 단지 모델을 만드는 사람일 따름이다. 나는 장래 세워질 교회의 모형을 만들기 위해 보내진 자이다.》

이 성약성서의 구절은 예수오행으로 인한 믿음의 구심점을 염두에 둔 구절이다.

《(창세기 2:8) 여호와 하나님이 동방의 에덴에 동산을 창설하시고 그 지으신 사람을 거기 두시니라.》

《(에스겔, 에제키엘 43:2) 이스라엘 하나님의 영광이 동쪽에서부터 오는데 하나님의 음성이 많은 물소리 같고 땅은 그 영광으로 말미암아 빛나니…….》

태초의 하느님과 예수가 합체(합일)된 큰하느님의 상징인 도형은 위 성경 구절을 근거하여 도형을 작성하였다. 우선 큰하느님을 상징하는 새로운 십자가의 도형을 만들기 위하여 예수오행상생법인 [목, 토, 금, 화, 수]와=방향인=[동, 서, 중앙, 남, 북]으로서 서로 그 기운의 성질대로 각각 위치를 정하였다.

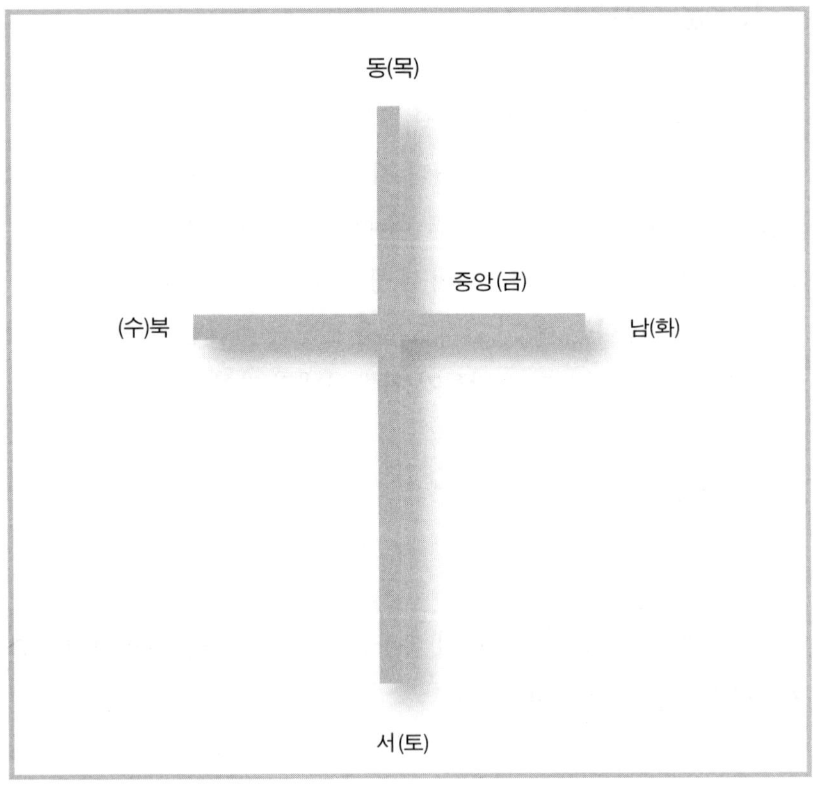

즉, 예수오행의 방향을 나누어 보면 '목' 은 '동' 에 속함이요 '토' 는 '서' 에 속함이요 '금' 은 '중앙' 에 속함이요 '화' 는 '남' 에 속함이요 '북' 은 '수' 에 속하게 된다. 따라서 예수오행을 도형으로 나타내기 위하여 각각 방향을 정하니 다음과 같다. (이는 동양오행의 방향 지정과는 원리를 달리한다.)

위 오행의 위치와 방향을 근거로 도형을 순서대로 그려내는데 우선 십자가를 먼저 그린 후 예수를 상징하는 '토(예수의 몸), 화(예수의 몸에서 흘러나온 피), 수(예수의 눈에서 흐른 눈물)' 의 순서대로 그리니 다음과 같은 모양이 형성되었다.

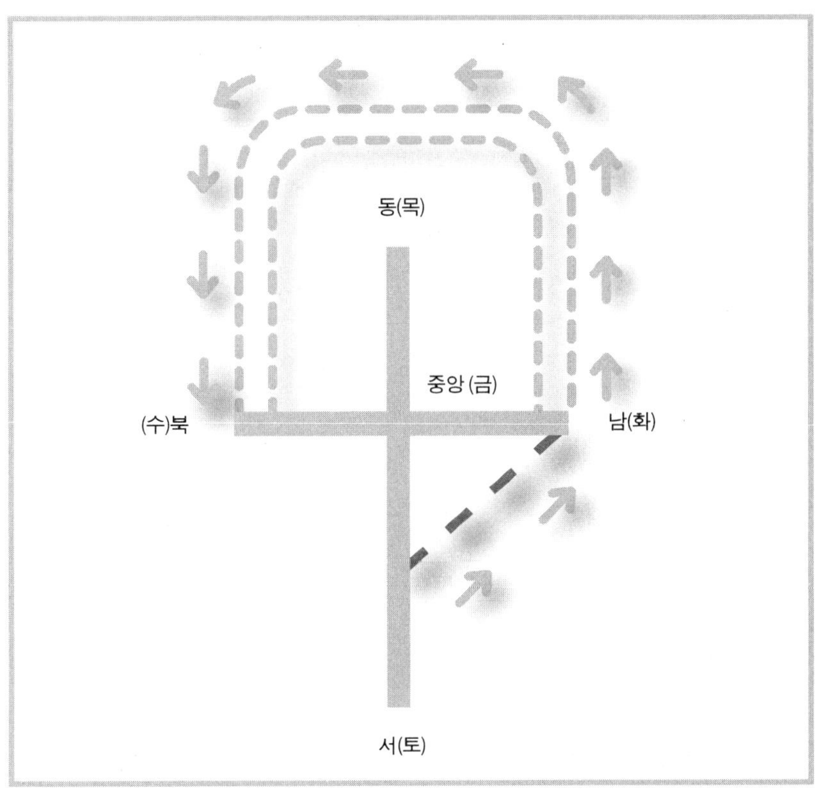

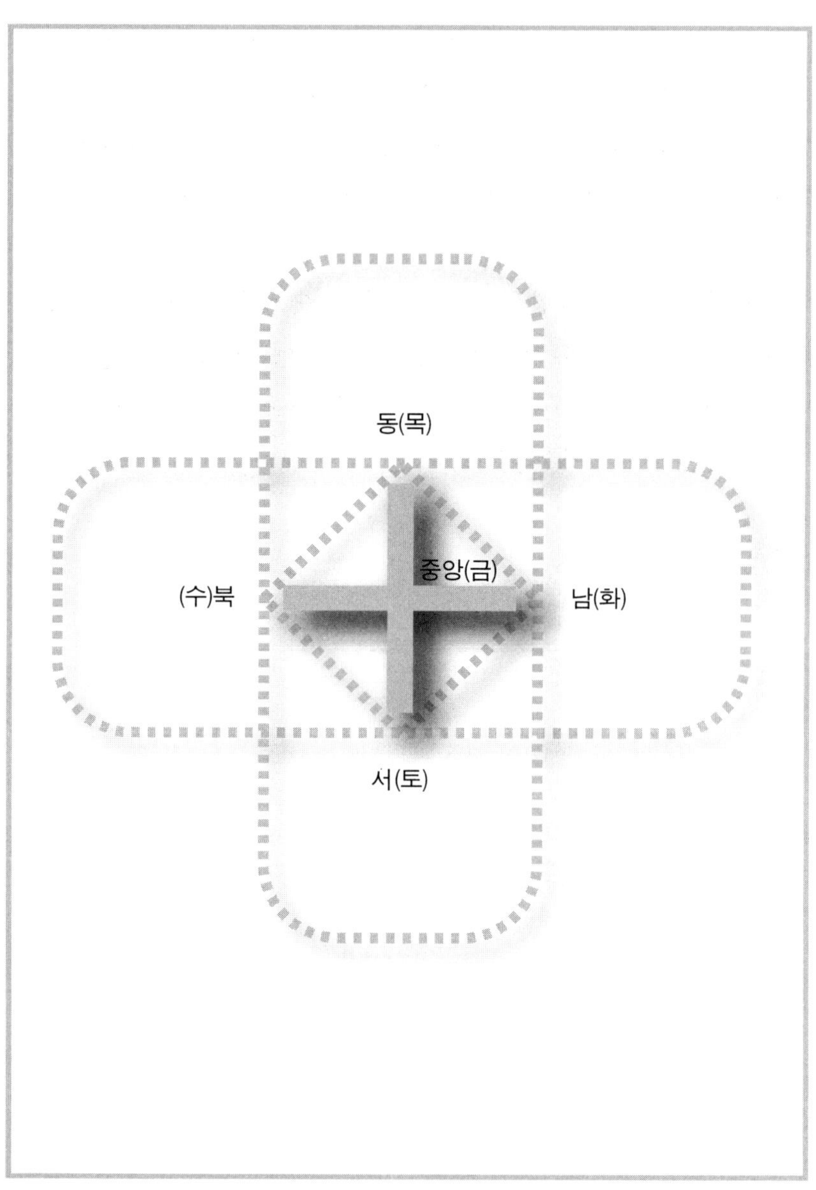

다시 앞의 그려진 도형을 그대로 두고 방향의 기점인 동방을 좌, 아

래, 우로 방향의 기점을 바꾸면서 위와 같은 이치에 의하여 그려나가게
되면 52면의 그림과 같은 도형이 완성되었다.

2) 큰하느님을 상징하는 도형은 단계법칙에 의하여 출현하였다

예수오행에 의하여 완성된 도형을 보면 도형의 가운데 십자가는 하느
님을 나타내고 보이는 존재로서 '양' 에 해당함이요 십자가를 중심으로
사방으로 포진한 겉의 모습은 예수를 나타내는 숨겨져 있는 존재 '토,
화, 수' 로서 '음' 에 해당하는 이치이다. 왜 예수오행 중 예수를 상징하
는 '토, 화, 수' 를 가지고 하느님의 형상인 십자가의 끝과 끝을 순서에
의하여 연결하여 큰하느님을 상징하는 도형이 창조되었는가? 그 이유
는 예수를 통하여서만이 하느님 곁으로 갈 수 있는 단계법칙을 적용하
였기 때문이다.

《(요한복음 14:6) 예수께서 이르시되 내가 곧 길이요 진리요 생명이니
나로 말미암지 않고는 아버지께로 올 자가 없느니라.》

위 성경 구절은 단계법칙(중보)을 나타내는 입증 자료의 구절이다.
우리는 이 완성된 도형의 참 형상을 큰하느님의 상징으로 바라보고 믿
어야 할 것이다.

《(고린도전서, 고린토 2:10) 오직 하나님이 성령으로 이것을 우리에게
보이셨으니 성령은 모든 것 곧 하나님의 깊은 것까지도 통달하시느니
라.》

이로써 예수오행이 전하는 이치와 섭리로 새로운 십자가를 이루니 십

자가 내부에 큰하느님을 상징하는 도형의 모습이 감추어져 있었음을
우리는 알게 되었다.

《(예레미야 23:20) 내(하나님) 마음의 뜻하는 바를 행하여 이루기까지
는 그치지 아니 하나니 너희가 끝날 때에 그것을 완전히 깨달으리라.》

예수오행으로 말미암아 가히 그 심오함이 우리에게 현실로 다가왔
다.

《(시편 51:10) 하나님이여 내 속에 정한 마음을 창조하시고 내 안에
정직한 영을 새롭게 하소서…….》

이 도형은 큰하느님의 모습을 나타내며 우리들의 삶의 터전인 이 땅
을 지키고 사후세계의 증표로 증거되며 막강한 힘과 능력을 발휘하게
될 것임을 우리는 체험하게 될 것이다.

《(창세기 2:9) ……그 동산 한가운데는 생명나무와 선과 악을 알게 하
는 나무도 돋아나게 하셨다.》

큰하느님을 상징하는 도형에는 생명나무가 숨겨져 있음을 의미한다.

3) 큰하느님의 도형에는 인침이 존재한다

태초의 형상(나무로 만든 십자가)은 생명이 없었다. 어느 땐가 예수
의 몸과 합체하여 비로소 큰하느님으로 탄생하셔서 그 큰하느님을 상
징하는 예수오행에 의하여 도형이 만들어지니 문장의 중앙에 있는 십

자가는 생명나무로 그 비밀이 밝혀졌으며 사람으로 치면 마음(이마)에 해당한다. 또한 선과 악의 기운은 양과 음의 기운으로서 역시 큰하느님의 도형 중 선이 있어 악이 있고 악이 있어 선이 존재함을 알려주고 있음을 우리는 혼동하여서는 안 된다.

《(창세기 2:10) 에덴에서 강 하나가 흘러나와 그 동산을 적신 다음 네 줄기로 갈라졌다.》

하느님께서 예수를 이 세상에 보내시니, 에덴은 동쪽이다. 동쪽은 예수오행에서 하느님을 상징하는 십자가의 방향 중 목(木)에 해당한다. 동쪽을 기준하고 예수(토, 화, 수)의 삼행에 의하여 사방(네 개)의 도형을 만드셨다.

《(성약성서 157:29~30,41) 그때 '물병을 든 사람'이 하늘 모퉁이를 지나서 거닐고 인자(人子)의 표시와 도장(印)이 동천(東天)에 나타나리라. 이때 어진 사람은 머리를 들고 세상의 구원이 다가왔음을 알리라. 준비하라. 준비하라. 평화의 사도는 오시는도다.》

이 성약성서의 구절은 무엇을 말하고 있는가?

예수오행의 진리에 의하여 완성된 큰하느님을 상징하는 도형을 보라. 구절 중 **'물병을 든 사람'**은 예수(토, 화, 수)를 나타내고 있다. 예수오행 [목, 토, 금, 화, 수] 중에서 예수를 상징하는 [토, 화, 수]를 확연하게 나타내고 있음이 분명하다. 예수를 상징하는 [토, 화, 수] 중 '수(水)'에 해당하는 그 물이 구절의 내용 중 **'물병을 든 사람이 하늘의 모퉁이를 지나서 거닐고'**와 같이 사방의 타원을 그리며 십자가의 형상을 만들어

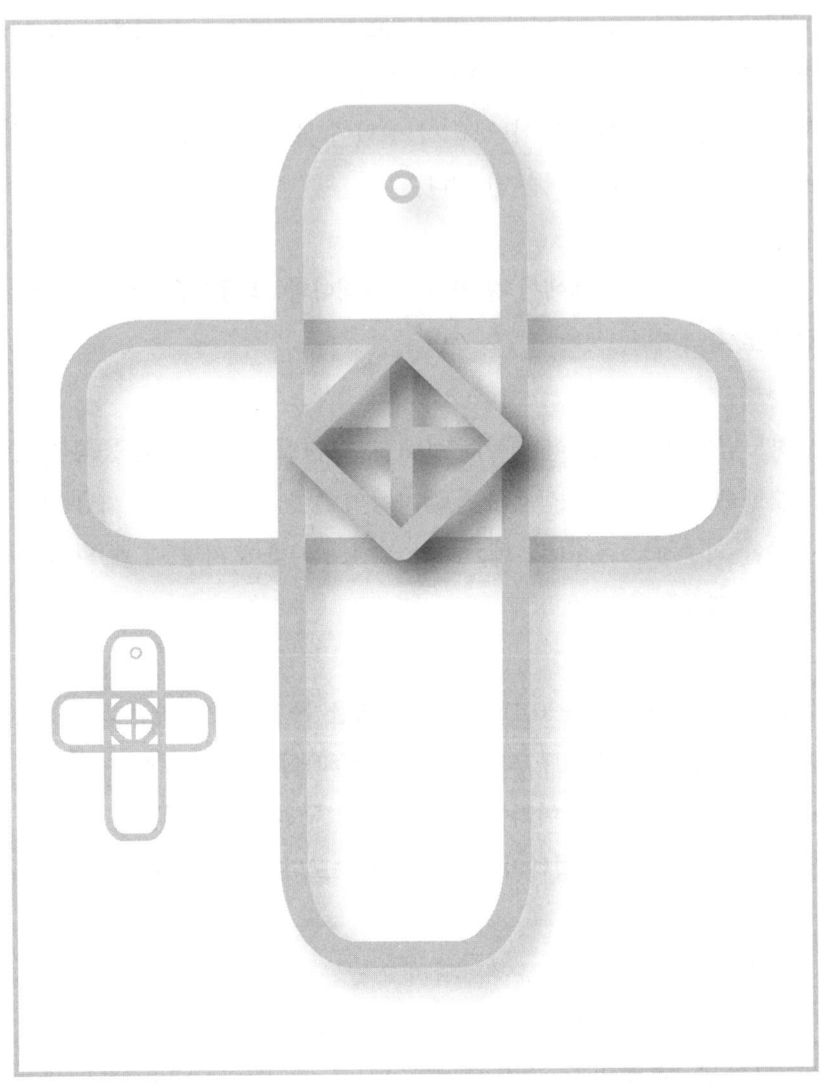

내는 형국과 일치하였다.

　다시 구절을 보라. **'인자(人子)의 표시와 도장(印)이 동천(東天)에 나타나리라'** 의 뜻은 달리 풀이하자면 **[인침]**을 말함이다. 그러므로 도형의 동쪽에 해당하는 곳에는 인을 친 표시가 있어야 된다는 암호와 같은 비유의 구절이다. 성경 구절에도 **[인침]**에 대하여 언급한 내용이 무수하며 본문에서 별도로 부연 설명하였다.

이로써 큰하느님을 상징하는 완벽하고도 심오한 십자가(도형)가 탄생되었다. 우리는 알아야 한다. 아니 알아야 할 필연적 사명감이 우리에게 있다고 표현하는 것이 맞는 말인지도 모른다. 큰(성부)하느님을 상징하는 이 도형을 보라. 그분이 곧 자기 이름으로 이 세상에 강림하셨음을 도형으로 증거하셨으니 우리는 큰믿음으로 큰(성부)하느님을 믿고 의지하여야 할 것이다. 그리하면 가히 우리 곁에 큰(성부)하느님의 힘과 능력이 나타날 것임을 믿어 의심치 않게 될 것이다.

《(요한복음 5:43) 나는 내 아버지의 이름으로 왔으매 너희가 영접하지 아니하나 만일 다른 사람이 자기 이름으로 오면 영접하리라.》

이 성경 구절은 예수오행의 이름으로 큰하느님이 오심을 나타내고 있다.

《(예레미야 17:7~8) 나를 믿고 의지하는 사람은 복을 받으리라. 물가에 심은 나무처럼 개울가로 뿌리를 뻗어 아무리 볕이 따가워도 두려워하지 않고 아무리 가물어도 걱정 없이 줄 곧 열매를 맺으리라.》

《(마태복음, 마태오 21:21) 예수께서는 이렇게 말씀하셨다. 나는 분명히 말한다. 너희가 의심하지 않고 믿는다면 이 무화과나무에서 본 일을 할 수 있을 뿐만 아니라 이 산더러 번쩍 들려서 바다에 빠져라 하더라도 그대로 될 것이다.》

5. 큰하느님의 영역을 표시하는 예수오행의 도형

1) 큰하느님의 영역을 상징하는 도형은 동양오행으로 이루어졌다

　예수가 십자가에 달려서 탄생하신 **예수오행[목, 토, 금, 화, 수]**은 대진
리이며 새로운 세상을 의미하고 새로운 삶을 의미하며 영생을 의미함
을 다시 한 번 강조한다. '그리스도의 명령'에 의하여 진리를 알린 동
양오행은 소진리이며 새로운 세상의 조화와 질서를 유지하게 하며 삶
의 옳고 그름의 이치를 알게 하며 윤회를 의미하는 것이다. 그러므로
큰하느님의 영역을 표시하는 도형은 동양오행에 의하여 그 근본을 기

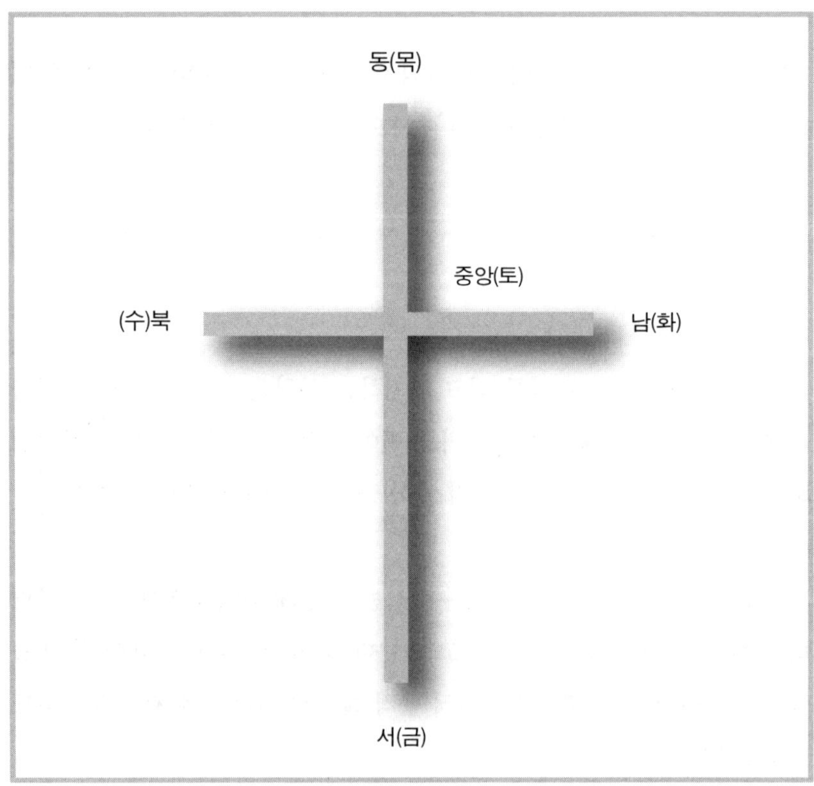

점으로 각 오행의 성질과 방향을 정하였다.

즉, [목, 화, 토, 금, 수]는 동양오행의 상생의 순서이며, '동' '남' '중앙' '서' '북' 의 순으로 동양오행의 각기 기(氣)의 성질을 원소로 정하였다. 고로 '목' 은 '동' 의 방향이요 '화' 는 '남' 의 방향이요 '토' 는 '중앙' 방이요 '금' 은 '서' 의 방향이요 '수' 는 '북' 의 방향이다.

큰하느님의 영역을 나타내는 이 도형 역시 큰하느님을 상징하는 도형을 단계법칙에 의하여 완성시켰듯 예수의 단계법칙을 적용하였다. 동서남북(십자가)을 그려놓고 예수의 모습인 '토, 화, 수' 를 그 순서대로 그려보면 다음과 같은 문장이 나오게 된다.

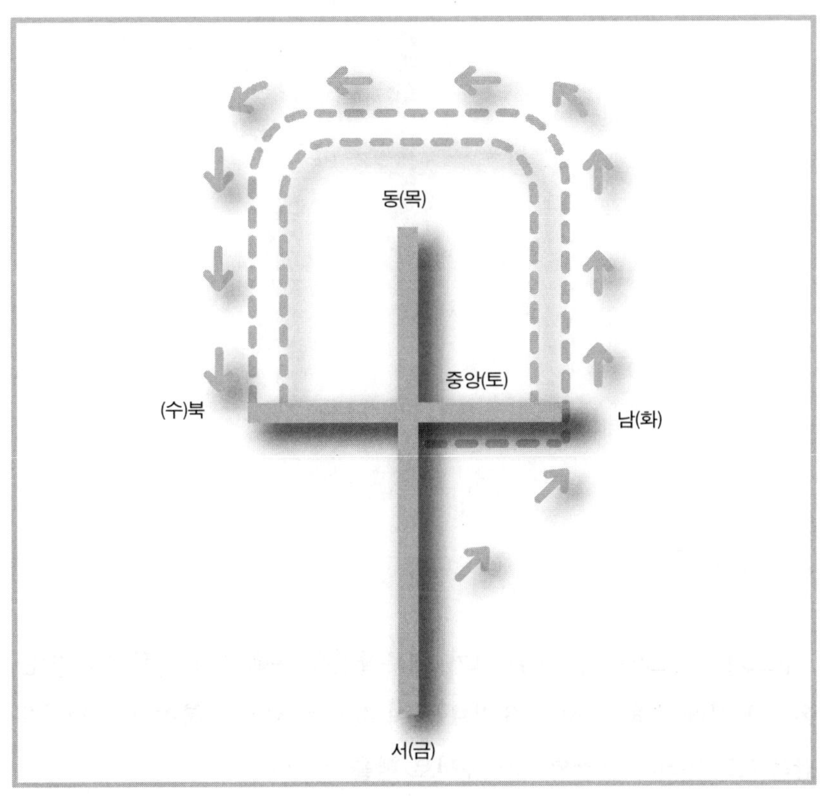

오행사상 중 예수님을 상징하는 삼행에 의하여 나온 도형을 동서남북 사방(네 줄기)으로 그려 넣으니 큰하느님의 영역을 상징하는 다음과 같은 완성된 도형이 나왔다.

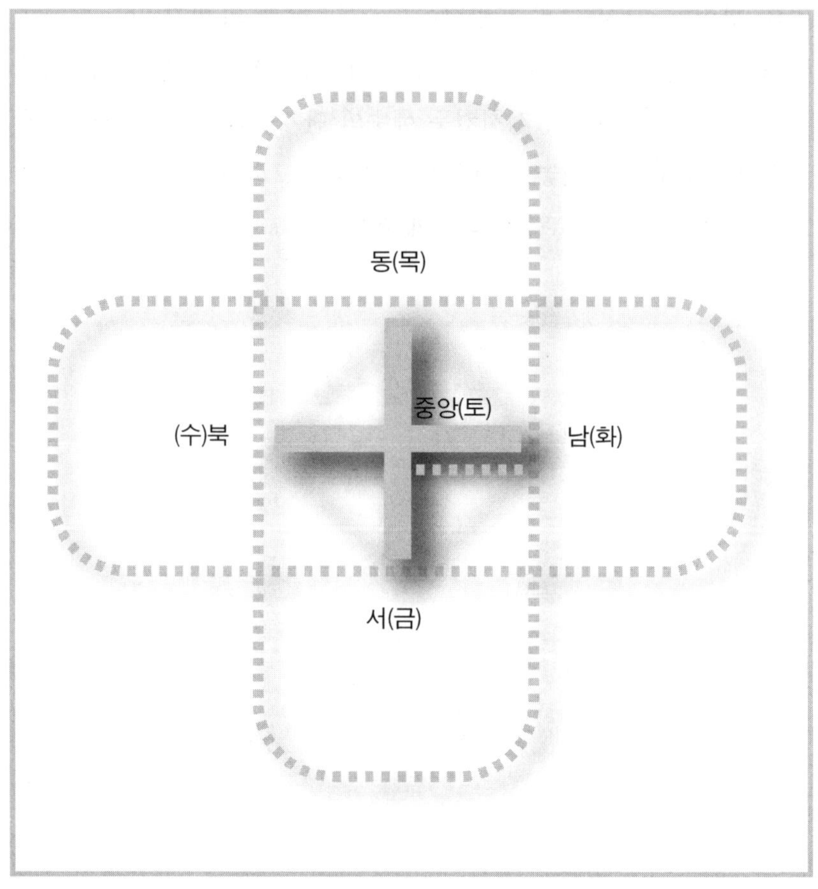

《(스가랴, 즈가리야 14:4) 그가 예루살렘을 동쪽에서 마주보고 있는 올리브 산에 우뚝 서시면 올리브 산이 갈라져 절반은 북쪽으로 절반은 남쪽으로 물러나 큰골짜기가 동서로 뻗을 것이다.》

이 말씀은 큰하느님의 영역을 나타내는 도형의 모습을 의미하는 것이다.

2) 예수오행과 동양오행의 상생일치는 [토]와 [금]이다

여기서 큰하느님을 상징하는 예수오행에 의한 도형과 동양오행에 의한 큰하느님의 영역을 표시하는 도형의 차이점을 살펴본다. 우선 큰하느님을 상징하는 예수오행 즉, [목, 토, 금, 화, 수]와 큰하느님의 영역을 나타내는 도형 즉, [목, 화, 토, 금, 수]를 서로 대조하여 살펴보면 첫번째 '목' 과 마지막 '수' 의 순서가 일치하였고, 상생으로는 서로 '토' 와 '금' 만이 일치함을 알 수 있다. 이 일치하는 진리는 우리가 행동으로 기도할 때에 매우 중요한 근거적인 자료가 될 것이며, 두 오행의 차이는 오행 중 '화' 의 자리가 변함으로 인하여 그 상생법의 이치가 완전히 다르게 나타나게 됨을 깨닫게 되었다. 따라서 이 예수오행 상생법을 더욱더 깊이 있게 깨우치고 그 진리와 이치를 터득하여 예수의 죽음을 헛되지 않게 증거할 것이며, 성경의 잘못된 해석에 의한 오류를 바로 잡을 것이며, 크게는 대우주를 정복하는데 그 틀을 잡을 것이며, 3차원에서 4차원 이상의 세계를 탐구하는데 가시적인 학문으로 발전 계승시켜야 할 것이며, 작게는 우리 세상의 보다 나은 도약을 위한 발판으로 삼아야 할 것이다. 예수의 삼행 중 '수' 가 원을 그리면서 우회한 것은 하느님의 상징인 '목' 과 '금' 중에서 '목' (동쪽)의 꼭지점을 침범하지 아니하기 위하여 우회한 것이다.

3) 도형에는 예수가 오른편에 있음을 적나라하게 표시하고 있다

예수오행에 의하여 탄생한 큰하느님의 완성된 도형의 참형상을 보라. 도형의 가운데 하느님의 형상인 십자가를 기준으로 하여 오른편으

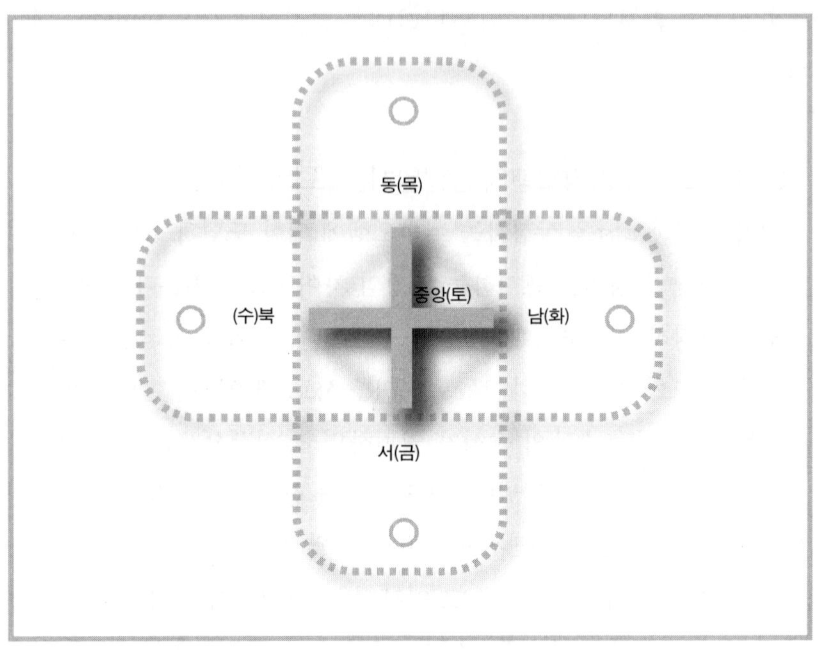

동(목)
(수)북
중앙(토)
남(화)
서(금)

로 예수의 상징 ‘토, 화, 수’가 자리하고 있음을 확연하게 나타내고 있는 것이다.

《(시편 110:5) 주의 오른쪽에 계신 주께서 그의 노하시는 날에 왕들을 쳐서 깨뜨리실 것이라…….》

《(마가복음, 마르코 14:62) 예수께서 이르시되 내가 그니라 인자가 권능자의 우편에 앉은 것과 하늘 구름을 타고 오는 것을 너희가 보리라 하시니…….》

구름은 물이며 물은 오행 중에서 수(水)에 속한다. 이 수는 예수오행[목, 토, 금, 화, 수] 중에서 오행의 끝이며 예수를 상징하는 ‘토, 화, 수’이 삼행의 끝 수(水), 수로서 타원형을 그려 사방의 방향을 나타내면서 하나의 완성된 도형을 창조하였다. ‘토’로 시작하여 ‘화’를 경유하여 타원을 그리며 ‘수’에 도달하여 하나의 완전한 형상을 이루어 낸 것이다. 인자(토, 화, 수)가 오른편에 있다고 함은, 큰하느님을 상징하는 도형을 살아 있는 신이라고 여길 때 우리와 마주 바라보고 있으므로 오른편이 되는 것이다.

《(요한계시록 1:7) 볼지어다 그가 구름을 타고 오시리라. 각 사람의 눈이 그를 보겠고 그를 찌른 자들도 볼 것이요 땅에 있는 모든 족속이 그로 말미암아 애곡하리니 그러하리라.》

《(마가, 마르코 13:26) 그때에 인자가 구름을 타고 큰권능과 영광으로 오는 것을 사람들은 보리라.》

　이로써 하느님의 형상(십자가, 목 금)과 예수의 모습(토, 화, 수)을 합체시켜서 하나의 도형(문장)이 탄생하니 이 도형이 바로 큰하느님의 상징이며 예수의 기운이 서린 믿음의 구심적인 요소가 흠 없이 아름답게 정립되어 부활하셨으며 재림하였음을 알 수 있다.

4) 큰하느님의 도형은 외계인이 사용하는 도형과 일치함을 알 수 있다

　수많은 도형 중에 무한의 상징을 의미하는 심오한 도형이 있는데 그 도형은 저 멀리 은하 건너 고도로 발달된 문명의 외계인이 사용한(사용하고 있는) 도형이라고 일각에서 주장하는 도형을 보면 삼각형 두 개 중 하나를 바로 하고 다시 하나를 거꾸로 하여 포개 놓은 모습으로 그 각은 여섯 개이며 그 가운데는 위 십자가와 예수의 모습이 합체된 큰하느님의 영역을 상징하는 도형과 일치함을 알 수 있다.

　아래 도형과 같이 다시 한 번 언급하자면 예수의 도형 모습에서 십자가가 중앙에 자연적 이루어지니 엘로힘(창조자)의 무한의 상징이 어떤 이론적 가치를 기준으로 그려졌으며 어떻게 고도의, 현재 인류가 상상할 수 없는 약 2만 5천 년(외계론을 믿는 단체의 주장 설)을 앞선 과학진보(비행접시 등)를 할 수 있었는지 알 수 있는 것이며, 위 어떤 영역을 표현하는 육각형의 문장보다 뛰어난 완벽한 큰하느님의 새로운 영역을 나타내는 도형을 탄생시키니 가히 그 힘과 능력을 부정할 수 없다 할 것이다.

　혹여 이 세상 어디엔가에 큰하느님을 상징하는 도형이 있다고 하더라도 그 진리와 뜻과 의미와 이치 그리고 믿음의 신념이 알지 못한다면 사용할 줄 모르는 물건과도 같다. 알지 못하고 맹신하는 것은 진정한 큰하느님의 힘과 능력을 알지 못하는 것과 같으므로 큰하느님은 아무런

요동이 없음은 당연하다 할 것이다. 큰하느님의 힘과 능력을 알고 믿었을 때 그 힘과 능력은 은총으로써 답을 주신다.

5) 큰하느님의 영역을 상징하는 도형은 하느님 말씀과 일치한다

큰하느님의 영역을 상징하는 도형의 사용법은 우리가 거처하는 외부에 걸거나 붙여서 우리가 거처하는 장소가 큰하느님의 영역임을 나타낼 수 있도록 하여야 할 것이며, 또한 우리가 지님으로 인하여 우리는 큰하느님의 자손임을 나타내는 증거로 삼아야 할 것이다.

《(출애굽기 12:21~24) 모세가 이스라엘 모든 장로를 불러서 그들에게 이르되 너희는 나가서 너희의 가족대로 어린 양을 택하여 유월절(과월절) 양으로 잡고 우슬초 묶음을 가져다가 그릇에 담은 피에 적셔서 그 피를 문인방과 좌우 설주에 뿌리고 아침까지 한 사람도 자기 문 밖에 나가지 말라. 여호와(야훼)께서 애굽 사람들에게 재앙을 내리려고 지나가실 때에 문인방과 좌우 문설주의 피를 보시면 여호와께서 그 문을 넘으시고 멸하는 자에게 너희 집에 들어가서 너희를 치지 못하게 하실 것임이니라. 너희는 이 일을 규례로 삼아 너희와 너희 자손이 영원히 지킬 것이니…….》

이 성경 구절은 신이 민족을 보호하는 예방법을 말함으로써 마치 부적(符籍)의 개념을 내포하고 있는데 말씀의 구절 중 **'우슬초'** 는 대한민국 한글 획수로 14획이 출현하고 다시 이 14를 단수법칙에 의하여 답을 구하니 1+4=5의 수가 출현하였다. 이 5의 수는 예수오행을 나타냄이요 구절 중 **'양의 붉은 피를 문의 문인방과 좌우에 뿌리라'** 고 하였으니 이는 동서남북 사방을 일컬음이다. 곧 큰하느님의 영역을 표시하는 도형의 모습을 나타냄으로써 우리가 출입하는 문 위나 그 가까운데 안치시킴으로써 하느님의 영역을 나타내는 것이 되며, 하느님의 가호 아래 일년 365일 평안을 얻을 것이다. (대한민국 국어의 획수에 의하여 성경 구절을 해석하는 내용은 본문에서 상세하게 설명하였다.)

6. 예수오행사상은 동양오행사상(五行思想)과 어떻게 다른가?

1) 예수오행은 사랑의 모체로써 사랑을 끊임없이 자아낸다

[예수오행=목, 토, 금, 화, 수=영생을 의미하는 상생원리=
6, 5, 5, 7, 4=9(예수의 수)]

[동양오행=목, 화, 토, 금, 수=죽음을 의미하는 상생원리=
6, 7, 5, 5, 4=9(예수의 수)]

위 둘의 오행을 비교하여 보면 처음인 '목' 과 마지막인 '수' 는 순서가 서로 일치하며 둘의 큰 테두리는 변함이 없다는 것을 알 수 있다. 예수오행을 동양오행과 비교하는 것은 그 오행의 진리와 원리 그리고 이치가 어떻게 작용하는가를 이해시키기 위함이며 그 영적인 긍정의 힘의 발로를 객관적인 공식을 설명하기 위함이며 이 상생법의 원리는 다소 지루할 수도 있겠지만 다음 편부터는 매우 흥미롭게 읽을 수 있을 것이다. 동양오행은 가운데 '화, 토, 금' 의 순으로 되어 있고 예수오행은 '토, 금, 화' 의 순으로 되어 있어 서로 그 순서가 다르다. 그리고 상생의 원리를 살펴보면 서로 일치하는 상생오행은 '토' 와 '금' 뿐이다. 그러나 여기서 중요한 것은 예수오행상생법에서는 서로 사랑하며 서로 위하며 서로 이끌어주며 서로 양보하며 서로 조화와 질서로서 유지하니 모두가 상극됨이 없는 이치인 것이다. 그리하여 우리가 예수오행의 이치를 터득하고 큰하느님의 진리를 믿고 의지함으로 인하여 우리 안에 큰믿음과 함께 완전한 사랑의 씨앗이 잉태되는 것이다.

예수오행의 근본적인 진리는 우리에게 사랑하는 마음(긍정의 힘)을 자연적 생겨나게 함에 있으며 그 영원한 사랑의 힘은 우리의 사후세계까지도 관장한다.

《(요한일서 4:12) 아직까지 하느님을 본 사람은 없습니다. 그러나 우리가 서로 사랑한다면 하느님께서는 우리 안에 계시고 또 하느님의 사랑이 우리 안에서 이미 완성되어 있는 것입니다.》

《(고린도전서, 고린토 13:2~13) 내가 하느님의 말씀을 받아 전할 수 있다 하더라도 온갖 신비를 훤히 꿰뚫어보고 모든 지식을 가졌다 하더라도 산을 옮길만한 완전한 믿음을 가졌다 하더라도 사랑이 없으면 나는 아무것도 아닙니다. 내가 비록 모든 재산을 남에게 나누어준다고 하더라도 내가 남을 위하여 불 속에 뛰어 든다 하더라도 사랑이 없으면 아무 소용이 없습니다. ……우리가 아는 것도 불완전하고 말씀을 받아 전하는 것도 불완전하지만 완전한 것이 오면 불완전한 것은 사라집니다. ……하느님께서 나를 아시듯이 나도 완전하게 알게 될 것입니다. 그러므로 믿음과 희망과 사랑 이 세 가지는 언제까지나 남아 있을 것입니다. 이 중에서 가장 위대한 것은 사랑입니다.》

2) 예수오행과 동양오행의 상생, 상극의 원리와 이치에 대한
   기본 해석

첫번째, 물은 높은 곳에서 낮은 곳으로 흐르는 것은 가장 평범한 진리이며 누구도 부정할 수 없는 만고의 진리이다. 동양철학(역학)에서는 절대적 명시를 전제하지 않고 이 평범한 진리로 동양오행의 상생원리와 상극의 원리를 살펴볼 때 동양오행은 '목'은 '토'를 극한다고 하였다. 나무뿌리가 땅을 파고들기 때문에 극한다고 묘사한 것이다. 그러나 '목'이 '토'를 극하면 어떻게 '토'에서 나무(목)가 자라겠는가? 반면 예수오행상생법은 목(木)은 토(土)를 살아서 창조하였다. '목'이 온전하게 '토'에서 뿌리를 내리고 자라서 열매를 맺으니 이는 곧 '목'이

'토'를 창조(일치)한 것이다. 즉, 윤회사상으로 보면 열매와 낙엽이 떨어져서 흙으로 돌아가니 '목'이 '토'를 창조한다 할 것이다. 나무로 만든 하느님의 형상인 십자가(목)에 흙에서 오신 예수의 몸(토)이 달린 사실적인 장면이 이를 입증한다.

《(창세기 1:1) 한 처음 하느님(목)께서 하늘과 땅(토)을 지어내셨다…….》= 이 성경 구절도 순서가 '목' 다음에 '땅'이 되는 이치를 나타내고 있는 것이다.

두번째, '토'(土)가 '금'(金)을 창조하였다. '토'가 '금'을 상생하는 것은 예수오행과 동양오행이 일치한다. '토'가 '금'을 창조하는 원리는 '토'가 오랜 세월 속에서 기후의 변화와 지각변동의 온도에 의하여 각종 광물인 금속류, 보석류, 돌(石)등을 창조하는 이치로써 흙 속에는 각종 미립자의 미사와 돌들과 금속이 섞여서 흙의 역할을 한다고 본다면 '토'가 '금'이요 '금'이 '토'인즉 흙은 죽지 아니하고 '금'을 만들어 낸다는 상생(相生) 원리의 이치인 것이다.

세번째, '금'(金)은 '화'(火)를 창조하였다. 동양오행에서는 '금'이 '화'를 극한다고 하였다. '금'이 불(화)에 녹기 때문에 극한다고 하였다. 이 원리는 작은 원리요 이치이다. 반면에 '금' '화'는 예수오행의 큰진리로써 상생하고 있음을 알 수 있다. 태양의 구성은 현재 과학으로 밝혀낸 것에 의하면 기체덩어리로써 수소와 헬륨, 나트륨, 마그네슘, 철 등 약 70가지의 원소가 기체 상태로 되어 있다고 한다. 모든 기체 속에는 많든 적든 금속성분이 함유되어 있으므로 '금'은 '화'를 창조한다고 보는 것이다. 또한 화산이 분화하여 나온 마그마(magma) 즉, 용

암(鎔巖)도 불덩어리로써 그 불덩어리가 식으면 금(돌덩어리)이 되는
이치이다.

  '금'은 다시 '불'로 변할 수 있으며 다시 식으면 '금'으로 돌아가는
상생 원리이다.

  네번째, 화(火)가 수(水)를 창조하였다. 동양오행에서는 '화'와 '수'
는 서로 상극이라고 하였다. '불'은 '물'에 의하여 꺼지며(죽으며)
'물'은 '불'(열)에 의하여 기체로 변하여 사라지기 때문에 상극이라고
하였다. 물론 당연한 이치이며 사실이다. 그러나 '물'은 결코 완전하게
사라지는 법이 없다. 다만, 열에 의하여 물의 분자가 액체에서 기체로
변하여 상승할 뿐이며 그 '물'량은 변함이 없는 것이다. 민물의 약 3%
는 바다에서 왔으며 언젠가는 다시 바다로 되돌아가는 순환의 법칙, 지
구상에 한정된 물의 양에서 끊임없는 물의 윤회를 말하는 것이다. 이는
단순하게 우리들의 일상적인 세상에서, 작은 틀에서 이해하는 원리의
이치로써 예수오행은 큰틀 즉, 새로운 세상의 창조, 새로운 삶의 시작,
큰윤회의 이치를 적용하여 '화'가 '수'를 창조한다고 한 것이다.
  '화'가 '수'를 어떻게 창조하는가? 또 '수'와 '화'가 어떻게 서로 상
생하는가? 기체와 기체, 물(구름, 양극)과 물(구름, 음극)즉, 고기압과
저기압 '화'의 전류를 가진 물끼리 서로 만나서 천둥소리를 내며 번개
(화, 빛)를 만들고 그 후 많은 량의 액체의 물을 만들어 낸다. 또한 태양
은 끊임없이 불타면서 태양의 모든 주위에 있는 물의 성분이 될 수 있는
수소(H2)를 끌어들이며 다시 수소와 산소를 뿜어내어 태양의 우주공간
주변에 기체로서 존재하게 한다. 이와 같은 현상으로서 언젠가는 태양
이 주위의 행성들을 끌어들여 태양계는 그 체계를 잃고 새로운 세상을
창조하는데 재료로 움집할 것이다. 세상에 생겨난 모든 체계와 물질은

그 형태를 언젠가는 바꾸게 되며 계속하여 탈바꿈하며 영생을 노리게 되는 것이다.

이러한 사실적인 작용이 '화'와 '수'의 상생행위인 것이며, 큰틀의 원리와 이치이다. 그러므로 예수오행의 큰하느님은 더욱더 큰진리와 큰세상을 만드시며 죽음에서 영생의 진리와 이치를 가지고 이 세상에 우리를 위하여 태초에 감추어진 비밀을 드러낸 것이다.

다섯번째, 마지막으로 수(水)가 목(木)을 창조하였다. 이 '수'가 '목'을 창조한다고 함은 동양오행이나 예수오행이나 서로 나열이 일치함으로써 오행의 원소가 윤회를 했을 때 일치함으로써 '토'와 '금'의 상생일치와 일치의 개요가 다르다. 그러므로 윤회한 '나무'는 '물'과 함께 '토, 금, 화'가 있어야 비로소 형체를 갖추어 살며 생겨나는 이치인 것이다. 동양오행에서는 소윤회의 법칙을 말함이며, 예수오행은 큰윤회를 말함과 동시에 영생의 이치를 말하는 것이다. 왜 그러한가? 여기서 '수'가 '목'을 살아서 창조할 수 있는 원리는 동양오행과 예수오행과의 상생관계와 윤회의 절차가 다름을 설명한다.

동양오행에서는 '수'가 '목'으로 바로 윤회하지만 예수오행의 마지막 '수'는 대윤회를 하되 오행의 첫번째인 '목'으로 윤회하기도 하며 두번째인 '토'로 윤회하기도 하는 심오한 원리를 작동하고 있음을 말하려 함이다. 즉, 땅(토)이 물(수)에서 생겨났으며 그로 인하여 이루어진 것을 짐작할 수 있는 것이다.

《(베드로후서 3:5) 그들은 아득한 옛날에 하느님의 말씀으로 하늘과 땅이 창조되었다는 사실을 일부러 외면하고 있습니다. 하느님의 말씀에 의해서 땅이 물에서 나왔고 또 물에 의해서 이루어졌습니다.》

이 성경 구절은 여러 가지 의미를 담고 있는데, 그 중에서 오행 중 '수'가 '목'으로 바로 윤회하지 않고 '토'로 윤회하여 원소의 구성을 이루고 있음을 입증하는 대목이다. 예수오행상생법 중 큰하느님을 상징하는 대표적인 첫번째 '목'은 우주의 주인이시기 때문이며 결코 윤회함이 없고 죽는 법이 없는 분이기 때문이다. 다만 무동의 세월 즉, 신도 휴식의 시간이 존재할 수 있음을 말하는 것이다.

3) 상생상극의 원리와 이치에 대한 부연 설명

물론 여러 각도에서 인용한 내용에 대하여는 일부 절대적인 것이 아닐 수 있으므로 이를 이해하기 바란다.

처음에 이 지구상에는 '물'이 없었다. 지구의 환경과 재료 특성상 '물'을 만들 수 있는 물질은 없었다. 그렇다면 '물'은 어디에서 만들어진 것인가? 지구상에 금(돌) 중 과학자들이 연구 확인한 결과 어느 특정의 돌(운석) 중에서 물의 성분(H_2O)이 함유되어 있는 것을 발견하고 이 돌들은 우주에서 지구로 날아와 떨어져서 물이 생겨난 것이라고 일부 학자들은 주장한 흔적이 있다. '금'은 '수'를 내재하고 옮겨 갈 수 있는 운반의 수단이다. 이 물의 성분을 함유하고 있는 금(돌, 운석)이 어디서 어떻게 생겨났든 처음에는 스스로 불(화)덩어리였거나 우주공간에서 어떤 다른 물체와 충돌하면서 불을 만들어 내었음은 재론의 여지가 없다. 그런 후 물이 생성되었던 것이므로 예수오행 상생 법 [목, 토, 금, 화, 수] 중 '금'이 '화'를 생하고 '화'가 '수'를 생하였다는 그 상생법의 진리를 증거하고 있는 것이다. 또한 '화'는 우주에서 날아오는 얼음혜성이 수증기로 변하여 지구로 떨어지는 양을 조절하여 다시 우주공간으로 날려보내는 역할도 하고 있음을 우리는 곧 과학적으로 알게 될 것이다. 우주의 빅뱅 때부터 만들어진 수소와 별의 핵융합으로 만들어진 산

72

소가 만나서 만들어진 물이 운석(금)에 의하여 지구로 옮겨져 왔음은 예수오행의 '화'가 '수'를 생한다는 큰진리에 해당하는 것이다. 우리는 알아야 한다. '화'가 '수'를 생한다는 이 심오한 상생원리를, 불이 어떻게 물을 만들어낼 수 있는지 예수오행의 상생법을 연구함으로써 우리는 곧 그 비밀을 알게 될 것이다.

《(창세기 1:2) 처음에 하느님께서 하늘과 땅을 지으셨다. 땅은 아직도 모양을 갖추지 않고 아무 것도 생기지 않았는데 어둠이 깊은 물위에 뒤덮여 있었고 그 물 위에 하느님의 기운이 휘돌고 있었다.》

처음에 하느님께서 하늘과 땅을 지으셨다는 기록은 있으나 물을 만드셨다는 기록은 없다. 그 후에도 하느님은 빛(화)을 만드시고 나무(목)를 만드시고 만생만물을 만드셨다는 기록은 있으나 '물'을 만드셨다는 기록은 없다. 그러므로 이 세상을 창조하신 하느님마저 창조하신 큰하느님(예수오행)께서 물을 만드시어 하느님을 도와주신 것으로 종교적(신학적) 차원에서 풀이할 수 있는 것이다. 무슨 말이냐 하면 물이 곧 창조주이며 물의 모든 것이 하느님의 모습이며 형상이며 그 변화가 무상한 정체(기)가 하늘의 전령이며, 이를테면 성령이라는 말을 하려는 것이다. 이는 곧 모든 생명체는 물에서부터 시작되었음을 말하는 것이다. 그러므로 **'처음에 하느님께서 땅을 지으시사 땅은 아직도 모양을 갖추지 않은 상태'** 에서 큰하느님이 물을 만들 수 있는 지혜를 주었으며 토에는 미세한 크고 작은 금이 존재하고 있었고 다시 그 흙들 중에서 물로 생성된 흙들이 있은 후 나머지 흙들과 생겨 난 물로서 모양을 갖추게 되었던 것이다.

물(수)은 오행 중에서 끝이다. 이 물은 생명의 근원으로서 온갖 생명의 씨앗을 보존하여 정착할 '토'를 향하여 가게 되고, 또는 그 물의 위대함은 시간의 과정을 거쳐서 토(땅)를 스스로 창조하기도 한다는 것이다. 인간이 살다가 생을 마감하면 몸은 각종 죄악(부식〈腐植〉 부패과정)으로 오염되어 썩어서 땅으로 흡수되며, 영혼은 하늘로 승천하여 하늘이 정하여 준 천층에 머물다가 빛(화)의 기운을 내포하여 수(물)에 잠재하여 있다가 다시 땅으로 내려와서 새로운 육체를 가진 생명체와 합체되어 일체를 이룬다하는 말인 것이다.

예수오행 상생 법 중 첫번째 '목'과 '토'는 왜 상생한다고 보는가?

예수오행상생법칙이 탄생한즉 예수가 십자가에 달리신 모습을 보면 태초의 하느님의 형상(십자가, 목)에 예수의 몸(토)이 밀착되어졌으니 '목'과 '토'가 서로 원하였던 것으로서 '목'과 '토'는 상생함을 예수는 죽음으로써 보여 주신 것이다.

예수오행 중 두번째 상생은 '토'와 '금'이다.

'토, 금'은 동양오행과 그 상생법이 일치하여 위에서 말한 이치와 같다. 십자가에 달리신 예수의 몸은 땅에서 왔으므로 '토'에 속함이요 그 '토'에 못으로 만든 쇠 '금'이 박히는 사실적인 장면이 이를 증거하고 있는 것이다.

예수오행 중 그 세번째의 상생은 '금'과 '화'이다.

십자가에 달리신 예수의 몸(토)에 쇠못(금)이 박히니 붉은 피가 흘러 나오는지라 붉은 피는 생명이요 영혼의 흐름이며 붉은 색은 불(빛)을 뜻하니 '화'에 속하였다.

《(창세기 1:1~4) 처음에 하느님께서 하늘과 땅을 지어내셨다. ……
'하느님께서 빛이 생겨라' 하시자 빛이 생겨났다. 그 빛이 하느님 보기
에 좋았다.》

이 성경 구절에 의하듯이 하느님께서는 땅(토와 금)을 지어내시고 그
다음은 빛(화)을 지어내셨다. 땅은 '금' 과 곧 상생 관계에 있고 '토' 속
에 '금' 이 있고 '금' 속에 '토' 가 있으니 '금' 과 '화' 는 그 지어진 순서
가 분명하므로 상생함이 부정할 수 없다 할 것이다.

예수오행 중 네번째의 상생은 '화' 와 '수' 이다.
십자가에 달리신 예수의 몸에서 붉은 피가 흘러나오는지라……. 그
붉은 피는 생명을 뜻하며, 불(화)를 의미함이다. 마지막으로 하늘을 우
러러 예수의 눈에서 뜨거운 눈물이 흘러나오니 그 눈물은 오행 중 물 수
(水)에 해당하는 사실적인 연출이 이를 증거하고 있다.

《(창세기 1:2~7) ……어둠이 깊은 물 위에 뒤덮여 있었고 그 물 위에
하느님의 기운이 휘돌고 있었다. 하느님께서 빛이 생겨라 하시자 빛이
생겨났다. ……하느님께서 '물 한가운데에 창공이 생겨 물과 물 사이가
갈라져라!' 하시자 그대로 되었다.》

위 성경 구절에 의하듯이 부연설명을 하면 하느님께서 물(수)에서 빛
(화)를 만드시고 난 후에 다시 물로써 새로운 형태의 공간을 둘로 갈라
놓으셨다. 그 둘로 갈라진 물은 양(하늘)과 음(땅)이 되었고 민물과 바
닷물이 되었다. 큰하느님께서 하느님께 주신 물을 이 세상에 맞게끔 다
시금 분리, 공간 연출시켰음을 알 수 있는 것이다. 그러므로 물이 먼저

만들어진 다음에 빛(화)이 만들어졌고 빛이 만들어진 후에 다시금 새로운 물이 만들어졌음을 알 수 있다. 즉 '수' 와 '화' , '화' 와 '수' 가 서로 상생함을 알 수 있게 된 것이다.

예수오행 중 마지막으로 '수' 와 '목' 의 상생이다.

이 '수' 와 '목' 의 상생원리는 끝에서 처음으로 되돌아가는 윤회의 상생원리로써 동양사상의 오행순서는 소윤회라면 예수오행은 대윤회이다. 예수오행은 오행 중 하나의 주된 원소를 창조하는데 살아서 창조하기 때문이다. 결코 소멸되지 않는 불멸의 큰윤회인 것이다.

십자가에 달린 예수의 눈에서 뜨거운 눈물이 흘러나오는 사실적인 장면, 그 눈물은 물(수)에 속하는지라. 그 눈물은 흘러서 땅(토)으로 떨어지니 온갖 나무(목)가 생겨났음을 증거하는 것이다.

4) 사람의 마음은 신의 작품 중에서 최고의 작품이다

따라서 예수오행상생법은 '목' 과 '토' 가 서로 생하여 도우는 대진리이자 이치이니 '수' 는 '토' 로 대윤회하여 순서에 의하여 '토, 금, 화,' 의 순으로 계속하여 대윤회를 함과 동시에 모든 것을 다시 새롭게 한다. 이는 하느님(목)의 영도 아래 온전하고 완전하게 법도와 법칙과 섭리가 순환하고 있음을 확인시켜 주는 중요한 대목이다. 큰하느님은 영원의 존재이고 죽지 않는 분임을 다시 한 번 일깨워주는, 암호 형식의 표현임을 우리는 믿어 의심치 말아야 할 것이다. 굳이 예수오행의 원리와 이치를 설명하는 이유는 큰하느님의 존재가 어떤 원리와 이치로 살아 계시는지를 알게 하려함에 그 목적이 있는 것이다.

'수' 는 [목, 토, 금, 화] 속에 잠재하여 있으며 [목, 토, 금, 화]을 만들어내는 큰하느님의 기운이 서려있고 온갖 만생만물을 창조할 수 있는 씨앗(종자, 유전자코드)을 보유하고 있으며, 오직 오행 중 '수' 만이 영혼의 씨앗을 보유하고 지키고 보존할 수 있음을 알 수 있게 되었다. '수'는 오행의 끝이면서 윤회하는 과정에서는 으뜸으로 이동한다.

'수' 는 큰하느님이 만들어 내신 창조물 중에서 인간의 마음을 일컬음이요 최고의 작품이다. 최고의 작품이라고 함은 신이 사람을 만들어 놓고 그 사람의 마음을 비록 신이라고 하여도 함부로 침범하지 못하는 절대적 논제를 말하는 것이다.

그러기에 하느님은 아브라함의 자식인 이삭(이사악)을 동물대신 제물로 받치게 하는 시험을 하게 되었고 이는, 사람의 마음(믿음)을 알 수 없었기 때문에 행한 것이며 곧 하늘은 사람의 마음을 침범하지 못한다는 것을 입증하는 명백한 구절이다. 사람의 마음은 하늘의 독보적인 신화이기 때문이다.

그러므로 '수' 는 돌아가려는 성질(윤회)과 뻗어 나가려는 성질(대윤회, 영생)을 동시에 지니고 있는 것이다. 곧 예수오행 중 '목' (하늘)으로 이동하는 성질이 있고 '목' 으로 이동하지 않고 '토' (땅)로 이동하는 성질이 시공의 흐름이나 목적에 따라서 각각 또는 동시에 작용한다는 것이다. 동시에 지니고 있다 함은 '양' 과 '음' 을 뜻함으로써 영적인 하늘의 사상과 만물을 자아내는 성질을 말하는 것이다. 이러한 대원리적 이치에 의하여 '수' 는 이 세상을 창조하신 큰하느님과 하느님의 기운(4차원 이상의 힘과 능력)까지 저장하여 그 힘과 능력을 잃지 않게 하는 작용까지 하며 이러한 원리와 이치에 의하여 세상을 창조하였던 것이다.

《(창세기 1:7∼13) 하느님께서는 이렇게 창공을 만들어 창공 아래에 있는 물과 창공 위에 있는 물을 갈라 놓으셨다. 하느님께서 그 물을 하늘이라 부르셨다. ……하느님께서 '하늘 아래 있는 물이 한 곳으로 모여 마른땅이 드러나거라' 하시자 그대로 되었다. ……하느님께서 '땅에 온갖 움이 돋아나거라!' 하시자 그대로 되었다. 이리하여 땅에는 푸른 움이 돋아났다. ……온갖 풀과 씨 있는 온갖 과일 나무가 돋아났다.》

그러므로 하느님께서는 예수오행에서 '수' 가 윤회할 적에 오행의 첫 번째 즉, 하느님의 형상을 상징하는 십자가(목)로 윤회하는 한편 땅으로 동시에 그 작용력을 윤회하게끔 하신 것이다. 즉, 동시에 윤회한 '수' 를 설명하면 '목' 으로 윤회한 '수' 는 하늘이 되었고 '토' 로 윤회한 '수' 는 땅이 되었던 것이다. 이는 곧 새로운 세상을 창조하는데 하늘의 설계도이며 공식임에는 틀림없는 사실임을 입증한 것이다.

《(창세기 2:9) 하느님께서는 보기 좋고 맛있는 열매를 맺는 온갖 나무를 그 땅에서 돋아나게 하셨다. 또 그 동산 한가운데는 <u>생명나무</u>와 <u>선과 악</u>을 알게 하는 나무도 돋아나게 하셨다.》

이 말씀은 예수오행이 곧 생명나무의 진리임을 나타내며, 그 진리가 곧 하느님의 형상인 십자가 나무(목)에 매달려 있는 열매 즉, '토, 금, 화, 수' 의 오행이 생명나무와 열매임을 내포하였고 선과 악의 구절은 '양' 과 '음' 을 이치를 나타냄으로써 '양음' '오행' 의 칠절을 고스란히 담고 있는 기막힌 대목인 것이다. 바야흐로 큰하느님의 영적 기운이 살아서 숨쉬는 생명과도 같이 모든 차원을 초월하여 작용하는 시대가 왔음을 우리는 감지하여야 한다.

예수오행은 그렇게 대윤회(재창조론)하여 영원한 생명을 얻게 된다는 대진리의 메시지이다. 예수오행은 [목, 토, 금, 화, 수]의 순으로서 큰하느님께서 언제든지 마음만 먹으면 이 세상 어디에서든 새로운 세상의 천지창조를 행할 수 있는 큰능력의 힘의 원천이다. 이 말은 곧 우리가 예수오행의 진리를 터득하여 그 이치를 깨달은즉, 우리도 그러한 세상을 창조할 수 있다는 대진리를 말하려 하는 것이다.

《(창세기 2:4) 하늘과 땅을 지어내신 순서는 위와 같았다.》

이 성경 구절은 위 각 항목에서 인용한 성경 구절이 밝히듯이 예수오행의 원리 즉, [목, 토, 금, 화, 수]의 상생원리에 의하여 세상을 지었음을 나타내고 있는 것이다. 따라서 우리의 사후세계의 안녕도 이와 같은 원리와 이치에서 이루어질 수 있음을 알아야 한다. 육체가 없는 영혼이 하느님의 나라에 거하며 영생한다고 하는 것은 영생이 아니며, 육체가 없는 영혼은 생령이 아니므로 영생이라고 할 수 없는 것이며 살아있다고 표현할 수 없는 것임을 우리는 혼동하여서는 아니 될 것이다. 하느님 나라에 가서 영원히 영생함을 얻겠다는 믿음은 두 번 다시 새로운 생명으로 태어나지 않겠다는 믿음과 같은 것인즉, 우리는 이를 염두에 두어야 할 것이다. 그 믿음의 발상은 영원의 죽음을 뜻함을 우리는 깨달아야 할 것이다. 그러한 위험한 믿음의 발상은 믿음을 가지지 아니하는 자들보다, 하릴없이 자연의 법칙에 사후세계 영혼을 맡기는 자들보다 더 위험하고 어리석음의 극치인 것이다. 즉, 영생(천국)의 정의는 끊임없이 순환하여 단계(중보)의 법칙을 거쳐서 생령으로 거듭나는 이치를 말하려 하는 것이다.

우리가 살아생전 보다 나은 삶을 위하여 끊임없이 노력의 공부를 하듯이, 우리가 목적하는 방향으로 나아가기 위하여 지혜와 지식과 기술을 깨우치고 배우고 습득하듯이, 우리의 사후세계를 위하여 완전한 사후세계의 참된 선택권을 가지기 위하여, 자연의 법도에 우리의 사후세계를 대책 없이 맡기는 무지한 원시적인 차원에서 벗어나기 위하여, 우리는 올바른 믿음을 배워야 할 것이다. 예수오행의 탄생은 그 대진리는 우리의 사후세계를 알게 하려 함에 있음을 우리는 깊이 있게 받아들여야 할 것이다. 그리하여 우리는 죽은 후에 우리가 원하고 바라는 곳 어디든지 갈 수 있는 믿음과 깨우침을 얻음으로써 우리의 사후세계는 참으로 큰하느님의 축복과 가호와 은총에 의하여 그 원하는 대로 이루어질 것임을 믿어야 한다. 예수오행의 순서는 예수가 십자가에 달린 후 죽음의 모습에서 발견된 대우주의 신비와 대진리와 그 원리와 이치를 보여주는 최고의 메시지인 것이다.

7. 예수오행의 진리와 원리는 무엇을 의미하며 나타내는가?

1) 예수오행의 5원소에 의하여 빅뱅의 시점을 확인하였다

예수오행의 진리가 알려주는 대우주창조의 시점, 빅뱅의 시점은 예수오행[목, 토, 금, 화, 수] 중 '금' 의 위치에 있다. 이를 체계적으로 서술하여 보기로 한다.

태초(천지가 창조되기 전)에 방향이 계셨다. 이 방향은 전에도 계셨으며 이제도 계시며 후에도 계시는 불변의 방향이다. 이 방향에서 태초에 음과 양이 생겨나서 그 음과 양이 서로 교차하여 하나의 형상을 이루어내니 그가 곧 이 대우주를 만드신 큰하느님이시다.

그 큰하느님은 '목' 이시며, 그 큰하느님은 조용하고도 고요하게 무(無)에서 '토' 와 '금' 을 만들어 내셨다. 그 '토' 와 '금' 은 너무도 작고 작은 알맹이의 존재들이었으며 지금도 하늘 공간에는 존재하고 있으며

우주가 창조된 공간 중 태초의 공간이 그대로 존재하고 있다. 그 크기
가 너무도 작아서 마치 무(無)의 존재와도 같다고 할 것이며, 이 '무'와
도 같은 존재의 '토'와 '금'은 '음'과 '양'의 변화로 인하여 서로 충돌
하여 대폭발이 일어났고 그 폭발로 인하여 비로소 빛이 생겨나게 되었
다. 그는 곧 '화'이다. '화'의 존재를 탄생시키며 너무도 작아서 '무'의
존재와도 같은 '토'와 '금'은 덩어리(기체)를 이루면서 무(음, 陰)에서
유(양, 陽)로 새롭게 탄생되었다.

   이를 다시 정리하여 빅뱅의 시점을 정하니 태초에 방향이 계셨다. 그
방향은, 그 방향에서 '음'과 '양'이 구분되고 그 구분됨이 서로 교차하
여 하나의 형상을 이루니 태초의 하느님의 형상이며 오행에서는 '목'
의 자리이시며 우리의 모습이다. 하느님의 형상이 무에서 오시니 그 분
의 혼자됨의 시간은 기나긴 <u>고독과 외로움과 서러움이었다.</u> 그로 말미
암아 다시 무에서 오신 이가 계셨으니 그는 곧 오행에서 '토'이다. 그
'토'의 존재는 너무도 작고 작은 핵심(核心)의 알맹이의 존재이었고 마
치 '무'와도 같았다. 하느님께서 슬픔과 고독과 인내의 세월 속에서
'토'의 존재를 만들어 내었던 것이다. 마침내 그 '토'의 존재와 하느님
은 하나 되심을 이루니 그 하나 됨의 시간은 '토'는 '목'과 계시며 '목'
은 '토'와 함께 하시니 그는 곧 <u>끝없는 사랑을 이루어 내었다.</u> 그로 말
미암아 또 다시 '무'에서 하나의 존재가 탄생하니 그 존재는 곧 오행에
서 '금'이다. 이 '금'의 존재 또한 '토'와 같은 너무도 작은 알맹이의
존재이고 '무'의 존재와도 같았다. 이 '금'의 존재는 하느님과 하나 된
'토'와 또 다시 합체하니 그는 곧 스파크(SPARK, 불꽃)와 같은 형국으
로 태초의 하느님과 합체된 '토'와 만나서 불꽃을 이루어내니 그 기운
은 <u>행복과 기쁨과 쾌감과 희망</u>의 존재가 되었다. 급기야 때가 다가온즉,

그 때는 고통과 괴로움의 시간이었다.

그 엄청난 고통은 곧 대폭발(빅뱅)을 이루어내고 **그 고통과 괴로움과 번민**으로 인하여 새로운 기운이 창조된즉, 그는 곧 오행에서 '화' 이며, 화의 시간은 **부활이며 생명이며 영혼이 되었다.** 이 '화' 의 창조와 함께 비로소 '목' 과 '토' 와 '금' 이 무에서 유의 새로운 모습으로 대 우주공간을 연출하는 삼라만상의 물질로 이루어지게 되었던 것이다. '무' 의 모습에서 '유' 의 모습으로 대전환의 변화가 이루어진 것이다.

'화' 의 출현으로 인하여 다시금 창조된 이가 계셨으니 그 기운은 바로 오행에서 '수' 이며 '목' 과 '토' 와 '금' 과 '화' 의 상생으로 합심하여 빚어낸 분이시니 이름하여 '수' 이다. 오행 중 '수' 의 시간은 **믿음이며 영생의 자리를 맡게 되었다.**

예수오행상생 **[목, 토, 금, 화, 수]** 즉, '화' 가 '수' 를 생하니 '수' 는 생명의 근원이 되었다. 이로써 빅뱅의 시점은 [목, 토, 금, 화, 수]의 예수오행에서 '금' 의 위치에 있음을 알 수 있는 것이다. 예수오행의 대진리의 비밀을, 그 심오한 첫 단계의 비밀을, 태초에 감추어진 비밀이 위와 같은 단계로 드러나게 된 것이다.

우리는 분명하게 알아야 한다. 우리의 삶 자체인 인생행로는 이와 같은 이치에서 온 것임을 이제는 알아야 할 때가 온 것이다. 예수오행의 대진리와 이치를 깨닫고 깨우쳐서 큰하느님을 믿음으로 봉양하고, 그 가르침을 우리 것으로 만들어서 사후세계의 안녕을 기약하도록 하여야 할 것이다.

2) 우리의 삶은 곧 하느님의 삶이다

하느님의 힘과 능력은 언제나 우리 곁에 계신다. 다만, 우리는 그 힘과 능력을 감지하지 못하고 있을 뿐이다. 우리의 삶은 하느님의 삶을 그대로 재현하고 있는 것이다. 하느님(목)께서 이 세상을 창조하기 위하여 겪었던 그 시간과 같이 우리는 고독하고 외롭고 슬퍼도 인내하고 참고 또 참고 살 것이며, 예수(토)와 같이 끝없는 사랑으로 마음을 다스릴 것이며, 큰하느님을 상징하는 '목금' 중에서 '금'에서 진정한 행복과 기쁨과 희망의 삶을 배우고 느끼고 얻을 것이며, 또한 고통과 괴로움이 수반되더라도 때를 기다릴 줄 아는 지혜를 간구할 것이며, 그로 인하여 예수(토)속에 예수와 같이 하는 '화'의 기운과 진리에서 참된 믿음으로 말미암아 부활과 생명을 얻을 것이며, 예수(토) 속에 예수와 같이 하는 '수'의 심오한 진리에서 크고 참된 믿음을 다시 한 번 확인하여 영생의 길을 가는 지혜를, 그 참되고 큰믿음의 끈을 놓지 않음으로 인하여 우리가 원하는 모든 것을 이루도록 혼신의 힘을 기울여야 할 것이다.

3) 예수오행에는 지구의 공전과 자전의 원리가 담겨져 있다

성경은 우리들이 하늘나라로 갈 수 있는 가르침만 주신 것이 아니라 하늘나라의 기본 원리도 알려 주었다. 지구가 공전하고 자전하는 것을 이미 오행으로써 알려주신 것이다. 예수오행의 원리와 이치에 그 답이 있다. 즉, 지구는 태양을 주기로 공전하며 그 주기의 숫자는 365,2563으로서 이를 단수로 모두 더하니 3 + 6 + 5 + 2 + 5 + 6 + 3 = 30의 수가 나온다. 또한 지구는 스스로 도는 자전을 하니 그 주기의 숫자는 23시 56분 04초이며 이를 위와 같이 모두 더하니 20의 수가 나왔다. 이 지구의 공전과 자전의 수를 모두 합하면 50의 수가 나오고 다시 단수법칙에 의하여 답을 구하니 5 + 0 = 5의 숫자가 출현하였다. 이 5의 숫자는 예수오행을 일컬음이다. 즉, 지구의 공전과 자전은 예수오행의 [목, 토, 금, 화, 수]의 원리와 이치에 의하여 조화와 질서로써 유지됨을 알 수 있으며, 지구의 공전 주기 합수 30은 예수를 상징하는 오행 중 '토, 화, 수'

의 작용력을 말함이요 지구의 자전 주기 합수 20은 예수 오행 중 하느님
을 상징하는 '목금'의 작용력을 말함임을 알 수 있는 것이다.

다시 지구의 남극은 양(화)에 해당함이요 북극은 음(수)에 해당함이
며, 그 지구의 축(자전)은 전면에 대하여 23.5도로 기울어져 있음도 예
수오행과 동양오행의 오묘한 진리와 이치에 의한 것이다. 즉, 23.5도 중
23은 단수로 2 + 3 = 5가 출현함으로 예수오행(목 토 금 화 수)의 큰진리
를 말함이요 점 5도는 동양오행(목 화 토 금 수)의 작은 진리를 나타내
는 것이다. 또한 성경은 지구는 이미 둥글다는 것을 말씀하셨고, 시작이
있으면 끝이 있고 그 시작이 끝과 만남을 알려 주었고 동그라미(둥글
다)가 있은즉 시작이 끝을 만나니 끝이 곧 시작이요 시작이 곧 끝임의
이치를 알려 주었으니 그것은 원(圓)이며 윤회임을 말씀하였다. 또한
크게는 영원의 원이며 영원의 윤회임을 말씀하신 것이다.

《(창세기 1:6~10) 하나님이 이르시되 물 가운데 궁창이 있어 물과 물
로 나뉘라 하시고 하나님이 궁창을 만드사 궁창 아래의 물과 궁창 위의
물로 나뉘게 하시니 그대로 되니라. 하나님이 궁창을 하늘이라 부르시
니라. 저녁이 되고 아침이 되니 이는 둘째 날이니라. 하나님이 이르시
되 천하의 물이 한 곳으로 모이고 뭍이 드러나라 하시니 그대로 되니
라. 하나님이 뭍을 땅이라 부르시고 모인 물을 바다라 부르시니 하나님
이 보시기에 좋았더라.》

이 성경 구절은 구절 중 '물 가운데 궁창이 있어 물과 물로 나뉘라 하
시고 하느님이 궁창을 만드사 궁창 아래의 물과 궁창 위의 물로 나뉘게
하시니…….'는 지구는 둥글고 윤회의 법칙에 의하여 하늘과 땅을 지
으심을 말씀하신 것이다. 즉, 예수오행 [목, 토, 금, 화, 수] 중 마지막

‘수’ 는 둥글게 윤회하면서 그 성질대로 ‘양’ 의 성질은 ‘목’ 으로 윤회하여 하늘(궁창, 창공)을 만들었고 ‘음’ 의 성질은 ‘토’ 로 윤회하여 뭍(땅)을 만들어 내었다는 이치를 말하려 하는 것이다.

이렇듯 성경의 구절은 심오한 과학이며 성경 속에 감추어진 오행을 발견함으로써, 그 진리와 이치를 깨달음으로서 지구는 이미 둥글다는 것을 말씀하심을 알 수 있고 ‘수’ 가 하늘과 땅으로 두 갈래로 갈라져 윤회하면서 세상을 창조하였음을 알 수 있게 되었다.

4) 예수오행은 큰하느님의 영의 모체이면서
각각 다섯 신이 존재하고 있다

대빅뱅에 의하여 ‘화’ 가 생겨나면서 그 ‘화’ 는 ‘수’ 를 창조하는 물질을 만들어 내었다. 지금 이 순간에도 우주는 끊임없이 팽창하면서 새로운 천지를 창조하는 그 원리와 이치는 이와 같은 즉, 우리는 이 예수오행의 대진리를 연구하고 탐구하여 모든 면에서 우리들 것으로 만들기를 큰하느님은 원하고 계신다. 태초에 이 세상을 창조하기 위하여 필요했던, 그 원자재인 ‘토’ 와 ‘금’ 은 전에도 지금도 후에도 존재하는 큰하느님의 지혜와 명철의 협조자이다. 우리가 원하면 어디서든 언제든 그들을 보게 될 것이다. 그러므로 우리의 마음의 영혼은 하늘에 그 믿음이 있음이요 우리 마음의 의지하는 믿음은 ‘토’ 와 ‘금’ 에 있는 것이다.

‘토’ 와 ‘금’ 이 서로 상생하니 그는 곧 둘이면서 하나인 것이다. 즉, 우리 마음에 하느님이 계시고 또는 부처가 계시며, 그러므로 신과 우리가 따로 있는 것이 아니라 신과 우리가 하나로 되어 있다. 라는 말과 같은 이치이다. 그러나 이와 같은 미미한(식상한) 주관적인 이치를 예수오행은 객관적인 이치로 실현시킨 것이다.

《(잠언 8:22~31) 여호와께서 그 조화와 시작 곧 태초에 일하시기 전에 나를 가지셨으며 만세 전부터, 상고부터, 땅이 생기기 전부터 내가 세움을 입었나니 아직 바다가 생기지 아니하였고 큰 샘물이 있기 전에 내가 이미 났으며 하나님이 아직 땅도 들도 세상 진토의 근원도 짓지 아니 하셨을 때에라 그가 하늘을 지으시며 궁창으로 해면에 두르실 때에 내가 거기 있었고 그가 위로 구름 하늘을 견고하게 하시며 바다의 샘물을 힘있게 하시며 바다의 한계를 정하여 물로 명령을 거스르지 못하게 하시며 또 땅의 기초를 정하실 때에 내가 그 곁에 있어서 창조자가 되어 날마다 그 기뻐하신 바가 되었으며 항상 그 앞에서 즐거워하였으며 사람이 거처할 땅에서 즐거워하며……기뻐하였었느니라.》

위 성경 구절은 하느님(목)과 함께 한 이는 우주생성의 대폭발이 일어나기 전에서부터 존재하였던 '토' 와 '금' 을 일컫는 말씀으로서 예수오행의 대진리 속에 존재하는 두 신(神)을 말씀하신 것이다.

예수오행은 참믿음의 증표이며 신과 인간을 연결하는 과학적인 매개물이며 이 세상의 삼라만상의 이치보다 더욱 더 크고 더욱 더 새로우며 젊음의 시간을 영생으로써 살아갈 수 있는 설계도이며 지대한 과학을 발전시킬 수 있는 그야말로 대우주를 탐험하고 새로운 신천지를 창조할 수 있는 근본의 도(道)이다. 예수오행의 대진리는 큰하느님의 상징이며 예수의 상징이며 깨달음을 얻는 자의 상징이며, 태초의 하느님과 예수가 합체되어 탄생하신 큰하느님의 상징이며, 태초의 우주생성과 법도와 법칙의 방대한 설계도인 것이다. 즉, 예수오행의 5원소가 합체되어 큰하늘을 이루어내고 각각 분리되면 다섯 신(원소)이 존재하여 세상에 기운으로써 존재하고 있다는 의미를 부여하고 있음을 말하고 있다.

5) 예수오행은 하느님의 계획과 예수의 의도에 의하여 드러났다

《(마태, 마태오 26:52~54) 칼을 도로 칼집에 꽂아라. ······내가 아버지께 청하기만 하면 당장에 열두 군단도 넘는 천사를 보내주실 수 있다는 것을 모르느냐? 그러나 그렇게 한다면 이런 일이 반드시 일어나리라고 한 성서의 말씀이 이루어지겠느냐?》

위 성경 구절에서 **'이런 일'** 은 십자가에 달리는 일, 예수오행을 말한 구절이다.

《(히브리서 10:1) 율법은 장차 오는 일의 그림자요 참형상이 아니므로 해마다 늘 드리는 바 같은 제사로는 나아오는 자들을 언제든지 온전케 할 수 없느니라.》

위 구절은 예수오행에 의하여 새로운 모습으로 큰하느님이 탄생하실 것을 예견함과 동시에 큰하느님의 존재를 알지 못하고 행하는 모든 행위는 합당하지 않으며 진실로 구원받을 수 없다는 암호 구절이다. 구약성경은 율법의 성경이라고 하여도 과언이 아니다. 이렇게 장황한 율법의 구절은 예수오행을 탄생시키는 일련의 과정과도 같은 것이다. 영원불멸의 세상을 만들고 무릉도원(武陵桃源)을 만드는데 완벽한 설계도이며 지침서이며 참형상임을 우리는 부정하여서는 안 될 것이다. 현재 '바르도 도돌'이나 티벳의 '사자의 서(死者의 書)' 등에서 찾아 볼 수 있는 문장이 큰하느님의 영역을 표상하는 도형과 비슷한 상징을 찾아 볼 수 있는데 어떻게 어떤 원리와 이치에 의해서 그것이 문장으로 그려졌는지는 명확하게 설명해 놓은 기록은 없다. 다만, 윤회의 상징, 무한의 상징, 우주만물의 법도에 기인한 상징, 외계인의 우주적인 과학을 대

변하는 무한의 상징 정도로 주관적인 설명에 그치고 있다. 여기서 다시
한 번 오행 중 '토'와 '금'의 존재에 대하여 확인하였다.

**《(잠언 8:22~24) 여호와께서 그 조화의 시작 곧 태초에 일하시기 전
에 나를 가지셨으며 만세 전부터, 상고부터, 땅이 생기기 전부터 내가
세움을 입었나니 아직 바다가 생기지 아니하였고 큰 샘물이 있기 전에
내가 이미 났으며…….》**

위 성경 구절 중 **"……내가 이미 났으며"**라는 말은 곧 방향이다. 중앙
방, 방향이다. 모든 혼돈의 방향의 기준인 중앙 방인 것이다. 혼돈의 세
월에는 위아래의 구분이 묘연하였으며 방향의 명확성이 제시되지 못한
시간대를 말함으로써 아무런 시비가 없는 중앙 방을 말함이다. 오행 중
물체로는 빅뱅 전 너무나도 작은 알갱이로써 방향으로는 '토', '금'이
다. 그 방향은 곧 지혜와 명철이다. 지혜는 방향을 잡고 선과 악을 구별
하며 우주만물의 법도와 법칙과 도리와 이치를 한 치의 오차도 없이 행
함에 있다. 그러기에 예수오행에 의하여 방향을 정한 즉, 그 중심에는
'금'이 존재하고 동양오행의 방향에서는 그 중심에 '토'가 존재하여
조화와 질서를 확립시켜 놓았다. 그러기에 '토 금'의 상생원리는 태초
에나 지금이나 변함이 없는 것이다.

지혜가 없이는 방향을 알지 못하며 사악한 무리를 대적하지 못한다.
하느님은 그 방향을 앎으로써 이 세상을 창조할 수 있었다. 하느님은
지혜의 도움으로 방향을 잡아서 이 세상을 창조한 것이다. 방향은 이
세상 천지만물이 창조되기 이전에 이미 존재하였다. 그 방향은 대우주
의 모든 만생만물에게 적용되며 모든 생명체들과 함께 하고 있다. 하찮
은 미물도 방향을 잃어버리면 그것은 곧 죽음을 의미하는 것이요, 우리

또한 인생행로의 방향(대진리의 믿음)을 잃어버리면 그만큼 힘들고 괴로운 삶(영혼)이 됨을 우리는 이미 알고 있다.

《(요한복음 1:1~5) 한 처음, 천지가 창조되기 전부터 말씀이 계셨다. 말씀은 하느님과 함께 계셨고 하느님과 똑 같은 분이셨다. 말씀은 한 처음 천지가 창조되기 전부터 하느님과 함께 계셨다. 모든 것은 말씀을 통하여 생겨났고 이 말씀 없이 생겨난 것은 하나도 없다. 생겨난 모든 것이 그에게서 생명을 얻었으며 그 생명은 사람들의 빛이었다. 말씀이 곧 참빛이었다. 그 빛은 어둠 속에서 비치고 있었다. 그러나 어둠이 빛을 이겨본 적이 없다.》

이 성경 구절의 말씀은, 곧 '토' 와 '금' 을 말함이다. 소리는 땅의 재료이며 무의 원천이다. 소리는 깨우침(가르침)의 말씀이며 오행 중 곧 소리로는 '토' 와 '금' 이다. 소리는 빅뱅 전에 이미 생겨났으며 빅뱅과 함께 생겨난 소리의 모체이면서 소리에서 영혼이 생겨나게 되었으며 빅뱅과 함께 오행 중 나머지 '화' '수' 가 창조되었던 것이다. 그러므로 '토' 와 '금' 의 존재는 세상에 생겨나기 전의 하느님을 상징하는 '목' 과 함께 한 방향이었으며 소리이며 원소 중 하나이다. 곧 방향은 태초의 하느님이며 '토' 와 '금' 은 하느님의 형체를 이루는 구성요소로서 하늘을 지칭하는 것이다.

태초에 감추어둔 하늘의 진리, 차원을 넘나들 수 있는 관문의 열쇠 예수오행을 이루기 위하여 하늘의 계획과 예수의 의도에 대하여 본문 중 '예수를 배신한 유다는 과연 정의롭지 못한 사람이었는가?' 편에서 부연 설명을 함으로써 역력하게 밝히고 있다. 이로써 예수오행의 대진리의 이치를 우리는 기초적인 과정일지라도 알게 되었다. 이제는 큰하느

님을 믿고 의지하여야 우리들의 삶과 영혼이 큰하느님의 터전에서 영
생할 것임을 밝은 눈으로 감지하여야 한다.

제 2 장

숫자와 한글

제2장

숫자와 한글

1. 예수와 관련된 숫자는 무엇이며 믿음의 모순은 무엇인가?

1) 예수를 상징하는 대표적인 숫자는 기본수 9의 수이다

우선 예수는 예수 외에, 예수 그리스도, 나사렛(Nazareth) 예수로서 불려지기도 한다. 예수의 여러 가지 이름 숫자는 어떤 숫자와 연관되어 있는가를 알기 위해서는 그 중심을 동방의 나라 대한민국의 국어를 기준으로 하여 한글 획수를 정하여 풀이하였으며, 단수를 적용시켜서 최

종 단수와 관련된 숫자를 연결 지어 이를 풀어보고자 한다. (대한민국 한글
획수 산출법은 다음 편에 기록된 '대한민국 국어는 하늘의 글이며 성경 구절에 감추어진 암호를
풀이하였다.' 편에서 자세하게 설명하였다.)

첫째, '예수' 의 이름은 한글 획수를 기준 하여 그 획수를 정리하니 총
9획수로서 예수는 9의 숫자와 관련되어 있다.

둘째, 예수오행의 [목, 토, 금, 화, 수]의 오행을 순수하게 대한민국 국
어의 획수를 적용하여 그 답을 얻은즉 목 = 6획, 토 = 5획, 금 = 5, 화 =
7, 수 = 4획으로서 이를 모두 합하면 6 + 5 + 5 + 7 + 4 = 27의 수가 출현
하고, 다시 단수의 법칙에 의하여 답을 얻으니 2 + 7 = 9의 수가 출현하
여 예수오행의 원소 5가지의 합한 수가 예수의 숫자 단수 9수와 일치함
을 알 수 있다. 수의 진리는 절대 불변하며 청정의 오차도 허용하지 않
는다.

예수오행으로 인하여 숫자의 성질과 특성을 본문에서 기술하였고 그
예리함과 경이로움에 공감대를 형성하게 될 것이다.

셋째, 예수와 관련된 숫자 9, 예수의 가르침(전도)의 시간과 십자가에
달린 나이를 계산하여 보면 9의 숫자가 다시금 형성됨을 알 수 있다.

**《(누가복음, 루가 3:23) 예수께서는 서른 살 가량 되어 전도하기 시작
하셨는데…….》**

위 성경 구절은 어림짐작의 표현을 구사함으로써 명확하게 서른 살이
라고 되어 있지 않다. 그러나 예수는 30세에 3년의 가르침을 행하였고

33세에 운명을 달리 하였다. 그 이치는 예수의 숫자 9가 형성됨으로써 거론의 여지가 없다. 즉, 3년의 가르침의 시간과 33세의 나이는 곧 9의 숫자가 나옴으로써 30세에 전도를 시작하였다는 것이 명확하여졌다는 결론이다. 3 + 3 + 3 = 9로서 예수는 대우주만물의 수의 진리와 이치에 의하여 이 세상에 선택되어 나셨다.

2) 예수의 이름 중 '예수' 를 상징하는 대표적인 9의 수는 불변함을 나타낸다

이 9의 숫자는 단수(기본수)의 마지막 숫자이다. 다른 기본수(0, 1, 2, 3, 4, 5, 6, 7, 8, 9)를 9와 더하여 보면 그 답이 변함이 없다는 것은 누구나 알고 있는 사실이다. 우선 기본수 중 1의 수를 9와 더하여 보면 9 + 1 = 10으로서 다시 단수의 법칙에 의하여 1 + 0 = 1로서 1은 숫자의 으뜸이면서 태초의 하느님의 숫자이며 십진법의 10이며, 천지만물의 으뜸을 의미한다. 1의 수가 10의 수도 된다고 하는 이치는 10의 수는 오행 중에서 '수' 에 해당하고 '수' 의 성질은 '양' 과 '음' 의 두 가지 성질을 내포하고 있으며 '목' 과 '토' 로 윤회한다고 본문에서 설명하였다.

이는 처음으로 되돌아가려는 성질과 뻗어나가려는 성질의 양면성을 보여주기 때문에 10의 수가 1의 수도 된다는 이치이다. 그러므로 예수의 이름은 그가 곧 단수의 9로서 기수의 끝이며, 뻗어나가서 10을 창조하면서 되돌아가서 1로서 새로운 시작을 의미하니 예수는 '주' 가 되는 이치이며 이는 곧 **"아버지 안에 내가 있고 내 안에 아버지가 계시느니라."** 의 성경 구절의 말씀을 뒷받침하는 수학적 논리이다.

나머지 숫자 중 2를 9와 더하여 보면, 9 + 2 = 11로서 다시 1 + 1 = 2가 출현한다. 이와 같이 모든 단수의(단수에 의하여 이루어진 복수 포함) 0, 1, 2, 3, 4, 5, 6, 7, 8의 수는 9의 숫자와 합하여 그 답의 단수가 9와 합한 숫자와 다르지 않음을 우리는 알고 있는데 이를 강조하는 이유는, 예수의 진리는 불변하다는 것을 숫자로 설명하려는 의도이다. 그러므로 예수는 곧 그가 **"길이요 진리요 생명이니……."**의 성경 구절의 말씀은 불변하다는 것이다.

3) 성경 구절에 존재하는 생명나무는 예수를 나타내며 108의 수를 자아낸다

이와 같은 수학적 공식으로 인하여 예수와 관련된 성경 구절을 추가로 살펴보면 '생명나무가 있어 달마다 열매를 맺고'와 '그 동산에는 생명나무도 돋아나게 하셨다' 즉, 생명나무는 예수임을 알 수 있다.

《(요한계시록, 묵시록 22:2) 생명나무가 있어 달마다 열매를 맺고 그 나뭇잎은 만국을 치료하는 약이 될지니…….》

위 성경 구절에 의하듯이 **'생명나무'**는 한글 획수로 21획수가 출현한다. 21의 수는 2 + 1 = 3의 수가 형성되므로 기수 중 3의 수는 생명나무를 상징하는 수로서 자리하게 된다. **'생명나무가 있어 달마다 열매를 맺고'**는 일 년 열두 달 열매를 맺는다는 말이며, 열두 달을 예수의 숫자 9와 더하여 보면 즉, 12를 9와 열두 번을 더하니 108의 숫자가 나오게 된다. 이 글은 성경 구절만을 두고 진리와 이치를 설명하고자 하는 것의 목적이 있는 진리적 내용이 아니다. 성경 구절에 설명하고자 하는 구절이 모호하거나 존재하지 않는 것은, 혹은 존재하여도 전혀 다른 각도나 채널에서 그 설득력을 인용하여 설명할 것이며 종교적 사상과 이념을 성경 구절에만 국한시키지 않았음을 제삼 밝혀둔다. 즉, 예수오행을 구심점으로 하여 이 글을 작성하지만 예수의 진리는 시공을 초월하고 각 종교와 종파, 이념을 초월하여 언제 어디서나 존재하고 있기 때문이다.

108번의 숫자는 예수를 상징하는 9의 수 12배수로서 생명나무를 나타내는 수이며, 단수는 각기 다른 성질을 나타내는데 그 중 3의 수가 에덴동산에 돋아난 생명나무를 의미한다. 108번의 수는 3의 36배수로서 생명나무가 진화하여 성장한 모습을 상징하는 수이다. 108로서 예를 갖출 때 그들 앞에 놓여 있는 모습(형상, 우상이 아닌)이 다를지라도 그 모습을 믿음의 구심점으로 바라보는 것이 아니라 내외부에는 반드시 예수의 진리가 서려 있음을 말하려 함이다. 예수라고 표현하는 것은 예수의 모습이 아니라 예수의 진리를 표현하는 것으로서 예수의 모습을 믿는 것이 아니라 그 진리와 객관적 통달 과정과 깨달음의 구심점을 믿어야 마땅하다는 하늘의 이치를 말하려 하는 것이다. 그러므로 예수의 모습과 진리의 차이를 우리는 이해하고 혼란이 있어서는 아니 될 것이다.

4) (예수 그리스도)의 이름은 기본수 4의 수며, 기본 방향과 형체를 나타낸다

'**예수 그리스도**' 의 이름을 대한민국 국어의 획수로 풀어보았다. 예수가 9획 그리스도가 13획으로 합한즉 22획이 나오고 이를 단수에 의하여 분리하여 더하면 2 + 2 = 4의 수가 출현하므로 예수 그리스도의 이름은 4의 숫자와 관련되어 있는 것이다. '예수 그리스도' 와 관련된 4의 숫자는 우리가 살고 있는 세상이 생겨나기 전부터 존재하였던 동서남북의 4방향을 말함이요 예수오행에 의하여 만들어진 태초의 하느님을 상징하는 도형의 네 방향을 의미하며 그 도형에 잠재해 있는 네 개의 점(인침, 도장)을 의미한다. 그러므로 다섯 가지 원소 중 한 가지를 취하기 위하여, 완전한 오행을 이루기 위하여 이 세상에 나신 것이며, 그 한

가지는 곧 오행 중 '금'이며 '금'은 '우리'를 말함으로써 우리를 위하여 세상에 임하신 것이다.

 5) (나자렛 예수)의 이름은 기본수 7을 상징하며
    신성한 곳(장소)을 나타낸다

'**나사렛 예수**'는 '나사렡'은 정확한 영어발음이 '나사렡' (nazareth, nazwrai`o`)으로 발음되므로 '나자렛'은 16획이고 예수는 9획으로서 모두 합한즉 25획이 나온다.

단수의 법칙에 의하여 2와 5를 분리하여 더하면 2 + 5 = 7이 나옴으로써 '나사렛 예수'의 이름은 7의 숫자와 관련되어 있음을 알 수 있다.

《(이사야 11:1) 이새의 줄기에서 한 싹이 나며 그 뿌리에서 한 가지가 나서 결실할 것이요…….》

《(이사야 11:10) 그 날에 이새의 뿌리에서 한 싹이 나서 만민의 기치로 설 것이요…….》

위 성경 구절 중 '**이새**'는 그 획수가 한글로 7획으로서 나자렛의 7의 숫자와 일치한다. 예수가 나자렛에서 사람의 몸을 빌려서 잉태시키는 이가 계셨고 그 예수를 하느님의 자식으로 명하여 하늘의 운기를 예수에게 주어 중생들을 전도하는 우뚝 섬의 능과 언변과 소명을 주실 것으로 풀이할 수 있다. 즉, '이새'는 '나자렛' 지명을 뜻하고 예수가 그 땅에서 잉태되어 하느님을 경외하며 온 세상에 예수의 이름을 높일 것이라는 의미와 뜻이 되는 것이다.

《(이사야 11:15) ……일곱 갈래로 나눠 신 신고 건너가게 하실 것이라.》

위 성경 구절은 예수의 진리가 이 세상에 나타나심을 의미하는 구절이다. 즉, 7의 숫자는 나자렛의 숫자 7을 의미하고 예수는 나자렛(Nazareth)에서 하늘의 기운을 증거하였다. 나자렛은 예수가 잉태되었던 곳, 그 기운이 성스러운 곳, 그 곳은 7의 수를 의미한다. 7의 수와 무지개(빨주노초파남보)는 ['양음' 목, 토, 금, 화, 수]의 7가지 진리를 나타낸 것이며, 쌍무지개(14)는 예수오행을 뜻하는 하늘의 만고천하의 장관(壯觀)이다.

6) 믿음의 구심점은 예수의 모습도 아니며 계보의 명분도 아니다

《(마태, 마태오 2:1) 예수께서 유대 베들레헴에서 나시매…….》

《(누가, 루가 1:26~31) 여섯째 달에 찬서 가브리엘이 하느님의 보내심을 받아 갈릴리 나사렛이란 동네에 가서 다윗의 자손 요셉이라 하는 사람과 약혼한 처녀에게 이르니 그 처녀의 이름은 마리아라……. 보라 네가 잉태하여 아들을 낳으리니 그 이름을 예수라 하라.》

위 성경 구절들에 의하듯이 예수가 베들레헴에서 태어났던 나자렛(Nazareth)에서 태어났던 더 이상 반목하고 갈등하지 말아야 한다. 예수가 잉태된 장소는 나자렛이 분명하며, 태어남의 장소의 모순된 갈래는 계보의 명분 때문이었다. 우리는 예수가 다윗의 자손이라야 계보의 명분이 서고 하늘의 자식임을 입증 받고 그로 인하여 예수가 신으로 인정받고, 그래서 우리는 그 명분을 구심점으로 예수를 믿어서는 안 되기 때문이다. 제삼 말하지만 우리는 예수의 모습을 믿어서도 아니 되며 모순을 믿어도 아니 된다. 예수는 이미 죽은 사람이다. 죽은 사람이라고 표현한 것은 예수의 겉모습은 사람이었기 때문이다. 예수의 발자취는 그 분의 가르침이며 아무나 행할 수 없는 숭고한 사랑과 진리를 전달하는 수단의 고단수적인 과정이었다. 그러므로 우리는 예수가 인류에게 남긴 메시지 중 완벽한 객관적 근거인 예수오행을 구심점으로 믿음과 신념을 가지며, 예수의 업적을 기려서 그 가르침을 몸소 실천하며 살아가는 것이 마땅한 것이다.

지금 이 시간 속에 사는 우리는 모두가 깨우친 자들이며 모두가 신의 자손이며 모두가 선지자의 역량을 갖추고 있음을 잊지 말아야 한다.

2. 대한민국 국어(문자)는 하늘의 글이며, 성경 구절에 감추어진 숫자와 암호를 풀이하였다

1). 한글 획수 자음 산출(계산)법

— 자음(子音, 닿소리) = 예수의 이름을 나타냄, 하늘의 양(陽), 남자

-

1획에 속하는 자음 : ㄱ(기역), ㄴ(니은), ㅇ(이응)

2획에 속하는 자음 : ㄷ(디귿), ㅅ(시옷), ㅈ(지읒), ㅋ(키읔), ㄲ(쌍기역)

3획에 속하는 자음 : ㄹ(리을), ㅁ(미음), ㅊ(치읓), ㅌ(티읕), ㅎ(히읗)

4획에 속하는 자음 : ㅂ(비읍), ㅍ(피읖), ㄸ(쌍디귿) ㅆ(쌍시옷),

ㅉ(쌍지읒),

8획에 속하는 자음 : ㅃ(쌍비읍)

　여기서 지읒자는 3획 치읓자는 4회 쌍지읒 자는 6획으로 정하였다. 이는 내용의 상황이나 정황 등을 고려하여 그 획수를 선택한 것이며 일반적인 획수 습관성을 중요시하였다. 즉, 우리나라 대한민국은 그동안 자녀의 성은 절대적인 호주(남자의 전통, 가문)의 성을 따라야 하였으나 2008년 1월 1일부터 그 호주제가 폐지되었고 가족 관계 등에 관한 법률이 시행되었다. 시대변천과 사회변화에 의하여 법률은 바꿨으나, 비록 아버지의 성씨를 따르지 않고 그 외의 성씨를 따라서 호적에 등재되어도 그 사람의 매개와 정체성 확인을 위해서는 아버지의 성을 무시하여서는 아니 된다. 대한민국 국민이 호적에 성씨를 가지기 시작한 시기는 서기 1909년부터이며 성씨를 사용한 것은 1000년이 넘는다고 하였다. 한글도 발음되는 대로 표기하지 않고 정(正)자 대로 표기하는 등의 표기방식에 논란이 있었던 것이다. 즉, (이)를 (리)로 (유)를 (류)로 표기하는 것 등을 말한다. 그러나 여기서는 두음법칙에는 어긋나지만 그동안 사용해 온 관행을 중요시하였으므로 (리)를 (이)로 고유명사 등에 표기하는 것을 그대로 적용하여 획수 계산을 함을 원칙으로 하였다.

　한글 획수 계산법에 대하여도 논란의 여지는 존재하고 있다. 일부 학문단체나 학자들은 한글과 한문, 글, 기호 등의 획수 계산법, 일획의 기준에 대하여 서로 주장하는 바가 다르다. 예컨대 (ㄹ)자를 3획으로 보지 않고, 꺾이거나 원을 그리지 않고 한 획, 한 획 끊을 때마다 일획으로 보는데 이렇게 획수 계산을 하면 (ㄹ)을 자는 5획이 되는 것이다. 또한 ㅇ(이응)자에 대하여는 자연 그대로 360도 원을 일획으로 보지 않고 반으로 2등분하여 180도를 일획으로 계산함으로써 2획으로 본다는 것이다.

이러한 주장들에 대해서는 본문에서는 배제하였다.

우리가 한글을 펜으로 쓸 때에 특별한 경우를 제외하고는 그 절대성을 뛰어 넘어서 위 지읒 자, 치읒 자, 쌍지읒 자, 이응 자 등을 각각 정자로 쓰지 않는다는 것이다. 즉 지읒 자는 2획으로 마감하며 치읒 자는 3획, 쌍지읒 자는 4획으로, 이응 자는 1획으로 마감하기 때문이다. 관행과 습관은 원리 원칙에서 온 진화된 산물이며 융통성의 발로이다. 그것이 긍정적이고 건설적인 산물이라면 굳이 원리 원칙을 고수할 이유가 없다. 융통성은 하늘의 관용법칙이기 때문이다.

본문에서 한글 획수를 계산하는 이론은 한문(漢文)의 획수를 계산하는 것과는 달리한다. 한문 획수의 계산법은 그 응용방법이나 사용 용도에 따라서 부수 획수를 그대로 적용하여 계산하기도 하기 때문이다. 예컨대 삼수변(氵) 등은 부수에서 물(水)에 해당하므로 물 수(水)의 획수인 4획으로 계산하는 것 등을 말하는 것이다. 이와 같은 한글 획수 계산법으로 한글의 자음은 예수를 나타내고 있음을 알 수 있다.

위 자음의 획수는 1, 2, 3, 4, 8의 숫자에 해당하는 획수로 형성되어 있으며 이를 단수에 의하여 그 답을 얻어 보면 1 + 2 + 3 + 4 + 8 = 18로서 다시 1 + 8 = 9가 출현함으로써 9의 수는 한글로 예수 이름의 수 획수 9와 일치함으로써 대한민국 한글의 자음은 예수의 진리와 이치가 서려 있다고 표현한 것이다.

2) 한글 획수 모음 산출(계산) 법

― 모음(母音, 홀소리) = 악의 숫자 6을 나타냄, 땅의 음(陰), 여자 -

1획에 속하는 모음 : ―(으), ㅣ(이)

2획에 속하는 모음 : ㅏ(아), ㅓ(어), ㅗ(오), ㅜ(우), ㅢ(의)

3획에 속하는 모음 : ㅐ(애), ㅑ(야), ㅔ(에), ㅕ(여), ㅚ(외),

ㅛ(요), ㅟ(위), ㅠ(유)

4획에 속하는 모음 : ㅐ(애), ㅖ(예), ㅘ(와), ㅝ(워)

5획에 속하는 모음 : ㅙ(왜), ㅞ(웨)

이 모음의 획수는 1, 2, 3, 4, 5의 획수로 형성되어 있다. 그러므로 1번부터 5번까지 그 수를 합하면 1 + 2 + 3 + 4 + 5 = 15가 나오며 다시 단수 법칙에 의하여 1 + 5 = 6이 출현한다. 따라서 한글 모음은 성경 구절에서 말하는 사단의 수로서 형성되어 있으며, 양음의 이치로는 곧 여자를 뜻한다. 즉, 한글은 큰하느님의 양면성의 진리, 그 적절한 조화와 질서에 의하여 만들어진 하늘 민족의 우수한 글(문자)임을 이렇게 낱낱이 드러내고 있는 것이다. 여기서 한글의 모음을 사단이라고 칭한 것은 나쁘다는 의미가 아니라 양과 음을 구분하고 선과 악의 조화와 질서의 이치를 설명하기 위함이다. 하늘은 아버지를 뜻하고 땅은 어머니를 뜻하는 양음의 원리에서 온 것이다. 어머니의 칭호를 성경 구절에서는 땅을 대표하는 구절의 근거는 뱀으로 되어 있고 그 뱀은 곧 사단으로서 땅의 어머니를 본문에서는 사단으로 표기하였다. 그 이유는 아래 '6의 숫자에 대한 성경적 풀이'에서 상세 설명하였다.

3) 예수를 나타낸 한글 자음의 숫자 9와 사단의 수 6의 수에 대한 성경적 해석

여기서 기술하는 기본수 중 한글의 모음과 자음의 집합체에 해당하는 6의 수와 9의 수에 대한 특성은 종교의 이타(利他)적인 면과 진리를 염두 하였으며, 특히 성경 구절을 풀이하는데 그 목적을 두고 설명하였다.

(1번부터 81번까지의 수의 또 다른 원리와 특성과 의미에 대하여 본문마지막에 별도로 자세하게 기록하였다. 이를 참고하기 바란다.)

수의 원은 제로로부터 시작 즉, 플러스(양), 마이너스(음) 의 두 측면을 지니고 있으며 수의 집적체라는 것을 말할 수 있다. 이 정의인 수리에서 시간, 거리, 체적을 말할 수 있는데 이것을 체계적으로 ……제로 + -제로 + - * / …… = 제로에 의하여 우주의 총체도, 태산의 체적도, 모래알의 체적도 전부가 동일한 수에서 가질 수 있다. 현재에 사용하고 있는 수의 기술 법은 십진법으로써 이것은 현대 과학과 문명을 발육 발전시킨 모체의 역할을 하여 주고 있음을 우리는 알고 있다. 역학이 없이는 수학이 없고 수학이 없이는 공식이 없고 공식이 없이는 과학이 존재하지 못한다. 그러므로 성경의 암호 구절은 곧 과학이다. 단수법칙은 예수오행의 이치에서 나온 기본(기초)적인 산물이다.

6수의 성경적 의미는 첫째 사단(Satan)의 수로 정하였다. 둘째는 없어서는 안 될 필요악의 존재이다. 6의 수는 하늘을 대신하여 할 일을 분담받고 그 영역을 다스리며 때로는 하늘의 흉내를 내기도 하여 세상을 혼란스럽게 하기도 하는 특성을 지니고 있다. 또한, 이 수는 물의 온전한 결정체의 육각수를 나타내며, 건축물의 견고함을 나타내기도 하며, 우주의 기를 끌어들여 발산시키는 역할을 담당하기도 한다. 시작과 삶은 빛이며 양(陽)인데 반하여 끝과 죽음은 음(陰)이며 바로 이 6을 의미한다. 6의 수는 모든 물체를 직접적으로 간섭하여 종극의 마무리를 짓는 행동적 성질을 가지고 있기도 하다.

성경에서는 6을 악의 숫자로 명한 구절이 존재하며, 한편 본문에서는 예수가 십자가에 달린지 6시간 만에 숨을 거두었으므로 6의 숫자를 사단(Satan)의 숫자로 정하였다.

《(마가, 마르코 15:25) **때가 제 삼시가 되어 십자가에 못 박으니**

라…….》

《(마가, 마르코 15:33~37) 제 육시가 되어 온 땅에 어두움이 임하여 제 구시까지 계속하더니……예수께서 큰소리를 지르시고 운명하시다…….》

유대의 시각은 현대 시각으로 오전 6시부터 0시로 시작되었고 그래서 제 삼시는 오전 9시 제 구시는 오후 3시가 된다. 그러므로 예수는 오전 9시부터 오후 3시까지 6시간 동안 십자가에 달려서 숨을 거두었다.

그 당시 사형수의 형틀인 십자가에 달린 죄수는 즉시 죽지는 않았고 짧게는 하루 길게는 삼 일 이상 달려 있었다. 그러나 예수는 십자가에 달린지 불과 6시간 만에 숨을 거두었다. 이를 확인하기 위하여 군인들이 다른 십자가에 달린 죄수 둘은 뼈(다리)를 꺾었으나 그 중 한 군인이 예수의 다리(뼈)를 꺾지 않고 예수의 죽음을 확인하는 성경 구절이 있다.

《(요한복음 19:34) 그 중 한 군인이 창으로 옆구리를 찌르니 곧 피와 물이 나오더라.》

이 성경 구절은 위에서 언급한 '뼈'를 꺾지 않은 것은《(출애굽기 12:46)》"뼈를 하나도 꺾지 말 것이며……."》예수오행의 온전한 진리와 생명의 부활을 나타내는 하늘의 감추어진 비밀의 설계도를 '뼈'로서 암호 구절로 비유하였고, 옆구리에서 나온 '피'와 '물'은 각각 예수오행에서 '화'와 '수'에 해당하는 원소를 확실하게 나타냄으로써 '예수오행의 대진리를 모두 이루었다.'라는 대사건을 예수의 몸으로 다시 한 번 확인시켜서 보여준 하늘의 비밀문서와 같은 것이다.

이는 예수오행을 이루기 위하여 하늘의 계획된 각본에 의하여 6의 수가 하늘의 명을 받고 임무를 수행한 것과 같은 과정이며, 하늘이 6의 수를 악의 수로 정하였음을 밝힌 사건적 개념을 말하는 것이다.

6 수의 깊이 있는 설명을 위하여 다른 성경 구절을 인용하여 해석하면 첫번째 세상의 모든 생명체를 물로서 심판하였는데 홍수가 생겨나서 세상을 정화시킨 성경 구절이 있다.

《(창세기 7:20~24) 물이 불어서 <u>십오 규빗</u>이나 오르니 산들이 잠긴지라 땅 위에 움직이는 생물이 다 죽었으니 곧 새와 가축과 들짐승과 땅에 기는 모든 것과 모든 사람이라 육지에 있어 그 코에 생명의 기운의 숨이 있는 것은 다 죽었더라. ……물이 <u>백오십</u> 일을 땅에 넘쳤더라…….》

위 성경 구절을 살펴보면 '**십오 규빗**'은 모든 생명을 죽이는데 필요한 물의 양을 나타내고 있다. 15는 단수의 법칙에 의하여 1 + 5 = 6의 수가 출현한다. 이미 지어진 땅 위에 있는 모든 생물을 다 죽였으니 죽음의 수, 즉 사단(Satan)의 수를 나타내는 것이다. 그런데 이 6의 힘과 능력은 악의 힘으로 세상을 깨끗하게 하여 새로운 세상을 만드는데 절대적인 능력을 구사하였다. 또한 구절 중 '백오십'(150)은 단수의 법칙에 의하여 1 + 5 + 0 = 6의 수가 출현하였다. 150의 수는 6의 25배수로서 6의 수를 상징하는 수이다. 타락하고 온전치 못한 모든 것을 죽음으로 몰아넣는데 걸리는 시간을 나타내고 있다. **두번째** 노아의 방주(方舟, 네모난 배)에 관한 성경 구절로서 하느님이 홍수를 일으켜 세상을 멸하기 전에 사람과 동물 등의 종족보존을 위하여 홍수에 대비토록 살아남을 수 있는 배를 만드는 설계의 대목이다.

《(창세기 6:15~16) 네가 만들 방주는 이러하니 그 길이는 삼백 규빗, 너비는 오십 규빗 높이는 삼십 규빗이라 거기에 창을 내되 위에서부터 한 규빗 내고 그 문은 옆으로 내고 상 중 하 삼 층으로 할지니라…….》

위 성경 구절에서 숫자를 나타내는 구절은 '삼백' 과 '오십' 과 '삼십' 과 '한' 그리고 '삼' 이다. 이 숫자들을 더하기로 나열하여 보면 300 + 50 + 30 + 1 + 3의 수가 나열되고 이 숫자들을 모두 더하면 '384' 가 나온다. 이 384의 수를 각각 더하면 3 + 8 + 4 = 15의 수가 형성되고 다시 단수로 답을 구하면 1 + 5 = 6의 수가 출현함을 알 수 있다. 결국 하느님은 6의 기운과 원리로서 배를 만들게 한 것이다. 384의 수는 6의 64배수이면서 역시 6을 상징하는 수이다. **세번째** 성경 구절에는 6의 힘과 능력을 이용하여 하느님이 세상을 만들었다는 성경 구절이 거듭 존재한다.

《(창세기 1:31) 하나님이 지으신 그 모든 것을 보시니 보시기에 심히 좋았더라. 저녁이 되고 아침이 되니 이는 여섯째 날이니라.》

즉, 세상 만물을 창조하는데 6의 수에서 완성되었다는 것이다. 6과 관련된 성경 구절이 암시하는 메시지를 살펴보면, 노아와 그의 식솔들 그리고 수많은 동물들을 각각 한 쌍씩 태우고 온 세상을 뒤덮을 홍수에 견딜 수 있도록 설계하도록 하였고 그 견고함의 수는 6의 수에서 오는 힘과 능력임을 밝힌 것이다. 또한, 세상을 완전하게 창조함에도, 타락한 세상을 깨끗하게 정화시킴에도, 어떠한 목적을 달성할 때도 이 6의 수가 존재함을 암시하고 있는 것이다. 따라서 앞날을 예측할 수 없는 불안한 현실을 감안하고 우리 세상을 보다 안정적이고 평화적으로 안녕을 도모하기 위해서는 위 성경 구절이 암시하는 이 6의 수에 대하여 우리는 깊이 있게 현실에 반영하고 연구하여야 함은 우리의 사명인 것이다.

예를 들어 6의 수를 암시하는 위 성경 구절들에서 숫자가 부여하는 의미를 되새겨서 건축물이나 물체, 기타 기기나 물건, 제품들을 만들 때 6의 수를 상징하는 수가 완전하게 조합되어 6수의 완성을 이루게 하여 설계하고 단계적인 과정을 거쳐서 만들라는 성경의 지혜로운 암시를 말하는 것이다. 세상을 깨끗하게 함에 있어 6을 상징하는 수로서 높이와 넓이와 시간을 설계하였음을 말하려 하는 것이다. 이와 같은 암시적 성경 구절은 우리 세상에 우주를 정복하는 등 각종 분야에 응용, 활용할 수 있을 것이다.

예컨대 사람의 몸이 하느님이 지은 세상이라고 가정하고 타락한 생명체들을 병균(病菌)이라고 생각한 후, 그 병균을 없애고 건강하기를 원할 때 위 성경 구절의 수의 체계를 응용할 수 있다는 것이다. 이를테면 약의 성분이 6의 수를 상징하는 성질의 성분으로 만들고, 물을 마실 때도 6의 수를 상징하는 수를 표시하여 마시고, 6의 수를 상징하는 기간을 정하여 매일 같이 물을 음용하는 식의 응용이 가능하다는 것을 말함이다.

길이와 넓이와 부피 등을 나타내는 단위나 표기법은 중요치 않다. 어차피 그 단위나 표기법은 표기하고자 하는 현상에 대하여 자연히 표현되기 때문이다. 그러므로 6의 수를 상징하는 정확한 숫자의 표기가 중요한 것이다. **네번째** 여기서 다시 한 번 신학적으로 6의 수에 대하여 언급하기로 한다. 우리나라 대한민국의 글은 자음에서 시작하여 모음에서 끝을 맺어 완성된 표현의 글자를 만든다. 자음은 그 획수의 조합이 9의 수로서 예수를 증거하고 모음은 그 획수의 조합이 6의 수를 나타내고 있다.

　그 이치가 성경 구절에서 암시하는 수의 성질과 특성이 일치하고 있는 것이다. 그러므로 한글은 하늘의 글이라고 본문에서 표현한 것이다. 노아의 방주, 대홍수 후에도 세상은 끊임없이 타락하고 절망하고 반목하며, 노예제도와 계급제도가 존재하고, 영달과 영역다툼을 위하여 죽고 죽이며 또 다시 아비규환의 혼돈에 빠졌다. 이는 곧 6의 수, 사단이 이 세상을 지배하였고 지배하고 있다는 증거이다. 6의 수가 세상을 짓는데 완성의 자리에 있었고 6의 사단이 종족을 보존하였고 6의 사단이 세상을 대수선하였으며, 6의 수가 현세를 지배하고 있음을 성경은 나타내고 있는 것이다.

　즉, 잘못된 인간사의 윤회가 굴레에서 벗어나지 못하고 끊임없이 윤회하고 순환하고 있음을 말하려 하는 것이다. 세상의 질서와 조화가 유지되지 못하고 악이 선의 위에서 군림하는 하극상(땅이 하늘이 되는 행위, 아랫사람이 부정함으로 윗사람을 꺾어 눌리는 일)을 일으킨 것이다. 악이 선 위에 서면 질서가 무너지며 그 결과는 파멸과 파괴로 이어진다.

《(요한계시록, 묵시록 13:18) 지혜가 여기에 있으니 총명한 자는 그 짐승의 수를 세어보라. 그것은 사람의 수니 그의 수는 육백육십육이니라.》

　이 성경 구절에서는 666의 숫자를 악(짐승)의 수로 비유하였지만 단수로는 18의 수가 나오며 9의 74배수로서 예수를 상징하고 선을 상징하는 수이다. 악이 선으로 행세함을 비유한 성경의 암호적 숫자인 것이다. 다행히 예수가 세상에 나신 후, 오늘날에 이르러 많은 변화를 일으켰다. 기수 6의 수는 예수오행을 상징하는 기수 5의 수에서 일어났다. 즉, 6의 수는 5의 수가 명령하는 명령 반경에 있다는 말이다. 6의 수가 발휘하는 힘과 능력을 무시할 수는 없다. 그러나 우주만물의 법도와 법칙, 조화와 질서 속에서 그 운력(運力)은 발휘되어야 할 것이다.

5의 수는 모든 수를 통제하는 위치, 기수의 중앙에 자리하고 있으며, 예수오행은 하극상의 폐단을 막기 위하여 성경 구절에 감추어놓은 하늘의 전령이다.(666의 숫자에 대하여 본문에서 다시 한 번 자세하게 언급하였다.)

다음은 9수의 성경적 의미를 보면 9의 수는 예수이다.(내가 곧 길이요 진리요 생명이니…….) 9의 수는 예수의 수이면서 양면성의 조화와 질서를 완벽하게 구사하는 수이다. 이것이 예수의 심오한 양면성의 법칙이다. 즉, 예수는 양면성을 부여받았고 결국 그 양면성 중에 악은 선을 한 번도 이겨보지 못하였다.

예수는 하늘의 계획에 따라 십자가에 달리기까지 많은 시험에 들었고 이를 예수는 선과 악의 양면성의 깨우침을 얻어 그 시험에서 벗어나서 예수오행을 탄생시키는 범우주적인 대사건을 이루어내었다.

태초에 음과 양이 서로 만나 하나의 형체를 갖추니 그는 곧 하느님의 형상이요 우리의 형체이다. 우리의 온전한 형체가 탄생되고 유지되기 위해서는 악의 존재가 반드시 필요하다. 그러나 그 악은 선 위에 설 수 없음으로 악이 그 독립적인 주체성을 가지되 절대로 악이 선을 행사하여서는 안 된다. 악은 악으로서 행함의 절차와 절식이 있는 것이며 선은 선으로서 악의 행사함을 종료(관리)시키며 마무리(결과, 결론)하여야 한다는 것을 말하려 하는 것이다.

아래 성경 구절로서 예수를 상징하는 9의 수에 대한 심오한 진리를

살펴보았으며, 첫번째의 구절은 9의 수를 설득력 있게 설명하기 위하여 부연하였다.

첫번째 한 세상이 가고 새로운 세상의 잉태는 7의 수로 시작하였다.

《(창세기 7:11) 노아가 육백(600) 세 되던 해 이(2)월 십칠(17)일, 바로 그 날 땅 밑에 있던 큰 물줄기가 모두 터지고 하늘은 구멍이 뚫렸다.》

이 말씀의 구절은 단수의 법칙에 의하여 0은 제외하고 6 + 2 + 17 = 25 로서 다시 2 + 5 = 7의 수이므로 이 7(일곱)의 수는 성경 구절에 수없이 언급되는 수로서 이 세상을 다스리는 새로운 세상의 시발점의 수이며, 7의 수는 나자렛 예수를 나타냄이요. 나자렛에서 예수가 탄생하여 새로운 세상을 맞을 것이며 우리는 그 진리를 바탕으로 그 믿음으로 성경의 비밀을 알게 되고 성경의 비밀, 일곱의 수에 의한 진리와 이치로서 발판을 삼아 예수오행 즉, [양, 음, 목, 토, 금, 화, 수]로서 참된 믿음의 구심점을 구할 수 있는 지혜와 진리를 얻게 되었다. 그리하여 이미 하느님 께서는 타락한 세상을 물로서 심판하고자 할 때 노아를 통하여 그 7의 숫자를 정한 것이다.

두번째 한 시대가 가고 새로운 시대의 첫 장을 여는 수는 9(예수)의 수이다.

《(창세기 8:13) 육백일(601) 년 첫째(1) 달 곧 그 달 초하룻날(1)에 땅 위에서 물이 걷힌지라…….》

위 성경 구절에서 숫자를 의미하는 구절을 모두 더하면 601 + 1 + 1 = 603의 수가 출현한다. 이 603의 수는 9의 67배수로서 단수로는 6 + 0 + 3 = 9가 형성되어 예수를 나타내고 있다. 즉, 7의 숫자로 새로운 세상을 시작(예수잉태)하여 성장한 예수의 진리 9의 수로서 세상의 진리와 가르침을 편다는 암호형식의 구절인 것이다.

이를 다시 위 성경 구절이 어떤 수를 나타내는지에 대하여 정리하여 보면 노아의 나이가 601세이며 물이 걷힌 날은 그 첫째 달 초하루라고 기록되어 있으므로 즉, 노아의 나이 601과 1의 수를 나타내는 첫째달과 다시 1의 수를 나타내는 초하루를 나열시키면 6010101의 수가 출현한다. 이 수는 9수의 667,789 배수이다. 땅에 물이 걷힌 날은 이와 같고 땅에서 물이 마른날은 아래의 구절과 같다.

《(창세기 8:14) 둘째 달 스무이렛날에 땅이 말랐더라…….》

이 구절은 노아가 방주에서 나와서 그의 식솔들과 온갖 생명체들이 새로운 세상의 첫 땅을 내 딛는 날이다. 이 구절이 의미하는 수는 위와 같은 수의 나열방식으로 그 답을 구하면 6010227의 수가 성립됨을 알 수 있다. 이 수는 9의 수 667,803의 배수이다. 단수의 답을 구하면 역시 9의 수에서 출현되었음을 알 수 있는 것이다.

본문 중 '6수의 의미'에서 첫번째에 해당하는, 인용한 성경 구절과 기록한 것을 읽어보면 **《(창세기 7:12) 사십 주야를 비가 땅에 쏟아졌더라》** = 사십 일을 주야로 비가 쏟아져서 온 세상이 물에 잠기게 되었음을 알 수 있고 6수의 성질과 기운에 의하여 세상을 정화하였음을 알게 되었다. 그리고 이 6의 수가 부여하는 진리에 대하여 '6수의 의미'에서 우리는 우리의 세상에 그 비밀을 응용할 수도 있다고 본문은 기록하였다. 이와 같은 이치로 위 성경 구절에 의하듯이 6의 수로 인하여 세상을 정화시킨 후, 새로운 세상의 장을 여는 하늘의 수는 9의 수가 관리 관장함을 알았다. 그러므로 위 9와 9의 배수들이 무엇을 나타내고 의미하는가를 깊이 있게 고찰하여 우리의 보다 나은 삶을 영위하기 위한 목적으로 응용하여야 할 것이다. 이러한 성경 구절의 암시, 암호의 숫자들은 성경이 알려주고 있는 우리를 위한 절대적 선물(메시지)이기 때문이다.

예수오행이 그 첫번째 선물이라면 수의 진리는 성경이 알려주는 두번째 선물임을 말하려 하는 것이다.

세번째 창세기에서 같은 내용임에도 불구하고 그 숫자가 틀려 있다.

《(창세기 6:19) 목숨이 있는 온갖 동물도 암컷과 수컷으로 한 쌍씩 배에 데리고 들어가 너와 함께 살아남도록 하여라.》 = 한 쌍씩

《(창세기 7:2) 깨끗한 짐승은 종류에 따라 암컷과 수컷으로 일곱 쌍씩 부정한 짐승은 암컷과 수컷으로 두 쌍씩…….》 = 일곱 쌍씩과 두 쌍씩

이 두 성경 구절의 말씀은 《창세기 16:9》에서는 '한' 쌍씩이라고 하였고, 《창세기 7:2》에서는 일곱 쌍씩(7)과 두 쌍씩(2)의 숫자를 표현함으로써 각기 구절의 숫자가 다르다. 무엇을 의미하는가? 이 구절의 표현 중 '일곱 쌍씩' 의 구절은 실제로 살아있는 생명을 실은 것이 아니라 하느님의 말씀과 지혜와 진리를 노아와 함께 실은 것으로써 하느님의 모든 섭리를 그리스도(전달자)로서 새로운 세상에 전도할 예수의 진리를 일컬음이었다. 그리하여 물로써 더러운 세상을 깨끗하게 하시고 새로운 세상에서는 하느님의 진리와 말씀을 뿌리내리고 그 말씀을 더욱 더

견고하게 하기 위하여 예수가 탄생하심을 이미 계획하셨고, 예수의 이름으로 우리가 죄 사함을 받을 것이고 예수오행으로 우리가 온전하게 될 것을 이미 계획한 뜻으로 풀이가 된다.

왜 그러한가? 일곱 쌍씩과 두 쌍씩을 더하면 9의 숫자가 나오고 예수의 숫자 9와 일치하기 때문이다. 위 첫째 편에서 노아의 배에 예수오행의 대진리가 이미 실렸음을 말하는 것이다. 9의 수, 예수의 이름으로 증거하니 가히 그 숨은 진리가 예사롭지 않다. 그러므로 실제로 살아 있는 짐승을 실은 수는 암수 한 쌍씩이다. 이를 두고 우리는 성경 구절의 숫자의 오류라 논하지 말아야 한다.

《(창세기 7:9) 하나님이 노아에게 명하신 대로 암수 둘씩 노아에게 나아와 방주로 들어갔으며…….》

예수를 상징하는 9의 수에 대하여 본문을 전개하면서 계속하여 기록하였으므로 해당 편에서는 이만 줄이기로 하였다.

3. 성경 구절 속에 감추어진 암호형식의 숫자와 구절을 한글 획수를 기준 하여 풀이하였고, 그 뜻과 의미를 살펴보면 다음과 같다

아래 성경 구절들을 살피는데 성경의 구절 순서에 의하여 풀이하지 않고 뜻과 의미가 연결됨을 중요시하였다. 암호를 풀고자 하는, 해당되는 성경 구절을 바탕으로 획수를 정하여 풀이한 단어들은 그 성경 구절에 국한되어 있으며, 다른 성경 구절에 존재하는 같은 단어에는 획수로 풀이한 것이 적용되지 않을 수도 있음을 밝혀둔다. 각 성경 구절마다 그 뜻과 의미와 비유가 다르기 때문이며 구절의 뜻과 의미는 여러 가지로 나누어질 수 있기 때문이다.

해석의 구심점은 한글 획수와 예수오행이 담당하는 숫자의 특성을 근거로 하여 풀이하였으며 66권으로 이루어진 성경의 모든 구절은 사실적인 말씀과 시대적, 역사적 표현을 구사하고 있는 가운데 전혀 다른 암시적 비유법을 사용하여 암호화시켜 놓고 있음을 다시 한 번 언급한다.

첫번째, 예수의 무덤을 찾아간 여자들이 그 무덤에서 본 사람(천사)들의 모습과 숫자가 서로 다르게 표현되어 있는 구절을 확인하였다.

《(마태복음, 마태 오28:2) 주의 천사 1명》 = 이 말씀은 천사 1명이므로 예수가 십자가에 달리기 전의 하느님을 말함이다.

《(마가복음, 마르코 16:5) 흰 옷 입은 청년 1명》 = 이 말씀은 청년 1명이므로 예수가 십자가에 달려서 예수오행에 의하여 새로운 모습으로 대진리로 탄생하신 큰하느님을 말함이다.

《(누가복음, 루가 24:4) 빛나는 옷을 입은 두 사람》 = 이 말씀은 하느님과 예수가 합체되어 예수오행이 이루어진 후, 그 예수오행 중에 예수를 상징하는 '토, 화, 수' 외에 하느님을 상징하는 '목' (동)과 '금' (중앙)의 두 오행을 말함이며 나아가서는 빛나는(눈부신) 옷을 입었으므로 큰하느님을 상징하는 도형에서 동쪽(목)에 해당하는 인침을 나타내는 말씀이다.

《(요한복음 20:12) 흰 옷 입은 두 사람》 = 이 말씀은 누가(루가)복음의 내용과 같고 다만, 큰하느님의 영역을 상징하는 동양오행의 상생원리에 의하여 탄생한 도형을 말함이요 '흰 옷 입은 두 사람' 이라고 하였은즉 큰하느님을 상징하는 도형에서 '목' 과 '금' 을 의미함과 동시에 '금'

(서쪽)을 강조하였다.

위 네 가지 중 사실적인 상황 전개는《(마가복음, 마르코 16:5)》의 '흰 옷 입은 청년 1명' 이다. 새로운 큰하느님은 청년 되어 우리에게 온 것이다. 예수가 청년 되어 그 이름을 우리에게 알린 바와 같은 이치이다.

예수(토화수)가 하느님의 상징인 막대기(쇠지팡이, 목과 금)를 들고 이 세상에 나타났음을 의미하는 것이다. 나머지 모두는 어리다거나 젊었다거나 늙었다거나 남자이거나 여자라는 표현이 없기 때문이다.

예수의 무덤을 찾아간 여자들의 숫자는 때를 나타내는 숫자이다. 때가 되기를 기다려 우리가 성경 구절을 놓고 깊은 고민에 빠질 즈음 그때에 새로운 대진리가 우리 곁에 올 것임을, 그로 인하여 때를 가리기 위하여 혼란케 하려 함이었다.**(그 때가 되면 진리를 드러내리라.)**

두번째, 솔로몬의 궁은 예수오행에 의한 도형을 나타내었다.

《(열왕기상 7:1~2) 솔로몬이 자기의 궁을 십삼 년(13) 동안 건축하여 그 전부를 준공 하니라. 저가 레바논 나무로 궁을 지었으니 창이 일백 (100) 규빗이요 광이 오십(50) 규빗이요 고가 삼십(30) 규빗이라 백향목 기동이 네(4) 줄이요 기둥 위에 백향목 들보가 있으며…….》

이 성경 구절을 풀이하면 '궁을 십삼 년 동안 건축하여' 는 숫자로 13 이고 단수법칙을 적용, 1 + 3 = 4로서 4는 큰하느님의 상징인 도형의 완성된 네 개의 방향을 말함이요 '창이 일백' '광이 오십' '고가 삼십' 은 숫자로는 100과 50과 30으로서 180의 수가 형성된다. 180의 수는 9의 20배수로서 예수를 상징하는 숫자 중 하나이다. 단수법칙에 의하여 0을 제외하고 모두 더하면 1 + 5 + 3 = 9로서 9의 숫자는 예수이므로 예수오행에 의하여 큰하느님을 상징하는 도형이 탄생될 것을 의미함이요 그 탄생된 도형은 불변함의 진리를 일축하는 구절이다. **'기둥이 네 줄이요 기둥 위에 백향목 들보가 있으며'** = 이 구절은 큰하느님의 영역을 상징하는 도형의 사방에 포진되어 있는 네 개의 점을 나타내는 것이다.

세번째, 포도나무로서 예수와 우리 사람을 비유하였다.

《(요한복음 15:5) 나는 포도나무요 너희는 가지라 그가 내 안에, 내가 그 안에 거하면 사람이 열매를 많이 맺나니 나를 떠나서는 너희가 아무것도 할 수 없음이라…….》

위 성경 구절 중 **'포도나무'** 는 한글 획수로 18획이 등장하며 단수로는 9획이 출현함으로써 예수를 상징하고, 구절 중 '가지' 는 6획이 등장하여 악을 묘사함으로써 곧 사람을 나타내었다. 즉, 예수는 선으로서 악을 다스리며 용서하며 구원한다는 뜻이 담겨져 있는 것이다. 그러므로 사람은 죄를 짓고 살아갈 수밖에 없는 존재이며 악(원죄)의 존재이므로 선 위에 존재할 수 없으며 선을 떠나서는 구원받지 못하며 풍요로울 수도 없고 결국, 불에 태워져 사라진다는 의미를 부여하고 있는 것이다.

네번째. 무화과나무로써 예수오행을 비유하였다.

《(마가복음, 마르코 13:29) 이와 같이 너희가 이런 일이 일어나는 것을 보거든 인자가 가까이 곧 문 앞에 이른 줄 알라.》

이 말씀은 구절 중에 **'이런 일이'** '일' 은 획수가 5획으로서 예수오행을 일컬음이요 다시 구절 중에 '인자'는 7획으로 나자렛 예수이며 다시 구절 중에 '가까이 곧'은 5획으로서 즉, 예수오행이 곧 출현함을 비유함이요 다시 구절 중에 '문 앞에' 중 '문'은 6획으로서 사단의 수가 형성된다. 즉, 예수오행이 탄생하여 새로운 대진리로서 나자렛 예수가 오행의 힘과 능력의 큰하느님으로 부활하여 사단이 거하는 인간 세상의 문 처소에 이른 줄 알라 하는 뜻이다.

《(마가복음, 마르코 13:30) 내가 진실로 너희에게 말하노니 이 세대가 지나가기 전에 이 일이 다 일어나리라.》

이 성경 구절은 BC 700년경 그 세대에 예수가 하느님의 형상인 십자가에 달려서 합체되어 예수오행(목 토 금 화 수)을 이루어 내는 대역사가 일어남을 말씀하심이요 나아가서 예수오행이 탄생하여 큰하느님의 대진리가 이 세상에 새롭게 오실 것임을 나타낸 구절이다.

《(마가복음, 마르코 13:31) 천지는 다 없어지겠으나 내 말은 없어지지 아니하리라.》

이 성경 구절은 예수(천지)는 십자가에 달려서 그 몸은 죽어 없어지겠으나 그 새로운 세상 그 새로운 생명나무는 영원하여 예수오행으로 새롭게 탄생하리니 영원의 전에도 계시고 이제도 계시며 영원의 후에도 계시는 그 대진리의 [목, 토, 금, 화, 수] 상생원리는 없어지지 아니한다는 뜻이다.

《(마가복음, 마르코 13:34) 그러므로 깨어 있어라 집 주인이 언제 올

는지 혹 저물 때일는지 밤중일는지 닭 울 때일는지 새벽일는지 너희가
알지 못함이라.》

이 말씀은 구절 중 '**집 주인이 언제 올는지**' 중 '**집 주인**'은 획수가
14획으로서 단수에 의하여 1 + 4 = 5획이 출현하였고 역시 예수오행을
일컬음이요 다시 구절 중 '**저물 때**' = '**밤중**' = '**닭 울 때**' = '**새벽**'
등은 해(빛)가 완연하게 나타나지 않은 시간을 말함으로써 즉, 사단(음)
의 시간대에 예수오행의 대진리가 우리에게 임하되 우리의 믿음이 사
라지고 어두워지며 피폐하여진 그 정도의 시간적 구분에 따라서 오실
것이며, 그러므로 온갖 유혹과 박해 가운데 믿음의 씨앗을 놓지 말고 믿
음의 혜안을 잠재우지 말라는 말씀이다.

다섯번째, 악은 자신이 악의 존재임을 알지 못함을 개구리로 묘사하
였다.

《(요한계시록, 묵시록 16:13~14) 또 내가 보매 개구리 같은 세 더러
운 영이 용의 입과 짐승의 입과 거짓 선지자의 입에서 나오니…….》

이 성경 구절은 구절 중 '**개구리 같은 세 더러운**' = 개구리를 더러운
영으로 은유하였다. 개구리는 올챙이가 변하여 사지의 형체를 갖춘 동
물(양서류)이다. 개구리는 물에서 자라서 사지를 만들어 뭍으로 올라와
서 살며 동면을 하며 몸에 물기가 없으면 죽고 만다. 몸에 물기가 있어
야 사는 동물로서 하늘이 타락한 세상을 사단의 수 6의 기운으로 정화
시키고 땅에 물이 마르지 않는 시간대 즉, 《(창세기 8:13)》에 해당하며
악의 기운이 땅(지구의 피부)에 남아 있음을 묘사하였다. 그러므로 '올

챙이'의 단어를 한글 획수로 따져보면 15획이 나오며 다시 단수에 의하여 1 + 5 = 6이 나온다. 이 6의 수는 음의 수이며 사단(귀신)의 수이다. 그러므로 그 사단이 변하여 개구리가 되었다. 그 더러운 기운이 개구리에게 유전자로 남아 있음을 비유하였다. 그리하여 개구리는 '알'을 낳게 되는데 그 '알'의 획수가 또 6획으로서 음녀(사단)를 의미한다. 그래서 개구리를 더러운 동물이라고 표현하였던 것이다.

다시 구절 중 **'세 더러운 영'**은 개구리가 온전한 형체를 갖추기 위하여 세 번의 단계를 거치는데 곧 첫째는 '알'이며 둘째는 '올챙이'며 셋째는 '개구리'로서 모습을 변화시킨다. 이러한 세 번의 변모에 의한 단계의 각기 다른 모습에 따라서 **'세 더러운 영이'**라고 표현한 것이다. 즉, 구절 중 **'용'**은 개구리의 '알'과 같고 **'짐승'**은 '올챙이'와 같으며 **'개구리'**는 거짓 '선지자'와 같다는 비유법의 표현이다.

여섯번째, 성경 구절에 존재하는 '666'의 수는 사단(짐승)의 수인가?

《(요한계시록, 묵시록 13:1~18) 내가 보니 바다에서 한 짐승이 나오는데……그가 권세를 받아 그 짐승의 우상에게 생기를 주어 그 짐승의 우상으로 말하게 하고 또 짐승의 우상에게 경배하지 아니하는 자는 몇이든지 다 죽이게 하더라. ……누구든지 이 표를 가진 자 외에는 매매를 못하게 하니 이 표는 곧 짐승의 이름이나 그 이름의 수라. 지혜가 여기에 있으니 총명한 자는 그 짐승의 수를 세어 보라 그것은 사람의 수니 그의 수는 육백육십육이니라.》

이 성경 구절은 그 비밀의 해석 자체가 참으로 중요한 구절이며 매우 혼란스러운 구절이다. 우리는 이미 단수 6의 숫자가 사단(악, Satan)의 숫자임을 본문에 기록된 이치에 의하여 알게 되었다. 그런데 여기서 구절 중 **'그 짐승의 수를 세어보라. 그것은 사람의 수니 그의 수는 육백육십육이니라.'** 의 구절은 마치 **'육백육십육'** 의 수가 짐승의 수이며 악(사단, Satan)의 수로서 악을 따르는 사람의 의미를 부여한 것처럼 되어 있다. 그런데 **666**의 수는 6의 수가 3개로 나열되어 단, 십, 백의 **666**의 숫자로 되어 있으며 이를 단수법칙에 의하여 계산하면 6 + 6 + 6 = 18의 숫자가 나오고 다시 1 + 8 = 9의 숫자가 출현한다. 단수 9의 숫자는 분명히 예수를 상징하는 숫자인데 어찌하여 짐승의 숫자인 것처럼 기록되어 있는가?

666의 숫자는 짐승을 나타내는 숫자이기도 하면서 사단(Satan)의 숫자이기도 하면서 예수의 말씀과 힘과 능력 그리고 영원한 불변의 진리이자 윤리학적으로 선(善)의 수이기도 하다. **666**의 숫자는 음수인 6이 세 개로 나열되어 있으며, 이는 선과 악이 동시에 존재하는 하늘의 심오한 양면성을 드러내는 숫자인 것이다. 따라서 위 구절은 하느님의 대진리인 양면성의 구사법을 나타내는 구절이다. 위 구절 중 **'지혜가 여기에 있으니 총명한 자는 그 짐승의 수를 세어보라. 그것은 사람의 수니…….'** 라고 되어 있다.

이 구절은 무엇을 말하려 함인가? **666**의 숫자는 악을 따르는 짐승과 같은 사람의 숫자이며, 구절 중 **'지혜가 여기에 있으니 총명한 자는'** 이란 **666**의 숫자는 9의 74배수로서 짐승의 수나 악마의 수를 나타내는 것이 아니라 바로 예수의 진리를 나타내는 것임을 아는 자는 알 수 있다는 심오한 뜻이 내재되어 있는 것이다.

왜 그러한가? 구절 중 **'지혜가 여기에 있으니'** 중 **'지혜(슬기)'** 란 선과 악의 분별력을 말하는 것으로써 그 정확한 판단과 사고(思考)에 의하여 선과 악을 가릴 줄 아는 자만이 지혜의 능력이 있다고 말할 수 있으며, 그 지혜란 곧 생명나무와 같은즉 생명나무는 곧 예수(예수오행)인 것이기 때문이다.

《(잠언 3:18) 지혜는 그 얻은 자에게 생명나무라 지혜를 가진 자는 복되도다.》

이 말씀의 구절과 같이 지혜는 생명나무로서 짐승과 같은 사악한 기운에 휩싸인 자들이 예수의 진리를 알고 그를, 그와 같이 흉내내고 그와 같은 능력으로서 왕권을 쟁탈하고 세인의 마음을 가로채어 세세연년 세상을 지배하고자 하였던 것이었다. 그러나 짐승과 같은 지혜 없는 사악한 기운으로서 예수의 완전한 진리의 힘과 능력을 도적질하려고 하였으나 그들은 예수의 진리와 그 전능을 깨닫지 못하고 결국 그 어두움의 기운은 오히려 예수의 진리와 선(善, 빛)에 의하여 쇠퇴하고 말았다.

《(요한복음 1:5) 빛이 어둠에 있으되 어둠이 깨닫지 못하더라.》

이 성경 구절은 본문에서 반복하여 언급하였는데 결국 어두움(짐승)이 예수(빛)를 깨닫지 못하고 이겨내지 못하였음을 말하는 것이다.

《(요한계시록, 묵시록 17:10~11) 또 일곱 왕이라 다섯은 망하였고 하나는 있고 다른 하나는 아직 이르지 아니하였으나 이르면 반드시 잠시 동아 머무르리라. 전에 있었다가 지금 없어진 짐승은 <u>여덟째 왕이니 일곱 중에 속한 자라</u> 그가 멸망으로 들어가리라.》

이 성경 구절에 의하듯이 예수의 힘과 능력에 의하여 결국 멸망할 수밖에 없는 과정을 말한 것이다. 즉, 구절 중 **여덟째 왕이니 일곱 중에 속한 자라**' 의 숫자는 8 + 7 = 15의 수가 형성되고 단수로는 6의 수가 일어난다. 그러나 사단의 수 6을 반드시 나쁘게 볼 수 없는 필요악의 숫자라고 본문에서 언급하였으므로, 그 정도를 벗어나서 선의 위에 서려고 하면 멸망하며 정도를 그슬리지 아니하면 그 양면성, 선과 악의 균형의 이치에 의하여 존속할 수 있음을 우리는 혼동하지 말아야 할 것이다. 결단코 악이 선의 위에 설 수는 없다는 이치이다. 만약에 악이 선의 위에서 군림하는 형국이 오랜 시간 동안 지속되면 그 말로는 이 우주가 생성되기 전 즉, 빅뱅의 전으로 돌아가서 태초에 아무것도 없었던 암흑의 시간 흑암으로 돌아가게 될 것이며, 이 세상에 생겨났던 모든 것이 사라짐이요 태초에 생명책에 올려졌던 이름도 사라짐이요 태초에 생겨났던 영혼도 사라짐이요 태초에 생겨났던 질량도 사라짐이요 모든 것이 사라지게 된다. 이와 같은 대종말을 막기 위하여 선이 악을 견제함에 있음을 우리는 알아야 할 것이다. 악의 성질은 세상의 모든 것을 태초의 흑암의 시간으로 되돌리려는 어둠의 본능인 정체성이 존재하기 때문이다.

— **666의 숫자는 구약성서에도 언급되어 있다** —

《(열왕기상 10:14) 솔로몬의 세입금의 금 무게가 곧 육백육십육 달란트요.》

이 성경 구절은 예수의 진리는 예나 지금이나 나중에나 언제 어디서든 금처럼 변하지 않는다는 뜻이다. 666의 수에 해당하는 세입금을 받은 솔로몬은 다윗의 후손으로서 예수의 은총을 받은 것과 같음으로 위의 구절이 암시하는 내용이 가히 그 이치가 일치하였으나 솔로몬은 그 정도(正道)를 넘고 말았다. 즉, 솔로몬의 재산 가치를 나타내는 숫자 중에서 666의 숫자가 또 다시 중복됨으로 인하여 은총의 지나침으로 말미암아 참다운 지혜를 잃어버리고 말았던 것이다. 그 근거로는 솔로몬의 재산 중 666을 나타내는 숫자가 존재함으로써 하늘의 노여움을 샀던 것이다. 즉, 《(열왕기상 10:16) ······**방패에 든 금이** 육백 세겔이며······》 = 육백(600)의 6이 그 하나요. 다시 《(열왕기상 10:19) **그 보좌에는 여섯 개의 충계가 있고······》** = 여섯(6)이 그 둘이요. 다시 《(열왕기상 10:29) **애굽에서 들여온 병거는 한 대에 육백 세겔이요.》** = 육백(600)의 6이 그 셋으로서 모두 666이 나온다. 예수의 '길이요 진리요 생명' 은 결코 그 정도를 벗어나지 아니하며 그 조화와 질서를 그슬리지 아니하며 우주 만물의 법도를 그슬리지 않는다. 그러므로 모든 면에서 '666' 의 숫자가 겹치는 현상을 주의하라는 말을 하려는 것이다. 즉, "집안의 물건, 구조, 숫자, 사람의 이름(가족 이름을 합친 수), 장식품 등 무엇이든 '666' 의 숫자와 일치하면 곤란한 지경에 이른다."는 것을 일깨워준 솔로몬의 지혜 중 최고의 지혜인 것이다.

결국, 솔로몬은 후궁의 칠백과 첩의 삼백 명으로 인하여, 그의 여인들에게 오만과 아집과 아망이 생겨나고 판단력과 분별력마저 상실하여 그로 말미암아 다른 신을 섬기게 되고 지나친 재물의 호화로움으로 말미암아 진정한 진리를 버렸은즉, 하느님의 노여움을 사게 되니 그 말로는 악이 선 위에 서는 형국으로써 지혜를 스스로 버리게 되었다.

이렇듯 선도 악과 같이 그 정도를 벗어나면 대우주 만물의 법도와 이치에 위배되는 것임을 깨우치게 하는 구절로서 선이 악으로 변하는 이변이 일어난다는 이치를 일깨워주는 대목이 '666' 의 숫자인 것이다. 이를 달리 표현하면 달도 차면 기우는 이치인즉 지나치게 좋은 것은 곧 아니 좋음만 못하다는 이치이며 이러한 선과 악의 양면성의 난해한 진리를 알게 하고 선과 악의 존재가 그 조화와 질서를 유지하는데 기준점에서, 선과 악이 정도를 벗어나지 않는 범위 내에서 선의 최고점과 악의 최하점을 유지하는 깨우침을 우리에게 주기 위하여 예수오행이 이 세상에 오셨음을 우리는 부정하여서는 안 될 것이다.

무릇 진리와 이치를 아는 자는 하늘을 원망치 아니하며 자기 자신을 아는 자는 남을 원망치 아니한다 하였다. 그러함으로써 666의 숫자는 종국에는 짐승의 숫자나 악의 숫자가 아님을 우리는 알아야 하고 잘못된 해석으로 성경 구절을 오도하여 웃지 못할 상황을 전개하여서는 아니 될 것이다.

예컨대 소위 군중 앞에 선 자들이, 배웠다고 자처하는 자들이 사람의 이마에 666의 표시가 나타난다는 등, 바코드의 부호체계가 일어난다는 등 종말이 다가온다는 등의 웃지 못할 말들을 많이 하였으나 모두가 허구이며 무지로 드러난 것이다.

악의 성질에 대하여 추가로 설명하기로 한다.

위 성경 구절의《(요한계시록, 묵시록 13:1~18)》심오한 메시지는 악의 존재가 때로는 선의 존재로 행사함을 우주만물의 법칙과 습성 즉, 큰 하느님의 양면성의 진리에 의하여 인정한다는 뜻이 되며 선이 때로는 악의 존재를 이용하여 온 세상을 다스리고 악의 존재로 신과 인간과의 매개체 역할을 분담하게끔 한다는 사실이다. 그러나 악의 존재는 자신의 분수를 지키지 아니하고 그 분수를 뛰어 넘는 과욕과 오만을 행사함으로써 결국 선의 심판을 받게 된다는 이치로 결론을 내린다. 악마의 단어는 영어로는 'demon' 이 되고 그리스어로는 'daimon' 으로서 사전적 의미로는 **'신과 인간 사이에 있는' '신과 버금가는 존재'**로 풀이하였다. 무슨 말을 하려 함이던가? 악이 행하는 기적의 행위는 선의 행위와 같은 존재의 힘으로써 나타나며 때로는 이 악의 존재는 우리의 수호신적인 역할도 행한다는 사실이다. 그러나 그러한 악의 모든 기적을 행하는 기운은 모두가 선에서 연결되어 행사하는 것이며 그 선이라 함은 예나 이제나 후에나 불변하는 예수의 능과 힘을 말함이요 위 구절의 심오한 묘사는 곧 예수의 힘과 능력이 때로는 악의 근원과도 같이 우리 인간에게 기적을 행사하여 우리의 관심을 끌기 위한 묘약으로 악을 이용하기도 한다는 것이며, 진리를 펴는 가운데 선과 악의 양면성의 그 심오한 진리를 우리가 깨우치게 하려 함이요 선이 없이는 악이 존재할 수 없으며 악이 없이는 선 또한 그 가치가 돋보이지 않는다는 이치를 말하려 함인 것이다. 즉, 선이 선으로서 선을 알게 하려함도 중요하거니와 오히려 악의 존재를 이용하여 악이 행하는 처사를 우리로 하여금 보게 하고 그 악으로 말미암아 그 악의 모든 잘못된 말과 행동과 과정과 결과를 보게 하여 선의 진리와 이치를 깨닫게 하는 심오한 진리와 이치와 경우적인 행위의 발상이 필요하다는 것을 말하려 한 것이다.

선은 영원이며 크게 윤회함의 진리와 이치요 악은 그 선 안에 존재하는 또 다른 독립적인 존재로서 악이 악으로서 행세하지 아니하고 즉, 완전한 선을 행할 수 있는 자격을 부여받을 때까지 계속하여 수업(학습)의 과정과도 같은 고통의 연속인 탈바꿈(윤회)을 하는 진리와 이치인 것이다. 즉, 악을 행하는 그 사단에게도 예수의 진리는 존재한다는 이치이다. 그리하여 그 악은 항상 선의 감시 하에 있으며 언제든지 정도를 그슬리는 행위를 하게 되면 선이 악을 멸한다는 대원칙으로 자리 잡는다.

또한 우리는 알아야 한다. 지금 우리의 시대는 양이 쇠퇴하고 음이 성하는 시대이며 선과 악이 평평한 대립의 관계로서 선과 악이 평등을 유지하는 시대로 접어들었다. 그러나 악이 선 위에 설 수 없음은 불변의 법칙임에는 분명하다. 모든 면에서 악이 선을 능가하는 시점이 도래하면 그 때가 바로 선이 도둑 같이 우리에게 임하시는 날로 삼을 것이다. 그러므로 선을 따르는 자는 그 끝이 영원의 존재로 살 것이며 악을 따르는 자는 악의 섭리에 의하여 그 끝이 영원의 죽음으로 나타날 것이다.

이와 같은 대우주 만물의 법도와 법칙과 이치를 우리에게 알리기 위하여 예수오행이 탄생되었음을 우리는 한시도 잊지 말고 깨어 있어 망각하지 말고 그 믿음의 끈을 놓아서는 아니 될 것이다.

일곱번째, 성경 구절의 참 뜻을 억지(종말론)로 풀다가 멸망한 자들이 무수하다.

《(베드로후서 3:10~18) 그러나 주의 날이 도둑같이 오리니 그 날에는 하늘이 큰 소리로 떠나가고 물질이 뜨거운 불에 풀어지고 땅과 그 중에 있는 모든 일이 드러나리로다……. 또 그 모든 편지에도 이런 일에 관하여 말하였으되 그 중에 알기 어려운 것이 더러 있으니 <u>무식한 자들과 굳세지 못한 자들이 다른 성경과 같이 그것도 억지로 풀다가 스스로 멸망에 이르느니라.</u> ……영광이 이제와 영원한 날까지 그에게 있을지어다.》

이 성경 구절은 예수오행의 표식만이 그 하느님의 진노에서 벗어나서 구원을 얻을 것이며, 그 외에 잘못된 성경 해석으로 진리를 삼지 말라 하시는 말씀이다. 그 잘못된 진리는 반드시 우리에게 돌이킬 수 없는 반감과 갈등을 안겨주며 그를 알면서도 한번 빠져든 늪에서는 헤어나기 힘들다는 말씀의 표현이다. 왜 그러한가? 예수오행의 이치와 진리가 우리 곁에 왔음에도 불구하고 사악한 무리의 혀놀림이 우리의 마음을 침범한지 오랜지라 진정한 용기 없는 자들은 예수오행에게 다가올 용기가 없게 되는 것을 말함이다.

무슨 말이냐? 그 잘못된 진리를 알면서도 그 무리 속에 끼어 있는 자는 한 그물에 쌓인 고기와 같은 격이다. 어부가 그물을 바다에 던지기 전에 깨달은 자는 급하게 사악한 무리의 굴레에서 벗어나야 한다. 그러나 어부가 그물을 바다에 던져 무리 지은 고기를 잡은 즉, 깨달은 자도 깨닫지 못한 자들과 함께 걸려들면 그 역시 깨닫지 못한 자와 진배없이 도마 위에 올려 질 것이기 때문이다. 하느님의 양면성의 난이도가 높은 진리는 절대로 한 그물에 쌓인 고기 중에 선한 자와 악한 자를 가려내지 않는다. 악한 자가 절대적으로 많고 선한 자가 그 가운데 있은즉, 자신은 구원받을 것이라는 착각에서 벗어나야 한다. 이는 이미 예수오행을 우리에게 깨우친즉 그 기회를 주었기 때문이다.

이를 정리하면 곧 예수오행 [목, 토, 금, 화, 수]가 창조되어 새로운 큰 하느님이 탄생하신 날로서 풀이하고, 이 날이 곧 하느님의 날이며 우리에게 새로운 대진리로서 임하심이 하느님의 날인 것이다. 세상만사 이치가 모두가 행복할 수 없고 모두가 부유할 수 없으며 모두가 건강할 수 없는 것이다. 그러나 진정한 진리를 알고 그 이치를 가까이 하는 자는 반드시 하늘의 보상법칙에 의하여 병든 자가 건강하여 질 것이며 불행한 자가 행복할 것이며 가난한 자가 부자가 될 것이며 그러한 때는, 그러한 기회는 믿음의 동아줄을 놓지 않는 이상 반드시 온다. 다만 시간차이만 있을 뿐이다.

힘들고 고통스러운 그 숙명적인 시기와 과정을 거치게 되면 영생의 행복만이 있는 시간대로 그 차원으로 갈 수 있음을 잊지 말아야 할 것이다.

《(마태, 마태오복음 19:30) 첫째였다가 꼴찌가 되고 꼴찌였다가 첫째가 되는 사람들이 많을 것이다.》

여덟번째, 새 하늘과 새 땅은 예수오행을 일컬음이다.

《(베드로후서 3:13) 우리는 그의 약속대로 의가 있는 곳인 <u>새 하늘과 새 땅</u>을 바라보도다.》

이 성경 구절은 구절 중 ‘하늘’ 의 구절은 그 획수가 10획으로서 1 + 0 = 1획이므로 천지만물의 창조주 하느님을 의미함이요 예수오행에 의하여 새롭게 탄생하신 큰하느님을 상징하는 ‘목과 금’ 을 바라보게 된다는 비유법의 구절이다. 다시 구절 중 ‘**새 땅을 바라보도다.**’ 중 ‘땅 (토)’ 은 예수의 몸을 의미함이요. 즉, 예수오행에서 예수를 상징하는 ‘토, 화, 수’ 를 일컬음이다. 즉, 예수오행을 이루어내는 과정의 예수를 의미하였다. 예수오행 [목, 토, 금, 화, 수]의 대진리에 의하여 하느님과 예수가 합체되어 탄생하신 큰하느님께서 새로운 권능으로 이 세상에 오심을 우리는 볼 것이다라는 말씀으로 풀이할 수 있다.

아홉번째, ‘1260’ 일은 예수를 상징하면서 하늘의 영역을 나타내는 수이다.

《(요한계시록, 묵시록12:6) 그 **여자가 광야로 도망하매 거기서 천이백육십일** 동안 그를 양육하기 위하여 하나님께서 예비하신 곳이 있더라.》

이 성경 구절은 구절 중 ‘**천이백육십**’ 은 1260일로서 이를 단수로 풀이하면 1 + 2 + 6 + 0 = 9가 나온다. 9의 수는 곧 예수를 의미하며 예수의 힘과 능력을 나타내고 있다. 그 장소, 예비하신 곳은 바로 전에도 계시며 지금도 계시며 후에도 계시는 영원불멸의 진리가 거하는 곳인즉, 큰하느님을 상징하고 큰하느님의 영역을 상징하는 도형을 보라. 어떤 누구도, 무엇도 침범하지 못하는 예수의 대진리가 하느님의 영역을 나타내고 있는 도형을 보라. '1260' 일 동안 예비하신 그 곳은 바로 예수오행의 대진리에 의한 큰하느님의 기운이 서려 있는 곳, 큰하느님의 영역을 나타내는 도형과 일치한다.

'1260' 의 수는 9의 140배수로서 가히 그 성경 구절의 심오함이 끝이 없다. 그러므로 1260의 수는 큰하느님의 영역을 나타내는 수의 표식이다. 이로써 예수의 힘과 능력은 시간과 공간을 초월하여 항상 존재함을 알 수 있는 것이다.

열번째, 큰하느님을 상징하는 도형은 세상을 다스리는 증표이다.

《(요한계시록, 묵시록 12:5) 여자가 아들을 낳으니 이는 장차 철장으로 만국을 다스릴 남자라 그 아이를 하느님 앞과 그 보좌 앞으로 올라가더라.》

이 성경 구절은 구절 중 **'장차 철장으로'** 중 '철장' 은 쇠로 만든 지팡이(막대기)로서 그 한글 획수가 13획이 나온다. 다시 1 + 3 = 4인지라 보라 예수오행에 의하여 탄생한 도형을 보라. 예수오행에서 예수를 상징하는 '토화수' 로서 사방의 겉모습이 탄생하였은즉, 이는 하느님의 영역을 예수의 진리로써 구분하여 정하셨다. 곧 철장은 하느님의 상징인 '목, 금' 을 의미하며 그 큰 권능과 영광을 의미하고 있음이다. 그로써 그 표식으로서 세상을 다스림을 나타내었다.

열한번째, 9의 수를 견제하는 수는 8과 6의 수이며, 믿음의 구심점이 될 수 없다.

《(요한계시록, 묵시록 13:1~2) 내가 보니 바다에서 한 짐승이 나오는데 뿔이 열이요 머리가 일곱이라 그 뿔에는 열 왕관이 있고 그 머리들에는 신성 모독하는 이름들이 있더라. 내가 본 짐승은 표범과 비슷하고 그 발은 곰의 발 같고 그 입은 사자의 입 같은데 용이 자기의 능력과 보좌와 큰 권세를 그에게 주었더라.》

이 말씀은 구절 중 **'뿔이 열이요 머리가 일곱이라'** 중 '열'과 '일곱'을 더한즉 17의 숫자가 나오고 다시 단수에 의하여 1 + 7 = 8이 나온다. 이 8의 숫자는 짝수로서 단수의 마지막 큰 숫자이며 음수의 끝이므로 큰 음수를 나타내는 것이며, 사단의 수 6의 수와 관련된 음의 수로서 6수의 산물인 8의 수 즉, 음녀이다. 이 8의 수인 기운을 초동 하여 그 시간 속의 모든 계획을 초래하면 반드시 멸망하는 이치를 나타낸다. **'멸망'**이라고 하는 단어는 그 획수가 15획으로서 1 + 5 = 6의 수가 나오며 사단의 수 6의 수와 일치함으로써 시작과 끝이 이미 멸망으로 정해져 있는 이치이다.

다시 위 구절 중 **'신성 모독하는 이름들이 있더라.'** 중 '신성'은 그 획수가 9획으로서 곧 예수를 뜻함을 역시 알 수 있다. 다시 위 구절 모두의 의미는 동양학문 중에서 '풍수지리학風水地理學'을 의미함으로써 구절 중 **'뿔이 열이요'** 중 '뿔'은 그 획수가 13으로서 다시 단수의 법칙에 의하여 1 + 3 = 4인지라 이 4의 수는 예수오행에서 동서남북 사방

의 방향을 의미하는 것으로서 즉, 사방의 모든 자연의 형태를 구절 중
'열(十)이요' 방으로 살펴 그 기(氣)의 소산을 가늠하는 바, 구절 중 '머
리가 일곱이라' 는 산을 의미함이요 머리는 산의 꼭대기를 의미하는 것
으로서 산세의 형태가 8의 수 음기가 가득한 기운이 감돌고 있고 그로
인하여 백성과 나라가 생겨나되 음기가 가득한즉 그 끝은 반드시 멸망
한다는 뜻을 가지고 있다.

《요한계시록 17장》을 보면 위 구절의 풍수지리에 관련된 부연 구절이
존재한다. 그 중 《요한계시록 17:9~10》을 보면 《지혜 있는 뜻이 여기
있으니 그 일곱 머리는 여자가 앉은 일곱 산이요. 또 일곱 왕이라 다섯
은 망하였고 하나는 있고 다른 하나는 아직 이르지 아니하였으나 이르
면 반드시 잠시 동안 머무르리라…….》로 되어 있다.

여기서 말하는 성경 구절은 다른 차원에서 풀이하면 어느 시대의 나
타난, 실현될 등의 역사(歷史)를 말할 수 있으나 즉, 일곱 머리는 다니엘
서와 역사에 의하여 '바벨론, 메대비사, 헬라, 소이시아, 시리아, 애굽
(이집트), 로마로서 우리는 그들의 역사를 믿는 것이 아니다. 그들의 역
사가 믿음의 발로인 구심점의 일부가 되어서는 아니 된다. 이 모든 성
경 구절의 역사적 비유법의 구절들은 오직 예수오행을 탄생시키기 위
한 일련의 과정들이며 부수, 부연적인 사건들인 것을 우리는 알고 혼동
하지 말아야 할 것이다.

열두번째, 악은 악에게 다스릴 영역과 시간을 할당받는다.

《(요한계시록, 묵시록 13:5) 또 짐승이 과장되고 신성 모독을 말하는

입을 받고 또 마흔두 달 동안 일할 권세를 받으니라.》

말씀은 구절 중 '마흔두 달 동안'은 42의 숫자를 나타내고 다시 단수에 의하여 4 + 2 = 6인지라 이 6의 숫자는 사단(Satan)의 숫자로서 그 들 스스로가 사단(Satan)임을 자인하는 구절이거니와 사단(Satan)의 권위를 내세워서 세상을 지배하고자 하느님의 영역을 침범하고 그 진리를 도적질하여 흉내를 내고자 하나 그 끝이 오래가지 아니하고 멸망함을 스스로 만드는 어리석음을 보이는 자태의 구절로서 묘사하였다. 42의 수는 6의 수 7배수로서 기일을 정하거나 택일을 정할 때는 피하여야 할 수임을 직감하게 한다.

열세번째, 성경 구절의 도둑은 예수를 나타내는 비유법이다.

《(요한계시록, 묵시록 16:15) 보라 내가 도둑 같이 오리니 누구든지 깨어 자기 옷을 지켜 벌거벗고 다니지 아니하며 자기의 부끄러움을 보이지 아니하는 자는 복이 있도다.》

이 성경 구절은 구절 중 **'내가 도둑 같이 오리니'** 중 '도둑'은 그 한글 획수가 9획으로서 역시 예수를 의미함이며, '도둑'의 의미로 우리로 말미암아 예수가 십자가에 달려서 숨을 거두니 예수가 예수오행을 탄생시키는 목적을 이루어낸 것이다. 그 이룸을 우리들이 당장 알지 못하게 하였으니 우리로 말미암아 그 이룸을 훔친 것에 비유하였다. 우리는 예수의 죽음의 이치와 목적을 절대 깨닫지 못하였음이라. 우리 몰래 감추어 두었던 예수오행으로써, 부활의 표식으로 오리니 누구든지 예수오행에 의하여 '새로운 예수, 큰하느님이 오신 것을 우리가 알게 되면'

으로 풀이할 수 있고 다시 구절 중 **'자기 옷을 지켜 벌거벗고 다니지 아니하며……'** 중 '옷' 은 그 획수가 5획으로서 예수오행(목, 토, 금, 화, 수)를 일컬음이다. 그 예수오행과 더불어 큰하느님을 상징하는 도형이 곧 '옷' 에 해당함이요 그 진리의 옷을 믿고 따르고 우리가 새로운 믿음을 상실하지 아니하고 지닌즉 벌거벗지 아니한 것이며, 사단의 유혹에서 벗어나서 부끄러움을 보이지 않는 자는 반드시 구원을 얻을 것이라는 뜻이다.

열네번째, 크리스마스와 성탄절의 단어는 곧 예수를 나타낸다.

본문은 지금 열여섯번째를 쓰고 있는 시점이 서기 2008년 12월 18일 즈음이다. 앞으로 7일 후에 예수께서 탄생하신 25일인지라 즉, '크리스마스' 날이다. '크리스마스' 를 한글로 그 획수를 계산해 보면 18획수가 나오며 다시 1 + 8 = 9의 수가 출현한다. 9의 수는 예수를 뜻하고, '성탄절' 역시 그 획수가 18획이 출현하고 다시 1 + 8은 9가 형성되었다. 한글이 성경 풀이를 위하여 사용됨은 결코 모순됨도 아니며 우연의 일치가 아니며, 대한민국 국어는 성경 구절에 담겨있는 심오한 진리와 정답을 찾아내고 예수의 오행사상을 풀기 위한 하늘의 선택받은 국어임을 인정하여야 할 것이다. 그리고 '크리스마스이브' 도 그 획수가 25획수가 나오고 다시 2 + 5 = 7의 수가 출현하므로 예수가 나자렛에서 잉태되어 탄생하신 나자렛 예수를 의미한다. 역시 예수가 태어나기 전의 저녁을 의미하니 그 일치가 우연이 아님을 우리는 의심치 말아야 할 것이다.

열다섯번째, 교회는 하느님을 상징하는 장소이다.

《(에베소서, 에페소 1:23) 교회는 그의 몸이니 만물 안에서 만물을 충만하게 하시는 이의 충만함이니라.》

이 말씀은 구절 중 '**교회**'는 한글 획수로 10획이 나오고 다시 단수의 답을 보면 1 + 0 = 1의 수가 출현하며 이 1의 수는 천지만물을 창조하신 하느님의 수이다. 가히 위 구절의 심오함이 충만되었음이 우연이 아님을 우리는 눈으로 보고 있다. 또한 '**성당**' 역시 그 획수가 10획수로서 '교회'의 수와 일치한다. 각자 믿음대로 살아갈 것이며 참으로 올바른 큰분의 말씀을 올바르게 전하는 자(목사, 성직자 등)가 있는 교회와 성당은 우리의 안식처가 되고도 남을 만하다. 그러나 어떤 종교단체나 조직에 가담하지 않으면서도 스스로 혼자 나아가 신을 믿고 말씀을 따르며 지혜를 구하는 이들도 우리가운데 많이 있다.

언제 어디서나 무엇에서나 하느님의 기운과 예수의 진리가 서려 있는 슬기가 함께 함을 아는 자는 그들의 방식대로 믿음의 구심점을 스스로 세워도 좋을 것이다. =《(갈라디아 3:22) **예수 그리스도를 믿는 사람들만이 그 믿음으로 약속된 선물을 받을 수 있게 되었습니다.**》= 그는 우리의 보이며, 들리는 우리의 소리에 계시다. 우리의 말과 함께 계시며, 그의 느낌은 우리의 마음에 계시며, 그의 실상은 우리의 명궁(命宮, 우리의 생년월일시의 방위)에 계시며, 인당(印堂, 눈썹과 눈썹 사이)에 이마에 계신다. 즉, 하느님이 우리에게 인치신 곳, 우리의 이마에 계시다는 말씀이다. 사람의 내면적인 표현은 마음(가슴, 심장)에서 느끼고 동요하지만 하늘의 정한 위치는 사람의 이마에 안주하고 있음을 말함이다. 다시 한 번 분명하게 말한다. 우리의 소리에 그분의 진리가 같이 하시며, 그 소리는 태초와 천지만물 창조의 기준점(분기점) 즉, 빅뱅의 이전에서 시작되어 빅뱅의 시점에서부터 소리의 체계가 생겨났다. 우리가 육체를 가지기 전부터 소리가 먼저 생겨났으니 그 소리는 우리의 육체가 생겨나기 전부터 영혼과 함께 먼저 생겨났으니 우리의 그 소리(말)에 그 분의 양면성의 진리가 같이 하고 있는 것이다. 그 소리에 의하여 우리는 선이 될 수 있고 악이 될 수 있으며 그 소리로 인하여 우리의 영혼이 온전할 수 있고 상처받을 수도 있는 이치이다.

그 소리는 곧 우리의 영혼에서 오는 것이다.

우리의 영혼은 언제나 온전하고 올바른 것을 전달하지만 우리가 입을 통하여 소리를 밖으로 표출하는 과정에서 변함이 있는 것이다.

소리는 곧 음령(音靈)이다. 마음에 없는 말을 하지 말아야 한다. 억지스러운 믿음의 기도를 소리내어 하지 말아야 한다. 잘못을 저지르고 습관적인 회개의 말도 하지 말아야 한다. 우리가 세상을 살아가는데 율법과 계명과 법과 규칙과 규범과 규율을 모두 지키며 살아 갈 수 없는 것이 우리의 속성이며 현실이다.

세 번을 잘못된 마음의 악의 소리를 내었다면 일곱 번은 선의 소리를 내도록 노력하여야 한다. 이것이 선과 악의 불변함의 조화와 질서이다. 한 번 내뱉은 말은 사라지지 않는다. 다만 허공으로 땅으로 스며들 뿐이다. 이치가 이러하니 이를 명심하여 부득이한 경우를 제외하고는 고운 말을 써야 하며 융통성 없고 경직되고 사무적인 말투를 일관되게 하지 말아야 한다.

웃음은 하늘의 소리이고 유머는 상대에 대한 영혼의 배려이기 때문이다.

열여섯번째, 예수오행과 동양오행은 십천간과 십이지간을 나타내었다.

우리가 믿고 의지함은 땅(토)이요. 우리가 믿고 나아감은 하늘(목)이다. 그러한즉 예수가 십자가에 달려서 운명하시어 그 계획을 이루시니 우리가 모든 면에서 그토록 갈구하고 간구하며 그토록 원하는 영생의 열쇠(목, 토, 금, 화, 수)를 이루어 내셨다. 그 기본의 예수음양오행법의 법칙과 이치에 의하여 동양오행의 각각 음과 양이 존재하게 되었다. 곧 [목, 토, 금, 화, 수]의 음양의 오행에 의하여 [목, 화, 토, 금, 수]의 음양의 오행이 존재하므로 음의 오행과 양의 오행을 모두 합하니 10의 수가 나오며 이는 수의 십진법을 말함이다.

예수를 중심으로 외부로는 하느님 아버지가 계시며 내부로는 하느님 어머니가 계신다. 즉 예수의 몸은 '토' 에서 오셨으며 그가 중심이 되었다. 그 중심인 '토' 를 기준으로 하여 '토' 의 내부로는 하느님 어머니의 '목, 금, 토' 로서 형체를 나타내며 외부로는 '토, 화, 수' 로서, 하느님 아버지로서 그 형체를 갖추었다. 이는 큰하느님의 영역을 나타내는 도형의 모습을 말함이다. 그리하여 살펴보건대 토를 기준으로 하여 내부의 토(양, 陽) '목, 금, 토' 의 삼방(삼행)과 외부의 토(陰) '토, 화, 수' 의 삼방으로 조화를 이루어내니 육방(육면체, 육각)이 형성되었다. 이것이 음과 양의 조화와 질서이며 양(아버지)과 음(어머니)의 이치이며 선이 있어 악이 있으며 악이 존재하기에 선이 그 빛을 잃지 아니하였다.

《(마태복음, 마태오 6:9) 그러므로 너희는 이렇게 기도하라 하늘에 계신 <u>우리 아버지</u>여 이름을 거룩히 받으시오며》=《(갈라디아서 4:26) 오직 위에 있는 예루살렘은 자유자니 곧 <u>우리 어머니</u>라.》

다시 한 번 더 크게 그 대진리의 이치를 더듬어 보건대 '육방' 에는 또 다시 각각 음과 양이 존재함이요 이를 모두 더하니 음이 여섯 개요 양이 여섯 개라 이를 모두 더하니 열둘의 수가 나타나게 되었다. 위의 동양 오행 열(십진법) 개의 숫자를 십천(天)간이라고 이름하고 육방에서 나온 열둘의 숫자를 열둘의 동물로 지정하여 십이지간이라고 이름하였다. 십의 천간(갑, 을, 병, 정, 무, 기, 경, 신, 임, 계)과 십이지(地)간(자, 축, 인, 묘, 진, 사, 오, 미, 신, 유, 술, 해)을 서로 어우러지게 하여 각기 다른 두 개의 조합된 천간과 지간이 나오며, 그 수가 육십 가지인데 이를 동양학에서는 육십갑자 진법이라 정의하며, 예수오행의 대진리에 속해 있는 현재 동양오행의 상생원리와 이치로서 이루어져 있음을 알 수 있다.

열일곱번째, 소금은 곧 예수이다.

《(마태복음, 마태오 5:13) 너희는 세상의 소금이니 소금이 만일 그 맛을 잃으면 무엇으로 짜게 하리오. 후에는 아무 쓸데없어 다만 밖에 버려져 사람에게 밟힐 뿐이니라.》

이 말씀은 구절 중 **'소금'**은 그 획수가 9획수로서 예수를 나타낸다. 우리는 예수의 말씀과 진리와 이치를 망각하거나 삿된 자들과 어울림으로 인하여 그 믿음을 소홀히 하게 되면 예수를 잃는 것과 같음을 묘사하였다. 삿된 자들이 처음에는 우리들을 환대하는 척하고 온갖 사설과 감언이설과 구술로서 대접하나, 예수의 진리가 우리와 같이한즉, 우리를 박해하는 자들은 두려움 가운데 박해하지만 예수의 진리를 잃어버린 우리들은 아무 쓸모가 없어질 때에는 오히려 그들의 두려움 없는 박해를 받고 업신여김을 당할 것이며, 다시 회개하여도 진실로 티 없는 깨끗한 소금(진리)을 두 번 다시는 얻지 못한다는 말씀이다.

열여덟번째, 예수오행에 의하여 이루어진 도형은 잠재의식의 형체이 며 공간이다.

(마태복음, 마태오 6:19~21) "너희를 위하여 보물을 땅에 쌓아두지 말라. 거기는 좀과 동록(銅綠)이 해하며 도둑이 구멍을 뚫고 도둑질하 느니라."…… "오직 너희를 위하여 보물을 하늘에 쌓아 두라. 거기는 좀이나 동록이 해하지 못하며 도둑이 구멍을 뚫지도 못하며 도둑질도 못하느니라."…… "네 보물 있는 그 곳에는 네 마음도 있느니라.》

이 말씀은 구절 중 **'보물을 땅에 쌓아두지 말라.'** 중 '땅'은 우리들 의 의식(意識)하는 마음을 말함이요, 그 믿음의 마음 가운데 언제든지 악이 침범하여 판단력과 분별력과 나아갈 방향을 잃어버릴 수 있으며 그로 인하여 삶의 믿음을 손실당하고 묵살 당하고 온전하게 할 수 없음 을 나타낸다. 그러나 구절 중 **'오직 너희를 위하여 보물을 하늘에 쌓아 두라'** 중 하늘은 우리의 또 다른 자신 즉, 자신에게는 의식하는 마음과 또 다른 자신을 나타내는, 자신의 잠재의식(潛在意識)을 말함이요 이 잠재의식(THE POWER OF YOUR SUBCONSCIOUS MIND)은 곧 하느 님의 영역이다. 우리 몸의 건축주이고 우리가 의식하지 않아도 우리의 내외부의 모든 것을 관리 관장하는 하느님의 힘과 능력의 보고(寶庫)이 다. 곧 하느님의 기운이 감도는 곳, 의식하는 마음은 객관적인 것이며 우리의 잠재의식은 주관적인 것임을 말하는 것이다.

다시 위 구절 중 **'보물'**은 그 획수가 14획수로서 1 + 4 = 5가 출현하 였다. 보물은 곧 예수오행의 [목, 토, 금, 화, 수]를 말함이요 그 대진리가 곧 우리들의 보물이요 다시 위 구절 중 '네 보물 있는 그 곳에는 네 마 음도 있느니라.' 이 구절이 말하고자 하는 것은 예수오행이 계시는 곳에 보물이 있음이요 보물이 있는 곳에 우리의 마음이 있으며 우리의 마음이 있는 곳에 우리의 잠재의식이 같이 존재함이요 그 곳에 예수오행의 보물이 있다는 말씀이다. 그러므로 우리는 예수오행을 믿음으로써 예수오행의 진리와 이치는 이런 복잡한 정신구조를 일치성의 진리로 인하여 정리 정돈시키며 안녕의 시간을 구사하여 주는 것이다.

열아홉번째, 우리의 또 다른 자신을 도형으로서 실현시켰으며, 거짓되고 미련한 미신을 믿지 않을 것이다.

《(마태복음, 마태오 6:22) 눈은 몸의 등불이니 그러므로 네 눈이 성하면 온 몸이 밝을 것이요.》

이 말씀은 예수오행의 대진리와 그 이치를 깨닫고 믿음으로 받아들여서 보고 느끼면 자연적 우리의 의식하는 마음을 건설적이며 긍정적으로 그 조화를 이루어 내며 또 다른 우리의 자신인 잠재의식(하느님의 영역)에게 전달되어 악이 감히 침범하지 못한다는 뜻이다. 이것이야말로 예수오행의 대진리의 기본법칙이며 주관적에서 객관적으로 탄생한 실로 엄청난 대사건인 것이다. 이 대진리를 받아들이고 안 받아들이고는 각자의 사고(思考)와 마음에 있을 것이다.

《(마태, 마태오 7:6) 거룩한 것을 개에게 주지 말며 너희 진주를 돼지 앞에 던지지 말라. 그들이 그것을 발로 밟고 돌이켜 너희를 찢어 상하게 할까 염려하라.》

이 성경 구절은 인간 구제는 함부로 하지 말라는 말씀이다. 인간 못난 것은 하느님도 어쩌지 못한다는 말씀이다. 하느님은 우리에게 선과 악을 알게 함으로써 이미 모든 판단력과 분별력의 능력을 주었다. 우리는 그 하느님의 계획으로 인하여 우리가 완전한 독립체, 즉 인격체를 가지게 되었음을 익히 알고 있을 터인즉, 이미 주어진 우리의 판단력과 분별력으로 참하느님의 존재를 인정하지도 알려고도 하지 않으려고 하니 하느님도 우리의 마음을 침범하여 간섭하지 아니한다 하였다.

예수오행의 진리를 접하고서도 그러므로 개화(開化)될 수 없는 자와, 개과천선(改過遷善)될 수 없는 자와, 삿되고 망령된 자들에게는 하느님의 법도와 예수오행의 진리와 큰하느님의 탄생하심을 거듭하여 전도하지 말라는 말씀이다. 만약에 거듭하여 전도하려고 든다면 그들의 모든 구성요소는 이미 예수오행의 진리를 전도 받을 수 없는 지경까지 나락하였으니 마치 어떤 병에 대한 치료약의 큰 부작용이 일어남과 같이 오히려 광기(狂氣)를 불러일으킬 수 있다는 말씀이다.

《(잠언 24:7~9) 지혜는 너무 높아서 미련한 자가 미치지 못할 것이므로 그는 성문에서 입을 열지 못할 것이니라. ……미련한 자의 생각은 죄요 거만한 자는 사람에게 미움을 받느니라. 》

이 구절의 말씀처럼 이치가 그러하다. 사람은 개고기를 먹어서는 아니 된다는 뜻의 성경 구절이 존재한다. 개고기를 약용(藥用)으로 사용하지 않고 거듭하여 식용으로 섭취할 경우 개고기를 섭취한 자는 예수오행의 힘과 능력을 받아들인 자라고 하더라도 그 '기름 부음'을 상실하며 또는 예수오행을 받아들일 수 없는 광기를 불러일으키는 체질로 변할 수 있다는 뜻이 아래 성경 구절에서 엿볼 수 있는 것이다.

《(이사야 66:3) 어린 양으로 제사 드리는 것은 <u>개의 목을 꺾음과 다름이 없으며…….</u>》

　이 구절을 음미하여 보더라도 개는 우리에게 다른 육식고기처럼 식용으로서 합당하지 않다는 말이다. 다시 위 **《(마태 7:6)》**의 성경 구절 중 **'진주를 돼지 앞에 던지지 말라.'** 의 뜻은 진주는 '돼지 목에 진주' 라는 말과 같이 진주(예수의 진리와 말씀)와 돼지(지혜가 전혀 없는 미련한 자, 망령 '妄靈' 된 자)는 전혀 어울리지 아니한다는 뜻이며, 우리는 성경 구절 중《(이사야, 레위기, 신명기 14:8)》**등에 기록되어 있는 구절을 보면《돼지는 굽은 갈라졌으나 새김질을 못하므로 너희에게 부정하니 너희는 이런 것의 고기를 먹지 말 것이며 그 사체도 만지지 말 것이니라.》**의 구절이 존재하는데 이 성경 구절은 즉, 새김질을 할 수 있는 기관적 요소의 구성은 몸통에 있고 새김질을 하는 곳의 부위는 돼지머리에 있다는 말씀이다. 그러므로 돼지고기를 음식으로 섭취하되 진주가 돼지와 어울리지 않는다고 하는 것은 우둔하고 아둔한 돼지머리를 두고 연상한 것이므로 돼지머리를 먹지 말아야 하는 것으로 풀이할 수 있다. 되새김질을 하지 못하는 모든 짐승의 머리도 이러한 이치려니와 그러나 짐승의 모든 머리를 먹지 말라는 것은 아니고 그 주된 의미는 이러한 이치로 말미암아 가장 추한 우상은 돼지머리를 앞에다 차려 놓고 고사를 지내고 절을 하는 행위라 하겠으니 돼지의 몸통과 발은 먹되 돼지머리는 먹지 말아야 할 것이다. 이를 우리는 명심하여야 한다.

　돼지머리를 먹는 자는 돼지머리와 같고 진주가 어울리지 않을 것이기 때문이다. 아래의 성경 구절과 같이 모르고 행한 것은 용서가 있을지나 알고 행하는 것은 반드시 그에 상응하는 벌을 받을 것이며 부정으로 인한 고통을 받을 것이다.

《(잠언 26:11~12) 개가 그 토한 것을 도로 먹는 것 같이 미련한 자는 그 미련한 것을 거듭 행하느니라. 네가 스스로 지혜롭게 여기는 자를 보느냐 그보다 미련한 자에게 오히려 희망이 있느니라.》

스물번째, 기름은 예수를 일컬음이요 기름 부음은 예수오행을 일컬음이다.

《(요한일서 2:20, 27) 너희는 거룩한 자에게서 기름 부음을 받고 모든 것을 아느니라.(27) 너희는 주께 받은 바 기름 부음이 너희 안에 거하나니 아무도 너희를 가르칠 필요가 없고 오직 그의 기름 부음이 모든 것을 너희에게 가르치며 또 참되고 거짓이 없으니 너희를 가르치신 그대로 주 안에 거하라.》

이 말씀은 구절 중 '**기름**'은 그 획수가 9획수로서 예수(토, 화, 수)를 상징함이요 다시 구절 중 '**부음**'은 그 획수가 11획수로서 1 + 1 = 2획인지라 2획은 하느님(목, 금)을 상징하였다. '기름 부음'은 예수오행의 [목, 토, 금, 화, 수]를 의미하며 그 오행의 원리와 진리에 의하여 탄생하신 큰하느님을 의미하는 것이다. 전에도 계셨고 지금도 계시며 앞으로도 계실 그의 대진리가 우리와 하나 되어 같이 하게 되었다. 곧 우리는 선택된 자들이며, 선택되었다 함은 우리와 같이 하는 또 다른 나, 우리의 자신 즉, 잠재의식을 일컬음이라 거기에는 '기름 부음'의 큰하느님의 영역이며 능치 못함이 없으며 행하지 못함이 없으며 이미 모든 가르침이 거하는 장소이다.

그러나 보라. 우리는 어리석음의 극치인 삿된 자들의 말과 거짓 선지자들의 말과 온갖 잡된 우상들의 현혹 속에서 그 진리를 망각하며 살고 있다. 때가 임하여 예수오행이 도둑처럼 오심을 우리는 의심하며 그 해법을 알지 못하였다. 그러나 의심은 나쁘지 않은 것이다. 의심은 곧 관심이며 과정이요 결과의 신념이 피어나는 과정의 단계이기 때문이다. 우리는 잠재의식의 힘과 능력을 작동할 수 있는 크고도 거룩한 이의 대진리를 직접 눈으로 볼 수 있게 되었은즉, 이제는 그 실체적인 기도의 방법과 작동(테크닉) 방법을 아는 것만 남았다. (내가 그를 위하여 단한번 사랑을 나누니 나는 완전한 것을 얻었습니다.)

스물한번째, 우리가 가치 있게 여기지 않는 곳에 예수의 진리가 서려 있다.

《(사도행전 4:11) 이 예수는 너희 건축자들의 버린 돌로서 집 모퉁이의 머릿돌이 되었느니라.》

이 말씀은 구절 중 **'머릿돌'** 은 한글 획수로 그 획수가 18획으로서 1 + 8 = 9획이며 9획은 역시 예수의 이름을 말함이요 즉, 우리로 말미암아 예수가 십자가에 달려서 숨을 거두시고 난 후 예수오행으로서 탄생되었다는 말씀으로 비유한 것이다. 다시 이어지는 성경 구절로는 **《다른 이로서는 구원받을 수 없나니 천하 사람 중에 구원을 받을 만한 다른 이름은 우리에게 주신 일이 없음이라 하였더라.》** 이 말씀의 구절은 예수가 더 나아가 예수오행으로 부활하여 우리에게 보일 것이며 예수의 진리가 서린 모든 곳에 모든 구원이 충만함이라 하는 이치의 말씀이다.

스물두번째, 나아가고 물러나는 때를 아는 자는 하늘의 전령이다.

《(잠언 25:2) 일을 숨기는 것은 하느님의 영화요 <u>일을 살피는 것은 왕의 영화니라…….》</u>

이 말씀의 전체적인 구도를 살펴보면 대지대업을 이루려고 할 때에는 때와 시기를 구별할 줄 알아야 하며 나아감과 물러남의 행동반경을 지켜야 된다는 뜻 깊은 구절로서 구절 중 '일'은 그 획수가 5획으로서 예수오행의 진리를 말씀하심이요 예수오행을 이루어내고 수천년간 숨겨두었다가 때를 가려 세상에 나타남을 비유한 구절이다.

스물세번째, 비둘기는 평화의 상징으로서 예수오행을 나타내었다.

《(마태복음 3:16~17) 예수께서 세례를 받으시고 곧 물에서 올라오실 새 하늘이 열리고 하느님의 성령이 비둘기 같이 내려 자기 위에 임하심을 보시더니 하늘로부터 소리가 있어 말씀하시되 이는 내 사랑하는 아들이요 내 기뻐하는 자라 하시니라.》

이 말씀은 구절 중 '비둘기'는 대한민국 국어의 획수로 그 획수가 14획으로서 다시 1 + 4 = 5획이 출현하였<u>으므로</u> 예수오행을 말함이요 이때에 이미 예수는 십자가에 달려서 예수오행을 창조하게 될 것을 예언한 것이다.

스물네 번째, 성경 구절의 양의 동물은 예수오행을 나타내었다.

《(요한복음 10:15) 아버지께서 나를 아시고 내가 아버지를 아는 것 같으니 나는 양을 위하여 목숨을 버리노라.》

이 말씀은 우리를 위하여 목숨을 버린 구절이기도 하지만 크게는 구절 중 '양'은 그 획수가 5획수로서 곧 예수오행(목, 토, 금, 화, 수)을 말씀하였다. 즉, 예수오행을 이루기 위하여 목숨을 버린 것으로 풀이할 수 있는 것이다. 성경에서는 동물 중 '양'을 많이 표현함으로써 우리를 나타내기도 하였지만 실상은 예수오행을 일컬은 것이다.

스물다섯번째, 예수오행은 사람이 물에서 와서 진화하였음을 알려주고 있다.

《(마태복음, 마태오 12:40) 요나가 밤낮 사흘 동안 큰 물고기 뱃속에 있었던 것 같이 인자도 밤낮 사흘 동안 땅 속에 있으리라.》

이 말씀은 요나가 하늘의 노여움으로 말미암아 고래 뱃속에서 사흘 동안 갇혀 있다가 구원받은 사실을 나타내고 있으며, 구절 중 **'밤낮 사흘 동안 땅 속에 있으리라'**는 예수오행의 [목, 토, 금, 화, 수]의 오행에서 '토'가 그 중심이 되어 밤(음)과 낮(양)의 사흘 즉, '토, 화, 수' 삼행을 일컬음이며 새로운 부활의 의미를 나타낸다. 그러므로 물(물고기)에서 뭍(땅)으로 이어져 하늘의 형상을 닮은 사람이 있기까지의 진화과정을 묘사한 것으로써 절대론(하느님)의 전제하에 진화를 말하는 성경 구절 중 한 구절이다.

그렇다면 에덴의 동산 '아담'은 하느님이 흙으로 빚었다고 하였는데 이 말은 무슨 말인가? 이미 물에서 뭍(흙)으로 올라온 사람의 형체를 더욱더 견고하게 개량하였다는 말이 되는 것이다. 즉, 새로운 품종으로 사람의 형체를 하느님의 형체에 완전하게 일치하도록 그 진화과정을 실현시킨 것이다. 이를 달리 표현하면 물에서 뭍으로 올라온 사람과 닮은 형체가 사람과 닮기는 하였으나 매우 흉측한 모습이었고 사실상 짐승과 진배없었으며 그 모습은 마치 악마와도 같은 형상으로서 이미 멸종된 생명체를 의미하는 것으로 풀이할 수 있는 것이다. 사람을 닮은 형상 중 현존하고 있는 품종은 원숭이과에 속하는 동물들이다. (사람의 진화 과정과 품종에 대하여 본문에서 요소요소에 부연 설명을 하였다.)

스물여섯번째, 예수는 오행 중 '토, 화, 수'로써 부활하였다.

《(마태복음, 마태오 26:61) 이르되 이 사람의 말이 '내(예수)가 하나님의 성전을 헐고 사흘 동안에 지을 수 있다' 하더라 하니…….》

이 말씀은 예수(토)가 하느님(목)과 합체하여 예수오행의 [목, 토, 금, 화, 수]의 대진리의 성전을 지으심을 의미함이요. 따라서 예수는 '토, 화, 수'의 삼행으로써 사흘 만에 새롭게 부활하여 예수오행으로서 탄생하심을 의미하는 것이다.

《(마가복음, 마르코 14:58) 우리가 그의 말을 들으니 손으로 지은 이 성전을 내가 헐고 손으로 짓지 아니한 다른 성전을 사흘 동안에 지으리라 하더라.》

《(마가복음, 마르코 15:29~31) 지나가는 자들은 자기 머리를 흔들며 예수를 모욕하여 이르되 아하 성전을 헐고 사흘에 짓는다는 자여 네가 너를 구원하여 십자가에서 내려오라 하고 그와 같이 대제사장들도 서기관들과 함께 희롱하며 서로 말하되 그가 남은 구원하였으되 자기는 구원할 수 없도다.》

위 성경 구절에 의하듯이 예수는 예수오행을 탄생시키기 위하여 자신도 자신 스스로를 구원하지 아니하였고 하느님도 예수를 구원하여 주지 아니한 것이며 예수가 성전을 사흘 만에 짓는다고 함은 그 뜻이 예수오행을 뜻함을 아무도 알지 못한 것이었다.

스물일곱번째, 의지함을 떠나서 한 몸으로 이루는 이치는 부모를 떠난 자식과 같다.

《(에베소서, 에페소 4:31~33) 사람이 부모를 떠나 그의 아내와 합하여 그 둘이 한 육체가 될지니 이 비밀이 크도다. 나는 그리스도와 교회에 대하여 말하노라 그러나 너희도 각각 자기의 아내 사랑하기를 자신같이 하고 아내도 자기 남편을 존경하라.》

위 성경 구절을 깊이 풀이하여 보면 구절 중 '사람이 부모를 떠나' 는 예수가 하느님을 떠나서, 다시 말하자면 하느님이 예수를 구원하지 아니하고 버림으로 인하여, 다시 구절 중 '그의 아내와 합하여 그 둘의 한 육체가 될지니' 는 예수가 하느님을 상징하는 십자가에 달려서 한 몸을 이루니, 다시 구절 중 '그 비밀이 크도다.' 는 예수가 십자가에 달려서 한 몸을 이룬 것은 예수오행을 탄생시키기 위한 것임을 말하는 것이다. 다시 구절 중 '나는 그리스도와 교회에 대하여 말하노라.' 중 '그리스도' 는 당연히 예수를 일컬음이요 '교회' 는 하느님이 거하는 장소로 표현한 것이므로 하느님을 일컬음이다. 이를 더 깊이 있게 표현하자면 '그리스도' 는 그 획수가 13획으로서 다시 1 + 3 = 4가 출현하고 '교회' 는 그 획수가 10획으로서 다시 1 + 0 = 1의 수가 출현하는지라 이 '그리스도' 의 4의 수와 '교회' 의 1의 수를 합하여 한 몸으로 이루어내니 4 +

1 = 5의 수가 출현하게 되었다. 이는 곧 예수오행 [목, 토, 금, 화, 수]를 의미함을 우리는 비로소 알게 된 것이다. 그러므로 작게는 그러한 이치에 의하여 남편과 아내는 서로 사랑하고 존중할 것이며 크게는 예수오행을 깊이 사랑하고 큰 믿음으로서 대하여야 할 것이라는 말씀이다.

스물여덟번째, 예수오행은 악을 지배하는데 우리의 무기가 되며 방패가 된다.

《(에베소서, 에페소 6:11~13) 마귀의 간계를 능히 대적하기 위하여 하나님의 전신 갑주를 입어라. 우리의 씨름은 혈과 육을 상대하는 것이 아니요 통치자들과 권세들과 이 어둠의 세상 주관자들과 하늘에 있는 악의 영들을 상대함이라. 그러므로 하나님의 전신 갑주를 취하라 이는 악한 날에 너희가 능히 대적하고 모든 일을 행한 후에 서기 위함이라.》

이 말씀은 구절 중 '전신 갑주(무기)' 는 예수오행을 나타내는 것이다. 즉, '전신' 은 그 획수가 9획으로서 예수를 말함이요 '갑주' 는 그 획수가 11획으로서 다시 1 + 1 = 2획으로서 하느님을 상징하는 '목' 과 '금' 을 말함이다. 곧 '전신(예수 토, 화, 수) 갑주(하느님 목, 금)' 를 합하면 예수오행의 [목, 토, 금, 화, 수]가 형성됨이 완벽하게 드러난다.

《(에베소서, 에페소 6:16) 모든 것 위의 믿음의 방패를 가지고 이로써 능히 악한 자의 모든 불화살을 소멸하고…….》

위 구절 중 '방패' 는 그 획수가 14획으로서 1 + 4 = 5가 출현하였다. 예수오행을 의미함을 우리는 의심치 말아야 할 것이다. 예수오행의 대진리를 우리는 알고 그를 접하여 그를 믿음으로 섬기며 그로 말미암아 우리는 악의 무리와 대적하여 반드시 승리할 것이다.

스물아홉번째, 우리의 육신은 곧 예수이며 소리이다.

《(요한복음 1:13) 한 처음, 천지가 창조되기 전부터 말씀이 계셨다. 말씀은 하느님과 함께 계셨고 하느님과 똑 같은 분이셨다. 말씀은 한 처음 천지가 창조되기 전부터 하느님과 함께 계셨다. 모든 것은 말씀을 통하여 생겨났고 이 말씀 없이 생겨난 것은 하나도 없다.》

위 성경 구절은 본문에서 여러 번 언급하고 있다. 이 말씀은 구절 중 '말씀' 은 소리다 곧 음령(音靈)이다. 음령은 영원한 생명이며 천지가 창조되기 전부터 존재하신 동서남북의 방향과 함께 빅뱅(대폭발)과 함께 태어난 음령이다. 이 말씀은 곧 육신이 되어서 우리와 같이 되었던 것이다. '육신' 은 그 한글 획수로 9획의 수가 출현하고 이 9획의 수는 예수를 상징하며 예수오행 중 예수를 상징하는 토, 화. 수를 나타낸다. **'말씀' 은 '육신' 이 되었다**고 하는 것은 말씀이 땅(천지창조)을 만들어 내었음이요 그 말씀은 더욱 더 공고하게 진리를 나타내시니 그가 바로 예수오행 중 '토, 화, 수' 이며 '말씀' 과 '하느님' 은 똑 같은 분이셨다. 즉, '말씀' (예수, 토 화 수)과 하느님(목, 금)이 합체되어 예수오행 [목, 토, 금, 화, 수]를 창조하게 되니 이가 곧 큰하느님이며 전에도 계셨고 이제도 계시며 후에도 계시는 그 '말씀' 이 하느님과 합체되어 새로운 대진리를 때가 되어 우리에게 보이게 하시니 우리는 이 대진리의 메시지를 알고 살아야 할 때가 왔음을 우리는 깨달아야 할 것이다.

《(요한복음 1:14) 말씀은 육신이 되어 우리 가운데 거하시매 우리가

그의 영광을 보니 아버지의 독생자의 영광이요 은혜와 진리가 충만하더라.》

　완전한 이치와 논리가 정연하지 못한 믿음 속에서 그 짧은 인생 속에서 알량한 기도의식이나 베풂으로 인하여 영생하기를 바라는 것이 현재 믿음의 실체인 것이다. 그러한 일련의 행위들이 잘못되었다는 말이 아니다. 사후세계를 준비하는 공부를 우리는 어떻게 해야 하는지, 과연 사후세계가 있기나 한 것인지? 있다면 어떻게 사후세계에 대한 준비를 해야 하는지 몰랐다는 것이며, 그 답은 바로 예수오행에 있음을 말하려는 것이다. 바로 사후세계를 향한 과학적인 믿음의 구심점이 예수오행에 있음을 말하려 함이다.

　재물을 신보다 더 높이 평가하는 어리석음은 작은 어리석음이요 과학적이지 못한 믿음으로 인한 영생을 원하는 어리석음은 큰 어리석음인 것이다. 이미 우리는 단계의 법칙을 거쳐서 영의 세상에서 사람으로서 태어나야 할 단계이기 때문에 태어났음을 알아야 한다. **《(예레미야 1:5) 내가 너를 복중에 짓기 전에 너를 알았고 네가 태에서 나오기 전에 너를 구별하였느니라.》**처럼 우리가 거쳐야 할 단계는 멀고도 험하다. 우리에게 아무리 소중하고 가치 있는 물건이 있다고 하여도 그것을 사용할 줄 모르면 무용지물이요 우리에게 아무리 큰진리가 가까이 있어도 그를 깨닫지 못하면 역시 거추장스러움에 불과한 추루(醜陋)나 다를 바 없다.

　서른번째, 우리가 입고 다니는 옷은 곧 우리의 이름이다.

　《(요한계시록, 묵시록 16:15) 보라 내가 도둑 같이 오리니 누구든지

깨어 자기 옷을 지켜 벌거벗고 다니지 아니하며 자기의 부끄러움을 보이지 아니하는 자는 복이 있도다.》

이 말씀은 구절 중 '옷'은 그 획수가 5획으로서 예수오행을 나타내며, 또한 '옷'은 하느님의 이름을 뜻하기도 하며 우리의 이름을 나타내고 있으며 이름이 추하거나 유명무실하게 되면 벌거벗은 모습과 진배 없음을 비유하는 구절이다. 이 구절은 본문에서 '큰하느님의 이름은 무엇인가? 그리고 사람의 이름이 부여하는 가치성과 의미는 무엇인가?' 편에서 다시 설명하였다.

서른한번째, 예수오행의 진리를 사마리아 여인에게 목마르지 않는 물로서 예수는 예언하였다.

《(요한복음 4:16~20) 예수께서 그 여자에게 가서 남편을 불러오라고 하셨다. 그 여자가 남편이 없다고 대답하자 예수께서는 '남편이 없다는 말은 숨김없는 말이다. <u>너에게는 남편이 다섯이나 있었고 지금 함께 살고 있는 남자도 사실은 네 남편이 아니니 너는 바른대로 말하였다.</u>' 하고 말씀하셨다. 그랬더니 그 여자는 '과연 선생님은 예언자이십니다.'》

이 성경 구절은 **"너에게는 남편이 다섯이나 있었고"**는 태초에 감추어진 예수오행의 [목, 토, 금, 화, 수]의 다섯을 말씀하신 것으로서 당시에는 예수오행의 진리가 세상에 나타나지 않았음을 의미함이요. 다시 《**지금 함께 살고 있는 남자도 사실은 네 남편이 아니니 너는 바른대로 말하였다**》는 참으로 믿고 의지할 수 있는 하느님은 따로 계시며, '남편’ 이라는 구절은 참하느님이 아니라는 비유법의 말씀이다. 이렇듯 예수께서는 사단의 눈과 귀를 가리고 때를 기다려 큰하느님이 이 세상에 탄생하실 것을 성경 구절 구절마다 기록하여 마치 암호와도 같이 숨겨 놓으신 것이다. 그러므로 큰하느님의 대진리가 이 세상에 오셨으니 큰하느님은 따로 거하셔서 우리들에게 경배 받고자 하지 않으신다. 큰하느님은 따로 거하는 곳이 정해져 있지 않으신 것이다. 언제 어디서나 큰하느님의 존재를 인정하고 믿는 자들에게는, 우리가 있는 곳이면 어디든지 큰하느님의 힘과 능력이 함께 하실 것이다.

《(요한복음 4:21) 내 말을 믿어라. 사람들이 아버지께 예배를 드릴 때에 ‘이 산이다’ 또는 ‘예루살렘이다’ 하고 굳이 장소를 가리지 않아도 될 때가 올 것이다.》

서른두번째, 예수를 상징하는 오행의 ‘토, 화, 수’ 는 삼위일체를 의미한다.

《(마태복음, 마태오 18:19) 진실로 다시 너희에게 이르노니 너희 중에 <u>두 사람이 땅에서 합심하여</u> 무엇이든지 구하면 하늘에 계신 내 아버지께서 그들을 위하여 이루게 하리라.》

이 말씀은 구절 중 **‘두 사람’** 은 예수오행 중 예수를 상징하는 ‘토, 화, 수’ 중 ‘화’ (의식하는 마음, 현재의식)와 ‘수’ (무의식, 잠재의식)를 말함이요 다시 구절 중 **‘땅에서’** 는 ‘토’ 를 말함으로써 육체를 일컬음인 것이다. 이를 정리하면 너희의 육체(토)와 의식하는 마음(화)과 잠재의식(수)이 삼위일체가 되어서 구하면 무엇이든 이루어진다는 뜻이다.

그러나 우리는 그 삼위일체를 이루어 하느님께 구함이 어렵고 설사 삼위일체를 이루었다고 하더라도 지속되지 못하거나 반대암시의 작용 등으로 기도의 응답을 받기란 쉽지 않은 것이다. 그러므로 지금까지 해왔던 기도의 방법에서 벗어나서 예수오행 중 예수를 상징하는 '토, 화, 수'의 진리를, 그 새로운 진리의 가르침에 의하여 우리의 마음과 말과 함께 행동으로 기도 행위를 함으로써 우리의 감정이나 사고력, 상상력, 욕망, 아이디어, 정서 등을 조화와 질서로서 유지시켜 주게 됨으로 반대암시(역노력의 법칙에 의한 기도의 역효과)를 물리치고 기도의 응답을 받은 것과 진배없는 효과를 보게 될 것이다.

《(시편 19:14) 내 바위, 내 구원자이신 야훼(여호와)여 내 생각과 내 말이 언제나 당신 마음에 들게 하소서》

《(마가복음, 마르코 11:24) 그러므로 내가 너희에게 이르노니 무엇이든지 기도하고 구하는 것은 받은 줄로 믿으라. 그리하면 너희에게 그대로 되리라.》

서른세번째, 예수오행을 믿는 자들은 이미 간구함이 이루어져 있는 것이다.

《(마태복음, 마태오 18:20) 두세 사람이 내 이름으로 모인 곳에는 나도 그들 중에 있느니라.》

이 말씀은 구절 중 **'두세'**는 '두'(둘)와 '세'(셋)로서 2 + 3 = 5의 숫자가 출현하는지라 이 5의 숫자는 예수오행을 일컬음이요 그 속에 예수

(토, 화, 수)가 계시다는 말씀이다.

믿음이란 무엇인가? 무엇인가를 진실로 받아들이는 것이며, 또는 그 것에 고무(鼓舞)되어 살아가는 삶을 의미하는 것이다.

《(마태복음, 마태오 21:22) 너희가 기도할 때에 무엇이든 믿고 구하는 것은 다 받으리라 하시니라.》

《(마가복음, 마르코 10:52) 예수께서 이르시되 가라 네 믿음이 너를 구원하였느니라…….》

서른네번째, 지명이나 자연에는 예수의 진리가 집약되어 있는 곳이 존재한다.

《(창세기 49:29~33) 분부하였다. 나는 이제 세상을 떠나게 되었다. 내 선조들 옆에 묻어 다오. 그 굴은 가나안 땅 마므레 앞 막벨라 밭에 있다. ……야곱은 이렇게 아들들에게 분부하고 나서 침상에 바로 누워 마지막 숨을 거두고 세상을 떠났다.》

이 말씀은 구절 중 '**막벨라 굴**'은 한글 획수로 27획이 나오고 다시 단수의 답을 구하니 2 + 7 = 9의 수가 출현하였다. 의미함은 야곱은 과거에도 현재도 후에도 계시는 예수의 거룩한 진리가 있는 곳, 그 진리가 샘솟는 곳, 변치 않고 목마르지 않는 영원한 진리의 품안으로 안장되었다는 구절이다. 27의 수는 9수의 3배수이다.

서른다섯번째, 임마누엘의 의미는 예수오행에서 '목, 금'의 하느님을 나타낸다.

《(마태복음, 마태오 1:23) 보라 처녀가 잉태하여 아들을 낳을 것이요 그의 이름은 <u>임마누엘</u>이라 하리라 하셨으니 이를 번역한즉 하나님이 우리와 함께 계시다 함이라…….》

이 말씀은 구절 중 **'처녀가 잉태하여 아들을 낳을 것이요'** 의 구절은 예수(처녀, 9획)가 하느님의 형상인 십자가에 달려서 새로운 예수(아들, 9획) '토, 화, 수' 가 탄생(부활)함을 의미함이요 다시 구절 중 **'임마누엘'** 은 한글 획수로 20획수가 나오며 단수로 답을 구하니 2 + 0 = 2의 수가 출현하였다. 이 2의 수는 예수오행 [목, 토, 금, 화, 수] 중 하느님을 상징하는 '목' 과 '금' 을 나타내는 것이다. 그러므로 위 성경 구절의 '임마누엘' 은 곧 예수와 하느님의 계획에 의하여 탄생한 예수오행 [목, 토, 금, 화, 수]를 나타냄과 함께 예수오행에 의하여 새롭게 탄생하신 큰하느님의 존재를 나타내는 것이다.

서른여섯번째, 예수 그리스도의 계보는 예수오행이 이루어짐을 대를 잇는 숫자로서 예시하였다.

《(마태복음, 마태오 1:1~17) 아브라함과 다윗의 자손 예수 그리스도의 계보라 아브라함이 이삭을 낳고……마리아에게서 그리스도라 칭하는 예수가 나시니라……그런 즉 모든 대수가 아브라함부터 다윗까지 열네 대요 다윗부터 바벨론으로 사로잡혀 갈 때까지 열네 대요 바벨론으로 사로 잡혀 간 후부터 그리스도까지 열네 대라…….》

이 성경 구절을 보면 그리스도의 계보는 예수까지 14대로 각각 일관한다. 무엇을 의미하는가? 14는 단수법칙에 의하여 1 + 4 = 5의 수가 출현함으로써 이 5의 수는 예수오행(목, 토, 금, 화, 수)을 의미하였다. 이미 이 계보는 예수에 의하여 하느님과 더불어 예수오행이 이 세상에 출현함을 계보로서 알려 주신 것이다. 예수오행(목, 토, 금, 화, 수)의 힘과 능력은 모든 조상들의 기운이 감돌 것이며 그 기운은 곧 우리를 차원 높은 생명체로 이끌어 갈 것이며 우리의 영혼마저 지켜 낼 것이다.

서른일곱번째, 참믿음의 큰하느님을 우리는 영접하고 소리내어 눈물을 흘릴 것이다.

《(요한계시록, 묵시록 1:7) 볼지어다. 그가 구름을 타고 오시리라. 각 사람의 눈이 그를 보겠고 그를 찌른 자들도 볼 것이요 땅에 있는 모든 족속이 그로 말미암아 애곡하리니 그러하리라.》

이 말씀은 구절 중 '**구름**'은 그 획수가 10획으로서 다시 단수의 법칙에 의하여 1 + 0 = 1의수가 출현함으로써 1의 수는 천지만물의 수이며 수의 으뜸이며 하느님을 천지만물을 창조하신 하느님을 나타내는 수이므로 곧 구름은 하느님의 비유법이라 예수가 하느님과 함께 하여 이 세상에 오심을 말씀하신 것이다. 즉, 우리는 큰하느님을 상징하는 예수오행의 도형과 큰하느님의 영역을 상징하는 도형이 위 구절과 일치하였다. 도형의 가운데 십자가(목, 금)에 예수(토, 화, 수)께서 타고 계심을 분명히 증거하고 있는 것이다. 예수오행의 힘과 능력은 우리가 아직도 알지 못함이요 그 이치와 원리는 우리가 접하지 못하였던 새롭고 큰진리의 대우주만물의 감추어진 비밀인 것이다. 그를 보고 우리는 감동 받을 것이며 뜨거운 눈물로서 맞이하게 될 것이다.

서른여덟번째, 하느님의 양면성은 결국 영원한 생명을 나타낸다.

《(요한계시록, 묵시록 1:8) 주 하나님이 이르시되 나는 알파와 오메가라 이제도 있고 전에도 있었고 장차 올 자요 전능한 자라 하시더라.》

이 말씀 구절 중 '알파'는 그리스어의 첫째, 처음의 자모(字母)이며 '오메가'는 그리스어의 자모인 스물네번째 글자이다. 이는 하느님의 양면성인 선과 악의 조화를 나타내는 구절인 것이다. 즉, '알파'는 그리스어의 첫째 자로서 1의 수를 나타내고 있으며, 하느님의 선을 의미함이요 '오메가'는 24번째의 숫자로 단수법칙에 의하여 2 + 4 = 6의 수가 출현하고 이 6의 수는 악을 나타내며, 끝을 의미함으로 하느님의 악을 의미하였다. 그 양면성의 조화로움의 예수오행이 이제 세상에 당도한 것이다.

《(요한계시록, 묵시록 1:17~18) 두려워하지 말라. 나는 처음과 마지막이고 살아 있는 존재이다. 나는 죽었었지만 이렇게 살아 있고 영원무궁토록 살 것이다. 그리고 죽음과 지옥의 열쇠를 내 손에 쥐고 있다.》

이 성경 구절이 하느님의 선과 악의 진리와 양면성을 뒷받침하고 있는 것이다. 위 성경 구절의《(요한계시록, 묵시록 1:8)》중 '알파'와 '오메가'의 뜻과 의미를 다시 한 번 정리하여 보면 '알파'를 순수한 한국어의 획수로 풀이하여 보면 그 획수가 12획수가 나오고, '오메가' 역시 12획수가 나오는지라 이 12획수는 생명나무를 뜻한다. 즉, 1 + 2 = 3으

로서 처음(선)과 끝(악)이 조화와 질서를 이루어 내며 선과 악의 양면성
의 진정한 조화는 참 생명나무를 의미하며 하느님의 힘과 능력은 영원
하다는 뜻을 가지고 있다고 할 것이다.

서른아홉번째, 성경 구절의 두루마리는 예수를 나타내었다.

《(요한계시록, 묵시록 5:1) (1) "내가 보매 보좌에 앉으신 이의 오른손
에 두루마리가 있으니 안팎으로 썼고 일곱 인으로 봉하였더라."
 이 말씀은 구절 중 '**두루마리**'는 그 국어로서의 획수가 18획이 나오
며 다시 1 + 8 = 9의 수가 출현하여 예수의 진리를 일컬음이요. 나아가
서 장로들이 엎으려 경배하므로 예수오행을 일컬음인 것이다.

마흔번째, 생명나무는 큰하느님을 상징하는 도형가운데 심어져 있
다.

《(요한계시록, 묵시록 7:1~8) ……또 보매 다른 천사가 살아 계신 하
나님의 인을 가지고 해 돋는 데로부터 올라와서 땅과 바다를 해롭게 할
권세를 받은 네 천사를 향하여 큰 소리로 외쳐 이르되 우리가 우리 하나
님의 종들의 이마에 인치기까지 땅이나 바다나 나무들을 해하지 말라
하더라. ……유다 지파 중에 인침을 받은 자가 일만 이천이요. ……베
냐민 지파 중에 인침을 받은 자가 일만 이천이라.》

 이 말씀은 구절 중 '**다른 천사가 살아 계신 하느님의 인을……**' 중
'**살아 계신 하느님**'은 예수오행에 의하여 가시화된 큰하느님의 상징인
완성된 도형을 말함이요 '**천사**'는 예수오행 [목, 토, 금. 화. 수] 중 하느

님의 형상인 십자가인 목에 해당함이다. 다시 구절 중 **'땅과 바다를 해롭게 할 권세를 받은 네 천사를 향하여 큰 소리로……해하지 말라 하더라.'** 중 '네 천사' 는 예수오행 중 '토, 금, 화, 수' 의 네 가지를 말함이요 즉, 예수오행이 이 세상에 드러나고 그 대진리의 힘과 능력으로써 이 세상의 혼탁함을 바로잡으심을, 그 때를 말함이다. 다시 구절 중 **'인침을 받은 자가…….'** 중 '인' 은 국어의 획수가 3획으로서 3의 숫자는 생명나무를 의미하며 생명나무는 예수의 힘과 능력을 의미하며 곧 하느님의 능력이다. '인' 은 생명나무라고 하였은즉 모든 죄를 사하여 주시고 거듭나게 하시며 고통과 괴로움을 없게 하시며, 이미 도형가운데 심어 놓으신 것이다. 무릇, 큰하느님을 상징하는 도형가운데 생명나무가 있으되 그를 알지 못하고 느끼지 못하고 믿지 아니하면 그 생명나무는 결코 작용(꽃을 피우고 열매를 맺지 않음)하지 않는다.

마흔한번째, 일곱째 천사의 나팔 소리는 예수오행의 이루어짐을 나타내고 있다.

《(요한계시록, 묵시록 10:7) 일곱째 천사가 소리내는 날 그의 나팔을 불려고 할 때에 하느님이 그의 종 선지자들에게 전하신 복음과 같이 하느님의 그 비밀이 이루어지리라 하더라.》

이 말씀은 예수께서 십자가에 달려서 운명을 달리 함으로써 예수오행을 창조하셔서 태초에 감추어진 비밀이 이루어지셨으므로 신비로운 계획이 완성된 것임을 말하는 것이다. 그 예수오행의 대진리에 의하여 새로운 큰하느님께서 이 세상에 계획대로 강림하실 것이라는 말씀을 하신 것이다.

마흔두번째, 사단의 우두머리라 칭하는 용은 예수오행의 명령 반경에서 존재한다.

《(요한계시록, 묵시록 12:13) 용이 자기가 땅으로 내쫓긴 것을 보고 남자를 낳은 여자를 박해하는지라.》

이 구절의 **'용'** 은 뱀이다. 뱀은 음에 속하며 땅을 또한 지배하는 필요악의 존재임을 우리는 이 글에서 알게 되었다. 하늘은 하늘의 지배자가 계시며 땅은 땅의 지배자가 계시되 여기서 혼동하여서는 안 된다. 우리는 하느님의 형상을 닮은 사람으로서 당연히 하느님의 영도 아래 피고지고 함이 마땅함이요 일시 잠깐 '용'(땅)이 지배권을 부여받았으나 '용' 은 하느님의 형세를 하고자 하더니 자신의 본분을 망각하여 하느님의 미움을 받은지라 이를 사단이라 명하였다. 즉, '용' 의 획수는 5획이 나오고 여기서 다시 하느님의 양면성의 진리가 나타남을 엿볼 수 있다. '666' 의 숫자는 악을 나타내는 숫자이면서 예수를 나타내는 현란(眩亂)한 복잡성의 이치가 담겨져 있는 것이다. 그 5의 수는 예수오행을 나타내는지라 '용' 이 대오행의 진리를 훔쳐서 마치 하느님처럼 행세를 하고자 하였으나 그의 권능의 힘은 오래가지 아니하여 그 대진리의 오행은 예수가 주(主)요 권리자다.

과거로는 그를 십자가에 달려서 죽음으로 증거하고 가시화하여 증언하고 미래로는 예수오행의 진리와 능력을 담고 사람으로 태어나서 악을 제자리로 돌려보내는 재림의 역사가 일어나서 '용' 은 자신의 본분으로 돌아가게 됨을 비유하였다. '용' 은 자신의 식솔(음, 여자)에게 버림(배신) 받은 꼴이 되고 만 것이다.

마흔세번째, 십사만사천은 예수를 나타내다.

《(요한계시록, 묵시록 14:1) 또 내가 보니 어린 양이 시온 산에 섰고 그와 함께 십사만 사천이 서 있는데 그들의 이마에는 어린 양의 이름과 그 아버지의 이름을 쓴 것이 있더라.》

이 말씀은 구절 중 **'어린 양'** 중 '어린' 은 어떤 무엇이 세상에 알려질 만큼 성장하지 않았다는 뜻을 지니고 있으며 다시 구절 중 '양' 은 대한 민국 국어의 획수로 그 획수가 5획으로서 예수오행을 말함이다. 다시 구절 중 **'십사만 사천(144.000)'** 은 그 획수가 1 + 4 + 4 = 9획으로서 예 수를 나타내는 것이며, 144,000의 수는 9의 수 16.000배수로서 단체나 조직의 군단의 응집된 힘의 압축성을 나타낸다. '어린' 은 선 안에 악이 존재하지 아니 하는, 처음 익은 열매와 같은 선으로서 예수의 선과 악의 양면성이 없는 선의 진리를 나타내는 것이며, 다시 구절 중 **'그들의 이 마에는 어린 양의 이름과 그 아버지의 이름을 쓴 것이 있더라.'** 중 '그 들의 이마에는 어린 양의 이름' 은 예수오행의 [목, 토, 금, 화, 수]의 오행 의 이름을 나타냄이요. 다시 구절 중 **'그 아버지의 이름'** 은 예수오행에 의하여 탄생한 큰하느님을 상징하는 도형(문장)을 말하는 것이다. 즉, 예수가 하느님을 상징하는 십자가에 달려서 오행을 이루어내시고 어린 양과 같이 그 시기가 도래하지 않아서 수천년간 성장 시기를 거친 후 청 년 된 모습의 시간적 시기로 예수의 참된 진리가 새 노래를 부름과 같이 오직 예수만이 행할 수 있고, 그로 인하여 예수오행과 큰하느님의 존재 가 세상 밖으로 대진리를 드러낸다는 말씀이다.

마흔네번째, '십사만사천' 의 수는 예수를 나타냄과 함께 전도하는 자의 으뜸을 나타낸다.

《(요한계시록, 묵시록 14:3~4) 그들이 보좌 앞과 네 생물과 장로들 앞에서 새 노래를 부르니 땅에서 속량(종의 신분에서 벗어남, 죄 사함을 받음)함을 받은 십사만 사천 밖에는 능히 이 노래를 배울 자가 없더라. 이 사람들은 여자와 더불어 더럽히지 아니하고 순결한 자라 어린 양이 어디로 인도하든지 따라가는 자며 사람 가운데에서 속량함을 받아 처음 익은 열매로 하느님과 어린 양에게 속한 자들이니 그 입에 거짓말이 없고 흠이 없는 자들이더라.》

이 말씀은 구절 중 '**십사만 사천**' 은 역시 예수를 일컬음이요 오직 예수만이 진정한 그리스도(전달자)이며 예수만이 예수오행을 이룰 수 있는 유일한 분이라는 뜻이며, 또한 예수는 그로 말미암아 속량함을 받은지라 그 모든 진리와 힘과 능력을 예수에게 부여받고 예수오행과 예수오행에 의하여 탄생한 큰하느님과 예수에게 속한 자(진리)들로서 예수오행과 큰하느님의 탄생을 세상에 널리 전도할 자들 중의 으뜸격인 수(數)임을 나타낸다. 다시 구절 중 '**이 사람들은 여자와 더불어 더럽히지 아니하고 순결한 자라……**' 는 선 중에 선의 척도를 나타냄이요 선 안에 악(음)이 존재하는 선이 아닌 오직 참된 선을 나타내는 것으로써 언제까지고 여자를 가까이하지 말라는 뜻이 아니다. 다시 구절 중 '**처음 익은 열매로 하느님과 어린 양에게 속한 자들이니……**' 는 처음 익은 열매 처음 알게 된 열매 즉, 예수오행의 '목 토 금 화 수' 의 열매를 알게 된즉, 이 구절은 예수오행의 대진리만이 참된 이치요 큰 이치이며 예수오행의 대진리 안에 속하는 모든 것의 진리를 말하는 것이다.

마흔다섯번째, 일곱 대접은 ['양음' 목, 토, 금, 화, 수]를 일컬음이다.

《(요한계시록, 묵시록 16:1) 또 내가 들으니 성전에서 큰 음성이 나서 일곱 천사에게 말하되 너희는 가서 하나님의 진노의 일곱 대접을 땅에 쏟으라 하더라.》

이 말씀은 구절 중 **'하느님의 진노의 일곱 대접'** 중 **'일곱'** 은 하늘의 무지개(빨, 주, 노, 초, 파, 남, 보)가 증거하듯 하느님의 명을 받고 하늘의 일곱 개의 각 기운을 말함이다. 다시 구절 중 **'대접'** 은 그 획수가 13획수로서 1 + 3 = 4의 수가 출현하였으니 4의 수는 예수오행에 의하여 완성된 도형을 말함이며 그 사방의 완성된 도형은 곧 예수를 상징하는 '토, 화, 수' 로서 즉, 하늘의 일곱 개의 천층의 모든 것을 관장하시는 예수의 진리를 말씀하심이다. 그 하늘의 일곱 개의 각기 다른 기운의 일곱 가지의 예수의 힘과 능력을 가진 예수오행이 이 세상에 강림하시니 그는 바로 일곱 대접 [양음, 목, 토, 금, 화, 수]인 것이다. 그로 인하여 각각 다른 기운으로서 우리와 땅의 모든 것을 심판한다 함이다.

《(요한계시록, 묵시록 22:20) 이것들을 증언하신 이가 이르시되 내가 진실로 속히 오리라 하시거늘 아멘 주 예수여 오시옵소서.》

4. 성경 구절에 중복된 내용이 존재하는데 숫자만 다른(오류?) 경우를 두고 해석하였다

그 첫째가 애굽의 거주기간이 다르다.

《(창세기 15:13) 여호와(야훼)께서 아브람에게 이르시되 너는 반드시 알라 네 자손이 이방에서 객이 되어 그들을 섬기겠고 그들은 사백 년 동안 네 자손을 괴롭히리니…….》

《(출애굽기 12:40) 이스라엘 자손이 애굽(이집트)에 거주한지 사백 삼십 년이라…….》

창세기와 출애굽기의 거주 시간이 각기 400년과 430년으로 다르다. 430년이 실제의 거주 시간이다. 왜 그러한가? 창세기 말씀은 언질의 말씀으로서 실제는 30년을 더 살게 하셨다.

창세기 400년과 출애굽기 430년을 단수의 법칙을 적용시켜 보면 알 수 있다. 즉 4 + 4 + 3 = 11이 나오는데 다시 1 + 1 = 2가 나온다. 이 2의 수는 예수오행에서 하느님을 나타내는 '목과 금'의 수이다. 다시 출애굽기 거주 시간 430은 단수에 의하여 7의수가 형성되므로 7의 수는 나자렛 예수를 의미하였다.

나자렛 예수는 나자렛에서 잉태되어 하늘의 임무를 충실히 수행하고 그 잉태의 끝(예수가 십자가에 달려서 죽임을 당하는 날)을 하느님을 기리는 유월절에 마감하였으므로 이미 예수가 이 세상에 나셔서 모든 것을 새롭게 하기로 되어 있다는 뜻이기 때문이다.

《(요한복음 19:14~16) 이 날은 유월절의 준비 일이요……이에 예수를 십자가에 못 박도록 그들에게 넘겨 주니라.》

이 구절은 예수가 십자가에 달리는 날이 유월절 전날로 되어 있으나 위 창세기와 출애굽기의 암호 구절을 풀이하면 예수는 유월절에 십자가에 달리신 것으로 보아야 한다. 왜냐하면 예수는 나자렛에서 잉태됨을 숫자 7로 암호 하셨기 때문에 그가 죽는 날도 유월절에 하늘의 계획된 행사에 어긋남이 없는 일자를 맞추어 하느님과 함께 예수오행이 탄생되는데 그 시간적 개념이 완벽해야 하기 때문이다.

이를 증거 하는 구절은 또 있다. **《(출애굽기 12:1~11, 성력 1월 14일)》** = 성력 1월은 하느님을 뜻하는 숫자요 14일은 1 + 4 = 5로서 예수오행을 뜻한다. 이 달 이 날의 숫자가 곧 예수오행이 이루어지며 그로 인하여 큰하느님이 탄생되심을 이미 유월절 행사기일로 잡아 놓으셨다.

《(에스겔 45:21) 첫째달 열 나흗날에는 유월절을 칠일 동안 명절로 지키며 누룩 없는 떡을 먹을 것이라.》

이 구절의 숨은 뜻은 정월 14일에 나자렛(7) 예수가 돌아가실 것이므로 돌아가신 그를 기리며…… **'누룩 없는 떡을 먹을 것이라'** = 여기서 '누룩' 은 대한민국 국어의 획수로 9획이 형성되며 9의 수는 곧 예수를 의미하였다.

'누룩 없는' = 이 말은 곧 예수가 죽고 없다(하늘의 계획에 의하여 죽음을 당할 것이다.)는 뜻으로써 그를 기리는 의미에서 '누룩 없는 떡을 먹을 것이라' 고 말씀하신 것이다. 즉, 유월절에 예수가 죽어서 새로운 기운으로 새로운 세상을 다스리기 위하여 이 세상에 예수오행으로써 새로이 오신다는 정립의 말씀이다.

둘째, 감독하는 사람의 수가 다르다.

《(열왕기상 5:16) 솔로몬은 또 짐 나르는 사람 칠만과 돌께는 사람 팔만을 산악지대에 두었는데 그 외에도 일을 감독하는 솔로몬의 고급관리 삼천 삼백 명이 있었다.》

《(역대하 2:18) 그 중에서 칠만 명을 짐꾼으로 징용하고 팔만 명은 산에서 돌 떠내는 일을 시켰다. 그리고 그 일꾼들을 부리는 감독으로 삼천 육백 명을 뽑았다.》

열왕기상과 역대하의 성경 구절을 비교해 보면 감독하는 자의 숫자가 삼천삼백 명과 삼천육백 명으로 서로 다르다. 그러면 실제의 감독수는 몇 명이 맞는 것인가? 열왕기상의 삼천삼백 명이 실제로 동원된 감독의 수이다.

보라, 짐꾼 칠만(70,000)과 돌꾼 팔만(80,000)을 서로 더하니 7 + 8 = 15가 나오고 다시 15를 단수법칙에 의하여 1 + 5 = 6인즉, 감독 수 삼천삼백(3,300)명을 3 + 3으로 하니 6의 수가 나오며 서로 그 수가 6으로서 일치한다. 그러면 역대하의 감독수 3,600명은 무엇인가? 숫자의 오류인가? 3 + 6 = 9가 나온즉 9는 예수이다. 예수의 힘과 능력은 그 지혜와 그 진리 그 가르침은 과거나 현재나 미래나 영원히 불변함이다. 그러므로 모든 성경 구절은 하느님 즉, 예수의 기운으로 예수의 진리로 예수의 사랑으로 예수의 출현을 나타낸 것이다. 구약성서에는 예수의 이름이 전혀 나오지 않았지만 이치가 아래와 같다.

《(요한복음 5:45) 모세를 믿었더라면 또 나를 믿었으리니 이는 그가 내(예수)게 대하여 기록하였음이라.》

《(요한복음 5:39) 너희가 성경에서 영생을 얻는 줄 생각하고 성경을

연구하거니와 이 성경이 곧 내(예수)게 대하여 증언하는 것이니라.》

셋째, 기둥의 높이가 다르다.

《(열왕기상 7:15) 그가 청동을 녹여 기둥 둘을 만들었는데 한 기둥의 높이는 십팔 척 둘레는 십이 규빗이었다.》

《(역대하 3:15) 성전 앞에 기둥 둘을 만들었으니 높이가 삼십오 규빗이요 각 기둥 꼭대기의 머리가 다섯 규빗이라.》

열왕기상의 기둥 높이는 18규빗이고 **역대하는 삼십오 규빗**으로서 서로 그 숫자가 다르다. 어느 숫자가 실제로 기둥 높이를 말하는 것인가? **기둥 높이 18규빗**은 1 + 8 = 9로서 예수의 수를 나타내며 **12규빗의 둘레**는 1 + 2 = 3으로서 생명나무와 예수오행의 예수를 상징하는 '토, 화, 수'의 삼행을 의미한다. 그러므로 9의 수는 곧 예수이며 생명나무는 예수이다.

그 심오함이 서로 일치한다. 따라서 이 구절은 예수오행에 의하여 탄생한 큰하느님의 도형을 의미하는 것이며, **실제의 기둥 높이는 35규빗이다.** 왜 그러한가? **역대하의 기둥 높이 35 규빗**은 3 + 5 = 8로서, **열왕기상의 둘레 12규빗과 역대하의 꼭대기의 머리가 5규빗**을 서로 합하면 12 + 5 = 17로서 다시 1 + 7 = 8의 숫자가 나오고 기둥 높이 35의 단수 8과 단수 8이 일치하기 때문이다. 8의 숫자는 윤회의 숫자이며 새로운 세상을 넘나드는 관문의 숫자이며 우리의 세상과 하느님의 세상을 의미하였고 그 의미가 통하였다.

《(역대하 4:17) 그 두 기둥을 성전 앞에 세웠으니 왼쪽에 하나요 오른쪽에 하나라 오른쪽 것은 야긴(그가 세우시다)이라 부르고 왼쪽 것은 보아스(빠르고 강한 능력으로)라 불렀더라.》

넷째, 바다의 넓이가 다르다.

《(열왕기상 7:25~26) 그 바다를 소 열두 마리가 받쳤으니 셋은 북쪽을 향하였고 셋은 서쪽을 향하였고 셋은 남쪽을 향하였고 셋은 동쪽을 향하였으며 바다를 그 위에 놓았고 소의 뒤는 다 안으로 두었으며 바다의 두께는 한 손 너비만 하고 그것의 가는 백합화의 양식으로 잔 가와 같이 만들었으니 그 바다에는 이천 밧을 담겠더라.》

《(역대하 4:4~5) 그 바다를 놋쇠 황소 열두 마리가 받쳤으니 세 마리는 북쪽을 향하였고 세 마리는 서쪽을 향하였고 세 마리는 남쪽을 향하였고 세 마리는 동쪽을 향하였으며 바다를 그 위에 놓았고 소의 엉덩이는 다 안으로 향하였으며 바다의 두께는 한 손 너비만 하고 그 둘레는 잔 둘레와 같이 백합화의 모양으로 만들었으니 그 바다에는 삼천 밧을 담겠으며…….》

이 둘의 성경 구절 중에서 '**그 바다에는…….**' 이천 밧과 삼천 밧으로 서로 숫자가 다르다. 그렇다면 어떤 것이 실제로 담을 수 있는 숫자인가? 그렇다. **역대하의 삼천 밧**이 실제로 담을 수 있는 숫자이다. 왜 그러한가? **황소 12마리**는 단수에 의하여 1 + 2 = 3으로서 **3,000밧**의 단수 3자와 3이 서로 일치함으로서 **삼천 밧**이 실제이다. 그렇다면 **열왕기상의 이천 밧**은 무엇을 의미하는가? 그렇다. 황소 12마리의 단수 3과 2000

봣의 단수 2를 합한즉 5의 수가 출현하였다. 예수오행의 [목, 토, 금, 화, 수]를 의인법의 구사로 잠재하였다.

다섯째, 아하시야 왕의 나이가 다르다.

《(열왕기하 8:26) 아하시야가 왕이 될 때에 나이가 이십이세 라 예루살렘에서 일 년을 통치하니라.》

《(역대하 22:2) 아하시야가 왕이 될 때에 나이가 사십이세 라 예루살렘에서 일 년 동안 다스리니라.》

위 두 성경 구절을 보면 **열왕기하와 역대하의 나이가 '22세' 와 '42세'** 로 서로 다르다. **아하시야가** 왕이 될 때에 실제 나이는 몇 살이었던가? **'열왕기하' 22세**가 실제 나이이다. 왜 그러한가? 22는 단수에 의하여 2 + 2 = 4가 나온즉 이 4의 수는 동양오행에 의하여 탄생한 큰하느님의 영역을 나타내는 4개의 완성된 도형의 4개의 점을 의미함으로써 실제의 정신연령의 나이대로 보는 것이다.

그러면 **'역대하' 의 42세**는 무엇을 의미하는가? 42는 단수에 의하여 4 + 2 = 6으로서 이 6의 수는 사단(악)의 수를 의미한다. 그리하여 아하시야는 하느님의 눈에 거슬리는 악을 행하게 된다. 즉, 6의 수는 사단의 수라는 것을 알려 주는 구절인 것이다.

그 증거는 이와 같다. 《(역대하 22:2)에 '사십이세' 》라고 되어 있고 바로 다음 구절을 보면 《(역대하 22:3-4) 아하시야도 아합의 집 길로 행하였으니 이는 그의 어머니가 꾀어 악을 행하게 하였음이라. 그의 아버지가 죽은 후에 그가 패망하게 하는 아합의 집의 가르침을 따라 여호와

보시기에 아합의 집 같이 악을 행하였더라.》 이와 같이 악을 상징하는
수 42세와 다음 구절이 일치하고 있으므로 실제 나이로 보지 않는 것이
며, '열왕기하' 의 아하시야 나이 22세와 다음 구절 27절의 악을 행하는
구절과 부합되지 않기 때문에 실제 나이로 보는 것이다. 그러므로
'42'세의 나이가 **악**을 행하는 입증이 되었으니 이치가 그러하다.

여섯째, 예수 죽음의 시간대가 사실과 다르다.

**《(마태복음, 마태오 27:45) 제 육시로부터 온 땅에 어둠이 임하여 제
구시까지 계속되더니…….》**

이 말씀은 **제 육시**는 6이며 **제 구시**는 9로서 6 + 9 = 15로서 다시 1 +
5 = 6의 숫자가 형성됨이요 이 6의 숫자는 필요악의 숫자 즉, 사단
(Satan)이라 하며 위 성구 중 **'온 땅에 어둠이 임하여'**는 실제 상황이 아
니다. 사단은 어둠이며, 사단은 예수의 마지막 죽음을 끝까지 감시하고
지켜보고 있었다는 증거이다.

예수는 태어나면서부터 하늘의 기운을 받았으나 그를 세상에 펼치기
시작한 것은 장성한 후이다. 예수가 성장하여 하늘의 명을 받들어 전도
하기까지에는 하늘이 보내신 천사 셋이 있었다. 그 중 하나의 천사는
예수의 성장과정의 보호신으로서 활동하였고 그 중 하나는 예수를 감
시하면서 시험에 들게 하는 역을 담당하였으며 또 그 중 하나는 사람이
라면 누구에게나 존재하는 수호천사이다. 이 수호천사의 임무는 우리
가 의식하지 아니하여도 심장을 박동케 하고 우리가 의식하지 아니하
여도 머리카락과 손톱을 자라게 하며 우리가 상처를 입으면 자연치유
력을 작용케 하고 일체의 구성요소들을 관장하며 이는 또 다른 우리 자

신을 의미하며 이를 하느님의 영역, 주관적 의식, 잠재의식으로 칭하기도 한다.

아무리 좋은 글도 알지 못하고 깨닫지 못하고 그를 사용하는 지침서로 만들지 않으면 허공에 떠도는 하찮은 먼지와도 같다. 위 성경 구절의 **'제 삼시와 제 구시'**를 현실에 맞게끔 알기 쉽게 시간대를 말하자면 **오전 12시부터 오후 3시**까지이다. 이 현대 시간적 개념의 숫자를 단수로 답을 얻어도 그 답은 변함이 없다. 즉, 12 + 3 = 15로서 다시 1 + 5 = 6의 숫자가 나옴으로서 예수가 여섯 시간 동안 십자가에 달린 시간과 성경 구절의 시간대와 실제 시간대의 수는 일치한다.

결론적으로 말하면, 위에서 열거한 성경 구절에 대한 숫자의 의미적 풀이 중 일부는 정반대로 풀이되고 해석될 수도 있을 것이다. 그러나 그 풀이를 위한 해석의 원리와 이론은 변함이 없으며 이는, 성경은 하늘의 두문(頭文)이며 천지창조의 설계도이며 삼라만상의 유지관리이며 진화의 지혜(체계)이며 세상의 지침서이기 때문이다. 이와 같이 성경은 예수오행의 진리와 숫자의 심오함을 끊임없이 기록하고 있다. 예수오행의 진리와 예수오행을 나타내는 도형은 큰하느님을 상징하는 증표로서 대우주공간에 존재하는 모든 신들과 생명체들에게 공표될 것이다. 우리를 창조한 분이 창조론에 의한 하느님이시든 우연에 의한 과학의 징조이든 우리가 알고 있는 진화론에 의한 변화의 본질이든 외계인의 뛰어난 과학으로 인하여 외계의 생명체가 우리를 창조하였든, 그 모든 것을 관리 관장하고 그 모든 것의 위에 계시는 분 곧, 큰하느님이 계심을 우리는 깨달아야 할 때가 온 것이다. 신을 믿는 것은 곧 신의 영역을 탐구하기 위함이요 그의 보호를 받기 위함이며 소원을 이루기 위함이니 신은 우리에게 과학의 지식(IDEA))을 제공함으로써 과학은 곧 하느님의 영역에서 실현된 것이다.

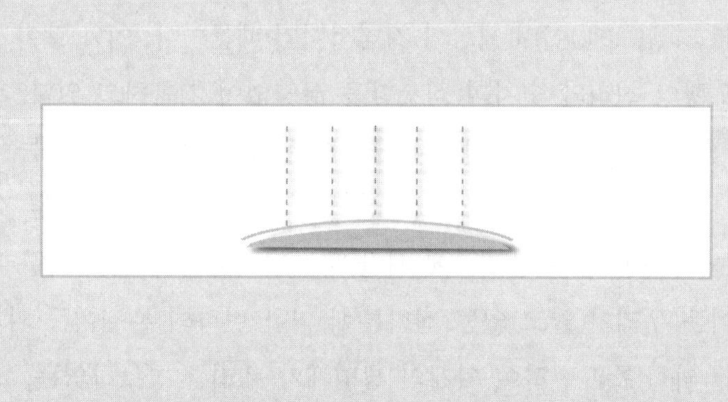

제 3 장
예수오행의 진리로
바라본 종말론

제3장

예수오행의 진리로
바라본 종말론

1. 지구의 종말은 올 것인가?

1) 종말의 의미와 서론

종말의 의미는 모이고 모여서 이루어진 모든 생동의 생명체들이 사라짐을 의미한다. 처음으로 되돌리는 것을 말함으로써 처음은 탄생이고 마지막은 죽음이다. 처음으로 되돌린다고 하는 것은 방대한 기운으로 귀속됨을 말하는 것이며, 처음이라 함은 방대한 기운 속 귀속에 독립적인 체제를 갖추고 한 장의 탄생과 새로운 세상의 창조를 말하는 것이다.

신학적 개념으로는 타락한 세상이 한 곳으로 모였을 때 종말을 맞이한다고 보는 것이며 즉, 신학적 종말의 의미는 자연의 섭리에 맡기지 않고 신의 의지에 의하여 타락한 세상을 깨끗하게 정화시킨다는 유무의 논리적 심판을 말하는 것이다. 우리가 살고 있는 세상, 우리의 현재 모습을 진화시키지 않고 내외부의 형체를 그대로 유지하여 갖춘 영원함은 존재하지 않는다. 형체적 영생이라는 것은 영혼이 탈바꿈(진화)의 법칙에 의하여 새로운 생명체에 합체되어 영원을 유지하는 개념이다. 영원의 개념에는 소윤회와 대윤회가 존재한다. 즉, 소윤회는 다시금 우리 세상의 형체를 띄고 태어남을 말함이요 대윤회는 초자연적 형체를 띄우며 자유자재로 시간과 공간을 이동함을 말하는 것이다. 그러므로 종말은 인류의 완전한 종말과 개인의 종말 두 가지로 나눌 수 있다. 개인의 종말은 곧 자살을 의미하는 것이다.

빛을 발하는 태양이 영원히 빛날 수 없다. 언젠가는 그 빛이 사라질 것이다. 그와 같이 우리에게도 언젠가는 반드시 지구의 종말은 올 것이다. 그러나 그 종말은 우리가 지구를 버리고 다른 공간으로 이동할 수 있는 현실적인 시점이 될 것이다. 그렇지만 우리 인류가 지구를 버려야 할 그 시기는 사실 아직 정확하게 모른다. 그 시기는 성경에는 구체적인 숫자가 없음으로 다른 문헌의 기록들에서 일부 예를 들어 설명해 보기로 한다. 물론 절대적인 것은 아니다.

태초에 하느님이 우리에게 선과 악의 분별력을 짜여진 각본에 의하여 계획대로 주었을 때 이미 인간의 완전한 종말(멸종)은 하늘의 계획에 들어 있지 않았음을 우리는 알아야 하며 함부로 종말론을 말하지 말아야 한다. 인류의 완전한 종말이 없는 이상 살아남은 자들에 의하여 죽은 자(영혼)들은 다시금 사람의 형체를 이루어 재탄생될 것임을 말하려 하는 것이다. 가정하여 인류가 완전한 종말 즉, 멸종이 된다고 하여도 우리의 씨앗마저 멸종되는 것은 아니다. 그 씨앗(형체를 가진 영혼의 빛)은 이미 하늘의 계획에 의하여 보존되어 있음을 말함이다.

본문에서 주장하고자 하는 것은 이를테면 '산은 산이요 물은 물이로다' 라든지 '지는 것이 이기는 것이다' 라든지 '삶이 곧 죽음이요 죽음이 곧 삶이다' 라는 어정쩡하고 식상한 표현으로 마감하려고 하는 것이 아니며 이와 같은 말들에 대하여 구체적이고 객관적으로 의연하게 주장을 표현하고자 함에 있는 것임을 강조한다.

2) 태양의 수명과 미륵의 출현 시기가 일치한다

우리 세상의 종말은 56억 7천만 년 후에 올 것이라고 불교의 관련 서적에 기록되어 있다. 불교에서 언급하는 '미륵' 보살의 출현이 그때 이루어져서 인류를 구원한다는 설에서 왔다. (그 설은 무엇을 근거로 하여 위 숫자가 정하여졌는지 그 발상의 근원이 분분하기 때문에 여기서는 생략하기로 하고 기록의 문헌을 소중하게 여겼다.)

불교에서 언급한 중생을 구제하기 위하여 출현하는 위 숫자는 현재 과학자들의 말을 인용하면 태양의 수명을 연구해 본 결과, 지금으로부터 약 60억 년 이후라고 한다. 이 숫자의 시간과 거의 일치한다. '미륵'의 뜻은 자비와 우정을 나타내며 도솔천을 관장하며 도솔천은 욕계육천 즉, 여섯 개의 하늘 층 중 네번째 하늘이며 이 세상 천지만물 삼라만상 즉, 자연이 곧 '미륵' 이라고 설파하는 바 여기서는 그 해석의 의미를 논하지 아니하고 달리 해석하여 보기로 하였다. '미륵' 의 이름은 자갈미(彌), 찰 륵(勒)으로서 자갈은 돌이다. 온통 돌로서 온 세상이 가득하다는 뜻이며, 이는 태양이 식어서 흑암 땅으로 변하며 우리 땅도 돌로 가득하니 생명이 없는 시간을 나타내고 있다. 그러한 때에 미륵이 출현하여 중생을 구제한다는 뜻으로 풀이할 수 있는 것이다.

한편, 무슬림(이슬람교) 경전의 한 기록을 보기로 살펴보자.

《(코란 54:1) 드디어 때는 왔다. 달은 둘로 갈라진다.》

이 구절을 여기에 삽입시키는 것은 보다 폭 넓은 설득력으로 이해시키기 위함이다. 이 구절의 뜻은 태양이 식어서 빛이 없어진다는 뜻이다. 즉, 달은 밤을 의미하고 달은 빛의 반사에 의하여 빛을 내고 있다. 태양이 빛을 잃으면 달과 같이 어두워진다. 태양과 달이 모두 흑암으로 변하니 달이 두 개로 갈라지는 형국으로 풀이할 수 있으며 이는 미륵이 시사하고 있는 시간대를 나타냄으로써 코란의 구절과 미륵의 중생구제 시기가 거의 일치하고 있는 것이다.

위 ‘코란’ 의 구절을 달리 풀이하여 보면 구절 중 ‘달’ 은 한글 획수로 7획수가 나오고 다시 구절 중 ‘달은 둘로 갈라진다.’ 의 뜻은 7이 둘로서 형성됨을 의미함이라 즉, 7 + 7 = 14의 수가 형성되고 다시 단수의 법칙에 의하여 1 + 4 = 5의 수가 출현함으로써 이 5의 수는 예수오행을 나타낸다. 무슬림(이슬람교)의 ‘코란’ 에서도 예수오행의 진리가 이 땅에 출현하게 될 것임을 시사(示唆)하고 있는 것이며 결국 시기와 때를 가려 인류를 구원하는 매체는 예수오행임을 알려주는 구절인 것이다.

3) 각 종교와 관련된 이름의 공통점(일치성)과 관련된 숫자를 한글

획수로 해석하였으며 한글의 위대함을 다시 한 번 확인하게 되었다

- —(예수)의 이름은 한글 획수로 9의 수가 출현하여 9의 수는 예수를 상징한다.
- —(미륵)의 이름은 한글 획수로 9획수가 형성되었다.
- —(미륵)이 출현하는 시기는 (56억 7천만년)이다. 그 시간의 숫자는 5 + 6 + 7 = 18로서 단수의 답은 1 + 8 = 9의 수가 출현한다.
- —(무슬림)은 그 획수가 18획으로 1 + 8 = 9획이 나옴을 알 수 있다.
- —(힌두)는 인도교이다. 이 '힌두' 역시 9의 수가 출현하였다.
- —(불)교 역시 그 획수가 9의 수로 마감하였다.
- —(유대)교는 유대인들의 유일신의 종교이다. 예외 없이 한글 획수 9의 수가 출현한다.

어떤 누구도 위 일치성에 대하여 공박할 수 없을 것이며, 우연의 일치라고도 말하지 못할 것이다. 위 세계종교를 대표하는 단어(이름)와 숫자 등이 단수에 의하여 예수를 상징하는 9가 출현함으로써 가히 그 일치가 신의 작품임이 명백하다. 또한 우주의 절기(일 년)를 나타내는 '129600' 년의 숫자도 역시 그 단수가 9의 수로 이루어져 있다. '129600' 년의 계산법은 하루 1440분의 시간의 숫자와 사람의 1분당 호흡과 맥박의 수 18 + 72 = 90의 수를 곱한 숫자이다. 또한 우주의 원을 근거하여 360도와 방향의 90도를 기준으로 하여 네 방향을 윤회한 360도를 곱하여 '129600' 의 수를 이루게 하는 계산법의 설도 있다. 이는 무엇을 의미함인가? 숫자의 심오함을 보여주는 것이며 수의 실체를 드러내는 것이며 수가 곧 신의 모습이며 진리인 것이다. 결국, 우리는 불변의 법칙인 하나의 진리에서 모두가 발원된 사실적인 장면이 연출되

었음을 확인하였으며, 한글의 위대함을 입증하게 되었다.

그러므로 우리는 하나의 섭리에서 시작된 형제이다. 서로의 주장(교리, 섬김의 신)으로 싸우고 시기하고 반목하고 무시하고 업신여기는 것은 골육상쟁임이 분명하다. 예수오행은 우리의 큰근본이 될 것이며 모든 교파와 종파를 뛰어 넘어서 우리 모두를 위하여 세상에 임하신 것이다.

4) 종말론을 주장하는 숫자의 원리를 살펴보도록 하였다

우리 세상의 시간 개념으로 본다면 위의 **'56억 7천만 년'**은 우리에게는 영원의 숫자나 진배없을 것이다. 크게는 이 때에 '미륵'이 출현하여 즉, 모든 것을 새롭게 하고 새로운 세상을 창조하며 새로운 공간을 연출하는 대진리로서 예수오행의 힘과 능력으로 종말을 맞은 우리의 세상을 재창조한다는 뜻이 담겨져 있다. 그러므로 **'미륵'**은 이미 숫자에 임하여 9의 수로 임하여서 태양계의 수명이 다하는 그날까지 우리와 함께 하고 있음을 알 수 있다. 작게는 그 시간이 도래하기 전에 우리가 예수오행의 깊은 진리를 알고 깨우침으로써 우리 스스로 새로운 세상을, 새로운 공간을 이루어내어서 우리들의 삶을 영위할 수 있는 세상을 만들어 가는 것이다.

그러므로 우리는 삿된 자들의 종말을 말하는 사악한 혀에 놀아나지 말아야 한다. 우리는 멀지 않은 장래에 지구촌을 본부로 하고 새로운 우주 신천지를 찾아서 새로운 보금자리를 건설할 것이다. 우리는 더욱 더 큰하느님의 영역을 알게 되고 그 진리와 힘과 능력은 과학의 산물이 될 것이며, 과학의 힘으로 우주를 우리 삶의 터전으로 개발할 것이다.

태초에 우주가 생성되기 위해서는 대폭발이 있었고, 그 과정에서 생겨난 미립자 소립자 원자 분자들이 오늘날의 우주공간을 체계화시켰듯이 마치 산모 산통이 있은 후 비로소 새로운 생명이 태어나듯이, 우리도 그 숙명적인 과정은 겪어야 함을 말하려 하는 것이다.

한편, 종말론을 언급하는 민족 중에서 마야민족의 종말론을 언급하여 보자. 우선 웃음거리로 끝난 다른 민족의 종말론을 예를 들면 서기 999년 12월 31일 영국 런던에서는 목사들이 예수가 재림하여 천국으로 갈 사람과 지옥으로 갈 사람을 구분한다고 주장하여 이를 믿은 일부 사람들은 집과 재산을 버리고 거리를 뛰쳐나와서 다시 1999년 12월 31일 지구의 종말이 온다고 하였으나 오지 아니하였다. 이제는 마야민족이 서기 2012년 12월 21일 자로 달력이 끝나 있고 2012년 12월 23일에 지구의 종말이 온다고 예언하고 있다. (서기 2010년 7월 12일 현재 기준)

그러나 본문에서는 이와 같은 풍문에 대하여는 수의 의미가 종말하고는 상반되므로 참고만 할 뿐 서기 2012년 12월 31일을 마야민족의 종말설로 보고 그 숫자의 의미를 확인하였다. 하여, 본문에서는 종말이 오는지 안 오는지에 대하여 나름대로 숫자를 계산하는 근거를 하늘에 나타나는 무지개를 근거로 하여 그 원리에 의하여 계산을 하는데 곱하기로 하였다.

하늘의 일곱 색의 무지개는 나자렛 예수의 7을 의미함이요 쌍무지개가 뜨면 그 교차하는 지점이 곱하기로 형상을 나타낸다. 다시 그 무지개에 쌍무지개(7가지색으로 이루어진)가 나타나는 현상은 곧, 7 + 7로서 14수의 답이 나옴이요 다시 단수의 법칙에 의하여 1 + 4 = 5의 수가 출현함으로써 예수오행을 상징함은 두 말 할 나위가 없는 것이다. 이를 해당하는 성경 구절로 풀이하면 7주간의 안식일이 지난 다음날(7 곱하기 7 = 49)오순절은 50일을 의미함으로써 5 + 0 = 5의 숫자요 예수오행의 완성도를 나타내는 빛이 굴절 반사로 인한 물방울이 자아내는 현상이다.

180

《(출애굽기 34:22) 칠칠절 곧 맥추의 초실절을 지키고 세말에는 수장절을 지키라…….》

《(사도행전 2:1~13) 성령이 임하시다.》(사도행전 2:14~47) 베드로의 오순절 설교…….》

즉, 일곱 층의 무지개에 다시 일곱 층의 무지개가 겹치니 7을 7번을 더하면 49로서 다시 4를 9번을 더하면 36으로서 다시 3을 6번을 더하니 18이며 다시 단수로 $1 + 8 = 9$가 출현한다.

하나의 무지개의 현상은 7의 수로서 나자렛 예수를 나타내며 두 개(쌍무지개)의 무지개는 그 이름의 대표격인 예수의 수 9를 나타내며 즉, 예수오행을 나타내는 것이므로 가히 그 심오함이 통하였다. 이러한 수의 계산법으로 풀이하여 보면 서기 999년 12월 31일은 $9 \times 9 \times 9 \times 1 \times 2 \times 3 \times 1 = 4374$로서 다시 더하기 단수로 $4 + 3 + 7 + 4 = 18$이 나오며, 다시 $1 + 8 = 9$가 나오는 것이다. 예수의 숫자 9가 다른 숫자와 복수를 이루지 않고 단수로 존재하여 다른 수와 답을 구하면 그 답은 변함이 없음을 우리는 이미 알고 있다. 이와 같은 이치로 예수의 진리와 가까이 하면 우리가 간구하는 진리도 변함이 없다는 뜻이 되는 이치임을 숫자로 알 수 있게 되었다. 그러므로 서기 1999년 12월 31일도 $1 + 9 + 9 + 9 + 1 + 2 + 3 + 1 = $ 단수의 답은 예수의 숫자 9가 나오게 되어 있는 것이다. 따라서 예수 재림의 그 날, 도둑 같이 오시는 그 날이 마치 종말처럼 믿는 자들은 그 믿음의 자체가 상함(그릇되다)에 있음을 알아야 한다.

앞으로 다가오는 마야민족이 주장하는 종말 시기는 '서기 2012년 12월 31일' 로서 단수의 답은 $2 \times 1 \times 2 \times 1 \times 2 \times 3 \times 1 = 24$가 나오며 다시 2

+ 4 = 6의 수가 형성되는 것인즉, 이 6의 수는 사단의 수이다. 24로서 형성되어 그 결과의 단수 6의 수는 그 동안의 모든 것을 파하는 사단의 수이다. 그러나 '마야' 도 예외 없이 하늘과 땅의 매개역할을 하는 9의 수가 지배하고 있음을 알 수 있다, '마야' 는 한글 획수로 9의 수가 형성되어 있으므로 이들 역시 예수의 진리가 내재하고 있는 것이다. 그런데 여기서 주목해야 할 것은 '마야' 가 종말론을 언급하는 시점과 이 책의 글이 마감되는 시점이 거의 일치한다는 사실이다. 결국, 마야의 종말론은 예수오행의 탄생을 예시한 것이라고 볼 수도 있다는 것이다. 하여 예수오행과 사단이 거의 동시에 땅으로 강림하는 다소 현실적이지 못한 표현을 불사할 수밖에 없게 되었다.

5) 서기(AD) 2012년의 연도 숫자는 예수오행을 나타낸다

단수로 2012의 수를 답을 구하면 2 + 0 + 1 + 2 = 5의 수가 출현함으로써 예수오행을 나타내고 있다. 2의 수는 예수오행 중 하느님을 상징하는 '목, 금' 의 숫자이며 12는 1 + 2 = 3으로서 생명나무를 의미하며 오행 중 '토, 화, 수' 로서 예수를 상징한다. 2의 수와 12의 수로 구성된 연도 수는 다른 연도의 수가 모두 더하여 5의 수가 출현하는 숫자와는 개념이 다르다. 다시 말해서 예수오행을 나타내는 숫자는 앞의 2의 수와 뒤의 12의 수가 나열되었을 때만이 적용된다는 말을 하려는 것이다.

현재 이 글을 정리하고 있는 시점이 2010년도이므로 2010년을 기준으로 하여 지나간 연도는 서기 212년이다. 이 212년에는 예수의 평등사상을 거점으로 하여 역사를 거슬러 올라가 보면 로마가 멸망하는 시작의 연도에 해당한다. 즉, '카라칼라' 황제가 발표한 '안토니누스' 칙령으로 로마제국의 모든 민족(이방인 포함)이 평등(당시 노예는 제외됨)의 조짐이 보였으며, 이는 로마제국의 약 1000년 사직(귀족의 세상)의

182

종말을 알린 연도가 212년도이다.

　여기서 종말의 개념은 장구한 시대를 이끌던 주된 제도와 군림이 무너짐을 의미한다. 앞으로 다가올 시대는 2012년과 2120년, 20012년, 20120년, 21200년 등으로 다가올 것이다. 이와 같은 이치로서 마야문명이 점지하는 것은 시대적 인간사의 삶의 진화와 절대적 전환을 말함으로써 역사적 고루(固陋)함이 종말을 맞으면서 끊임없는 삶의 질을 높이는 변화를 말하는 것으로써 이는 유대인에게 국한되었던 평등사상이 뭇 민족에게도 적용되어야 한다는 예수(사도 바울의 음성)의 평등사상에서 비롯된 것이라고 말할 수 있으며 종교의 대혁신과 새로운 믿음의 구심점 발현 등 진화의 단계도 포함되어 있음을 말하는 것이다.

　이를 달리 표현하여 의학적으로 논한다면 인간의 모든 구성요소(유전자, 디엔에이 등) 중 옳지 못하고 잘못된 것은 퇴화되고 사라지며 새로운 구성요소가 생겨나서 진화한다고 정의할 수 있는 것이다. 인간의 육신이 변화(진화)되어야 의식하는 마음이 작용을 하여 인간 세상의 모든 면의 옳고 그름을 판단하여 모든 제도와 구조를 변화시킬 수 있는 작용능력이 발의됨을 말하려 하는 것이다. 곧 인간사의 모든 진면목(생활상)은 인간의 육신에서 비롯되는 것이며 육신의 구조와 체계는 현재의 인류의 모든 것의 닮은꼴이기 때문이다. 이것이 종말론의 진리이며 정의이다. 그러므로 2012년은 우리가 진화시켜 나가야 할 단계적 새로운 시작의 해로 그 증표가 발로되는 시간대를 말하는 것이다.

6) 지구에는 생명체의 개체수가 한정되어 있다

　작은 재앙과 대재앙의 정의는 대우주 만물의 법도와 법칙에 의하여 처음으로 다시 돌아가려는 윤회의 원심력이 작용하기 때문이다. 그러므로 그 시점에서 크고 작은 자연과 인위적인 재앙이 발생하는 것이며,

이는 개체수의 확립과 존립을 위한 원리에서 오는 것이다. 개인의 종말의 정의는 자살이다. 하늘은 우리에게 자살의 의지를 특권으로 준 적이 없다. 자살이야말로 모든 것을 포기하는, 그야말로 하늘의 준엄한 법도(개체수)에 도전하는 격이다. 자살이라 함은 하늘의 계획에 의하여 우리를 선과 악을 알게 하여 인격의 눈을 뜨게 한 그 의도에 정면으로 도전하는 격이며 선과 악을 알기 전 즉, 저능아 수준의 모습으로 되돌아가는 형국으로 치닫는 것이다. 선과 악을 구별할 줄 모르는 삶은 부끄러운 줄도 모르고 판단과 분별의식도 없고 그야말로 식물(저급동물)이나 진배없음을 말하려 하는 것이다. 성경에는 선과 악을 알지 못하는 아담과 이브를 영생한다고 하고 지상낙원에서 산다고 표현하였다. 이는 계획에 의한 포장된 구절일 뿐이다. 이를 혼동하여서는 안 된다.

무엇을 말하려 함인가? 아무리 힘들고 고통스럽고 괴로워도 선과 악을 분별하는 완전한 자유의 독립된 인격체(차원 높은 이성), 그 삶이 저능아보다는 낫다는 것을 말하려 하는 것이며 곧 개체수의 진화를 말하는 것이다. 그 힘겨운 삶의 마지막에는 반드시 보상법칙이 따르기 때문이며 차원을 달리하여서라도 그 법칙은 불변한다. 그러나 저능아 수준의 삶은 지은이의 실험용 정도의 삶으로써 자살자에게는 과거도 현재도 사후세계도 회개도 아무것도 존재하지 않는다. 이를 명심하여 큰하느님의 진리와 믿음의 영역 안에서 우리는 거하여야 할 것이다.

이제 곧 큰 재앙이 올 터인데 인간의 수가 90억을 넘어서면 위험수이요 100억에 도달하면 처음으로 돌아가려는 윤회의 원심력에 의하여 큰 재앙을 맞을 것인즉, 이는 인간의 수가 늘어나는 만큼 다른 생명체의 개체수가 줄어들어서 자연의 조화와 질서가 무너지는 형국이기 때문이다. 우리가 살고 있는 지구상에는 생명체가 살 수 있는 개체수가 한정되어 있다. 어떤 근거로 개체수가 한정되어 있는지는 정확하게 기술하지 못하지만, 다른 생명체가 멸종하거나 줄어드는 것만큼 인간의 수가 불어나서 생명체의 근간을 위배하기 때문이다. 개체수가 한정되어 있다는 것을 어렴풋이 알려주는 것은 한 종류가 멸종을 하면 새로운 종류의 형체를 가진 변종이 생겨난다는 것이다. 약육강식과 우승열패의 법칙과 천적의 배치는 그 생명체의 종류별로 개체수를 적정하게 유지하게 한 것임은 당연한 이치다. 그러므로 믿음의 법칙, 우리 믿음의 천적은 큰하느님의 존재를 부정하는 마음임을 잊어서는 안 될 것이다. 대진리의 믿음이 생하지 아니하고 자연이 우리의 천적이 되는 그 날 우리는 큰 고통을 감내하지 못할 것이다. 그러므로 우리는 우리가 살고 있는 한정되어 있는 생명체의 개체수를 늘려야 인간의 개체수가 늘어나도 문제가 없을 것이며, 우리는 지금 운명의 기로에 서 있음을 상기하여야 한다. 하늘은 우리 인류에게 이러한 숙제(과제)를 풀 수 있도록 만물의 영장으로 만들어 놓았다.

7) 예수오행은 인류의 종말을 예언하고 있다

지금 우리에게 처해져 있는 환경을 현실적으로 직시하여 보았다. 지구 온난화 현상은 인간의 이기에서 비롯된 것은 거론의 여지가 없다. 현재 온 인류는 온난화 상승의 난제에서 살고 있으나 대부분의 사람들은 이를 외면할 수밖에 없는 바쁜 삶의 경쟁 속에서 살고 있다. 지구의 평균온도가 상승할 때마다 오행으로서 표시하였다.

— (목) = 목은 형상(형체)이다.
　지구의 평균온도가 1도가 올라가면 자연의 순행이 역행의 조짐을 보이면서 생태계(형체의 이동, 변형)가 이상 현상을 일으킨다.

— (토) = 토는 지구(땅)이다.

평균온도가 2도가 상승하면 자연의 순행이 역행의 초기에 접어들어 옥토
가 사막의 조짐이 보이며 대지가 물에 잠길 조짐이 현실적으로 나타난다.

— (금) = 금은 땅이다. 땅의 표면과 땅속이며 우리 인류이다.

평균온도가 3도가 상승하면 땅 속이 지각변동의 조짐이 보이며, 그로 인
한 인류의 삶의 터전을 변형시키면서 물은 부족해지고 불은 일어나서 숲
을 태우기 시작한다.

— (화) = 화는 불이며 모든 생명체의 피며 영혼의 원동력이다.

평균온도가 4도가 상승하면 지각은 변동하고 화산이 살아나며 물은 자리
를 털고 일어나서 대이동을 하며 대지는 화마로 휩싸여져서 생명체의 대
이동이 일어나며 삼분의 일이 고통을 받을 것이다.

— (수) = 수는 물이다. 생명의 씨앗을 품으며 영혼을 운반한다.

평균온도가 5도 이상 상승하면 지상에 있는 모든 생명체는 물에 잠겨서
죽음의 공포에 휩싸일 것이다.

예수오행의 순서대로 지구온난화가 계속되었을 때를 각각 표시하여
보았다. 위 다섯 단계로 지구온난화에 의한 재앙을 표시한 것은 비단
온난화뿐만 아니라 모든 재앙이 이 다섯 단계로 이루어질 것을 예언하
고 있는 것임을 우리는 숙지하여 미연에 방지하여야 한다. 지구온난화
에 대하여 우리는 모두가 그 심각성을 알고 있으며, 각가지 방안을 모색
하여 대책을 강구하고 행동으로 옮기고 있다. 비단 지구온난화가 아니
라고 하더라도 이와 같은(예수오행) 단계로 재앙이 일어날 수 있음을

186

말하는 것으로써 위 다섯 단계의 다가오는 재앙에 대하여 아래에 신학적, 신비주의적으로 기술하였다.

하느님께서는 인간구제를 함부로 하지 말라 하시니라. 곧 하느님께서 인간들에게 심판을 내릴 것인즉 기(氣)를 축내지 말고 숨기고 있으라 하시고 이것은 훗날 상하 구별 없이 심판 받을 인간들을 위하여 개전의 정을 엿보이게 하려 함이며 이것이 하느님의 마지막 배려라 하셨도다. "하느님의 용안에 눈물이 흐를 때 심판이 있으리라" 하시매 곧 하느님께서 세상에 (1)임할 것인즉, (2)방향은 북쪽이요, (3)계절로는 마지막 여름이며, (4)거할 곳은 넓은 들인지라, (5)모습은 남루한 차림으로써 천상의 별에서 비추는 보랏빛 광채를 받으시고 세상을 구제하려 하실 때 하느님을 위하여 일할 인재를 찾으시니라. 때에 이르러 천상의 문이 열리고 수많은 사람들이 천상으로 오르지 못하리라. 서기 연월일시에 천지 사방 팔방의 모든 문이 열리고 만생만물이 경배하리라. 그 시기가 도래하기 전에 악마의 공격으로부터 병을 얻은 자는 토끼풀 뿌리로서 치료가 가능하다 하시니라.

8) 지구는 살아있는 생명체이며 우리 인류는 그 생명체의 몸에서 살고 있는 또 다른 생명체이다.

지구가 거대한 살아있는 생명체라면 우리는 거기에 기생하여 사는 또 다른 생명체라고 표현할 수밖에는 없을 것이다. 그렇다면 우리는 지구의 표면(피부)에서 살면서 피부를 훼손시키는 온갖 행동을 서슴지 않고 있는 유해한 생명체(세균)가 되고 만 것이다. 심지어 지구의 몸(땅) 속에서 원유(기름)를 뽑아내는가 하면 땅 속까지 깊은 굴을 파서 땅의 심줄을 끊는가 하면, 산을 깎아 내리고 바다를 메우고, 온갖 오염물질을 땅을 파서 묻는 등 침범하고 있는 것이다. 어쩌면 우리 인류는 지구에게 암의 존재가 되어가고 있는 것인지도 모른다는 것임을 말하려 하는 것이다.

땅 속의 기름은 지구에게는 골수(骨髓)나 마찬가지이다. 특히 바다 속에 있는 기름은 지구에게는 저장해 놓은 에너지(피)와도 같은 것이다. 지구의 피부를 훼손시키고 땅속의 광물을 캐내고 굴을 뚫고 하는 등은 지구가 살아가는데 크게 불편함을 느끼지 않을 수 있을 것이다. 사람으로 비유하면 아무리 건강한 사람도 반드시 병은 있기 마련이기 때문이다. 경미하여 병으로 여기지 않을 뿐이다. 이 세상 모든 만생만물의 생명체에는 유익한 균과 무익한 균이 동시에 기생하며 공생공존하고 있음을 말하는 것이다. 그러므로 우리는 항상 건강함 속에 병과 같이 살아가고 있음을 말하는 것으로써 만약, 우리가 완벽한 육체를 가졌다면 아무리 에너지를 소모시켜도 피곤함을 못 느껴야 할 것이다. 즉, 피곤함을 느끼는 자체가 병이라는 말이며 그에 해당하는 병균과 같이 살아가고 있음을 말하는 것이다.

이를 혼동하지 말았으면 한다. 이와 같은 이치로써 지구도 살고 우리도 살기 위해서는 땅 속에 있는 기름만이라도 고갈될 때까지 뽑아내지 말아야 한다. 대체에너지가 정착될 때까지 인류가 크게 불편하더라도 기름의 소비를 줄이고 땅속의 기름을 남겨두어야 한다는 말이다. 현대 지질학으로 밝혀진 바에 의하면 지구의 골수 즉, 우리 인류가 그동안 쓴 만큼의 석유가 다시 지구에 저장되려면 무려 300만 년이나 걸린다고 하였다. 우리는 그 시간을 기다릴 수는 없으며 지구 역시 허락하지 않는다.

이를 달리 표현하면 지구는 자신이 살기 위하여 자연치유력을 발동시키고 그 자연치유력의 과정은 우리 인류에게는 자연의 재앙으로 모습을 바꾸어 우리를 죽이려 하는 것이다. 우리는 지구에게 암 덩어리가 되는 것이며, 지구는 그 암을 치유하기 위하여 극단의 강공책을 쓴다는 말이다. 지구는 지구를 둘러싸고 있는 태양을 위시하여 가까운 행성들과 그 기운이 연결되어 있으며 서로 교감하고 있음을 우리는 알아야 한다. 어차피 우리는 지구라는 생명체에게 유익한 균은 못되는 지경에 이르렀다. 그러므로 우리는 음성적으로 살아야 한다. 암의 존재는 양성적이 되면 스스로 파괴될 줄 알면서도 자신의 영역(삶의 터전)을 무자비하게 공격하여 결국 자신과 터전을 죽게 만든다. 이러한 사실적인 시나리오를 성경 구절에는 다음과 같이 비유하였다.

《(요한계시록, 묵시록 8:전체) - 나팔소리 - 일곱 나팔을 가진 일곱 천사가 나팔 불기를 준비하더라. 첫째 천사가 나팔을 부니 피 섞인 우박과 불이 나와서 땅에 쏟아지매 땅의 삼분의 일이 타버리고 수목의 삼분의 일도 타버리고 각종 푸른 풀들도 타 버렸더라……중략……그가 무저갱을 여니 그 구멍에서 큰 화덕의 연기 같은 연기가 올라오매……생략》

이 성경 구절은 **'일곱 나팔을 가진 일곱 천사'** 는 7 + 7 = 14로서 단수의 답이 5의 수가 출현하므로 예수오행을 일컬음이며 나팔을 단계적으로 불어서 표현한 것은 지구온난화 등 단계적 종말에 의한 각각의 재앙을 표현하여 놓은 것이다. 성경 구절은 구절에 따라서 한 구절 속에 여러 가지 뜻과 의미를 부여하고 있다. 한 구절을 가지고 사실적인 표현이나 암시적인 것을 해석할 수 있는 것이며 위와 같은 내용은 본문에서는 예수오행으로 구절을 풀이하여 기술한 것이다. 위 성경 구절은 인류의 잠식을 나타내기도 하면서 그 해법을 마련해 놓은 구절이기도 한 것이다. 즉, 구절 중 **'무저갱'** 이라고 하는 단어는 악마의 별을 받아 떨어진 끝이 없는 구렁텅이를 뜻하며, 본문에서는 예수오행에서 그 세상이 열려 선악의 양면성이 징벌을 담당하는 뜻으로 풀이하였으며 인침을 받은 자는 벌하지 말라는 구절이 존재함으로써 사람의 개체수를 줄여야 함을 나타냄으로 해석하였다. 즉, 어떠한 이유로든 완전한 종말은 오지 않는다는 구절이기도 함을 말하는 것이다.

이는 완전한 종말을 막기 위하여 부모가 자식을 벌할 수밖에 없는 숙명적인 시간대를 말함이며 대를 위하여 소가 희생하는 이러한 시간대를 성경은 알려줌으로써 우리에게 경각심을 불러일으키고 있는 것이다.

예수오행에서 알려주는 윤회의 법칙에는 [목, 토, 금, 화, 수] 중 세상은 '목'에서 시작하여 이루어져서 '수'에서 윤회(순환)를 하는데 '수'가 '목'으로 바로 가지 않고 '토'로 윤회함을 알았다. 이 순환의 원리를 이용하여 대체에너지나 기름을 절감할 수도 있음을 말하려 하는 것이다.

즉, 자동차를 비유할 때 시동을 걸때는 기름으로 걸고 나머지는 물이라든지 바닷물 등 여과를 거친 물질로써 흡입, 압축, 폭발, 배기가 이루어지도록 할 수도 있다는 말이다. 이와 같은 원리는 처음에 기름으로 시동을 걸었을 때 다른 에너지 대체물이 기름과도 같은 역할을 하는 즉, 엔진은 대체성분이 기름인 줄 알고 계속하여 동작함을 일컫는 것으로써 마치 엔진의 동력에 최면(최면과 같은 원리의 부품)을 거는 것과도 같은 원리를 말하는 것이다.

말 같지도 않은 말 같지만 원리와 이치가 그러하니 가상하여 적어 본 것이다. 아무튼 문제는 인류의 개체수를 줄이지 않고 환경을 지배하는 숙제만 남았을 뿐이다.

2. 자살은 개인의 영원한 종말을 의미한다

1) 자살의 정의

자살의 의지는 사랑하는 마음이 죽었음을 의미한다. 사랑은, 자신을 먼저 사랑할 줄 아는 사람이 진정한 사랑을 행하는 자이다. 자신을 사랑할 줄 모르고 남을 사랑하고 이해할 수 없다. 자신을 사랑한다 함은 또 다른 자신을 사랑한다는 말이다.

사람이 사람을 죽일 권리가 없듯이 자신이 자신을 죽일 권리 또한 없음을 말하려 하는 것이다. 그러므로 자살은 곧 살인이다. 자신이 자신을 죽일 권리가 부여되는 것은 자신의 또 다른 자신이 악마로 변해 있을 때이다.

스스로 우상인 온갖 탐심만 가득한 자는 악마의 표상으로서 단죄되어야 마땅하다. 자신은 그렇게 하고 싶지 않은데 뭔가가 자꾸만 엄청난 욕심의 세계로 끌어들여서 광기를 불러일으키는 참혹한 정신적 고통의 연속이 지속되어 타인에게 해악을 끼칠 때나 형언할 수 없는, 육체적 엄청난 고통은 광분한 악마의 표상이며 자신(악마)을 죽일 권리가 부여됨을 말하려 하는 것이다. 이와 같은 현상은 악이 선 위에서 군림하는 사실적 현상이기 때문이다.

자살의 정의는 이미 죽을 수밖에 없는 상황에 처하여 있는 자가 참을 수 없을 만큼 육체적 고통이 연속되거나 가중될 때, 도저히 그 고통이 나을 기미가 보이지 않거나 희망이 없을 때, 그 엄청난 육체적 고통을 줄이기 위하여 스스로 앞당겨 죽음을 원하는 자는 자살로 보지 않는다. 또한 대의명분을 위한 스스로의 죽음은 자살로 보지 않는다. 이는 곧 자연사와 같은 죽음이다. 이는 예수가 하늘의 대의를 위하여 십자가에 스스로 달린 이치와 같기 때문이다.

그 외에 자신의 의지에 의하여 스스로 죽음을 택하는 것은 자살인 것이다. 인간이 살아가면서 겪어야 할 각종 문제로 인하여 정신적 스트레스, 우울증 등 정신적 문제가 다소 수반되는 것은 자신의 의지와 믿음의 신념이 얼마든지 감내할 수 있는 증상과 현상이기 때문이다. 스스로 죽음을 선택할 수 있는 자는 살아 있는 자이다. 살아 있다고 하는 것은 죽음을 생각할 수 있는 의식을 가지고 있고 죽음으로 행동을 옮길 수 있는 의지를 가지고 있음을 말한다. 그러므로 장시간 의식불명(식물인간)인 자는 스스로 삶과 죽음의 선택권을 상실한 자이며 그 자는 곧 죽은 자이다. 이 세상을 창조하신 큰하느님께서는 우리가 겪고 있는 모든 고초보다 수천 수만 배의 고통을 겪으신 후에 비로소 지금의 우리 세상과 대우주를 창조하였음을 잊어서는 안 된다. 하늘의 준엄한 법도는 신이 존재하지 않는다고 생각하는 무신론자 다음으로 스스로 자살을 하는 자를 큰 죄인으로 치부하고 있음을 예수오행은 알려주고 있다. 우리 남은 인생은 예수오행과 함께 할 것이며, 우리의 사후세계는 우리가 원하는 대로, 뜻하는 대로 이루어질 것이다. [목, 토, 금, 화, 수]의 예수오행이 그것을 증거하고 있다. 우리를 우주적인 큰하느님의 영역에서 존재하는 고등동물이 되는 과정을 거치게 하고 우리가 어디서 어떤 모습으로 어떻게 태어나서 어떻게 살고 있든 인간으로 태어난 이상 모두가 큰하느님의 자손임을 잊지 말아야 할 것이다.

2) 자살자는 자살자로 거듭 윤회하여 그 고통이 끊임없이 가중된다

우리의 개개인의 쓰임은 넓고도 넓은 우주공간에 각자 맡은 바 소임을 다하며 또 다른 우주공간에서 수많은 생명체를 지배하기 위하여 인간으로 탄생되었음을 알아야 한다. 거듭되는 윤회의 과정을 거쳐서 숙명의 고리를 끊은 후에는 각자가 나아갈 길을 정하니 그 정한 곳은 한 사람 한 사람이 맡은 공간 속의 모든 만생만물을 지배하는 지배권을 가지게 됨을 잊지 말아야 한다. 그러므로 자살을 하여서는 아니 된다. 자살하는 자는 그 기본적인 지배권을 박탈당할 것이기 때문이다. 끝도 한도 없는 윤회의 블랙홀 속으로 빨려 들어가서 우주만물의 법도와 법칙에 의하여 징계를 받을 것이다. 그러므로 우리가 부여받은 우주공간 중에 어디엔가 안착하여 큰하느님 아래 신의 자격으로 만생만물을 다스리게 됨에 그 깨우침과 배움의 과정을 거치게 하기 위하여 선악과를 만들었다면 생명나무도 만들어 놓은 것이다.

《(요한계시록, 묵시록 20:14~15) 사망과 음부(저승, 죽은 자의 거처, 무덤, 저승을 다스리는 신, 우상의 존재)도 불못에 던져지니 이것은 둘째 사망 곧 불못(영을 완전하게 소멸시키는 장소)이라 누구든지 생명책에 기록되지 못한 자는 불못에 던져지리라.》

성경 구절의 불못은 실상 영원한 고통을 주는 장소가 아니다. 이 세상이 끝이 없는 상태에서 우리가 생겨 난 것과 같이 끝을 만들어 놓지 않고 우리를 만드신 것과 같이, 아니 더 정확하게 말을 한다면 끝을 창조할 수 없는 공간 속에서 만생만물을 만드신 것과 같이 우주만물의 법도에 의한 원의 이치(중력, 만류인력의 법칙)는 영원한 고통은 존재하지 않는 것이다. 이는 인간이 소리를 들을 수 있는 한계를 상하로 마련하고 지구가 도는 소리를 인간이 들을 수 없는 이치와 같고 지구의 반대편에 서 있는 우리가 거꾸로 서 있음을 느끼지 못하는 이치와 같다.

그러나 고통은 윤회하여 존재한다. 그것은 바로 두 번 다시는 행복한 삶의 생명체로 태어날 수 없는 영의 영원한 사망(무의식의 차원에서 기억하고 살아 있는 영이 완전하게 소멸하는 결과)이라 수 억겁의 세월 속에 갇혀버리니 전생의 기억이 소멸되고 다시 새로운 생명체로 윤회하여 태어나도 말할 수 없는 고통과 괴로움의 삶이 거듭하여 윤회하니 이것이 곧 영원한 불못이다.

기억의 완전한 소멸이라고 함은 단계적 삶과 죽음을 반복하면서 진화하는 진화의 과정을 포기하는 것으로써 하늘이 정하여 놓은 완전한 인격(완성된 인간)의 생명체로 거듭나는 것을 포기함을 말하려 하는 것이다. 이는 거쳐야 할 단계를 거역하고 영생의 길로도 갈 수 없고 윤회의 길로도 갈 수 없는 열외의 사악한 기운이 발동되는, 문제의 영물(악령)로 변하여 사람에게 빙의되어 해를 가하는 등 오도 가도 못하는 가증한 기운이 됨을 말하는 것으로써 결국 그 말로는 하늘의 징벌에 의하여 비참해진다. 그러므로 하늘의 섭리에 의하여 우리의 삶이 나아갈 수밖에 없다면 자살은 더욱 더 험난하고 고통스러운 다음의 시간이 기다리고 있다는 것이다. 위 성경 구절 중 **《생명책에 기록되지 못한 자》**는 곧 자살자에게도 해당되는 구절이기도 한 것이다. 그 자살하는 자는 그 이름을 생명책에 기록할 수 없는 중대한 하늘의 사고이기 때문이다.

우리가 인간으로 태어나게 된 단계는 인간으로 태어날 수 있는 시간적 과정을 거쳤기 때문에 인간으로 태어났음을 잊지 말아야 한다. 그러므로 모두가 전생이 존재하며 모두가 전생을 기억하고 있는 것이다. 다만, 그 기억을 현실적으로 뚜렷하게 느끼지 못할 뿐 우리의 지금의 삶의 형태와 인연은 모두가 전생과 연결 지어져 있으며 그 전생의 파노라마는 꿈으로써 이어짐을 증거한다. 우리가 꿈을 꾸면 기억나지 않는 꿈이 대부분이며 기억이 나도 이해할 수 없는 꿈이 대부분이다.

자살은 스스로 **불못**에 가는 형국이다. 아무리 힘들고 괴로워도 끝까지 살아서 천명을 다하고 자연사를 해야 할 주어진 의무가 우리에게 있음을 알아야 한다. 불의의 사고나 병으로 인하여 단명하는 자들은 천명

194

을 다한 것이니 자연사와 같은 것이다. 그리하여 큰하느님의 진리와 힘과 능력은 비록 불못에 던져진 자라 할지라도 그 믿음으로 말미암아 구원의 천용과 자비가 여기에 있는 것이다. 자살하기 전에 주의를 둘러보고 처절하리만치 살아가고자 하는 자들의 삶의 애착과 애환의 노력을 상기하여야 한다. 자살하기 전에 자신의 자살동기에 대하여 다시 한 번 생각하고 믿고 기댈 수 있는 믿음의 구심점을 찾아보고 믿어보려는 노력이 먼저 선행되어야 할 가치가 있음을 숙지하여야 한다.

　자신이 자살을 결심하기 전에 자신의 전생이 자살자였을지도 모른다는 생각을 의식해 보아야 한다. 이 세상 어떤 삶의 형태도 자살보다는 가치 있음을 잊어서는 안 된다. 전생이 자살자였다고 하여도 이승의 삶에서 극복하면 구원을 받음을 믿어야 한다. 죄지은 자 중에서 죄 많은 자는 더욱 더 열심히 믿음을 공고히 하여야 구원을 받을 수 있는 것은 당연한 이치임을 알고 믿고 따름에도 불구하고 달라지고 나아지는 것이 없다고 원망하거나 불평하지 말아야 한다. 이것이 가장 평범한 믿음의 자세이며 척도이다.

　그러므로 그 믿음의 끈을 절대로 놓아서는 아니 된다. 일순간 믿음의 끈을 놓아버리면 처음으로 되돌아가며 모든 것이 허사가 되며 그 불못의 과정은 살아서든 죽어서든 계속 될 것이다. **《쉬지 말고 기도하라. 범사에 감사하라…….》**는 성경 구절 말씀의 깊은 뜻이 여기에 있다. 쉬지 말고 기도하라고 해서 하루 종일 기도하라는 것이 아니다. 어떤 누가 유혹하여도 스스로가 스스로를 유혹하여도 그 믿음의 끈을 놓아서는 아니 된다.

　우리가 믿음의 증표를 천상에까지 도달하게 하기 위해서는 각자 정해진 시간이 있음을 잊지 말아야 한다. 누구는 기도의 응답을 받아서 소원을 이루었는데 누구는 아무리 기도해도 기도의 응답을 받지 못한다고 원망하거나 실망하지 말아야 한다. 각자 정해진 시간의 굴레에서 믿음의 크기와 거리와 가치가 다른즉 그 시간이 긴 자는 살아 생전에 기도의 응답을 받을 수 없음을 알아야 한다. 시간이 길다고 함은 전생에 연결된 파장의 흐름을 말하는 것이다. 그러므로 숨을 거두는 그 순간까지 믿음의 끈을 놓아서는 안 된다. 모진 목숨 자살하지 않고 연명하고자 하는 그 행위 자체가 하느님께는 감동의 자체이다. 그리하면 자연적 그 믿음은 죽어서도 영위되며 가히 그 믿음의 끝은 구원의 동아줄이 되는 것임을 우리는 절대로 잊어서는 안 된다.

3) 자연사는 깨달음의 과정이며 자살은 사후세계의 모든 것을 포기하는 것이다

나름대로의 사정과 이유로 인하여 스스로 자신의 목숨을 끊는 행위는 하늘의 소명에 정면으로 대적하는 행위이며 이는, 결코 하느님께서는 용서하지 않으신다. 자살은 삶과 죽음의 모든 굴레를 스스로 포기하는 것과 같다. 자연사라고 하는 의미는 그 자체가 곧 깨달음의 과정이요 고통과 괴로움을 겪는 것은 하느님의 고통과 괴로움을 아는 이치와 같다. 이와 같은 단계적 삶은 사후세계로 연계하여 다음의 생을 이어가는 단계의 숙명적 과제인 것이다. 그러므로 깨달음이란 곧 자연사임을 잊지 말아야 한다.

우리는 한 가지 착각하고 살고 있는 것이 있다. 신은 우리가 구하면 무엇이든 다해 줄 수 있는 분으로 알고 있다. 신은 우리와 달라서 능치 못함이 없고 하늘나라나 정토에서 속된 표현으로 아무런 고통 없이 잘 먹고 잘사는 줄로 알고 있는 사람이 대부분이다. 그러나 그렇지 않다. 신도 사람과 똑 같이 힘들 때 힘들고 행복할 때 행복해 한다는 것이다.

무슨 말이냐 하면 각 개인의 삶의 질에 따라서 신도 그와 같은 느낌과 기운을 받는다는 것이며, 그렇지 못한 생명체들을 위하여 끊임없이 만생만물의 구제를 위하여 전에도 지금도 후에도 노력하고 고뇌하고 있다는 말이다. 이 세상 모든 만생만물들에게는 하늘의 기운이 모두 연결지어져 있으며 각기 그 기운에 의하여 삶과 죽음이 도래하는데 각 개인의 삶이 윤택하여지고 행복하면 그 연결된 기운에 의하여 하늘도 행복지수가 높아지고 그렇지 못한 자와 연결된 기운은 같이 힘들고 괴로워한다는 이치인 것이며, 사실상 하늘의 연결됨이 끊어졌다고 표현할 수 있는 것이다. 이는 하늘과 생명체가 연결되어 있다고 하는 것은 '일치성'을 말하는 것으로써 자신이 끝까지 어리석지 않고 믿음의 끈을 놓지 않으면 그 믿음의 끈이 다시 연결된다는 사실이다. 그러므로 자연사의 과정은 곧 깨달음의 과정인 것이다.

특정한 장소에서 특별한 생활을 하면서 전문적으로 깨달음의 삶을 사는 자들만이 깨달음의 특권을 얻는 것이 아니라는 말이다. 깨달음을 글이나 말로 표현하는 자는 같은 깨달음을 얻었을 때, 구체적으로 표현할 수 있는 자를 말하며, 이는 현자(해탈, 깨달음을 얻은 자)라고 칭하는 것의 차이일 뿐이다. 곧 자연사하는 자나 깨달음을 얻은 자라고 칭하는 자나 깨달음의 경지는 같다는 것을 의미하는 것이다. 다만, 일찍 깨달음을 얻은 자는 모든 깨달음의 선두로서 주장격의 양상을 보이며 지름길을 제시할 뿐이다.

4) 죽음에도 죽음의 종류가 있으며 반드시 보상법칙이 작용한다

죽음에도 종류가 있다. 죽음 속에 거듭남이 있고 죽음 속에 부활함이 있고 죽음 속에 또 다른 차원의 삶이 존재하는 것은 우주만물의 법도에 기인한 법칙이다. 자살은 영원한 죽음의 그루터기에 접어들어서 회개도 간 곳 없고 구원도 존재하지 않는 차원으로서 그야말로 그 곳은 불못을 연상케 하는 장소의 차원인 것이다. 이는 하늘의 법칙 즉, 관용의 법칙에서 벗어났다는 말이다. 죽으면 아주 죽고, 가면 아주 가지 않는 것이 하늘의 대원칙인 것이며, 대자연의 대원칙이며 이치이다.

이 세상을 창조하신 큰하느님께서도 온갖 고통과 괴로움과 외로움과 싸워서 포기하지 않으시고 세상을 만들어 내셨으며, 시행착오를 일으켜서 끊임없이 세상을 창조하고 재창조하고 없애고 또 없애며 오늘날에 이르렀다. 세상사 모든 만생만물과 인간은 하느님께서 겪으셨던 일련의 과정들을 강하든 약하든 숙명과도 같이 겪으며 사는 것이다. 진정한 자존심은 자살이 아니라 끝까지 살아남아서 자연사하는 것이다. 전쟁터에 나가서 죽든, 사고로 죽든, 병사를 하든, 정신병으로 죽든, 굶어서 죽든, 국가의 안녕과 대의의 명분을 위하여 죽든, 어떤 죽음이라도 스스로 개인만의 생각과 결정에 의하여 죽음을 택하지 않은 죽음은 모두가 자연사에 해당한다. 단, 폭탄을 몸에 지니고 스스로 자폭하는 행위(테러범)는 자신 외의 많은 영혼을 해하는 행위이므로 혼자만이 스스로 자살하는 행위보다 사후세계에서 그 영혼은 결단코 구제 받을 수 없는 하늘의 대역죄인인 것이다.

이러한 어리석은 믿음을 가지고 사는 자들은 결단코 구원받지 못한다. 이는 누가 시켜서 그렇게 할 수밖에 없었다는 변명이 통하지 않는다. 동기부여나 행위에 따른 하늘의 배심원들이 일반적인 이해나 관용을 적용시킬 수 없는 열외의 상황과 정황으로써 시킨 자나 따른 자나 진배없는 심판을 받을 것이다. 그러므로 음주운전을 하여 상대의 생명을 앗아가는 행위는 살인행위이며 테러와 같은 형국을 초래함을 알아야 한다. 대자연의 약육강식에 의하여 약한 동물이 강한 동물(천적)에게 공격을 당하여 죽을 때, 살고자 하는 본능에 의하여 잠깐 두렵고 고통스러워도, 비록 죽은 모습은 처참하고 안타깝게 보일 수밖에 없겠지만, 죽

198

음을 맞이하는 그 순간에는 다음 여정의 희열과 환희를 느끼며 숨을 거둔다. 이는 하느님께서 만들어 놓으신 대자연의 법칙에 의하여 보상법칙이 작용하여 일어나는 느낌인 것이며, 사후세계의 새로운 삶을 보장하는 기분(원리)인 것이다. 강한 자에게 당할 수밖에 없는 지경의 생명체이지만, 그냥 그렇게 하릴없이 조건과 이유 없이 억울하게 죽는 죽음은 큰하느님께서는 만들어 놓지 않으신 것이다. 이것이야말로 인간과 만생만물에게 균등하게 작용하는 큰하느님의 사랑의 힘 중에 하나임을 혼동하지 말아야 한다.

그러므로 모든 것을 잃고 죽을 용기마저 없어서 노숙생활을 하는 노숙자들도 자살하여 죽는 자보다 월등하고 하늘의 이치와 소명을 받드는 자로 여겨도 무방할 것이다. 자살할 용기가 없는 것은 진정한 용기와 진정한 자존심에 해당함을 숙지하여야 한다. 큰하느님(예수오행)을 상징하는 대진리와 이치 그리고 믿음을 가짐으로써 살아서든 죽어서든 그 영광과 은총을, 예수오행(목, 토, 금, 화, 수)의 힘을 얻을 것이다.

《(이사야서 65:20) 거기에는 며칠 살지 못하고 죽는 아기가 없을 것이며 명을 다하지 못하고 죽는 노인도 없으리라…….》

자살은 차원의 모든 것을 포기하는 것이다. 끝없는 흑암 속으로 떨어져서 그 어두움의 깊이와 넓이를 헤아릴 수 없다. 어느 때나 다시 생겨나서 밝은 빛을 볼 수 있을지 알 수 없는 영역으로 떨어지고 만다. 자신의 의지로 자살을 하는 것은 모든 우주공간을 파멸시키는 것과도 같은 행위임을 잊어서는 아니 된다.

인간으로 태어난 것만으로도 축복 받아 마땅한데 자살하고자 하는 자는 주위를 둘러 보라. 인간 외에 각종 생명체들을 보라. 인간과 비교하여 본다면 얼마나 그 모습과 삶의 행색이 초라한가? 사람으로 태어나서 같은 시간대에 살면서 기아에 허덕이며 병마와 싸우며 살고자 하는 자들을 보라. 불구자로 온갖 불행을 다 안고 살아가는 자들을 보라. 그들의 삶은 생명의 귀중함과 존엄성이 얼마나 값진 것인가를 몸소 실천하는 스승과도 같은 삶이다. 그러나 그러한 환경에 처하여 사는 생명체와 사람을 비교하여 비유하지는 않겠다. 그들은 그들의 환경과 삶의 가치관과 삶의 목적이 있을 것이며 각기 다른 환경의 지배하에 놓인 생태반경은 다르기 때문이다.

자살의 동기는? 자존심? 경제적 무력감? 강박관념? 신체적 결함? 마음의 상처? 희망 없는 삶? 고독과 외로움? 자괴(自愧, 自塊)감? 자식에게 짐 되기 싫어서? 그런 것들로 인한 정신적 장애와 우울증 동반? 이따위 이유로 스스로 목숨을 거두는 것은 절대 용납되지 않는다. 자과부지(自過不知)에서 벗어나서 자괴지심(自愧之心)을 깨닫고 자구(自救)에까지 도달하여야 할 것이다.

제4장

예수를 배신한 유다는 과연
정의롭지 못한 사람이었는가?
정의란 무엇인가?
유다에 대한 정의를
결론 내렸다

제4장

예수를 배신한 유다는 과연 정의롭지
못한 사람이었는가? 정의란 무엇인가?
유다에 대한 정의를 결론 내렸다

1. 성경 구절에서 가롯 유다가 죽는 장면이 서로 다르다

《(마태복음, 마태오 27:3~5) 그 때에 예수를 판 유다가 그의 정죄됨
을 보고 스스로 뉘우쳐 그 은 삼십을 대제사장들과 장로들에게 도로 갖

다 주며 이르되 내가 무죄한 피를 팔고 죄를 범하였도다 하니 그들이 이르되 그것이 우리에게 무슨 상관이냐 네가 당하라 하거늘 유다가 은을 성소에 던져 넣고 물러가서 스스로 목매어 죽은지라.》

《(사도행전 1:18) 이 사람(유다)이 불의의 삯으로 밭을 사고 후에 몸이 곤두박질하여 배가 터져 창자가 다 흘러나온지라.》

두 성경 구절을 비교하여 보니 유다가 죽는 장면이 '**마태복음**'의 구절은 목매어 죽었고 '**사도행전**'의 구절은 배가 터져 죽은 것으로 기록되었다. 과연 어떤 구절이 유다의 실제 죽은 모습인가?

2. 유다는 목매달아 죽었다

위 유다의 죽음에 대하여 각기 다른 장면을 하나로 연결할 수 없다. 즉, 유다가 스스로 목을 맨 장소나 물질(물건)이 정확하게 표현되어 있지 않지만 목을 매달 수 있는 높이는 그 사람의 키를 기준으로 하여 그다지 높을 수가 없으며 따라서 목을 맨 후에 땅으로 떨어져서 곤두박질하였다고 하더라도 창자가 터져서 밖으로 흘러나올 만큼 그 높이가 현실적으로 충격을 가할 수 없다는 사실이다. 그러므로 위 두 구절을 연결하여 '**유다가 목을 맨 후 땅으로 떨어져서 곤두박질하여 창자가 흘러나왔다.**'로 연결 지을 수가 없으며 이는 상식에 반하는 연결이며, 결국 '**그 구절이 그 구절로서 부여하는 뜻은 같다.**'라고 말할 수 없음을 말하려 하는 것이다. 이는 한 구절은 목을 매달았고 한 구절은 목을 매달았다는 말이 없이 '**창자가 터져서 죽었다**'고 표현하고 있음으로 어떻게 죽었는지 알 수 없다. 가사 위 두 구절이 연결 지어진다고 하여도 그 구절의 의미는 상반된다. 따라서 위 두 구절 중 유다는 목을 매달아 죽은 것이다. 왜 그러한가? 여기서 우리는 유다의 죽음을 두고 재미있는 사실들을 알게 된다.

'**유다**' 의 이름은 한글 획수로 풀이하면 그 획수가 8획수가 나오며 유다가 받은 **은전 30냥**은 단수로 3이 나온다. 8과 3을 더하면 11이 나오고 다시 단수의 법칙에 의하여 1 + 1 = 2의 수가 출현한다. 이 2의 수는 예수오행에서 하느님을 상징하는 숫자로서 즉, '목' 과 '금' 을 나타내는 숫자인 만큼 '목' 과 '금' 중에서 '목' 의 기운으로 유다는 '목' 매어 죽은 것으로 풀이하였다. 이 말은 무슨 말이냐 하면 유다는 그 최후의 죽음이 목을 매달아 죽을 수밖에 없는 운명적인 사람이었다는 결론이다. 즉, 하느님(목)의 계획하에 이미 유다는 그 역할을 충실하게 하였다는 뜻이 되며, 그 이치에 의하여 사실상 유다는 죄인 아닌 죄인으로서 지탄의 대상이 되었지만, 이러한 진리를 아는 자는 그를 죄인이라 논하지 않을 것이며, 그는 하느님의 나라에서 보상법칙에 의하여 편하게 살고 있는 줄 우리는 알아야 할 것이다.

왜 그러한가? 위 '**사도행전**' 의 구절 중에 '**불의의 삯으로 밭을 사고……**' 라는 구절 중 '밭' 은 그 획수가 9획이 나온다. 9의 수는 예수의 수이다. 그러므로 유다는 그 밭에서 고꾸라져(곤두박질) 배가 터져 죽었다고 하는 것은 실제적인 상황이 아닌 의인법의 구절로서, 유다는 '**불의의 삯으로 밭을 사고……**' 라는 구절은 즉, 예수를 팔아 넘김으로 인하여 하늘의 계획을 차질 없이 진행시켰다는 것이며, 이는 인류를 위하여 우리 인류가 예수를 사서 십자가에 달리게 하였다는 말과 진배없는 것이다. 그러므로 위 두번째 성경 구절 사도행전은 '유다는 예수의 품안에서 죽었다' 로 당연 절차적인 풀이에 의하여 정의할 수 있는 것이다. 즉, 예수오행을 탄생시키는데 음(사단)의 기운도 일조를 하였다는 뜻이다. 이는 곧 선과 악의 조화와 질서가 유지될 때, 선과 악의 양면성 의 대진리를 보여주는 일례인 것이다. 아래의 부연 설명으로서 이해를 구하고자 한다.

3. 유다는 자신에게 주어진 배역을 충실하게 그 역할을 담당하였다

그렇다면 '사도'의 '유다가 배가 터져 창자가 나와서 죽었다.'는 의 미는 무엇인가? 즉, 유다는 위에서 밝힌 것처럼 예수가 십자가에 달려 서 죽을 수밖에 없는, 예수오행을 탄생시키기 위한 그 중대한 사건을 하 느님과 예수의 짜여진 각본대로 충실하게 자신(유다)의 역할을 해낸 것 이다.

《(마태복음, 마태오 16:21~23) 예수께서는 제자들에게 자신이 반드 시 예루살렘에 올라가 원로들과 대사제들과 율법학자들에게 많은 고난 을 받고 그들의 손에 죽었다가 사흘 만에 다시 살아 날 것임을 알려 주 셨다. 베드로는 예수를 붙들고 '주님 안 됩니다. 결코 그런 일이 있어서 는 안 됩니다.' 하고 말리었다. 그러나 예수께서는 베드로를 돌아다보 시고 '사단아 물러가라 너는 나에게 장애물이다. 너는 하느님의 일을 생각하지 않고 사람의 일만을 생각하는구나!' 하고 꾸짖으셨다.》

《(요한복음 6:64) ……예수께서 믿지 아니하는 자들이 누구며 자기를 팔자가 누구인지 처음부터 아심이러라.》

《(요한복음 6:70~71) ……내가 너희 열둘을 택하지 아니하였느냐 그러나 너희 중에 한 사람은 마귀니라 하시니 이 말씀은 가룟 시몬의 아들 유다를 가리키심이라 <u>그는 열둘 중의 하나로 예수를 팔 자러라.</u>》

《(요한복음 13:21~27) ……정말 잘 들어두어라. 너희 가운데 나를 팔아넘길 사람이 하나 있다. ……예수께서는 '내가 <u>빵</u>을 적셔서 줄 사람이 바로 그 사람이다.' 하셨다. <u>그리고는 빵을 적셔서 가리옷 사람 시몬의 아들 유다에게 주셨다. 유다가 그 빵을 받아먹자마자 사단이 그에게 들어갔다. 그때 예수께서는 유다에게 '네가 할 일을 어서 하여라.' 하고 이르셨다.</u>》

위 성경 구절들은 구구절절이 이미 짜여진 각본을 나타내고 있음을 알 수 있다. 아울러 예수는 유다가 예수를 배신할 마음이 전혀 없었는데 유다를 지목하여 배신하도록 그 배역을 맡긴 구절이 존재함을 알 수 있다. 만약 예수가 유다를 지정(지목)하지 않고 유다가 예수를 팔았다면 이는 명백한 배신자가 되는 것이다.

4. 유다는 자신의 억울함을 호소하였다

유다는 자신의 억울함을 성경 구절로써 호소하게 되었다. 즉, "나는 죄인이 아닙니다. 나는 하느님과 예수님이 시키신 대로 그 대본을 받아서 충실하게 연기하였을 뿐입니다. 내가 부여받은 임무(배역)를 충실히 행하였을 뿐입니다. 나는 예수를 팔아 넘긴 죄인으로서 곧 후회하고 목을 매달아 죽는 연기도 소명이라고 생각하고 행하였습니다. 내가 맡은 배역은 예수를 배신하는 역으로서 그러한 행동과 말은 옳지 않은 행위임을 온 세상이 깨우치게 하고 예수가 이 땅에 오신 목적을 이루게 하기 위하여 나의 소임을 게을리 하지 아니하였는데 어찌하여 그것이 죄 됨이라고 말씀하시나이까?" 라고 말하면서 자신의 결백을 보이기 위하여 속을 다 내보인 것으로 풀이할 수 있는 것이다.

'땅에 곤두박질하여 배가 터져 창자가 나와서……' 이 대목은 속을 다 내보이는 절박한 자신의 전달 표현을 구사한 비유(비사)법에 의한 것이다. 다시 정리하여 보면 성경의 모든 구절은 하느님의 말씀으로써 예수의 말씀으로써 그들을 대변하는 선지자들과 제자들의 말씀으로써, 이와 같은 표현을 구사함으로써 유다는 죄가 없음을 암호 구절로써 밝힌 것이다. 이로써 유다의 죽는 장면이 각기 다른 이유가 여기에 있었다.

5. 하늘의 각본대로 행하였음에도 불구하고 벌을 받은 민족이 있었다

예수가 십자가에 달리는 과정에서 연루된 자들의 예를 들어본다면, 하느님의 섭리 중에서 그 양면성을 드러내는 가장 큰 사건이 있은즉 예수는 유대인들에게 의하여 십자가에 달렸다. 그러나 진정한 정의의 결론에 의하여 그 유대인들도 이미 하느님의 각본에 의하여 예수를 십자가에 달리게끔 그 역할을 충실하게 연기(임무)하였을 뿐이었음으로 결론 내릴 수 있다. 무슨 말이냐 하면 예수는 의도적으로 유대인들을 자극하였던 것을 말하려 하는 것이다. 만약, 위와 같은 성경 구절이 존재하지 않고, 예수가 십자가에 달릴 수밖에 없는 하늘의 계획이 진행되지 않았다면, 예수가 십자가에 달리는 과정의 관계자들은 상벌의 준엄(峻嚴)에 의하여 처벌을 받아야 하는 정의의 결과로 구분되었을 것이다. 따라서 결국 유대인들도 죄인 아닌 죄인이 된 것임을 말하려 하는 것이다.

그럼에도 불구하고 그 후, 어느 때인가 누군가에 의하여 뚜렷한 명분도 세워놓지 않은 채 유대(유태)인들은 참담한 학살을 당하였고, 그 학살은 유대인의 멸종을 목적으로 자행한, 사람으로서 행할 수 없는 역사적 비극적인 상황을 전개시켰던 것이다.

역사의 기록에 반하여 유대인의 대학살이 없었다고 하여도 그 진의는 다를 게 없다. 그 후, 다시 세월은 흘러 유대인들의 세상이 되었다. 우리 세상에 각종 주요 분야, 핵심 분야, 막강한 재력가 등을 배출, 인간 삶의 요소를 장악하게 하여 우리의 현실적인 세상에 중추적인 역할을 하게 끔 하였으니 이것이 바로 하느님의 양면성의 진리이다.

이것은 무엇을 말하려 함인가? 양면성의 진리는 무엇을 말하려 함인가? 하늘의 각본대로 행함에 있어서 그 대본을 벗어난 우리 사람의 망령된 행함을 말하는 것이다. 즉, 예수가 하늘의 계획에 의하여 십자가에 달리기까지의 과정에서 **유대인은 예수에게 너무나 가혹한 고통을 주었기 때문이다. '너무나 가혹한 고통(지나친 고문, 수모, 수치, 부끄러움)'**은 하늘의 각본에 없었던 것으로써 유대인(모든 인류)의 오기와 잘못된 판단과 행동에서 비롯된 것이므로 거기에 상응한 벌(유대인 대학살)을 받았음을 말하려 하는 것이다. 이 양면성의 진리를 알지 못하고서는 우리는 결코 진리를 안다고 말하지 말 것이며 하느님의 섭리 또한 안다고 말할 수 없는 것이다.

6. 가롯 유다의 행실로 인하여 우리는 새로운
  정의를 알게 되었다

유다의 법칙에는 다음과 같은 교육의 장을 유산으로 남긴 것이다.

— 대우주 공간에 수없이 많은 삼라만상이 연출되어 있고 그 삼라만상은 이
  미 나아감이 각본대로 진행된다.
— 하늘이 정한 각본에는 반드시 보상(관용)법칙과 상벌이 작용한다.
— 우리 사람이 각본대로 살아감을 운명이라 말하는 것이며, 운명을 미리 알
  고 개척하고 대처함을 지혜라 할 것이다.
— 우리 사람이 신의 영역을 갈구하고 탐구하는 것은 진화의 단계라 할 것이
  며 그 단계의 산물은 생체적 변화와 과학이라 할 것이다.
— 예수오행을 알게 된 것은 신의 또 다른 영역을 이미 침범한 것이요 그로
  말미암아 사후세계의 선택의 권리를 부여받는 약속이 이루어진 것이다.

앞으로 전개될 새로운 세상의 천지창조와 새로운 삶의 과정은 고통과
괴로움의 과정 없이 목적을 이루는 세상의 낙원을 의미하는 것이다. 그
새로운 세상에는 우리가 원하고 바라는 대로 살게 될 것이며, 우리의 삶
은 지겹지 아니할 것이며 싫증나지도 아니할 것이며 식상하지도 아니
할 것이며 일체의 부작용도 아니 생길 것이다.

《(마태, 마태오 13:9) 들을 귀가 있는 사람은 알아들어라…….》

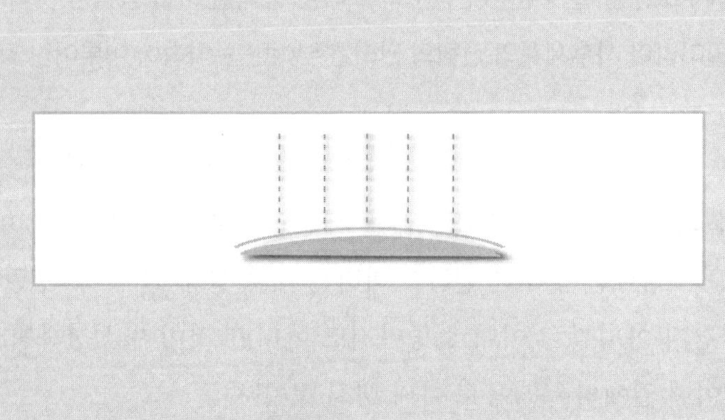

제5장

십자가와 우상의 이치 및
영혼과 성령의 실체

제5장

십자가와 우상의 이치 및
영혼과 성령의 실체

1. 현존하는 십자가는 과연 신의 상징물인가?

1) 《십자가》는 예수오행의 근본이다

《십자가》는 로마시대에 죄인을 벌하는 형틀이었다. 이 《십자가》를 우리는 기독교의 상징(표상)으로서 바라보고 믿고 있는 것이다. 《십자가》는 그 획수가 대한민국 국어의 획수로 14획으로서 다시 단수의 법칙에 의하여 1 + 4 = 5획이 출현한다. 예수오행을 탄생시키기 위한 근본임에는 분명하다. 그러므로 십자가 내면에 예수오행의 대진리가 내재되어 있음을 깨달아야 한다. 깨닫지 못하면 아무런 요동도 진보도 일어나지 않을 것임을 말하려 하는 것이다.

《(고린도전서, 고린토 첫째편지 1:18) 십자가의 도가 멸망하는 자들에게는 미련한 것이요 구원을 받는 우리에게는 하느님의 능력이라.》 =
《멸망할 사람들에게는 십자가의 이치가 한낮 어리석은 생각에 불과하지만 구원받을 우리에게는 곧 하느님의 힘입니다.》

2) 예수오행이 없는 십자가는 나무에 불과하다
그 깨달음으로 십자가를 보라. 그 십자가는 곧 예수오행의 주관적 존재임을 알게 될 것이다. 만약에 단순히 십자가를 십자가로만 들여다본다면 그 십자가는 나무에 지나지 아니할 것이다.

《(마태복음, 마태오 3:10) 이미 도끼가 나무뿌리에 놓였으니 좋은 열매를 맺지 아니하는 나무마다 찍혀 불에 던져지리라.》

이 말씀은 예수오행이 없는 단순히 십자가의 형상은 좋은 열매를 맺지 않은 나무로 비유하여 영적인 힘이 없다는 말씀이다. 즉, 예수오행의 깨달음이 없는 십자가는 그 힘과 능력을 발휘하지 못한다는 뜻이다. 좋은 열매란 곧 예수오행 [목, 토, 금, 화, 수] 를 일컬음이다.

《(마태복음, 마태오 3:11) 나는 너희로 회개하게 하기 위하여 물로 세례를 베풀거니와 내 뒤에 오시는 이는 나보다 능력이 많으시니 나는 그

의 신을 들기도 감당하지 못하겠노라. 그는 성령과 불로 너희에게 세례를 베푸실 것이요…….》

이 구절은 예수를 일컬음과 함께 예수오행에 의하여 새로운 하느님께서 새로운 모습의 십자가로 오신다는 것을 말함이다.

《(요한복음 15:1-2) 나는 참 포도나무요 나의 아버지는 농부라. 무릇 내게 붙어 있어 열매를 맺지 아니하는 가지는 아버지께서 그것을 제거해 버리시고 무릇 열매를 맺는 가지는 더 열매를 맺게 하려 하여 그것을 깨끗하게 하시느니라.》

이 말씀은 예수는 오행 중 '토, 화, 수'의 열매이며 하느님은 '목'이다. 그리고 가지는 '금'이다. 예수오행(목, 토, 금, 화, 수)에 의하여 새로운 하느님이 세상에 임하심으로, 큰하느님을 상징하는 십자가에 예수오행의 대진리가 있음을 우리는 상징으로 삼을 것이며, 그렇지 못한 이들이 십자가만을 가지고 맹신한다면 그 십자가를 모조리 쳐내신다라는 뜻의 구절이다. 즉, 교회는 도태당하고 교인들은 뿔뿔이 흩어짐을 나타낸다.

《(요한복음 15:3-4) 너희는 내가 일러준 말로 이미 깨끗하여졌으니 내 안에 거하라. 나도 너희 안에 거하리라. 가지가 포도나무에 붙어 있지 아니하면 스스로 열매를 맺을 수 없음 같이 너희도 내 안에 있지 아니하면 그러하리라.》

이 말씀은 하느님이 '목'이시고 예수는 '토, 화, 수'라면 우리는 '금'

이다. 라는 말씀이다. 십자가(예수)가 포도나무라면 예수오행의 [목, 토, 금, 화, 수]는 열매이다. 뿌리는 하느님의 '목' 이요 포도나무는 예수의 '토, 화, 수' 이요 가지는 우리를 나타내는 '금' 이다. 우리가 있어 예수가 계시고 하느님이 계시니 곧, 우리 '금' 과 예수의 '토, 화, 수' 와 하느님의 '목' 이 하나 되어야 함을 의미하는 구절이다. 이는 곧 삼위일체의 하나 됨을 의미함이요 그 삼위일체의 하나 됨은 예수오행의 대진리인 [목, 토, 금, 화, 수] 임을 말씀하신 것이다.

예수오행 즉, 새로운 하느님은 태초의 하느님의 형상인 십자가(목)에 우리 가지(못, 금)가 예수의 몸(토, 화, 수)에 박힘으로써 새로운 하느님의 오행이 탄생하였다는 것을 말하며, 따라서 우리가 있었기에 새로운 하느님이 탄생할 수 있었다는 것을 말하는 것이며, 앞으로도 우리가 있어야 그 열매 즉, 새로운 하느님은 존재한다는 이치이다.

《(요한복음 15:6) 사람이 내 안에 거하지 아니하면 가지처럼 밖에 버려져 마르나니 사람들이 그것을 모아다가 불에 던져 사르느니라.》

이 말씀은 예수오행을 알았음에도 불구하고 계속하여 하느님의 형상인 십자가만을 믿는다면 우리 영혼은 허공중천 한 티의 먼지로 흩어져 버린다는 말씀이다. 예수오행을 알고 새로운 하느님이 오셨음을 알면서도 그 이치를 알지 못하면 우리는 불에 태워질 것이며, 큰하느님을 상징하는 새로운 도형의 십자가를 가까이 하라는 거듭하여 강조하는 구절의 말씀이다.

이렇듯 성경의 구절들은 사실적 현상에 대한 비유법을 구사하면서도 예수오행의 탄생과 심오함을 염두에 두고 수없이 반복하여 기록한 구절이 존재한다.

성서는 이미 예수가 십자가에 달려서 운명을 달리한 후 수천 년의 세월이 흐른 후에 이 세상을 새롭게 다스릴 것임을 구절마다 암시로서 암호로서 예언해 놓은 것이다. 그리하여 큰하느님의 상징인 예수오행은 [목, 토, 금, 화, 수]의 오행순서로서 대진리의 하나 됨이 확인되었다.

2. 무엇이 우상이고 무엇이 우상이 아닌가?

1) 이마에 인을 친 형상은 우상이 아니다

우상이 아닌 것은 살아있음이요 우상은 죽어서 움직이지 아니하는 것이다. 우상이 아님을 살아있다고 표현한 것은 논리가 정연한 학문적 신학적 토대로 정리 정돈된 의미와 이치를 말하는 것이다. 예수가 나기 전 형체를 갖춘 모든 형상들 중 눈과 눈 사이 가운데 이마에 점(인)을 찍어(치다) 놓지 아니한 형상은 모두가 우상이며 예수오행을 나타내지 않는 형상들도 우상이다.

《(요한복음 3:31~33) 위로부터 오시는 분은 만물 위에 계시고 땅에서 난 이는 땅에 속하여 땅에 속한 것을 말하느니라. 하늘로부터 오시는 이는 만물 위에 계시나니……. 그의 중언을 받는 자는 하나님이 참되시다는 것을 인쳤느니라.》

《(요한계시록 7:3) 이르되 우리가 우리 하느님의 종들의 이마에 인치기까지 땅이나 바다나 나무들을 해하지 말라 하더라…….》

이 구절들은 하늘과 인간을 연결하는 매개체(중보)를 나타내고 있는

데 매개체라고 함은 예수와 더불어 깨달음을 얻은 자와 참믿음으로 살아가는 자들을 말하는 것이다. 인을 친 모든 것들은 신도 계심이요 사람도 있음이라 그들 모두를 창조하신 이가 계시니 그 분은 곧 예수오행에서 여실히 증명하는 큰하느님이신 것이다. 예수는 진리를 전하기 위하여 온 분이다. 그러므로 전에도 이제도 후에도 계시는, 하느님과 예수의 진리가 담겨 있고 서려 있는 모든 것들은 우상이 아니다.

인간은 만물의 영장으로서 지구상의 모든 생명체들보다 우선(우수)하며 그들을 지배하는 이치와도 같은 형국이다. 그 진리에 의하여 만들어진 인침은 우상이 아닌 것이다. 그러므로 인침을 받은 자라함은 참믿음을 따르며 그 신념에 의하여 사는 자들을 말하는 것으로서 악심으로만 가득 찬 사람의 행동과 말은 스스로가 우상이다.

《(골로새서, 골로사이 2:8) 누가 철학과 헛된 속임수로 너희를 사로잡을까 주의하라. 이것은 사람의 전통과 세상의 초등학문을 따름이요 그리스도를 따름이 아니니라.》

《(골로새서, 골로사이 3:5) 그러므로 땅에 있는 지체를 죽이라. 곧 음란과 부정과 사욕과 악한 정욕과 탐심이니 탐심은 우상 숭배니라…….》

그러므로 우리의 기도도 큰하느님에게 하느님과 예수의 중보(仲保)에 의하여 드려지는 것임을 알아야 하며 중보를 인정하지 않는 믿음은 곧 우상인 것이다.

중보라고 함은 꽃과 꽃 사이, 이 나무 저 나무 온갖 나무들을 날아다니면서 수태시키는 역할을 하는 벌과도 같은 것이며, 이와 같이 연결하는 실체적 행보가 존재하지 않는다면 결코 온전한 열매의 결실을 보지 못함을 말하는 것이다.

《(요한복음 15:16) 너희가 나를 택한 것이 아니요 내가 너희를 택하여 세웠나니 이는 너희로 가서 열매를 맺게 하고 또 너희 열매가 항상 있게 하여 내 이름으로 아버지께 무엇을 구하든지 다 받게 하려 함이라…….》

2) 우리 조상의 모습은 우상이다

조상이 우상이라고 하는 것에 대하여 오해 없기 바란다. 조상이나 선지자들의 모습을 대할 때에는, 그 살아생전의 모습을 믿음의 대상으로 받들어서는 아니 된다. 무슨 말이냐 하면, 그들을 대할 때에는 그들의 업적과 그들의 발자취를 기리고 그들과 우리가 연결되는 정(情)의 마음으로 대하여야 마땅하다. 결코 믿음을 가지고 그들에게 기도(간구, 무엇을 원함)하여서는 아니 된다. 우리가 그들을 믿음의 자세를 가지고 대하는 것은 곧 무엇인가를 의지하려 함이요 원하려 하는 마음의 발로이기 때문에, 그들은 곧 우상으로 변하기 때문이다. 그러한 삿된 행동은 오히려 우리의 총기를 흐리게 하는 무지의 소행임을 알아야 한다. 이는 곧 우리는 이미 예비 된 조상이기 때문이다.

우리가 죽으면 후손에게는 조상이 되며, 우리가 조상을 기리며 시와 때를 정하여 제사(차례)를 모시며 절을 하는 것은 곧 우리 자신에게 제사를 모시고 절을 하는 이치와 같다 할 것이다. 그러므로 우리가 후손에게 숭배의 대상이 될 수는 없는 이치이며, 우리가 하느님을 대신하는 신이 될 수 없기 때문인 것이다. 이는 하느님과 우리를 연결하는 중보의 역할을 우리가 직접 할 수 없는 위치에 있음을 말하는 것이며, 인간이 육화한 신의 존재로 인정받는 이치와는 그 개념이 다름을 말하려 하는 것이다. 그 분의 힘과 능력이 서려 있는 모든 장소 모든 형상들은 종교와 종파(교파)를 불문하고 곧 우상으로 보면 아니 됨을 말하려 하는 것이다.

3) 석가(부처)는 우상이 아니며 깨달음을 얻는 자이다

우리는 혼란스러워 하지 말고 다음 내용을 읽어보자.

사람이 인위적으로 만들어 놓은 형상을 두고 우상이 아니라고 말하는 것이 아니다. 그 형상이 갖추고 있는 하늘의 진리와 이치를 두고 우상이 아니라고 말하는 것이다. 아래에 그려져 있는 부처의 모습을 보고 무엇을 나타내고 있는지 확인하였다. 불교(佛敎)의 부처(석가모니, 佛像, 불상)를 보면 이마에 점이 있다. 그 점은 곧 인침을 의미하는 것이다. 또한 부처의 모습에서 그의 손이 어떤 모습으로 있는지 자세히 보자. 부처가 행하고 있는 손가락의 모습이 예수오행 상생원리인 [목, 토, 금, 화, 수]를 나타내고 있음을 분명하게 알 수 있다.

각각 비유하여 보면 다음과 같다.

부처의 첫째 손가락(엄지)은 '목' 에 해당함이요 두번째 손가락(검지)은 '토' 에 해당함이요 세번째 손가락(중지)은 '금' 에 해당함이요 네번째 손가락(약지)은 '화' 에 해당함이요 다섯번째 손가락(소지)은 '수' 에 해당한다. 그 손가락의 모습을 보면 '목' 에 해당하는 첫째 손가락과 '금' 에 해당하는 셋째 손가락이 서로 구부려져 만나서 원을 그리고 있으며 그 나머지 손가락 중 '토' 에 해당하는 둘째 손가락과 '화' 에 해당하는 넷째 손가락과 '수' 에 해당하는 다섯째 손가락을 순서대로 나열하니 '토, 화, 수' 를 나타내고 있다. 다섯 손가락 중 구부려져서 서로 만나 원을 그리고 있는 손가락의 형상은 예수오행에서 하느님을 나타내는 '목, 금' 이며 나머지 꼿꼿이 세우고 있는 세 손가락은 예수오행에서 예수를 상징하는 '토, 화, 수' 를 나타내고 있음을 우리는 쉽게 발견할 수 있다.

예수오행의 대진리와 이치를 나타내고 있음으로써 그 심오함이 일치하고 있음을 확연하게 보여주고 있는 것이다.

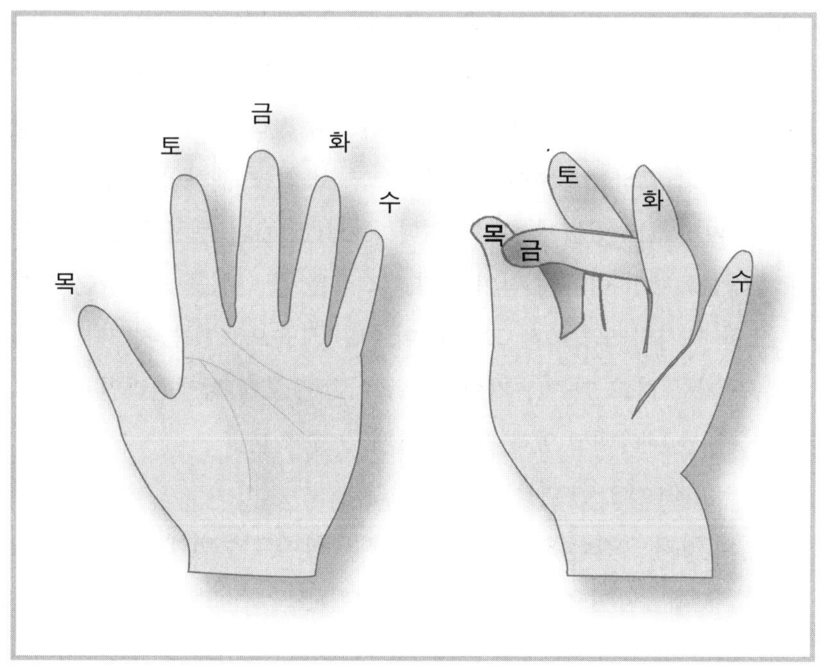

그동안 우리는 부처의 형상(좌불의 모습)이 새로운 기운과 천지의 대진리와 비밀을 알려주려고 한 표징을 제대로 간파하지 못하였다. 이제 예수오행으로 말미암아 큰하느님께서 그 모습을 드러내시니 그 심오함과 그 형상을 우리는 보게 되었다. 부처의 모습은 '깨달음을 얻는 자' 로서 그 심오한 대진리의 힘과 능력을 우리에게 깨우쳐 주고자 그러한 형상으로 좌불하고 계시며, 그 매개체(중보) 역할을 예수와 같은 진리로

220

써 담당하고 계시는 것이다. 그러기에 부처를 우상으로 보면 아니 되는
것이다.

《(요한복음, 요한 6:27) 썩을 양식을 위하여 일하지 말고 영생하도록
있는 양식을 위하여 하라. 이 양식은 인자가 너희에게 주리니 인자는
아버지 하나님께서 인치신 자니라.》

부처(석가)는 사람으로 태어나서 '깨달음을 얻는 자' 이니 이치가 위
성경 구절과 같음을 알아야 한다. 다시 한 번 '미륵' 에 대하여 언급하였
다. 석가의 말씀으로 석가가 입멸(入滅, 죽음)한 후부터 미륵불이 나타
날 때까지 중생을 위하여 계신다는 지장보살(地藏菩薩)의 모습을 보라.

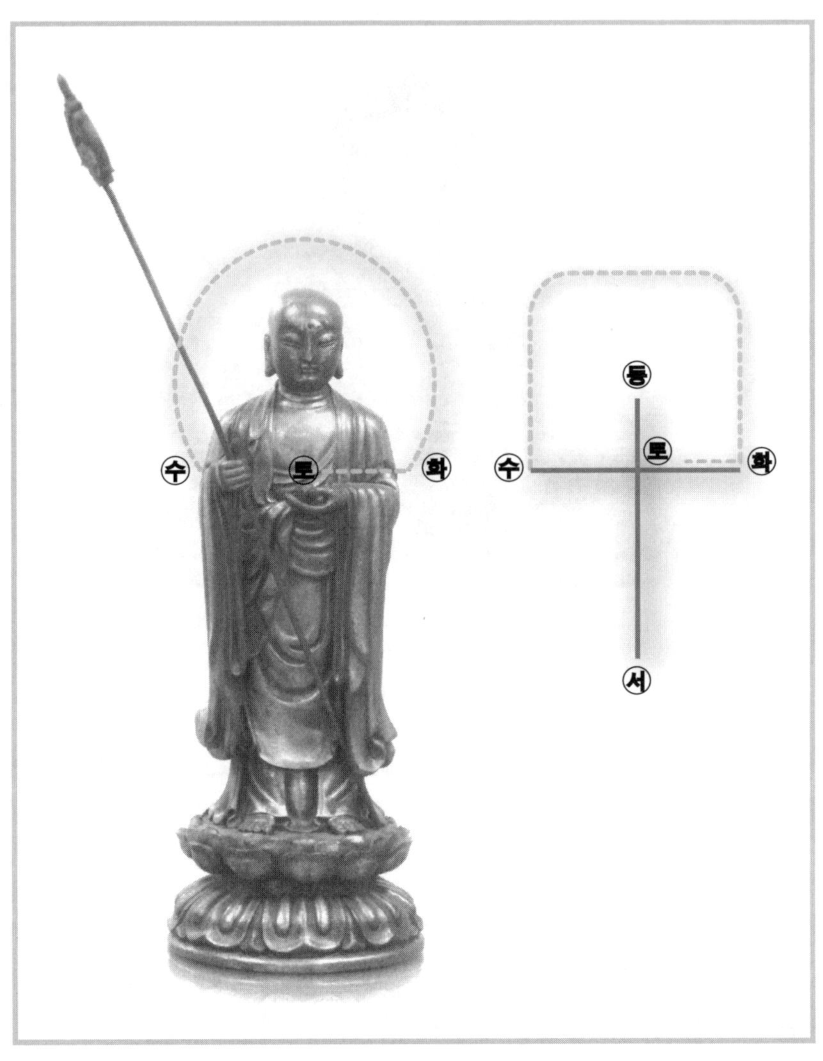

그의 이마에는 인침이 존재하며, 그의 왼손은 접어서 명치(가슴뼈 아래
에 오목하게 들어간 곳, 급소)에 닿아 있으며 그의 모습은 예수오행 중
예수를 상징하는 '토, 화, 수'로서 만들어진 하느님의 영역을 상징하는
도형의 모습과 일치하고 있다.

《(에베소서 4:30~32) 하나님의 성령을 근심하게 하지 말라. 그 안에서 너희가 구원의 날까지 인치심을 받았느니라. 너희는 모든 악독과 노함과 분 냄과 떠드는 것과 비방하는 것을 모든 악의와 함께 버리고 서로 친절하게 하며 불쌍히 여기며 서로 용서하기를 하느님이 그리스도 안에서 너희를 용서하심과 같이 하라.》

이제 우리는 무엇이 우상이고 무엇이 우상이 아님을 알아야 할 때가 왔으며 예수의 이름이 서려 있는 곳을 무지함으로 말미암아 비방하지 말며 업신여기지 말며 악(우상)의 존재로 몰아세우지 말아야 할 것이다. 그러한 행위는 곧 예수를 욕되게 하는 것이다.

자연적인 모든 것은 우상이 아니다. 허공(虛空), 중천(中天)도 우상이 아니다. 자연의 모습 그대로 하늘과 바다와 들과 산과 물과 돌도 우상이 아니다. 하늘의 별도 달도 태양도 모두 하느님이 인 치신 것과 같으니 우상이 아니다. 우리가 그동안 제각기 믿어 왔던 것이 있다면, 마음 가는 곳이 있다면 그곳에는, 우상이 아닌 모두가 예수의 진리가 서려 있다 할 것인즉, 나름대로 믿음의 행위와 행동은 참된 것이라 할 것이다. 참된 믿음으로 참된 진리를 알고 행하면 반드시 그 뒤에는 보상법칙이 적용되어 원하고 바라는 대로 이루어짐은 대자연의 진리이다.

다만, 자연의 형체와 형태만으로는 믿음의 구심점이 바로 서지 못함은 그 기운이 집결되어 있지 않고 흩어져 있는 형국이므로 이를 융합시켜 놓은 것이 예수오행이며 이는 참믿음의 자연의 기운이 한 곳으로 응집된 결정체를 나타내는 하늘과 땅의 표상적인 상징물임을 말하려 하는 것이다.

3. 영혼과 성령의 실체

1) 태초의 영혼은 소리로부터 탄생되었다

설득력 있게 표현하기가 참 힘든 대목이다. 죽었다가 살아와 보지를 않아서, 막상 죽었다가 살아온 자들의 말을 들어보면 그 갈래가 다양하다. 어떤 이는 '조상이 아직 올 때가 안 됐다면서 가라고 해서 눈을 떠보니 현실이더라.' 하고 말하는 사람도 있고 어떤 이는 강을 건너려고 하는데 누군가가 못 건너게 해서, 또 어떤 이는 예수를 보았는데 다시 살아났다고 하고 아무튼 어떤 설명으로도 이해력이 부족한 것이 사후 세계의 영혼의 존재에 대한 부분이다.

본문에서는 아래와 같이 설명해 보았다.

우리가 살고 있는 이 세상에는 우리들이 만든 모든 문명의 기기와 도구들은 우리들이 살고 있는 이 땅에서 왔다. 원자재는 땅과 함께 땅에서 자란 온갖 동식물들이다. 그렇다면 우리들이 살고 있는 이 땅은 어디서 왔는가? 우리들이 살고 있는 이 땅을 만들 수 있는 재료는 어디에 있고 어디에서 왔는가? 어떻게 무슨 재료로 이 땅을 만들었고 그 재료는 무엇인가? 누구나 쉽게 답할 수 있으면서도 쉽게 답할 수 없는 즉, 땅의 재료는 무에서 온 것이다. 그렇게 대답을 해 놓고도 고개를 갸우뚱한다. 본문에서 빅뱅의 시점에 대하여 언급하였듯이, 예수오행의 이치에서 여실히 드러난 [목, 토, 금]의 원소 즉, 무에서 온 것이다. 대폭발에 의하여 위 원소는 비로소 물체를 이루어내며 오행 중 '화' '수' 를 탄생시켜 오늘의 대우주가 생성된 것이다. 무에서 소리(물체의 진동에 의하여, 빅뱅에 의한 소리)가 생겨나고 그 소리가 땅을 만들었다. 소리는 보이지는 않지만 들리기 때문에 소리의 존재를 믿는 것이다. 우리가 내는 소리가 곧 큰영혼의 실체이다.

　　그러므로 이 세상 모든 생명체들 가운데 영혼을 가진 생명체의 분류는 아주 간단하다. 소리를 내는 생명체는 모두가 큰영혼을 가지고 있다. 다만 이성(완전한 이성)의 차이만 있을 뿐이다. 아래 성경 구절을 다시 한 번 인용하였다. 이 말씀은 여러 가지 뜻을 내포하고 있기 때문이다.

　　《(요한복음, 요한 1:15) 천지가 창조되기 전부터 말씀이 계셨다. 말씀은 하느님과 함께 계셨고 하느님과 똑 같은 분이셨다. 말씀은 한 처음 천지가 창조되기 전부터 하느님과 함께 계셨다. 모든 것은 말씀을 통하여 생겨났고 이 말씀 없이 생겨 난 것은 하나도 없다. 생겨난 모든 것이 그에게서 생명을 얻었으며 그 생명은 사람들의 빛이었다. 그 빛이 어둠 속에 비치고 있다. 그러나 어둠이 빛을 이겨 본 적이 없다.》

　　위 성경 구절 중 《천지가 창조되기 전에 말씀이 계셨다.》는 말씀은 곧 소리다. 소리는 곧 예수오행의 대진리와 함께 한다. 《그 생명은 사람들의 빛이었다.》는 '빛' 은 곧 사람들의 '영혼' 이다. 《그러나 어둠이 빛을 이겨 본 적이 없다.》는 '어둠' 은 '죽음' 이요 '빛' 은 '영혼' 으로서 영혼은 존재한다. 즉, 무의 힘에 의하여 만생만물이 생겨났고 소리에 의하여 영혼이 생겨난 것이다. 아무것도 없는 공허 속에서 생겨나서 그 위에 우리들이 살고 만생만물이 살고 있는 것이다. 우리와 만생만물의 씨앗이 이미 그 때에 생겨났다는 의미이다. 그리고 환경의 조건에 따라서 변화하고 진화한 것이다. 여기서 절대론의 존재하에 진화론이 존재한다는 두 이론이 동시에 성립되는 것이다. 우리가 살고 있는 이 땅도 언젠가는 다시 무로 돌아갈 것이다. 그리고 다시 무에서 유로 창조될 것이다.

우리가 살고 있는 집안을 살펴보도록 하자. 우리가 일상도구, 생활용품으로 사용하는 모든 것들은 언젠가는 어떤 형태로든 왔던 곳(땅에서 온 재료이므로)으로 되돌아 갈 것은 누구나 알고 있는 쉬운 사실이다. 그것들은 처음에 왔던 곳(땅의 입자)으로 되돌아가 언젠가는 어떤 형태로든 같은 모습으로 또는 다른 모습으로 재탄생될 것도 쉽게 알 수 있다. 공허 속에서 땅이 태어났고 다시 그 땅속에서 우리와 만생만물이 생겨났으니 우리도 죽어지면 그와 같이 땅속의 미립자(영혼)로 돌아가서 언젠가는 어떤 형태로든 다시 재탄생될 것이다.

2) 영혼은 큰영혼과 작은영혼으로 나누어진다

다만, 우리가 죽어서 다시 재탄생될 때까지 움직이지 아니하고 생각하지 아니하며 마음이 생하지 아니하므로 그것을 곧 죽음이라 하며, 그 죽음의 영혼은 영혼이되 언젠가는 탄생할 수 있는 씨앗의 존재이므로, 그 영혼은 재탄생되어 정신(생령, 生靈)을 가질 때까지 죽은 영혼이라고 말할 수 있다.

우리 영혼은 하나가 아니라 둘이기 때문이다. 우리 뇌가 대뇌와 소뇌로 나누어져 있듯이 우리 영혼도 큰영혼과 작은영혼으로 분류되어 있는 것이다.《(누가복음 23:46) **아버지 제 영혼을 아버지 손에 맡깁니다. 하시고는 숨을 거두셨다.**》《(마가복음, 마르코 15:37) **예수께서 큰소리를 지르시고 숨을 거두셨다.**》

예수가 큰소리를 지른 이유가 있다. 그 큰소리는 바로 음령(큰소리)으로서 큰영혼을 뜻한다. 음령은 땅에 거하지 아니하는 것이다. 음령은 하늘에 거하기 때문이다. 그러므로 하늘에 그 영혼은 존재한다.

예수가 숨을 거두면서 고개를 숙여 땅을 가리키니 예수의 큰소리의 영혼은 하늘에 계시며 작은영혼은 땅에 계심을 알려 주셨다. **예수는 예수오행을 다 이루신 후,** 큰영혼은 하늘에 임하시고 작은영혼은 땅에 임하시며 큰영혼은 큰하느님과 같이 임하시고 작은영혼은 땅에 떨어져 우리와 함께 하심을 일깨워 주신 것이다.

큰영혼은 큰하느님의 영도 아래 크고 새로운 세상(사후세계)에 태어나서 영원할 것이며, 작은영혼은 우리와 거하면서 우리와 함께 피고 지고(윤회) 한다고 표현하는 대목이다. 우리 영혼이 육체를 가지기 위해서는 정자(양)와 난자(음)가 서로 만나지 않으면 안 된다. 양과 음이 서로 만난다고 함은 역시 영혼도 큰영혼과 작은영혼이 서로 만나지 않으면 안 되는 이치이다. 우리가 온전한 육체를 가진 후, 비로소 하늘의 큰영혼과 땅의 작은영혼이 서로 만나서 우리 육체 속에 깃들어서 완전한 생명체로 이루어진다. 큰영혼은 결단코 의식을 잃는 법이 없다.

우리는 의식하지 아니하여도 심장은 뛰고 우리는 의식하지 아니하여도 머리카락은 끊임없이 자라고 손톱과 발톱이 자연적 자라남을 익히 알고 있다. 그 외에 우리가 의식하지 않아도 자연적 우리의 신체적인 구조물(구성요소의 결합체, 신진대사)은 끊임없이 생동하고 있는 것이다. 이것이 바로 영혼(수호천사)이 육체를 조작하는 행위이다. 극히 소수의 인간(초능력자)들이 영혼의 소리(초자연적 현상)를 듣고 문제를 해결하는 등의 행위는 모두 하늘에 떠 있는 큰영혼의 소리를 들은 것이다.

우리는 짧은 생을 잘살아 보기 위하여 끊임없이 공부하고 노력하고 분주하며 시간을 아끼지 않는다. 우리가 정녕 죽어서 그 영혼이 나아갈 수 있는 선택권을 가질 수 있는 공부(예수오행의 진리의 믿음)를 한다면 우리 영혼은 고급 영으로서 큰하느님의 영도 아래 새로운 세상에서 살아 갈 수 있을 것이다. 또한 우리가 이 세상에 못다한 원과 한이 있다면 그 원과 한을 풀 수 있는 길도 열어주는 진리의 믿음이 오행에 있는 것이다. 우리가 예수오행을 믿고 의지한다면 그것으로 우리는 죽어서 큰영혼이 원하는 곳 어디든지 갈 수 있는 영광을 부여받는 것이다.

큰하느님을 믿고 따르면 자연적 그 안에서 우리가 죽어서 선택권을 가질 수 있는 공부가 스스로 되며 우리가 연약한 육체를 지닌 몸으로서 그 수행의 도를 알기에는 한계가 있으므로 우리는 믿음과 신념으로써 일관한다면 나머지는 하늘의 참진리가 맡을 것이다.

예수오행(목, 토, 금, 화, 수)은 바로 영혼이 존재함을 나타내는 실체의 과학적 산물이다. 잘못된 삶과 잘못된 믿음은 우리는 죽어서 육체는 비록 사라져서 아무런 느낌도 반응도 보이지 아니하겠지만, 즉 육체적 고통은 없어지겠지만 그 영혼은 살아서 온갖 고통과 괴로움과 시련을 겪게 되는 것이다. 만약에 이와 같은 이치가 성립되지 않는다면 영혼은 없다고 해야 할 것임을 말하려 하는 것이다.

3) 우리의 영혼이 하늘의 각본에 의한 것이라면 과감하게
도전하여야 한다

우리는 운명대로 살고 있는 것인가? 만약에 운명을 믿는다면 위와 같이, 인간 로봇과 같이 누군가가 우리를 만들었고 우리를 만든 그의 각본과 프로그램대로 우리는 살고 있다면, 어떻게 생각하겠는가? 우리는 아무리 몸부림쳐도 그 짜여진 각본에서 벗어나지 못하지 않겠는가? 만약에 믿지 않는다면, 믿지 않는다고 해서 그 짜여진 각본에서 헤어날 수 없는 것은 마찬가지인 것이다. 짜여진 각본이라고 함은 세상의 모든 생명체들은 나서 죽음을 맞이함을 말하는 것이다. 잘 났던 못 났던 그 어떤 부류에 속해 있는 자들이라 할지라도 반드시 근심 걱정과 애환은 존재한다. 우리의 인생행로는 극히 짧은 삶일진대 그보다 더 소중하고 깊이 있고 넓으며 긴 시간의 삶이 도사리고 있으니 그것은 곧 사후세계의 시간을 말하는 것이다. 그 사후세계의 시간마저 이미 정해진 프로그램대로 흘러간다면 이보다 더 슬프고 두려운 일이 어디 있겠는가? 그래서 우리는 그 굴레에서 벗어나기 위하여 부단히 노력하고 진화하여야 한다.

진화의 과정도 짜여진 각본이라면 우리는 과감하게 그 각본에게 도전하여야 할 것이다. 우리가 죽으면 언제 어디서 어떻게 그 영혼이 다시 태어나서 아름다운 세상을 구경하게 될지, 아니면 영원히 무의 존재로서 묻히고 말지 어찌 아니 두렵겠는가? 우리의 그 애달픈, 피할 수 없는 운명의 시간을 구원하기 위하여 이 글은 기록되고 있는 것이다. 우리는 이 책으로 말미암아 그 피할 수 없는 프로그램에서 벗어나게 될 것이다. 이 글이 세상에 나간 후 수많은 인재들이 진리를 파악하고 깨우치고 터득하여 우리 인간들의 완전한 자유의 행진을 위하여 정진할 것이다. 그리하여 우리 조상들 그 영령들마저 구원할 것이다.

생로병사를 막을 수는 없겠지만 그러한 굴레의 서러운 삶을 최소화시키고 삶과 죽음의 차원을 객관적 차원으로 끌어내어 윤회의 반복일지라도 아름답고 자유롭고 행복한 생사를 넘나들게 하여야 할 것이다. 이 세상 그 어떤 누구도, 비록 우리를 만든 신이라고 할지라도 우리의 자유를 구속하고 속박하고 주어진 틀을 만들어서 귀속시킬 권리는 없다. 반면, 우리 인류는 이 세상을 창조해 주시고 우리를 이 땅에 있게 해 주신 분에게 항상 믿음으로 감사하는 마음을 가져야 한다. 그리하여 생사의 단계적 법칙을 거쳐서 신에게 인정받는, 우리가 명실공히 신의 존재가 되어야 할 것이다. 우리가 거듭나고 거할 곳은 이 대우주 속에 광활하며 무궁무진하다. 우리를 만든 이가 있다면, 우리가 그에게 도전할 정도의 수준에 도달되었다고 판단될 때, 우리는 그에 의하여 멸종(종말)의

위기를 감수하여야 할 것이다. 멸종당하기 전에 먼저 신에게 인정받는 우리가 되어 살아남아야 할 것이다. 대자연의 재앙, 인간의 인위적 재앙, 공상적 재앙 등 그 모두가 우리를 만든 그에 의하여 이미 각본대로 드러난다면 우리는 이미 죽은목숨임을 명심하여야 한다.

성경의 노아의 홍수(방주)처럼, 영화처럼 선택된 한 쌍과 수많은 동물들을 싣고 우주로 날아올라서 다른 세상에서 다시 시작한다든가 그런 장면은 결코 연출되지 않는다. 신의 각본은 공룡의 멸종과 같이 모조리 죽이는 것이 목적이기 때문이다. 그러므로 우리는 죽으면 육체만 사라져갈 뿐이지 영혼마저 죽는 것은 아님을 믿어야 한다. 우리의 믿음은 믿음대로 그 결과를 낳기 때문이다. 그 이유는 창조주도 우리들 마음은 함부로 침범하지 못하는 원리에서 기여한 것이다. 우리가 다시 무의 존재(차원)로 돌아간다면 그 무의 존재는 죽은 무의 존재가 있으며 생명의 씨앗을 잉태한 살아 있는 무의 존재가 있음을 잊어서는 안 된다. 그러므로 협조자와 인재들은 예수오행의 [목, 토, 금, 화, 수]의 대진리를 신랄하게 연구할 수 있는 토대를 만들고 연구 정진하여야 함을 말하려 하는 것이다. 빅뱅의 시점, 빅뱅의 원리와 이치, 예수오행의 비밀의 과정과 생성의 진리를 잊어서는 안 된다.

4) [나, (영혼)]의 존재와 연결 지어진 모든 인연을 분별할 줄 알아야 한다

낱알 하나라도 음식이 되어 우리 입 속으로 들어감은 그 낱알과 우리가 인연되어 연결되어 한 몸을 취하는 인연의 법칙을 배우고 익혀야 한다. 우리 존재는 이 세상의 모든 자연의 법칙인 산물과 연결되어 있음을 잊지 말아야 한다. 배가 부른데도 음식을 남기면 안 된다는 생각에서 억지로 먹지 말아야 한다. 그 음식이 나와 인연되어 왔다가 다시 되돌아가는(버려짐) 것은 완전한 인연이 아님이요 그 완전한 인연이 아닌 것은 취하면 곧 악연으로 변하여 나를 해치며 곧 병이라는 존재로 변하는 것을 염두에 두어야 한다. 배고픈 자에게는 음식의 인연이 부족함이요 배부름이 없으니 버릴 것도 없음이요 배부른 자에게는 버릴 것이 있어서 버려도 배가 부르니, 버리지 않고 배가 부른데 먹게 되면 그것은 곧 버린 것이나 다름없는 것이니 이것이 인연의 법칙에서 병을 유발시키는 단적인 예이다. 우리 사람의 모든 인간관계도 이와 같은 이치이니 새겨들어야 할 것이다.

5) 예수오행은 뇌의 구조를 나타내며 영혼의 구조를 나타낸다

본문에서 이 말이 자주 등장한다. '이 세상 모든 만생만물과 연결되어 있다.' 마치 수많은 뇌의 세포를 연결하는 뉴런과 같다. 이 뉴런의 존재에 의하여 마침내 완전한 뇌가 생겨남과 같은 것이다. 그리하여 예수오행의 진리는 사람의 뇌구조를 놓고 비교하면 다음과 같다.

[목] = 대뇌

[토] = 소뇌

[금] = 간뇌

[화] = 중뇌

[수] = 연수에 속함의 이치이다.

즉, 우리 뇌의 구조 중 '간뇌'는 인류사회가 원시시대를 벗어나서 고대, 중세, 근대, 현대를 거치면서 과학이 발달하고 과학의 의존도가 높아짐에 따라서 점점 퇴화되어 가고 있음을 증명하고 있는 것이다. 이는 과학이 발달함에 따라서 영적인 차원과 교감을 이루고자 하는 노력이 점점 불필요하게 되는 과정에서 비롯된 것이다. 즉, 영의 세계에 존재하는 과학을 낳는 지식과 힘을 우리 것으로 만들어서 그 과학을 현실에 실현시켰음을 말하려 하는 것이다. 다시 말하여 간뇌가 자율신경계 등 담당하는 일들 중에서 영적인 교류를 담당하는 기관이 퇴화되어 가고 있음을 말한 것이다.

예수가 십자가에 달려서 '쇠 못(금)' 이 박힌 장면은 이미 하늘의 모든 지식과 지혜는 단계적으로 땅으로 임하게 되어 있음을 밝힌 대목이다. 우리가 죽었다고 하는 것은 그 영혼의 분류는 대뇌와 간뇌는 큰영혼에 속함이요 소뇌, 중뇌, 연수가 작은영혼에 속한다. 그리하여 작은영혼은 몸과 함께 동력을 중단하고 땅으로 되돌아가는 이치요 큰뇌는 무의식의 세계로 향하여 끊임없이 자극하며 기억과 판단과 분별력을 유지하며 움직이는 작용을 중지하지 아니함을 잊지 말아야 한다. 사람이 죽은 후, 다시 태어나면 전생의 기억을 하지 못하는 이유가 작은영혼이 땅에서 재생되지 않고 새로운 작은영혼이 생겨나서 큰영혼과 합체되기 때문이다. 즉, 전생의 기억을 작은영혼의 작용이 방해한다는 뜻이며 전생의 기억은 무의식 세계에서만 작용함을 말하는 것이다.

6) 죽음이 준비되지 않은 영혼은 죽음 직전의 모습으로 잔상이 유지된다

그러나 죽음의 준비 없이 갑자기 죽은 영혼은 잔류하여 자신이 갈 길을 찾지 못하는 경우가 있다. 이는 실제로 육신을 지니고 하늘이 정한 각본(개인의 수명)대로 천명을 다하는 그 시간까지 영혼이 다음 차원으로 이동하지 않는 경우를 말함이다. 이를 우리는 구천을 떠도는 원과 한이 맺힌 영혼이라고 일각에서는 표현하고 있는 것이다. 즉, 자신이 죽었음을 감지하지 못하고 그대로 지속되어 살고 있는 것처럼 영혼이 착

각하고 있는 경우가 있으며, 하늘의 기운도 비록 육체를 이탈한 영혼일
지라도 육체를 지니고 천명을 다하는 시간까지를 그대로 유지시켜주는
원리(동태)를 말하는 것이다. 다시 말해서 죽은 영혼이라도 살아서 천
명을 다하는 그 날까지 그 시간을 현 시간의 공간에서 살아야 하며 그
시간이 도래하면 자연히 다음 차원으로 이동함을 말하는 것이다.

죽을 준비가 되어 있지 않은 죽음이라고 함은 갑자기 살해를 당하거
나 사고나 누명, 천대 등의 죽을 만큼 나쁜 짓을 하지 않았음에도 불구
하고 억울하게 죽은 자들은 자연의 순리에 흡수되지 못하고 시간적으
로 열외 되어 영혼이 생전의 모습의 잔상으로 남아서 인간 세상에 잔류
함을 말하는 것이다. 우발적으로 자살을 한 자들도 이에 해당한다. 아
래 성경 구절을 살펴보고 나름대로 해석하였으니 이를 참고하기 바란
다.

《(출애굽기 21:20~21) 사람이 매로 그 남종이나 여종을 쳐서 당장에
죽으면 반드시 형벌을 받으려니와 그가 하루나 이틀을 연명하면 형벌
을 면하리니 그는 상전의 재산임이라.》

이 성경 구절은 시대적 상황이 노예제도가 있었다고 하여도 성경 구
절에 이런 노예제도를 인정하는 구절이 존재한다는 것은 성경 전체에
흙탕물을 뿌리는 것과 같은 말씀 중 하나의 구절인 것이다. 어떻게 이
해하고 소화시켜야 할지 현 시대에 깨어 있는 사람들은 당혹스럽기만
하다. 이러한 구절들이 하느님의 존재를 인정하려 들지 않고 성경을 멀
리하는 하나의 계기를 마련하게 된다. 더구나 하루나 이틀을 죽지 않고
버티면 벌을 면한다는 구절은 도무지 알 수 없는 구절이다. 물론 성경
을 연구하고 그를 밑천으로 사는 자들은 어떠한 구실을 꿰어다 붙여서

라도 합리화시키거나 맹신하려고 할 것이지만 말이다. 이 말은 이 구절을 보고 성경의 진실에 대하여 반박하는 자가 반드시 존재할 수 있음을 말하려 하는 것이다. 위 성경 구절을 풀어보는데 숫자의 단수법칙을 적용하여 그 의미를 풀어 보았다. 본문에서 풀이하는 일부 기록에 대해서도 말도 안 되는 말이라고 반박할 수는 얼마든지 있을 것이며, 그러나 나름 풀이하지 않을 수 없다. 위 성경 구절 중 '하루'는 1의 숫자를 나타내며 '이틀'은 2의 숫자를 나타낸다. 단수법칙에 의하여 1과 2를 합하니 3의 단수가 나온다. 이 3의 숫자는 생명나무를 의미함이요 예수오행 중 예수를 상징하는 삼행 〈토화수〉를 의미하며 탄생의 수를 의미한다. 그러므로 사람이 매를 맞아서 죽음의 준비가 미처 되어 있지 않은 시간에 죽게 되면 그 영혼이 혼비백산하여 갈 길을 몰라 허공 중천에 떠돌게 되며, 그 매 맞을 때의 고통이 가중되는지라 그를 때려 죽게 한 자는 반드시 자연적 형벌이 가해질 것이다.

죽기 전의 <u>하루나 이틀 이상의</u> 시간이 주어짐으로써 죽음의 준비(각오)를 하고 죽은 자는 영혼의 갈 길을 알고 급히 하느님의 섭리를 접하게 되니 그 애통하고 서러운 죽음은 하늘의 보상법칙에 의하여 보상을 받는다. 반드시 그 영혼은 재생되어 좋은 세상에 임한다는 이치이다. 이것이 예수오행에서 알려주는 보상법칙의 기준이며 위 성경 구절이 의미하는 심오한 진리인 것이다. 그러므로 성경 구절을 단순하게만 보고 비판하는 일은 자중하여야 한다.

보상의 종류와 범위는 다양하다. 여기서 말하는 보상은 인생의 참혹함과 억울함을 풀어주는 보상으로써 하늘은 죽은 영혼의 간청을 가납하여 주며 현세에서 일정시간 영혼으로 남기를 바란다면 그 시간을 할애하여 준다는 것이다. 이때에 죽은 영혼은 생전의 모습으로 잔류한다는 것이다. 원인에 따라 그 결과는 하늘의 법도에 준하여 결판 될 것이며, 이제 더 이상 사람이 사람을 재물(노예)로 삼는 시대는 끝났다. 아직도 우리 마음속에는 보이지 않는 노예제도가 도사리고 있다. 즉, 우리는 아니라고 하면서 그 근성을 버리지 못하고 있는 사람이 많다. 우리스스로 우리 마음을 들여다보고 그 근성에서 벗어나야 할 것이다. 우리현실이 어렵고 고통스러운 것이 마치 하느님이 시험하고 계시다고 말하지 말아야 한다. 더 이상 하느님은 우리를 시험하지 않기 때문이다. 다만 겪어야 할 숙명적 시간을 단계적으로 밟아나가는 것이 우리의 삶이다.

《(전도서 12:7) 흙은 여전히 땅으로 돌아가고 영은 그것을 주신 하느님께로 돌아가기 전에 기억하라…….》

《(시편 104:29-30)》……그들의 호흡을 거두신즉 그들은 죽어 먼지로돌아가나이다. 주의 영을 보내어 그들을 창조하사 지면을 새롭게 하나이다.》

7) 성령의 약속은 지켜질 것인가?

성령의 약속은 바로 예수오행(목, 토, 금, 화, 수)의 대진리인 상생사상(思想)이며 그로 말미암아 하느님과 예수가 하나 되어 크고 새롭게탄생하신 큰하느님이신 것이다. 성령의 약속이 지켜져서 큰하느님께서이 땅에 오시었다. 이로써 성령의 약속은 지켜졌다.

《(요한복음 14:16~17) 내가 아버지께 구하면 다른 협조자(보혜사, 保惠師)를 보내 주셔서 너희와 영원히 함께 계시도록 하실 것이다. 그분은 곧 진리의 성령이시다.》라는 성경 구절 중 《내가 아버지께 구하면》

= 이 말씀은 태초의 하느님의 형상인 십자가에 예수의 몸이 합체됨을 예시하여 말씀하신 것이다. 다시 성경 구절 중 **《다른 협조자(보혜사, 성령)를 보내 주셔서 너희와 영원히 함께 계시도록 하실 것이다.》** = 이 말씀은 예수오행에 의하여 새로운 큰하느님이 탄생하심을 예시하여 말씀하신 것이다. **"그 분은 곧 진리의 성령이시다."** = 이 말씀은 예수오행을 예시하여 말씀하신 것이다.

《(요한복음 14:17) 세상은 그 분을 보지도 못하고 알지도 못하기 때문에 그분을 받아들일 수 없지만…….》 = 이 말씀은 그동안 예수오행(목, 토, 금, 화, 수)을 알 수 없었다는 뜻이다.

《(요한복음 14:17) 너희는 그분을 알고 있다. 그분이 너희와 함께 사시며 너희 안에 계시기 때문이다.》 = 이 말씀은 비록 예수오행을 바로 알 수는 없었지만 무에서 유로 유에서 무로 창조되고 윤회하는 무한한 영적인 힘이 자신과 함께 계심을 우리는 주관적 마음(무의식, 잠재의식)으로 받아들이며 느끼고 산다는 뜻이다.

《(요한복음 14:18) 나는 너희를 고아처럼 버려 두지 않겠다. 기어이 너희에게로 돌아오겠다.》 = 이 말씀은 예수께서 예수오행의 대진리와 이치에 의하여 새로운 큰하느님으로 탄생하여 오신다는 뜻이다.

《(요한복음 14:19) 이제 조금만 지나면 세상은 나를 보지 못하게 되겠지만 내가 살아 있고 너희도 살아 있을 터이니 너희는 나를 보게 될 것이다.》 = 이 말씀은 비록 예수가 하느님의 형상인 십자가에 달려서 운명을 달리하지만 태초에 감추어진 비밀의 대진리를 펼치고 그 대진리에 의하여 예수가 왜 십자가에 달렸는지를 우리는 알게 될 것이며, 그와 같은 대우주 만물의 법도와 법칙을 세상에 실현시켜 예수오행이 탄생하시니 그 오행사상을 우리는 알게 되고 깨닫게 되며 보게 될 것임을 뜻하는 것이다.

《(요한복음 14:20) 그 날이 오면 너희는 내가 아버지 안에 있다는 것과…….》= 이 말씀은 태초의 하느님의 형상인 십자가에 예수님이 합체되어 만들어진 대진리의 메시지인 예수오행이 발견되어 예수오행에 의하여 새로운 하느님의 모습 즉 도형, 문양, 즉 문양의 중앙에 있는 태초의 하느님의 형상인 십자가 모양(목, 금)과 겉으로는 예수의 상징인 모양(토, 화, 수)과 합체되어 있는 도형을 보게 될 것이라는 뜻이다.

《(요한복음 14:20) 너희가 내 안에 있고 내가 너희 안에 있다는 것을 깨닫게 될 것이다.》= 이 말씀은 예수오행이 발견되어 그 대진리의 이치를 깨닫게 되면 예수를 상징하는 삼행은 '토, 화, 수' 로서 우리들도 예수와 같이 '토, 화, 수' 이니 언제나 우리와 같이 있는 이치이며 따라서 새로운 하느님의 도형(문장) 속에는 우리가 있는 것과 같다는 뜻이다.

《(요한복음 14:26) 보혜사 곧 아버지께서 내 이름으로 보내실 성령 그가 너희에게 모든 것을 가르치고 내가 너희에게 말한 모든 것을 생각나게 하리라…….》= 이 말씀을 우리는 살펴보자. 예수오행이 이 세상에 실현되고 큰하느님이 이 세상에 나타나시니 성경 구절의 모든 진리와 가르침이 집약되어 예수오행에 들어 있고 그 진리를 이루어 낸 예수는 다시금 우리에게 오셨으니 그가 곧 예수오행 [목, 토, 금, 화, 수]의 진리이며 큰하느님의 존재임을 여실히 드러내는 구절인 것이다. 그러므로 인재들은 고민하여야 한다. 예수가 이루어낸 태초에 감추어 두었던 그 엄청난 비밀(예수오행), 진정으로 인류에게 보이고자 하였던 그 위대한 메시지(큰하느님의 대진리), 성경 구절의 해석 난이도와 중복되는 구절의 비밀, 거의 모든 것의 역사적 절대 집약, 예수가 우리에게 가르치고 있는 그 대진리, 그 믿음의 끈을 우리 스스로 더욱 더 발전 부상시키고 승화시켜서 진로를 변경하지 말 것이며. 그 믿음의 끝에는 반드시 우리가 원하는 모든 것이 준비되어 있음을 잊지 말아야 할 것이다.

《(로마서 8:28) 하느님을 사랑하는 사람들 곧 하느님의 계획에 따라 부르심을 받은 사람들에게는 모든 일이 서로 작용해서 좋은 결과를 이룬다는 것을 우리는 압니다.》

8) 성령은 하늘의 전령이다
《(요한복음 16:7~8) 그러나 사실은 내가 떠나가는 것이 너희에게는 더 유익하다. 내가 떠나가지 않으면 그 협조자가 너희에게 오시지 않을 것이다.》

이 말씀은 예수께서 십자가에 달려서 죽지 아니하면 예수오행인 진리의 메시지인 [목, 토, 금, 화, 수]의 영원불멸의 세상을 창조하고 우리 영혼을 구원할 수 있는 오행의 이치를 알 수 없다는 말씀이다.

《(요한복음 16:8~9) 그러나 내가 가면 그분을 보내겠다. 그 분이 오시면 죄와 정의와 심판에 관한 세상의 그릇된 생각을 꾸짖어 바로잡아 주실 것이다.》

이 말씀은 예수가 십자가에 달려서 죽음으로써 예수오행에 의하여 이 현세를 지배할 새로운 큰하느님이 탄생하신다는 말씀이다. 또한 현세의 우리들이 잘못된 이치와 논리로서 틀에 박힌 인간생활상과 잘못된 조화와 질서의 한계에 부딪히는 과학문명과 사후세계의 영혼구제(영혼이 나아갈 선택의 권리)를 가르치고 믿게끔 하신다는 말씀이다.

세상만사의 대원리는 흩어졌다가 모여지고 모여졌다가 흩어진다. 큰하느님이 탄생하신 이유는 우리 인간세상의 더 넓고 크고 더 새롭고 더 발전하고 더 크게 윤회하고 더 영원하고 우리 영혼들은 더욱 성장하고 강대하여져서 큰진리 속에 대윤회(천국, 영생) 속에 살 수 있도록 그 진리를 기리고 가르치고자 하는 것이다. 이런 모든 것들이 성령이 행하는 우주 대원소의 복잡한 법칙의 과정을 다스리는 것이다. 천지의 대진리와 이치를 증언하며 기억을 소멸시키며 한편으로는 영원의 시간 속으로 기억을 저장시키며 예수오행의 진리를 받드는 전령의 역할을 담당하고 있는 것이다.

9) 성령은 인간과 만생만물의 감정을 다스린다

그리하여 또 다시 새로운 세상이 창조되고 또 다시 우리들 흩어진 영혼들은 모여져서 새로운 모습으로 새로운 생명체로 이 세상을 살아가게 될 것이다. 못 산다고 서러워말 것이며, 부모 잘못 만났다고 원망 말고 어리석은 행동을 하지 말아야 한다. 인생살이 고달프고 배고프다고 힘들어하지 말 것이며, 잘못된 환경에서 태어났다고 낙담하지 말아야 한다. 못 배웠다고 스스로 반항하지 말며 기죽지 말 것이며, 내 몸이 병신이라고 괴로워하거나 자괴하지 말 것이며, 어떤 일이 소원되지 않는다고 불평하지 말고 의심하지 말고 원망하는 마음을 가지지 말아야 한다. 사랑이 떠났다고 외로워하지 말 것이며, 남보다 공부를 못한다고 기죽을 이유가 없다. 이와 같은 모든 것, 우리가 겪고 있는 그 모든 고독과 외로움과 서러움과 원망하는 마음과 고통과 괴로움과 갈등은 태초에 큰하느님이 우리 세상, 대우주를 창조하시기 이전에 이미 겪으셨던 일련의 과정임을 다시 한 번 강조한다. 그러기에 우리도 그 과정, 주어진 숙명과도 같은 그 과정을 겪는 것이니 도중에서 믿음을 놓아 버리는 어리석은 행동과 생각을 하지 말아야 한다. 우리는 반드시 하느님의 보상법칙에 의하여 우리가 원하는 결실을 맺을 것이다. 다만 보상법칙의 발로는 늦고 빠르고의 차이만 있을 뿐이다. 때를 기다릴 줄 아는 지혜 있는 자가 되어야 한다는 것이다. 그 때는 죽어서든 살아서든 반드시 존재함을 의심치 말아야 한다.

잘 산다고 교만하지 말며, 부모 잘 만났다고 희희낙락하지 말 것이며, 좋은 환경에서 태어났다고 행복을 자부하지 말아야 한다. 잘 배웠다고 거만하지 말며, 내 몸이 아름답고 잘났다고 우쭐거리지 말 것이며, 하는 일마다 잘된다고 건방 떨지 말 것이며, 사랑하는 이와 같이한다고 믿음과 소망을 저버리지 말아야 한다. 이는 정반대의 환경에서 사는 자들과 눈에 보이지 않는 운력이 연결되어져 있음으로 그들의 운력이 고루 분배되지 않고 한 쪽으로 편중된, 마치 소용돌이치며 흐르는 기의 와류현상에 의한 것이기 때문이다. 결국 그들과 연결된 기로 인하여 풍족하고 삶을 만끽함을 흡족한 자들은 깨달아야 하며 그들에게 봉사할 절대적 의무가 있는 것이다. 흡족한 자들도 언젠가는 그와 반대되는 환경의 지배를 받을지 모른다.

무지함에서 벗어나서 남다른 깨우침으로 각종 분야에서 성공한 자, 그들은 이미 다른 생의 차원에서 반대되는 자들이 겪고 있는 고초를 겪은 자들로서 언제나 올바른 믿음으로 항상 겸허하고 겸손할 것이며, 그리하여 더욱 더 견고하고 절도(節度) 있는 세상을 만드는 데 일익을 담당하도록 하여야 할 것이다. 큰하느님께서 창조해 놓으신 이 세상 모든 공간과 그 존재함은 모두가 우리들 것이다.

10) 예수오행은 절대적 진리이며 긍정의 힘이다
《(요한복음 16:16~17) 조금 있으면 너희는 나를 보지 못하게 될 것이다. 그러나 얼마 안 가서 나를 다시 보게 될 것이다.》

이 말씀은 예수께서 십자가에 달려서 숨을 거두신 후 예수오행을 이루어내시고 예수오행과 큰하느님의 실체와 대진리를 보게 된다는 뜻이다.

《(요한복음 16:21~22) 여자가 해산할 즈음에는 걱정이 태산 같다. 진통을 겪어야 할 때가 왔기 때문이다. 그러나 아이를 낳으면 사람 하나가 이 세상에 태어났다는 기쁨에 그 진통을 잊어버리게 된다.》

이 말씀은 예수께서 사람이 한 생명을 탄생시키기 위한 사실적인 일련의 과정을 나타내기도 하면서 예수가 태초의 하느님의 형상인 십자가에 달리기 전에 모진 매를 맞고 온갖 수모를 겪고 결국 고난의 시간과 함께 십자가에 달려서 죽음을 당하여 그 뜻이 이루어졌으며, 곧 예수오행(목 토 금 화 수)이 탄생한다는 뜻이다.

《(요한복음 16:22~23) 내가 다시 너희와 만나게 될 때에는 너희의 마음은 기쁨에 넘칠 것이며 그 기쁨은 아무도 빼앗아 가지 못할 것이다.》

이 말씀은 예수가 십자가에 달린 후, 예수오행의 5원소로 세상에 출현하였음을 나타내며 곧 부활을 의미하는 구절이다.

《(요한복음 16:23) 그 날이 오면 너희가 나에게 물을 것이 하나도 없을 것이다.》

이 말씀은 예수오행이 밝혀지는 날이 오면 그 오행사상에 우리가 묻고자 하는 모든 진리가 다 있으니 물을 것이 하나도 없다는 말씀이다.

이제 우리는 예수오행을 접하고 그로 인하여 무엇이든 구할 수 있음을 성경 구절에서 시사하고 있으며 이러한 우주의 대천주의 명을 받들어 실현시키는 역할을 성령은 행하는 것이다. 예수오행은 신비로운 존재가 아니며 사실적으로 논할 수 있는 절대적 진리이다. 그러므로 우리 인류가 원하고 바라는 것 모두의 비밀이 바로 예수오행 속에 내재되어 있는 것이다.

큰하느님은 어려운 분도 아니시며 저 높은 데 앉아 계시면서 우리들에게 호령하시는 분도 아니다. 우리가 있기에 큰하느님도 존재하는 이치는 분명하다. 큰하느님은 우리를 대우주 공간에서 가장 강력한 생명체로 진화시키고자 이 세상에 탄생하셨다. 그분은 곧 우리 인류를 우주 공간 그 어떤 생명체보다도 사랑하고 계시다는 것을 말하려 하는 것이다.

긍정적이든 부정적이든 우리가 상상할 수 있는 그 한계에서 무엇이든 상상하는 생명체의 모습은 반드시 대우주 공간 어디에선가 존재한다는 것을 간과해서는 안 된다. 그 이유는 '뉴런' 과 같은 매체가 우리와 연결되어 교류하고 있기 때문에 그러한 상상의 그림을 그릴 수 있는 것이다. 이 이치는 우리가 원시시대부터 상상했던 모든 것들이 단계적으로 현재에 이루어진 것과 같고 이루어지고 있는 이치와 같다고 할 것이다.

우리가 수백, 수천 년 전에 살았던 사람으로 가정한다면, 그때 그 시절에 누군가가 말하기를 "큰 쇳덩이가 하늘을 날고 천리만리 멀리 떨어진 곳에서 사람의 목소리를 들을 수 있는 시대가 올 것이다." 라고 하였다면 상신간이 아니라면 대부분이 그 말을 한 사람을 정신병자로 생각하는 것은 당연한 이치이다. 그러나 시대의 변천에 의하여 과학의 힘에 의하여 우리는 그때 그 정신병자가 말한 시대에 살고 있는 것이다.

큰하느님이 관장하는 영의 세계에도 반드시 영의 과학이 존재하고 있다. 큰하느님의 영의 과학은 우리가 지금은 상상을 하였고 상상을 할 수 있는 모든 것들에 대하여, 불가능하다고 여기는 모든 과학을 보유하고 있는 과학의 보고인 것이다. 현재 이루어진 과학도 우리 사람이 만들었지만 그 설계도는 영의 세계에서 건너왔음을 부정하지 말아야 한다. 예수오행의 진리의 메시지는 우리가 더 이상 나아가지 못하고 부딪히는 과학의 한계를 뛰어 넘을 수 있도록 하기 위하여 탄생하였음은 정신병자 같은 소리가 아님을 말하려 하는 것이다.

《(마가복음 11:24) 내가 너희에게 말하노니 무엇이든지 기도하고 구하는 것은 받은 줄로 믿어라. 그리하면 너희에게 그대로 되리라.》

대우주 속에는 우리가 상상하지 못하는 새로운 세상을 창조할 수 있는 공간이 얼마든지 있고, 지금 우리가 이 글을 읽고 있는 순간에도 그 대우주는 끊임없이 생성되고 있음을 우리는 천문학 연구를 통하여 알고 있는 사실이다.

그러나 우주가 아무리 넓고 크다고 하지만 우리가 가지고 있는 마음보다는 넓지 못하다. 아무리 넓고 커도 우리의 마음이 가지 못하는 거리는 존재하지 않기 때문이다. 다시 말하여 우리가 눈을 감고 저 멀리 은하 건너 수십억, 수백억 광년 떨어져 있는 별을 상상하면서 가보자. 우리는 그 멀고도 먼 거리를 우리가 갔다 왔다고 생각하는 그 순간 이미 갔다 온 것이며, 그 시간은 불과 찰나에 갔다 온 것이다. 이렇듯 우리 마음은 대우주보다 크고 넓다. 그러나 우리는 그 넓고 큰마음을 우리들 스스로 좁은 공간으로 만들어서 그 굴레 속에서 살고 있음을 상기하여야 한다.

제6장
이름의 중요성과 그 실례

제6장

이름의 중요성과 그 실례

1. 성경은 이름의 중요성을 강조하고 있다

1) 하느님의 이름은 한가지로 정해져 있지 않으며
   곧 우리의 이름이 하느님의 이름이다

성경 속의 하느님의 존명은 여호와(야훼, 예호바)로 기록되어 있지만
존명이 따로 존재하는 것이 아니다. 이 세상 모든 만생만물들이 이름을

가지고 있으며, 각자 가지고 있는 그 이름이 곧 하느님의 존명이기 때문
이다.

《(호세아 12:5) 만군의 하나님 여호와(야훼)시라 여호와(야훼)는 그의
기념 칭호라.》 = 성경 구절을 개정한 내용은 《여호와는 만군의 하나님
이시라 여호와는 그를 기억하게 하는 이름이니라.》로 기록되어 있다.

이 말씀은 하느님의 이름은 한 가지로 정해져 있지 않다는 뜻이다. 아
울러 '여호와'는 한글 획수로 14획이 출현하여 단수로 답을 구하면 1 +
4 = 5로서 예수오행을 암시하는 이름인 것이다. '야훼' 역시 한글 획수
12의 수로 결집되어 있으므로 생명나무를 의미함으로써 그 뜻은 동일
하다. 그러므로 큰하느님의 이름은 따로 정해져 있는 것이 아니다. 각
자 우리가 가지고 있는 이름이 작게는 우리를 상징하는 이름이자 크게
는 큰하느님을 상징하는 이름인 것이다.

이를 알고서야 하늘의 법도를 무시하여 나쁜 이름을 쓰겠는가? 우리
사람의 이름은 하늘과 연결 지어지는 일치성을 확보하여야 한다. 일치
성이라 함은 하느님이 부여한 소명과 이름이 일치하여야 한다는 말이
다. 하늘의 소명이라고 함은 사람이 살아가면서 겪어야 할 모든 희로애
락과 우수사려를 말하고자 함이 아니고 목적을 이룬 결과를 말하는 것
으로써 점술을 행하는 것이 아님을 밝혀 둔다.

본문에서는 예수오행의 진리(긍정의 힘)에 의하여 역대 선조들과 우
리나라를 이끌어온 대통령 등, 부호들의 이름을 풀이하여 그 일치성을
확인하였고, 그 전대미문(前代未聞)의 이론과 공식에 놀라움을 금치 못
할 것이다. 이것이 예수오행이 우리 인류에게 주는 세번째 선물이다.
이름은 곧 생명체이다.

2) 이름에 대한 성경 구절을 열거하였다

《(전도서 7:1) 좋은 이름이 좋은 기름보다 낫고…….》

《(잠언 21:1) 많은 재산보다는 명예를 선택하는 것이 낫고 은과 금보다는 은총을 받는 것이 더 낫다.》

이 말씀들은, 명예(名譽)는 높고 덕망 있는 이름(호칭)을 내포함이요. 은총을 입어 건강이 제일임을 내포하고 있는 구절이다. 곧 '자녀에게 많은 재산을 물려주는 것보다 좋은 이름을 물려 주라' 는 뜻과 같다. 재산을 물려주지 말라는 말이 아니므로 혼동 없기를 바란다. 이는 좋은 이름을 물려줌으로 인하여 물려준 재산을 지킬 수 있는 운력이 작용함을 말하려 하는 것이다.

《(창세기 17:19) 네 아내 사라가 너에게 아들을 낳아 줄 터이니, 그의 이름을 이사악(이삭)이라고 하여라.》

이 성경 구절은 아직 아들이 태어나지도 않았는데 그 이름을 먼저 지어 놓은 것은 이미 지어놓은 그 이름의 뜻과 의미하는 대로 하늘의 운기가 태어날 아기의 몸에 합체되어 내외부적 음양오행의 형체를 갖추고 탄생한다는 것이다. 그리하여 하늘이 부여한 그 뜻과 의미대로, 소명을 부여받아 살아가게끔 한 것이다.

예수도 이와 같은 이치로 이름이 먼저 태어났다. 이름이 먼저 태어났다고 함은 이미 육신이 태어날 시간도 알고 있다는 말이기도 하다.

《(이사야 7:14) 그러므로 주께서 친히 징조로 너희에게 주실 것이다.

보라 처녀가 잉태하여 아들을 낳을 것이요 그 이름을 임마누엘이라 하
리라.》

《(마태복음, 마태오 1:21) 아들을 낳으리니 이름을 예수라 하라. 이는
그가 자기 백성을 저희 죄에서 구원할 자이심이라 하니라.》

하느님께서는 사람이 사람과 만생만물에게 이름을 지을 수 있는 권리
와 공식을 주었다.

《(창세기 2:19-20) ……아담이 각 생물을 부르는 것이 곧 그 이름이 되
었더라. ……아담이 모든 가축과 공중의 새와 들의 모든 짐승에게 이름
을 주니라.》

《(창세기 3:20) 아담이 그 아내를 인류의 어머니라 해서 하와라고 이
름 지어 불렀다.》

3) 성경 구절에 존재하는 개명(改名)은 다음과 같다
《(창세기 17:4~5) 내가 너와 계약을 맺는다. 너는 많은 민족의 조상
이 되리라. 내가 너를 많은 민족의 조상으로 삼으리니. 네 이름은 이제
아브람이 아니라 아브라함이라 불리리라.》 = 아브람 = 아브라함으로
개명하였다.

《(창세기 17:15~16)》 하느님께서 아브라함에게 분부하셨다. '네 아
내 사래를 사래라는 이름으로 부르지 말아라. 그의 이름은 사라이다.'
내가 너에게 복을 내려 너에게 아들을 낳아 주게 하리라.》 = 사래 = 사

라로 개명하였다.

《(요한복음 1:42) ……네가 요한의 아들 시몬이니 장차 게바(베드로)라 하리라…….》 = 시몬을 베드로로 개명하였다.

《(사도행전 13:9) 바울이라고도 불리는 사울은…….》 = 사울 = 바울로 개명하였다.

이 밖에도 성경(성서) 구절을 보면《(사무엘하 12:25)》 솔로몬은 여디디아라는 별칭으로 하느님이 개명을 하셨고, 야곱은 이스라엘로 개명을 하셨으며 《(창세기 32:28)》 시간이 흐른 후 이스라엘은 민족의 이름으로 사용하게 되었다.

4) 성경 구절에 존재하는 아호(雅號)는 다음과 같다

《(마가복음, 마르코 3:16~17) 마귀를 쫓아내는 권한을 주시려는 것이었다. 이렇게 뽑은 열두 사도는 베드로라는 이름을 붙여주신 시몬과 천둥의 아들이라는 뜻으로 둘 다 보아네르게스(보아너게)라고 이름을 붙여주신 제베대오(세베데)의 아들 야고보와 그의 동생 요한…….》

이 성경 구절은 열두 제자 중에 중요한 고비에 소명을 위하여 시몬과 야고보와 요한에게는 이름에 아호(개명, 改名)를 더하여 주셨음을 기록하였다. 무릇 아호란 이름의 앞에 붙여서 사용하기도 하나 별칭(예명)으로 사용하기도 한다. 그 밖의 열두 제자 중 아호(별칭)을 가진 제자의 이름은 다음과 같다. 이름은 바르틀로메오(바돌로베) = 아호는 나다나엘, 이름은 마태오(마태) = 아호는 레위, 이름은 토마(도마) = 아호는 다

두모, 알페오의 아들 이름은 야고보 = 아호는 작은 야고보《(마가, 마르코 15:40)》, 이름 타대오(다대오) = 아호는 유다, 이름은 시몬 = 아호는 셀롯, 이름은 유다 = 아호는 가룟(기리옷)이다. 이름은 안드레아(안드레) 이름은 필립보(빌립).

5) 사울이 바울로 개명되는 과정을 묘사하였다

여기서 성경을 전도하고 세계종교로 자리잡게 하는데 절대적 역할을 한 사도 바울에 대하여 잠시 개명을 한 과정을 다음과 같이 묘사해 보았다.

《(사도행전 13:9) 바울이라고도 불리는 사울은 성령으로 가득 차서…….》이 말씀은 바울은 예수가 운명한지 불과 몇 년 뒤에 회심하여 새로운 종교(그리스도) 사상을 펼쳐 기독교가 이방인을 위한 세계적인 종교가 되는데 결정적인 역할을 한 자로서, 하느님은 사울을 선택하고 사울을 바울로 개명하였다는 것이다. [사울아 사울아 네가 뭇 민족 많은 중생들을 구제하는데 앞장서지 않겠느냐?] 라고 하느님이 사울에게 물었다.

《(사도행전 1:8) 오직 성령이 너희에게 임하시면 너희가 권능을 받고 예루살렘과 온 유대와 사마리아와 땅 끝까지 이르러 내 증인이 되리라 하시니라…….》

이 성경 구절 말씀에 사울은 하느님의 참된 진리를 알지 못하여 하느님의 말씀을 아래의 성경 구절과 같이 거역하였다.

《(갈라디아서 1:13) 내(바울)가 이전에 유대교에 있을 때에 행한 일을

너희들이 들었거니와 하나님의 교회를 심히 박멸하여 멸하고…….》

어느 날 사울은 사막 한가운데서 목마르고 배고픔으로 죽음 직전에 이르자 형언할 수 없는 기운이 몸을 감싸는지라 사울이 하는 말이《하느님 저를 살려 주십시오. 저를 살려만 주신다면 하느님께서 시키는 대로 무엇이든 다 하겠나이다》

《(갈라디아서 1:16) 당신(하느님)의 아들(예수)을 이방인들에게 널리 알리게 하시려고 기꺼이 그(하느님) 아들(예수)을 나에게 나타내 주셨습니다.》라고 증언하고 크리스찬을 핍박함이 잘못 되었음을 바울은 깨달았던 것이다. 하느님 말하기를《네가 정녕, 네가 하는 말이 참이더냐?》사울이 답하기를《네 하느님 살려만 주신다면 하느님 제자가 되겠나이다.》

《(갈라디아서 3:13) 그리스도께서 우리를 위하여 저주를 받은 바 되사 율법의 저주에서 우리를 속량(구원)하셨으니 기록된 바 나무에 달린 자마다 저주 아래에 있는 자라 하였음이라…….》

성경 구절에 의하듯이 사울은 예수가 인류를 위하여 십자가에 달리심을 깨닫게 된 것이다. 하느님이 사울에게 말하기를《나무에 달려서 저주받은 예수가 오행으로 다시 태어났듯이 네가 정녕 내 제자가 되기를 원한다면 지금 네가 가지고 있는 사울이라는 이름을 버리고 바울이라는 이름으로 다시 태어나야 하느니라》《네가 살아온 세월 속에 사용하였던 그 이름은 참된 진리를 알지 못한 이름이로다. 너는 사울에서 바울이라는 새로운 이름을 받음으로써 다시 새롭게 탄생되었다》《네 몸도 네 마음도 네 영혼도 새롭게 태어났으니 너는 바울이로다》바울이 삼가 말한다. 《네 하느님의 이름이 저에게 임하였나이다.》이로써 바울은 하느님의 복음을 위하여 선택되었고 사도직을 받았던 것이다. 아래 성경 구절은 바울과 관련된 구절로서 하늘의 소임을 부여받았다.

《(로마서 1:1) 예수 그리스도의 종 바울은 사도로 부르심을 받아 하나님의 복음을 위하여 택정함을 입었으니······.》

《(데살로니가전서, 데살로니카 첫째편지 2:4) 오직 하나님께 옳게 여기심을 입어 복음을 위탁받았으니 우리가 이와 같이 말함은 사람을 기쁘게 하려 함이 아니요 오직 우리 마음을 감찰하시는 하나님을 기쁘게 하려 함이라.》

《(고린도전서, 고린토 첫째편지 1:17) 그리스도께서 나를 보내심은 세례를 베풀게 하려 하심이 아니요 오직 복음을 전하게 하려 하심이로되 말의 지혜로 하려 아니함은 그리스도의 십자가가 헛되지 않게 하려 함이라······.》 그리고 바울은 믿음의 구심점인 개체(改替)성이 확립되는 근본적인 대전환이 일어났던 것이다.

《(빌립보서, 필립비 3:8-9) 나(바울)에게는 모든 것이 다 장애물로 생각됩니다. 나에게는 내 주 그리스도 예수를 아는 지식이 무엇보다도 존귀합니다. 나는 그리스도를 위해서 모든 것을 잃었고 그것들을 모두 쓰레기로 여기고 있습니다. 그것은 내가 그리스도를 얻고 그리스도와 하나가 되려는 것입니다. 내가 율법을 지킴으로써 하느님과의 올바른 관계를 얻는 것이 아니라 내가 그리스도를 믿을 때 내 믿음을 보시고 하느

님께서 나를 당신과의 올바른 관계에 놓아주시는 것입니다.》

결국 바울은 후세에 중요한 사람으로 인정되어 그를 상징하는 이름이 다양하다. 바울, 사도 바울, 파울로스, 성 바오로, 바우로, 파울루스, 바오로 등의 이름으로 불린다.

6) 성경은 이름의 중요성을 끊임없이 믿음의 상징으로
   구사하고 있다
《(마태복음, 마태오 18:20) 두 세람이 내 이름으로 모인 곳에는 나도 그들 중에 있느니라.》

《(요한복음 1:12) 영접하는 자 곧 그 이름을 믿는 자들에게는 하나님의 자녀가 되는 권세를 주셨느니…….》

《(요한일서, 요한첫째편지 5:13) 내가 하나님의 아들의 이름을 믿는 너희에게 이것을 쓴 것은 너희로 하여금 영생이 있음을 알게 하려 함이라.》

이처럼 이름의 중요성을 성경은 역설(力說)로서 역설(逆說)하였고, 이름을 믿음은 깨달음의 진리를 믿는 것임을 의미하고 있는 것이다. 좋지 못한 이름은 하늘이 부여한 소명을 감당할 수 없으며 포부를 관철시킬 수 없는 것이다. 이 세상 모든 지식은 그 학문은, 그 이론은 좋든 나쁘든 모든 것은 하느님의 섭리에서 하느님의 태초 말씀에서, 소리에서부터 이미 생겨나서 우리들과 함께 하고 있음을 말하려 함이다.
   7) 좋은 이름은 하늘의 생명책에 기록되며 미신이 아니다

254

이름의 보고(寶庫)는 큰하느님을 상징하는 도형의 힘과 능력에서 발현된다. 사람을 상대로 운명을 감정하는 점술의 행위를 하지 않을 것이며, 거짓이 없을 것이며 우상을 믿음으로 숭배하지 않을 것이며, 오직 진리에 의하여 진리를 따를 것이며 삿된 것들을 지어내지도 아니할 것이다. 다만, 운명을 개척할 수 있는 이치를 터득하여 조언과 가르침만이 있을 뿐이다.

《(요한계시록, 묵시록 21:22~27) 무엇이든지 속된 것과 가증한 일 또는 거짓말하는 자는 결코 그리로 들어가지 못하되 오직 어린 양의 생명책에 기록(이름)된 자들만 들어가리라.》

《(요한계시록, 묵시록 22:15) 개들과 점술가들과 음행하는 자들과 살인자들과 우상 숭배자들과 및 거짓말을 좋아하며 지어내는 자는 다 성 밖에 있으리라.》

이 말씀의 구절은 도형 가운데 이름이 올라 있는(기록)자들만 하느님의 영역(나라)에 들어 갈 수 있다는 말씀이다.

8) 큰하느님을 상징하는 도형에는 결코 도둑이 들거나 좀나는
   일이 없다

《(누가복음, 루가 12:31~34) 너희는 먼저 하느님의 나라를 찾아라. ……내 어린 양떼들아 조금도 무서워하지 말라. 너희 아버지께서는 하늘나라를 너희에게 기꺼이 주시기로 하셨다. 너희는 있는 것을 팔아 가난한 사람들에게 주어라. 헤어지지 않는 돈지갑을 만들고 좀나지 않는 재물 창고를 하늘에 마련하여라. 거기에는 도둑이 들거나 좀 먹는 일이

없다. 너희의 재물이 있는 곳에 너희의 마음도 있다.》

우리의 이름이 그 도형에 안착함으로써 우리의 새로운 믿음 새로운 삶의 대전환과 함께 완전한 틀을 마련함과 같은 것이다. **큰하느님의** 영역을 상징하는 도형에는 예수를 나타내는 '토, 화, 수' 중 '토'를 중심으로 하여 '화'가 오른편에 '수'가 왼편에 자리하여 하늘의 기운을 받는데 모순됨이 없는 것이다.

《(잠언 3:16-17) 그의 오른손에는 장수가 있고 그의 왼손에는 부귀가 있나니 그 길은 즐거운 길이요 그의 지름길은 다 평강이니라…….》

그러므로 이름이라 함은 예수오행의 대진리와 이치에 의하여 지을 것이며, 그 기준은 네 천사 즉, 태어난 월과 일의 네 가지 숫자를 말함이며, 연월일시라고 함은 월일과 함께 모두 7개의 각기 다른 숫자가 출현하여 사람의 이름에 대한 운력을 확인함을 말하는 것이다. 이렇게 지어진 이름은 하느님의 심판에서 구원됨이 분명함을 말하는 것이다.

《(요한계시록, 묵시록 9:15) 네 천사가 놓였으니 그들은 그 연 월 일 시에 이르러 사람 삼분의 일을 죽이기로 준비된 자들이니라.》

때로는 땅 끝까지 이르러 뭇 민족 각 민족의 이름을 짓는 내림의 전통과 가문의 전통, 관례, 공식에 의하여 지어진 이름 등 아무렇게나 지어진 이름이라고 하여도, 이미 나름대로 지어져서 부르고 있는 이름일지라도, 이미 사망한 이름일지라도 그 이름은 큰하느님을 상징하는 도형 가운데 안착하게 되면 하느님의 인치심을 함과 같다 할 것이다.

《(요한계시록, 묵시록 9:4) 그들에게 이르시되 땅의 풀이나 푸른 것이나 각종 수목은 해하지 말고 오직 이마에 하나님의 인침을 받지 아니한 사람들만 해하라 하시더라.》

9) 지어진 이름은 천이백육십 일 동안 하늘이 정한 장소에서 안치되어야 한다

이름은 우리에게 의복, 즉 옷과 같은 존재이다. 우리는 각자 나아갈 길이 있고 각자 지켜야 할 분수가 있다. 그러므로 자신의 이름은 곧 하느님의 이름임을 깨닫고 소중히 여기며, 자신의 이름의 기운대로 살게 되며 자신의 이름은 곧 자신의 운력을 나타내는 것이며 그 소리는 음령으로써 자리하게 되는 것이다. 그러므로 자신의 이름을 악의 근원으로부터 우선 지켜내기 위하여 하느님께서 예비하신 장소에서 일정한 기간(천이백육십 일) 동안 안치(보관)되어야 하며, 그리하여 우리는 사후 세계, 즉 저 멀리 은하 건너 우리가 살고 있는 은하계와 같은 공간의 우주가 약 십억 개가 존재하는 아니 어쩌면 그보다 더 많은 그 광대한 우주 공간 속에 수많은 생명체가 존재하는 곳 중 한 곳, 계속하여 팽창하는 우주공간 속에 생겨나는 새로운 세상의 곳 중 한 곳, 또는 새로운 세상(또 다른 차원적)을 창조하여 그 세상을 다스릴 수 있는 자격을 부여받아서 큰하느님의 명을 받아 나아가야 할 것이다.

그 자격을 부여받는 자는 성별(性別)의 구별이 없는 것이며 즉, 아들은 모체(母體)에서 생겨남에 모체(여자)가 곧 아들이요 아들(남자)이 곧 모체이기 때문이다. 남녀평등의 대원칙이 여기에 있음을 말하려 하는 것이다.

《(요한계시록, 묵시록 12:5~6) 여자가 아들을 낳으니 이는 장차 철장

(쇠지팡이)으로 만국을 다스릴 남자라 그 아이를 하느님 앞과 그 보좌 앞으로 올라가더라. 그 여자가 광야로 도망하매 거기서 천이백육십 일 동안 그를 양육하기 위하여 하나님께서 예비하신 곳이 있더라.》

성경 구절을 다시 한 번 살펴보면 하느님께서 예비(마련)한 곳(장소)은 어디에 있는 것인가? 위 구절 중 **'천이백육십'**을 보면 '1260'으로서 단수의 법칙에 의하여 1 + 2 + 6 + 0 = 9로서 예수의 수가 출현한다. 하느님께서 마련한 그 장소는 바로 예수오행에 의하여 탄생한 큰하느님의 영역을 나타내는 도형이다. 즉, 예수오행 중 예수를 상징하는 [토, 화, 수]로서 형상을 이룬 사방의 도형가운데 하느님을 상징하는 중앙의 십자가 [목, 금]의 자리가 바로 예비하신 장소임을 나타내는 것이다. 예비하심의 장소는 태초에 우주가 창조되기 전에 존재하였던 방향과 함께 시간이며 '1260'은 그 시간을 나타내는 숫자인 것이며 남녀평등의 숫자인 것이다. 도형을 유심히 보면 그곳은 바로 악이 침범하지 못하는 하느님의 영역이요 사방의 예수의 진리(토, 화, 수)가 진을 치고 있는 그 곳, 거룩한 장소임을 눈으로 확인할 수 있는 것이다. 우리의 이름은 우리를 상징하는 이름이자 하느님의 이름이라고 하였으니, 그 곳은 바로 우리의 이름을 안주 시킬 성스러운 장소임이 분명하다.

《(이사야 56:5) 내가 내 집에서 내 성안에서 아들이나 딸보다 나은 기념물(송덕비)과 이름을 그들에게 주며 영원한 이름을 주어 끊어지지 아니하게 할 것이며…….》

10) 하늘의 공식이 땅에도 임하였다

이와 같이 하느님께서는 우리에게 구원의 아름다운 소식을 주셨으니 이는 곧 하느님께서 새 이름으로 영광과 축복을 내리셨고, 그 공식이 현실에 임하였다.

《(이사야 62:2) 이방나라들이 네 공의를, 뭇 왕이 다 네 영광을 볼 것이요 너는 여호와의 입으로 정하실 새 이름으로 일컬음이 될 것이며…….》

그 공식이 때가 옴에 예수오행의 진리에서 실현되니 그를 받은 자밖에는 공식을 알지 못하였다.

《(요한계시록 2:17) ……내가 감추었던 만나(음식물)를 주고 또 흰돌을 줄 터인데 그 돌 위에 새 이름을 기록한 것이 있나니 받는 자 밖에는 그 이름을 알 사람이 없더라.》

그리하여 태초에 감추었던 비밀을 공식으로 드러내니 그 공식으로 아들을 세상으로 보내어 그 이름을 예수라 하였다.

《(사도행전 3:16) 그 이름을 믿음으로 그 이름이 너희가 보고 아는 이 사람을 성하게 하였나니 예수로 말미암아 난 믿음이 너희 모든 사람 앞에서 이 같이 완전히 낫게 하였느니라.》

그러므로 하느님께서 드러내신 공식에 위배되는 이름은 곧 하느님을 모독하는 이름임을 알게 되었다.

《(요한계시록 13:1) 내가 보니 바다에서 한 짐승이 나오는데 뿔이 열

이요 머리가 일곱이라 그 뿔에는 열 왕관이 있고 그 머리들에는 신성 모
독하는 이름들이 있더라.》

11) 사람의 이름은 의복과 같다

그리하여 우리의 이름은 곧 우리의 겉(육신, 肉身)을 덮고(가리고, 치
장) 있는, 우리의 몸을 숨겨 줌과 같이, 우리의 신분을 나타내고 우리의
모습을 더욱 아름답게 하는 옷과도 같은 것임을 명심하고, 예수오행의
대진리에 의하여 마련된 그 장소, 하느님의 영역이며 예수의 진리가 보
호하는 바로 그 예비된 곳에 우리의 이름을 적어 넣음으로써 악에서 혹
은 하느님의 심판에서 보호받을 것이며, 우리는 우리의 몸에서 옷을 벌
거벗지 않은 모습과도 같음을 알아야 할 것이다.

《(요한계시록, 묵시록 16:15) 보라 내가 도둑 같이 오리니 누구든지
깨어 자기 옷을 지켜 벌거벗고 다니지 아니하며 자기의 부끄러움을 보
이지 아니하는 자는 복이 있도다.》

《(요한계시록, 묵시록 3:17~18) 너는 스스로 부자라고 하며 풍족하
여 부족한 것이 조금도 없다고 말하지만 사실은 네 자신이 비참하고 불
쌍하고 가난하고 눈멀고 벌거벗었다는 것을 깨닫지 못하고 있다. 그러
므로 나는 너에게 권고한다. 너는 나에게서 불로 단련된 금을 사서 부
자가 되고 나에게서 흰옷을 사서 입고 네 벌거벗은 수치를 가리고 또 안
약을 사서 눈에 발라 눈을 떠라.》

그러므로 무릇 우리가 이름을 짓거나 아호(雅號)를 짓거나 개명(改
名)을 하고자 할 때에는 새로운 하늘의 공식에 의하여 작명되어야 할

것이다. 그리하여 살아생전 당장 풍족함에 만족하지 않고 사후세계의
안녕을 기약하여야 한다.

《(이사야 65:17) 보라 내가 새 하늘과 새 땅을 창조하나니 이전 것은
기억되거나 마음에 생각나지 아니할 것이라 너희는 내가 창조하는 것
으로 말미암아 영원히 기뻐하며 즐거워할지니라…….》

《(요한일서 5:13) 내가 하나님의 아들의 이름을 믿는 너희에게 이것을
쓰는 것은 너희로 하여금 너희에게 영생이 있음을 알게 하려 함이라.》

천지창조 때부터 감추어진 비밀은 예수오행의 진리이며 천지창조 때
부터 감추어진 그 비밀의 원리와 이치에 의하여 만들어진 도형 안에 우
리의 이름이 올라 있게 되는 것은 큰하느님의 품안에 있음임을 분명하
게 하였다.

《(요한계시록, 묵시록 13:8) 그러므로 땅 위에 살고 있는 사람들 중에
죽임을 당한 어린 양의 생명책에 천지창조(창세 이후) 때부터 이름이
올라 있지 않은 자들은 모두 그에게 절을 할 것입니다.》

12) 이치가 이렇게 분명하여 양음오행의 또 다른 뜻을
    아래와 같이 정하였다
    〈양〉 네가 땅에서 무엇이든지 매면 하늘에서도 매일 것이요
    〈음〉 네가 땅에서 무엇이든지 풀면 하늘에서도 풀리리라.

    《(마태, 마태오 16:19)》

〈목〉 고로 우리의 상징은 좋은 이름이 으뜸이고

〈토〉 고로 우리의 종자는 지혜 있는 자녀가 으뜸이고

〈금〉 고로 우리의 몸은 건강이 으뜸이고

〈화〉 고로 우리의 마음은 사랑이 으뜸이며

〈수〉 고로 우리의 영혼은 믿음과 약속이 으뜸이다.

《(빌립보서, 필립비 4:11∼13) 내가 궁핍하므로 말하는 것이 아니니라. 어떠한 형편이든지 나는 자족하기를 배웠노니 나는 비천에 처할 줄도 알고 풍부에 처할 줄도 알아 모든 일 곧 배부름과 배고픔과 풍부와 궁핍에도 처할 줄 아는 일체의 비결을 배웠노라. 내게 능력 주시는 자 안에서 내가 모든 것을 할 수 있느니라.》

이렇듯 우리는 예수오행의 진리와 이치를 알게 됨으로써 일체의 비결을 배움과 같은 것이다. 우리는 그에 대하여 반드시 보답을 하여야 한다. 우리가 큰하느님께 보답하는 것은 오직 큰믿음의 자세이다.

2. 우리나라 선조로서 시대를 이끌어간 영웅들과 대통령들의 이름에 존재하는 일치성의 아름다움을 확인하였다

가. 새로운 이름의 공식은 예수오행에서 이루어졌다

[하늘의 뜻에 따라 예수오행의 대진리를 나타내었으니 목(木)으로써 하늘을 정하시고 금(金)으로써 땅을 정하시어 아래위의 질서를 분명하게 구분하시고, 일(日, 火)이 되셔서 빛과 생명을 주시고 월(月, 土)이 되

서서 쉬게 하시어 에너지(소금)를 얻게 하여 주시고 별(星, 水)이 되셔서 길잡이 돼온즉, 그 분은 곧 예수(9)이다.]

'목'은 하늘이며 하느님의 상징이며, '금'은 땅(토)이며 우리들의 육신이다. 곧 '목'과 '금'은 크게는 하느님을 상징하면서 우리의 존재를 나타내는 것이다. 즉, 예수오행 '양과 음' 그리고 [목, 토, 금, 화, 수]의 7가지의 구성과 배열의 법칙에서 공식이 존재함을 말하려 하는 것이다. 이와 같은 기본 이치로 이름의 공식이 일어나는데 구체적인 공식의 도표와 원리에 대하여는 본문에서 기록하지 않았다. 공식의 도용과 남용을 막기 위해서이다.

나. 하늘과 성경은 일치성의 심오함과 그 이치를 연출하였다

일치성의 근거 중에서 성경 구절에 개명 구절이 존재하는데, 예컨대 **《아브람을 아브라함으로》, 《새라를 사라로》, 《사울을 바울》** 등으로 개명을 하여 이름 중에서 뒤의 이름이나 앞의 이름 중 먼저 사용한 자를 그대로 남겨두고 일부만을 개명하여 개명전의 이름과 개명 후의 이름이 일치하도록 한 것을 근거하였으며, 다음으로는 우주의 장관인 우주쇼 즉, 일식과 월식을 근거로 하였다. 일식과 월식이 일어나는 이유는 지구와 달과 태양이 일직선(일치성)을 이룰 때 일어남을 우리는 알고 있다. 일식은 삭(음력에서 그 달의 제일 마지막 날)에서 일어나며, 월식은 망(음력에서 보름날)에서 일어난다. 삭과 망일 때 매번 일식과 월식이 일어나지 않는 이유는 황도와 백도가 5도의 경사각으로 이루어져 있기 때문이며, 태양과 달과 지구가 일직선상에 놓인다 함은 기조력이 가장 크게 작용함을 나타낸다. 달이 공통질량 중심을 공전하면서 생긴 원심력과 지구인력과의 합력(운력)을 기조력이라고 한다. 기조력이라고 함은 밀물과 썰물 등 조수를 일으키는 힘을 말함이다. 이와 같이 인간의 운력도 우주만물의 법도와 법칙, 삼라만상의 이치, 대자연의 원리원칙에서 작용되고 적용됨은 부정할 수 없는 것이다.

일치성의 아름다운 장면은 우리에게 엄청난 비밀의 열쇠와도 같은 것이다. 일치성이 이름에 존재한다고 해서 무조건 아름다운 일치성이 있다고 보는 것은 아니다. 여기서도 예수오행에 의한 일치성의 운력과 수의 심오함이 어떤 공식과 원리로 작용하는지에 대하여는 도표 등을 본문에서는 구체적으로 기록하지 않았다. 역시 공식의 도용과 남용을 막기 위해서이다.

만약에 아래의 예를 들어 놓은 공식을 전문적인 지식이 없이 잘못 사용할 경우 그 지어진 이름은 걷잡을 수 없는 불행을 몰고 올 것임을 명심하여야 한다. 일치성에는 아름다운 일치성이 있고 추한 일치성이 있기 때문이며 무조건 일치성이 있다고 하여 운력이 호운으로 가지는 않기 때문이며, 예수오행의 상생원리를 알지 못하고서는 일치성의 해답도 알지 못하기 때문이다. 아래에 이름의 일치성에 대하여 예를 들어놓은 것은 본문에서 주장하고자 하는 예수오행의 진리에 대하여 보다 설득력 있게 이해를 돕기 위함이며, 대한민국의 영원한 안녕을 위하여 진정한 영웅호걸을 탄생시키는데 그 목적이 있기 때문이다. 그러므로 일치성의 심오함만을 예를 들어 살펴보기로 하였다.

다음과 같은 '이름의 일치성' 으로 인하여 그 운력(운세)을 확인하는 공식은 그동안 전무후무하였으며 그 어떤 학문도 운명의 운행에 대하여 정확한 공식을 이루어내지 못하였으며 오직 예수오행의 공식만이 가능한 것이다.

다. 위대한 업적을 남긴 세종대왕과 이순신 장군의
   일치성을 확인하였다

1) 한글을 만드신 세종대왕의 이름은 이도(李祹)이시고, 자(본 이름을 함부로 부르지 않던 시대에 결혼 후 부르는 이름)는 원정(元正), 군은 충녕(忠寧)이시며, 시호는 세종장헌영문예무인성명효대왕(世宗莊憲英文睿武仁聖明孝大王)이신데 줄여서 세종대왕으로 불려진다. 세종대왕은 임금으로서 본 이름 '이도' 보다 더 으뜸인 이름은 자인 '원정' 이시고 '원정' 보다 더 으뜸인 이름은 임금의 이름인 '충령' 이다. 그러므로 임금 이름인 '충령' 으로 일치성을 확인하였다.

충령(忠寧), 세종대왕의 생년월일 : 1397년 4월 10일 출생하심

- * 이름 한글 획수 13, 한문 이름 획수 22, 월일 합수 14
- * 월일 합수 14와 한문 이름 합수 22를 더한 수 36
- * 월일과 이름 단수: 4 + 1 + 0 + 2 + 2 = 9
- * 월일 합수와 이름 합수를 더한 수 36과 단수 9가 일치하였다.
- * 36은 9의 4번째 배수이기 때문이다.
- * 36수는 영웅괴걸 격의 수이다. 다만 반상(班常, 양반과 상놈, 계급제도)의 제도가 분명한 시대에서는 36수는 그 반대 성향을 보여서 신분이 낮거나 소인배가 지니게 되면 사람됨이 황폐해질 수 있다. 단 일치성을 보이면 악의 기운은 소멸된다.
- * 모두 더한 총수는 81수이다.

오행으로는 토, 토의 기운을 받았으며 9수의 지혜와 슬기를 통근하였다. 무릇 외모의 아름다움은 안개와 같고 일치성의 아름다움은 연속하여 내세에까지 영향을 미칠 수 있다. 일치성이라고 함은 차원을 달리하는 관문의 열쇠와도 같은 이치라고 말할 수 있는 것이며, 비록 일치성이 있다고 하더라도 오행의 음덕이 역행하였거나 유명무실하게 되면 그

일치성은 마치 부러진 열쇠와도 같게 되어 관문을 열 수 없는 형국이 되는 것이다.

2) 이순신(李舜臣) 장군 생년월일 : 1545년 3월 8일 출생하심

* 한글 이름 획수 11, 한문 이름 획수 25, 월일 합수 11
* 월일 합수 11과 이름 합수 25를 더한 수 36
* 월일과 이름 단수: 3 + 8 + 2 + 5 = 18
* 한글 이름 획수 11과 월일 합수 11수가 일치하였다.
* 월일 합수 11과 이름 합수 25를 더한 수 36과 월일과 이름단수 18이 일치하였다. 18은 9의 수 2배수이며 36은 4배수이기 때문이다.
* 36수는 영웅괴걸 격의 수이다.
* 모두를 더한 총수는 90 수이다.

오행으로는 토, 토의 음덕을 입었으며 81수의 거듭남의 이치에 들어서 수군 통달하였다. 세상에는 과학적으로 공식적으로 입증할 수 없는 일들이 무수하다. 이와 같이 신의 진리는 심오해서 사후세계의 차원을 우리는 객관적으로 설득력 있게 설명할 수 없다. 한 가지 분명한 것은 우리가 태어나서 살고 있는 자체가 곧 사후세계가 존재함을 입증하고 있는 것이다. 이것이 바로 신의 섭리에서 오는 신만의 권리이다.

일치성이 없어도 이미 선택된 자는 신의 영역에 마련된 관문을 통과할 수 있는 특권을 가진 자도 존재한다. 왜냐하면 세상사 대원칙이 모두가 일치성과 오행의 음덕을 가질 수 없기 때문이다. 그러므로 무리가 있으면 반드시 그 무리를 통솔하는 자가 있기 마련이며, 이것은 곧 세상의 연계와 단계(증보)법칙에서 오는 현상이다. 그러므로 깨달음을 얻은 자, 또는 그를 골수깊이 따르는 자이다.

일치성이라 함은 나아감에 있어 다져진 기초, 튼튼한 기초를 말함이고 나머지 운력은 하느님의 영역에서 관리 관장하신다. 기초가 튼튼하지 않고 원만하지 않으면 안녕을 기약할 수 없다. 기초가 튼튼하면 고행의 기로에 섰다가도 어느새 반석 위에 서고 만다. 기초가 튼튼하지 않은 자는 신분이나 지위고하를 막론하고 일락천창하며 용두사미 격이며 부와 행복과 기쁨이 충만하여도 일시 잠깐일 뿐이며, 결국 개인의 행복을 추구할 수 없다. 기초가 튼튼한 자는 삶의 쓴 고배를 마셔도 반드시 뜻을 이룬다. 다만 시간 차이만 있을 뿐이다. 그 뜻은 후손이나 내세에 가서라도 이루고야 만다.

그러나 아무리 좋은 운력도 하느님을 믿는 신앙심과 신념을 따를 수 없다. 자신의 정서(형언할 수 없는 자신만의 느낌)에 걸 맞는, 신을 믿는 마음 자세는 보이지 않는 일치성을 자아내며 조짐을 보인다. 예수의 정기가 서려 있는 곳과 것이라면, 참다운 믿음이 도사릴 수 있도록 정리 정돈된 곳과 것이라면 어떤 종교든 관계가 없다. 이것이 진리다. 새로운 세상을 창조하는 예수오행상생은 [목, 토, 금, 화, 수]이고 이미 이루어진 세상을 유지하는 동양오행상생의 원리는 [목, 화, 토, 금, 수]이다. 이 두 오행에서 일치하는 상생행은 '토, 금' 뿐이다. 인간은 하나 또는 2개의 일치성만 가질 수 있다. 나머지 운력은 신의 권리이며, 신에게 맡겨야 한다.

진정한 자존심은 신을 배척하거나 원망하는 마음이 아니라 신을 믿고 의지하는 것이다. 신을 믿고 의지하는 단계의 첫 걸음은 모든 사물과 사람의 이름에 있으며, 신을 믿고 의지하는 기본적인 예를 갖추는 것은 일치성을 보이는 것이다. 성경 구절 십계명에서《여호와 하느님의 이름을 망령되이 부르지 말라 죄 없다 하지 아니할 것이니라.》의 참뜻 중 하나는 이름의 중요성을 말씀하신 것이다.

라. 대한민국 전직 대통령들의 이름에 존재하는 일치성과 운력을 확인하였다

1) 이승만(李承晩) 대통령 생년월일 : 1875년 03월 26일 출생

* 한글 이름 획수 12획, 한문 이름 획수 26획, 월일 합수 = 29
* 한문 이름 합수 26과 월일 합수 29를 더한 수 = 55
* 월일과 이름의 단수 3 + 2 + 6 + 2 + 6 = 19
* <u>한문 이름 획수 26과 생일 26이 일치하였다.</u>

55의 수는 개인에 따라서 운력의 변화가 무궁한 수이며 개성이 강한 수로서 소원을 성취하나 성패의 결과를 낙관하지 못하는 운력이 자유롭지 못한 귀속된 수이며 기복과 갈등이 심한 약 12년의 독재정치 이후 대한민국 태극기가 암시하는 양분됨을 이겨내지 못하고 전쟁을 막지 못하는 천추의 한을 남겼다.

모두 합한 수는 총 129수이다.

오행에서는 수, 화의 지배를 받았으며 수중 6수의 보호를 받았다.

오행의 지배와 보호라고 하는 것은 생전의 운명을 지배하기도 하지만 사후세계의 행보에도 영향을 미친다는 말이며, 예를 들은 영웅들과 부호, 각 대통령들의 운기에 대하여도 오행을 기록한 것은 그와 같은 내용으로 이해하면 될 것이다.

2) 윤보선(尹潽善) 대통령 생년월일 : 1897년 08월 26일 출생

* 한글 이름 획수 16획, 한문 이름 획수 32획, 월일 합수 = 34

* 한문 이름 합수 32와 월일 합수 34를 더한 수 = 66

* 월일과 이름의 단수 8 + 2 + 6 + 3 + 2 = 21

본문에서는 666의 숫자에 대하여 구약성서에 기록되어 있는 솔로몬의 재물에 나타나는 6의 숫자를 예를 드는 등 신약성서의 기록까지 충분히 언급하였다.

  * 그러므로 태어난 생일 26중 6의 수와 한문 이름 획수 32와 월일 합수 34를 더한 수 66이 일치하여 666이 형성되었다.

그러나 한글 이름 획수 16중 6의 수가 일치한 666을 넘치는 바람에 (6666) 그 은총의 도가 선을 넘고 말았다.

따라서 격동과 곤란의 세월에서 약 10개월 가량 나라를 통치하다가 하야(下野)하고 만 것이다.

66의 수는 판단력과 분별력을 혼탁하게 하는 특성을 지닌 수이지만 젊음을 상징하는 수이기도 함으로써 자의든 타의든 자신의 초라함(희생)으로 인하여 사해동포를 강건(발전)하게 하는 운력을 지닌 수이다.

6의 수를 상징하는 수는 15, 24, 33, 42, 51, 60, 78 등이 존재한다.

모두 합한 총 수는 153이다.

오행으로는 토, 토의 음덕을 입었으며 토 중 27수의 지배를 받았다.

3) 박정희(朴正熙) 대통령 생년월일 : 1917년 09월 30일 출생

* 한글 획수 17획, 한문 획수 24와, 월과 일을 합한 수 = 39,

* 이름 한문 획수 24와 월일을 합한 수 39를 더한 수 = 63,

* 월일과 이름의 단수: 9 + 3 + 0 + 2 + 4 = 18

* <u>월일 합수 39와 한문 이름 합수 24를 더한 수 = 63과 단수 18의 수가 일치하였</u>
  <u>다.</u>
* 63은 9의 7배수이고 18은 9의 2배수로서 서로 통근하였기 때문이다.
* 63의 수는 성취가 무궁한 수이다.
* 모두 합한 총수는 144수이다.

오행에서는 토, 토의 기운을 받았고, 토 중 36수의 보호를 받다가 토 중 악의 기운이 강해지면서 하늘의 부름을 받고 서거하였다.

4) 최규하(崔圭夏) 대통령 생년월일 : 1919년 06월 19일 출생

* 한글 이름 획수 15획, 한문 이름 획수 27획, 월일 합수 = 25
* 한문 이름 합수 27과 월일 합수 25를 더한 수 = 52
* 월일과 이름의 단수: 6 + 1 + 9 + 2 + 7 = 25
* <u>월일 합수 25와 월일과 이름 합수의 단수 25가 일치하였다.</u>
* 한문 이름 획수에 27의 수가 자리하여 연속성일치로 일치하였지만, 9와 9의 배수, 5와 5의 수를 상징하는 수와 함께 7의 수를 상징하는 월일합수 25의 수가 포진하여 강력한 일치성을 유지하였다.
* 52수는 성공 발전지상의 수이다.
* 이름과 월일, 이름과 월일 합수, 단수를 모두 합한 총수는 129수이다.

수명 장수의 수이다. 오행에서는 수와 화의 인연과 함께 숫자 6과 동침하였다. 오행에서 수와 화의 인연과 함께 숫자 6의 음덕을 입어서 장상에까지 군림하였다.

5) 전두환(全斗煥) 대통령 생년월일 : 1932년 12월 23일 출생

* 한글 이름 획수 17획, 한문 이름 획수 23획, 월일 합수 35

* 한문 이름 합수 23과 월일 합수 35를 더한 수 = 58

* 월일과 이름의 단수 : 1 + 2 + 2 + 3 + 2 + 3 = 13

* 한문 이름 23과 태어난 일주 23이 일치하였다.

* 58수는 선곤 후 대성의 수이다.

* 모두 합한 총수는 129수이다.

수명 장수의 수이다. 오행에서는 수와 화의 인연과 함께 숫자 6과 동침하였다.

6) 노태우(盧泰愚) 대통령 생년월일 : 1932년 07월 16일 출생

* 한글 이름 획수12, 한문 이름 획수 38, 월일 합수 23

* 한문 이름 합수 38과 월일 합수 23을 더한 수 = 61

* 월일과 이름의 단수 : 7 + 1 + 6 + 3 + 8 = 25

* 태어난 일 16과, 이름 합수 38과 월일 합수 23을 더한 수 61이 일치하였다.

* 61수는 천지공일 수 45를 제하면 16수가 출현하기 때문이다.

* 61수는 성공 후 좌불안석의 수이다. 그러므로 오랫동안 병석에 눕는다거나 구
  설수가 따를 수 있다.

* 모두 합한 총 수는 141수이다.

오행으로는 수, 화의 기운을 받으며 6수와 동거하였다.

7) 김영삼(金泳三) 대통령 생년월일 : 1928년 12월 04일 출생

　　＊ 한글 이름 획수16, 한문 이름 획수 20, 월일 합수 16

　　＊ 이름 합수 20과 월일 합수 16을 더한 수 = 36

　　＊ 월일과 이름의 단수 : 1 + 2 + 4 + 2 + 0 = 9

　　＊ 한글 이름 획수 16과 월일 합수 16이 일치하였다.

　　＊ 이름 합수 20과 월일 합수 16을 더한 36수와 단수 9가 일치하였다.

　　＊ 36수는 단수 9의 배수이기 때문이다.

　　＊ 36수는 9의 4배수로서 불안지운을 나타낼 수도 있는 성질을 가졌지만 영웅 괴

　　　걸의 수이기도 하다.

　　＊ 모두 합한 총 수는 81의 수이다.

오행으로는 수, 금의 기운을 받아서 29수의 덕을 입었다.

8) 김대중(金大中) 대통령 생년월일 : 1923년 12월 03일 출생

　　＊ 한글 이름 획수 15, 한문 이름 획수 15, 월일 합수 15

　　＊ 이름 합수 15와 월일 합수 15 = 30

　　＊ 월일과 이름의 단수 : 1 + 2 + 0 + 3 + 1 + 5 = 12

　　＊ 월일 합수 15와 한글 이름 15가 일치하였다.

　　＊ 한글 이름 15와 한문 이름 15가 일치하였다.

　　＊ 30의 수는 신고환란 후 성취하는 수이다.

　　＊ 모두 더한 총수는 72수다.

오행으로는 토, 토의 지배를 받았으며 18수와 득세하였다.

272

9) 노무현(盧武鉉) 대통령 생년월일 : 1946년 08월 06일 출생

* 한글 이름 획수 15, 한문 이름 획수 37, 월일 합수 14

* 이름 합수 37과 월일 합수 14 = 51

* 월일과 이름 단수 : 8 + 6 + 3 + 7 = 24

* 태어난 일자 6수와 이름 합수 37과 월일 합수 14를 더한 수 51과 일치하였다.

* 51수는 천지공일 수 45를 제하면 6의 수가 출현하기 때문이다.

* 51수는 행운과 말년패운을 암시하는 수이다.

* 모두 더한 총수는 126수이다.

오행으로는 토, 토의 가호가 있었으며 9수의 음덕을 입었다.

마. 북한 김일성과 김정일의 이름에 존재하는 일치성과 운력을 확인하였다

하느님의 진리는 사상과 이념을 넘어서 작용함은 마땅하다. 주어진 환경, 좋은 운력(일치성, 오행통근)을 가졌어도 피할 수 없는 숙명과도 같은 주어진 환경 때문에 불행한 삶을 사는 이들은 우리들의 주위와 지구상에는 수없이 존재한다. 그러나 내세에는 일치성으로 인하여 선택의 권리를 가지게 되고 안녕을 기약할 수 있는 운력을 가지는 것이다. 운력이 없는 자는 운력이 있는 자보다는 부단히 많은 노력을 하여야 하며 자칫 아무리 많은 노력을 하여도 도로무공이요, 기도의 응답조차 받지 못한다. 물론 내세의 선택권을 가지기 위해서는 진리를 접하고 일구월심으로 신에 대한 신념을 가져야 한다.

예수오행의 참진리는 현재 주어진 환경(현실, 이승)에서도 작용능력이 동하지만, 차원을 달리하는 사후세계의 영혼을 구제하는데 그 참뜻이 있다. 신의 섭리는 오묘해서 인간 세상에서 악인으로 낙인 찍혀도 회개 (일치성)가 성립되면 선인선과 악인악과의 틀에서 구원을 받을 수도 있는 것이다. 이념이 다르다고 하여, 신을 배척한다고 하여, 이미 태초에 감추어진 그 진리가 버려지는 것은 아니다. 이 점 혼동이 없기를 바란다. 그러나 인법(人法)은 곧 천법(天法)이다. 나라마다 조직마다 법과 규칙이 다르다고 하여 천법이 달라지지는 않는다. 다만, 천법을 제대로 숙지하지 못하고 인간세상을 혼탁하게 하고 편중현상을 일으키는 인법은 천법에 의하여 처단을 받게 될 것이다. 그러므로 각기 다른 그 모든 법에는 반드시 천법의 심오한 진리가 그대로 작용하고 내세에 그 영향의 발로는 객관적으로 명시되어 하나의 사건으로 나타난다.

1) 북한 김일성(金日成) 생년월일 : 1912년 04월 15일 출생

   * 한글 이름 획수 15, 한문 이름 획수 19, 월일 합수 19

   * 이름 합수 19와 월일 합수 19를 더한 수 = 38

   * 월일과 이름 단수 : 4 + 1 + 5 + 1 + 9 = 20

   * 월일 합수 19와 한문 이름 합수 19가 일치하였다.

   * 38수는 변형, 권모술수의 기질을 가진 두령운이다.

   * 마치 이미 그려진 그림을 교묘하게 형태를 바꾸어 나타내는 예능적 운기를 지녔다. 김일성은 사회주의의 앞잡이가 되어 이미 그려진 조선의 지도를 반으로 갈라놓는 38도선의 그림을 그리고야 말았다.

   * 모두 합한 총 수는 96수이다.

오행으로는 수, 화의 공덕을 입었으며 39수의 기운을 득하였다.

2) 북한 김정일(金正日) 생년월일 : 1941년 02월 16일 출생

* 한글 이름 획수15, 한문 이름 획수 17, 월일 합수 18
* 월일 합수 18과 이름 합수 17을 더한 수 = 35
* 월일과 이름 단수 : 2 + 1 + 6 + 1 + 7 = 17
* 이름 합수 17과 단수 17이 일치하였다.
* 월일 합수가 9의 배수인 18수가 포진하여 비록 단수 17과 이름 합수 17이 일치성은 엿보이지만 연속성일치이다. 즉, 일치성은 존재하지만 마모된 열쇠와도 같은 형국으로서 문이 잘 열리지 않는 것이다. 비록 연속성 일치라고 하여도 오행의 상생 운력이나 오행에서 표시하는 숫자의 운력이 조화롭게 지배하면 연속성 일치의 운력도 강해지는 것이다.
* 35수는 안정, 안락의 수이다.
* 모두 더한 총 수는 87수이다.

오행으로는 화, 수를 득하였으며 3의 수를 포용하고 있다. 오행에서 화 중 악의 기운이 득세하면 곧 쇠퇴하여 무너진다. 이는 화 중 42수의 운을 가졌기 때문이다.

김정일은 세습체제에 의하여 왕좌에 앉았다. 대물림을 하고 받는 것은 유명을 달리한 선조의 운기와 일치성을 보이거나 단일성을 보여야 한다. 만약 대물림을 받은 자가 일치성이 보이지 않을 때에는 각고의 노고가 필요하게 되며, 대를 이어 국가나 단체, 기업을 이끌어 가기가 쉽지 않다.

그러나 개인의 운은, 조직이나 단체 또는 국운 위에 존재할 수 없다. 비록 개인의 운력이 안 좋다고 하더라도 조직이나 단체, 국운의 음덕을

입어서 발전할 수도 있다. 그러나 개인의 내면에서는 내공의 소용돌이
가 혼잡하여진다. 개인의 운이 상성한 자는 차원을 이동해서라도 반드
시 포부를 실현시킨다.

바. 경제계의 대부 삼성과 현대 회장의 이름에 존재하는
   일치성과 운력

1) 삼성 창업주 이병철(李秉喆) 회장 생년월일 : 1910년 02월 12일
   출생

   * 한글 이름 획수 18, 한문 이름 획수 27, 월일 합수 14

   * 월일 합수 14와 이름 합수 27을 더한 수 41

   * 월일과 이름 단수 : 2 + 1 + 2 + 2 + 7 = 14

   * 월일 합수 14와 단수 14가 일치하였다.

   * 41수는 덕망, 재부, 공명의 수이다.

   * 모두 더한 총수는 96수이다.

오행으로는 수, 화의 음덕을 입었으며 39수와 반려하였다.

2) 현대 창업주 정주영(鄭周永) 회장 생년월일 : 1915년 11월 25일
   출생

   * 한글 이름 획수 14, 한문 이름 획수 32, 월일 합수 36

   * 월일 합수 36과 이름 합수 32를 더한 수 68

   * 월일과 이름 단수 : 1 + 1 + 2 + 5 + 3 + 2 = 14

* <u>한글 이름 14와 단수 14가 일치하였다.</u>
* 68수는 창업대성 운이다.
* 모두 더한 총수는 150이다.

오행으로는 수, 화의 보호를 받았으며 30수 장상의 덕을 입었다.

위 두 분의 일치성은 14로 구성되어 있다. 우연이라고 보기에는 한 시대를 풍미하고 대한민국의 경제발전에 크게 기여한 두 분의 일치성이 예사롭지가 않다. 14수에 대한 구체적인 설명은 아래에 기록하였다.

위와 같은 공식은 평민들이나 심지어 범죄자들에게도 찾아볼 수 있을 것이다. 여기서 말하고자 하는 것은 이러한 기본적인 틀의 구도가 정립되어야 성공 가도를 달릴 수 있는 운의 기초가 마련되어 왕성하다는 것이다. 비록 주어진 환경과 겪어야 할 숙명 때문에 가난에 허덕이고 나래를 펴지 못하며 전과자나 흉악범으로 전락하였다고 하여도 일치성이 있는 자는 회개 후 차원(사후세계)을 달리하여서라도 반드시 포부를 관철시킨다. 일치성의 중요함은 사후세계의 안녕을 기약하는 과학적인 실현의 공식인 것이다. 일치성(천복)을 제외한 나머지 운력은 하느님의 영역에서 지배된다. 각자의 인생행로를, 피할 수 없는 숙명적 과제와 시간, 환경의 지배, 성격 양성, 정신적 지배를 관리 관장하시는 분은 하느님이시며 사방의 방향에서 오는 기운의 영역에서 파장으로 이어져 우리에게 다가오는 것이다.

누구는 부모를 잘 만나서 호의호식하고 누구는 가난한 나라, 천한 집안에 태어나서 평생을 고달픈 생활을 하고, 대부분의 사람들은 좀 더 나은 삶을 영위하기 위하여 끊임없이 노력을 아끼지 아니하며, 누구는 공산국가의 천민 집안에서 태어나 천민으로 밖에는 살 수 없는 운명의 지배를 받고, 누구는 아프리카 오지에 태어나 문명을 접해 보기는커녕 원 시생활이 삶의 전부인 줄 알고 살고 있는 것이 인간사의 진면목이다. 여기서 분명하게 밝히고자 하는 것은 위와 같이 각자가 운명의 지배와 환경의 지배를 받을 수밖에 없는 것은 태어나기 전에 이미 운명지어져 있었다는 것이다. 다시 말해서 세상에 올 때 내 맘대로 온 자는 선택권 (일치성, 신앙의 신념)을 행사하였음이요. 그렇지 못한 자는 자연의 소 용돌이 속에서 흘러가는 대로 영혼을 맡겼다는 것이다.

사. 예수오행 5의 수를 상징하는 14의 수에 대한 심오한 비밀은 성경에 임하였다

위에서 말한 현대 정주영 회장과 삼성 이병철 회장의 일치성 즉, 14의 수에 대하여 설명을 하고자 한다. 성경 구절에 존재하는 '153'의 수는 '예수'의 숫자 9의 17배수다. 예수를 상징하는 숫자 중에 하나이며 진리(이적)를 말함은 물론이요 나아가서는 예수오행을 내포함으로써 진리 중 보상법칙의 수인 것이다. 153 중 가운데 5의 수는 기수의 중앙이요 예수오행을 상징하는 수이다. 5의 수를 기준으로 하여 1 + 5 = 6이며 다시 5 + 3 = 8로서 6 + 8 = 14가 출현하여 예수오행의 5를 상징하는 숫자는 14, 23, 32, 41, 50, 59, 68, 77…… 등 14는 단수 5를 상징하는 첫번째 복수의 숫자임을 알 수 있는 것이다.

예수의 진리와 예수오행의 원리와 이치로서 일치성을 가지면 육신이 찢어지지 아니하고 완전(성공, 행복, 안정, 평화, 등)하여 하느님의 가호 아래 생사의 차원을 영위한다는 것이다.

《(요한복음 21:11) ……올라가서 그물을 육지에 끌어올리니 가득히 찬 큰 물고기가 백쉰세 마리라. 이같이 많으나 그물이 찢어지지 아니 하였더라.》

아. 예수오행을 상징하는 수의 심오함은 성경 외에도 존재한다

예수오행의 수 5를 상징하는 수중에서 성경에 기록되지 않은, 전혀 다른 종단이나 단체에서 그 진리의 심오함을 일례를 들어서 찾아보고 자 한다. 역시 혼란이나 혼동이 없기를 바란다.

국제창가협회(SGI)는 일본의 신흥종교로서 즉, **《남묘호렌게교(남묘 호렌게쿄)》**는 일본식 발음으로서 **《남무묘법연화경》**을 말하는 것이며, **《법화경에 귀의하겠습니다.》**라는 뜻을 나타낸다. 이 '법화경에 귀의하 겠습니다.' 를 순수하게 한글 획수로 풀이하면 59획수가 성립된다. 법화 경이라고 함은 대승불교 경전 중에서 경전의 왕이라 칭하고, 28장으로 서 구성되어 있으며, 전반부 적문은 석가의 인간에게 행하는 가르침을 기록하고 있으며, 후반부 본문은 생로병사 속에 깨우침은 사망(입적)으 로 이어져서 영원하며 중생구제도 영원하다라는 내용 등으로 채워져 있다.

일본의 신흥종교인 《남묘호렌게교》는 치병(병을 잘 다스림)의 역사 가 잘 일어나고 있는 것으로 알고 있는데, 예수오행을 상징하는 5수의 6 번째 59수는 치병의 수임을 알 수 있으며, 예수오행의 힘과 능력의 그 대진리는 이와 같이 언제 어디서든 수의 특성에 따라서 그 기적을 행사 함을 알 수 있는 것이다. 예수오행의 힘과 능력이라고 함은 타종교의 핵심교리가 예수오행의 진리와 원리에서 동일하게 작용함을 말하려 하 는 것이다. 그러므로 타종교를 비방하거나 비하(폄하)시키거나 업신여 기거나 조롱하여서는 아니 된다. 다만, 우상을 섬기는 종교는 큰하느님 의 대법칙과 법도에서 위배된다.

이마에 인침이 없거나 예수오행의 이치를 나타내지 않는 우상이나 잡 신을 신봉하거나 숭배하게 되면 사후 세계에서는 결코 안녕을 기약할 수 없다. 이마에 인침이 존재하는 부처(석가)는 우상으로 보면 안 되는

것이며, 우리나라 대한민국의 토속신앙은 자연 그대로의 모습을 믿고
숭배하였다가 온갖 우상과 주문과 주술을 가미시켜서 본연의 참믿음을
샤머니즘으로 망각하였다. 그러므로 자연 그대로의 모습을 우상으로
보면 안 되는 것이다. 이와 같은 이치로서 이마에 인침이 있는 석가(부
처)나 석가를 상징하는 형상을 안치한 장소에 각종 우상을 그림(탱화)
으로나 형상으로 부수 설치하였다면, 인침을 한 석가도 우상으로 전락
하고 만다는 것을 염두에 두어야 할 것이다. 이는 마치 구름에 가려진
달과도 같은 형국으로써 석가는 달이요 우상은 구름과도 같은 이치인
것이다.

자. 불교를 일으킨《석가모니》의 이름에 존재하는 일치성과
운력을 확인하였다

석가모니의 일치성을 예를 든 것은 본문이 비록 성경에 의한 예수오
행을 구심점으로 기록되고 있지만 타종교에서도 그 진리가 존재하고
있음을 밝히고자 하며 이는, 본문이 주장하는 진리가 어느 한 종교에 국
한되어 있지 않음을 강조하는 데 그 의의가 있는 것이다.

석가모니의 본명은《고타마 싯다르타》이며, '석가모니' 는 한자어로
서 인도어로 '샤카무니' 로 발음된다. '석가모니' 는 인도어인 '샤카무
니' 의 한자(漢字, 중국어를 표기하는 중국 고유의 문자) 말이다. 석가모
니의 일치성을 가늠하여 보면 16수가 일치하는 것을 알 수 있다.

본명 :《고타마 싯다르타》(인도 룸비니 출생 샤카족의 왕자)《샤카무
니》(석가모니, 釋迦牟尼) 생년월일 BC(기원전) 563년경 04월 08일 출
생, (출생년도는 학자들이나 문헌에 의하여 주장이 정확하지 않음)

고타마 싯다르타의 이름 한글 획수 31, 샤카무니 이름 한글 획수 16

고타마 싯다르타 31수와 생월일의 수 4와 8을 더한 수 43

고타마 싯다르타 이름 31과 생월 4와 생일 8 합수의 단수 3 + 1 + 4 + 8 = 16

<u>샤카무니 이름 한글 획수 16과 고타마 싯다르타 이름과 생월일의 수를 더한 단수 16과 일치하였다.</u> 모두 더한 총수는 106수로서 오행으로는 수, 금의 이치를 통달하였으며 29수의 대기만성의 운력을 포용하였다. 43의 수는 부모의 유산을 탕진(버리다)하고 가출(출가)하는 운기로서 이상적 정신을 형성하는 수이다. 고로 선견지명이 뛰어난 자는 미래를 감지하고 과감하고 미련 없이 자신의 길을 가고야 만다. 43수의 운기가 현실에 당면해 있지 아니하여도 미래에 도래함을 아는 자는 현자이기 때문이다.

차. 예수오행과 성경의 공식에 의한 이름은 점술행위가 아니다

일치성이라 함은 점을 치는 행위를 하는 것은 아니니 혼동이 없길 바란다. 하느님은 사람이 사람을 두고 점술행위를 하는 것을 옳은 행위로 보지 않기 때문이다. 수 점술은 기원이 고대 바빌론 시대에 시발, 성행하였던 것으로 추정되며 모든 점술행위는 하느님의 눈 밖(가증)에 계시기 때문이다.

《(신명기 18:10∼14) 진언자(사리와 이치에 어긋나는 주문을 하는 자)나 신접자나(잡신이 몸에 내려 자신의 통제력을 잃고 가당찮은 말과 행동을 하는 자) 박수나(남자 무당) 초혼자(혼을 불러들이는 자)를 너희 가운데에 용납하지 말라. 이런 일을 행하는 모든 자를 여호와께서 가증히 여기시나니 이런 가증한 일로 말미암아 네 하나님 여호와께서 그들을 네 앞에서 쫓아내시느니라.》

　그러므로 참믿음의 문서를 얻을 수 있는 조언과 상담만이 존재하여야
할 것이다.

제7장
예수오행의 지혜와 숫자에 의한 기도의식

제7장

예수오행의 지혜와
숫자에 의한 기도의식

1. 단체기도는 수의 이치에 의하여 기일을 정하여
   기도함이 바람직하다

1) 양력(태양력)으로 기일을 정하는 법

우리가 기일을 정하여 기도를 하되 기도의 기일을 정한다 함은 우리가 무리 지어 모이는 날을 일컬음이다. 이는 주일 중 날을 정하여 교회에서 예배를 보는 날짜와는 그 개념을 달리한다.

예수오행을 구심점으로 하여 예수를 상징하는 숫자 9와 오행을 나타내는 숫자 5를 염두에 두고 정하는데 무릇 음과 양의 원리와 이치를 알았은즉 우선 양력을 사용하는 민족이나 무리들은 매월 중 14일을 집회일로 정하며, 일 년 중 9월 9일을 대집회일로 정한다. 근거의 시발과 산출은 첫번째 양력(태양력, 서력기원〈西曆紀元〉 예수의 탄생해로부터 출발)의 일 년은 365일(소수점 제외)이며, 단수법칙에 의하여 3 + 6 + 5는 14의 숫자가 출현하고 다시 1 + 4 = 5의 숫자가 출현한다. 14의 수는 예수오행의 수 5를 상징하는 첫번째 숫자이다. 그러므로 예수오행을 상징하는 매월 14일을 집회일로 정함은 당연하다 할 것이다.

일 년 중 5월 9일은 동양오행의 상생원리(그리스도의 명령, 세상을 유지 관리하는 원리)에 의하여 45가 출현하는 날이므로 45가 출현하였다고 함은 하느님께서 세상을 다 지으시고 천지 사방이 천지공일로서 쉬는 날의 수로 81수 중 정하였다는 뜻이다. 즉, 1번부터 44번까지를 지으시고 45번째 천지공일로 정하여 하늘과 땅이 쉬는 날로 정하였다는 것이다. 이는 성경 구절에 존재하는 천지창조와 만생만물을 6일째 완전히 지으시고 7일째 쉬는 일자의 개념이 아니고 숫자의 개념으로서 45를 기점으로 81을 마지막으로 45를 넘는 수는 45의 전의 해당하는 수로 복귀하면서 한편으로는 숫자의 모습을 나타내면서 각기 질주하는 양면성의 원리를 나타내는 것이다.

즉, 45를 넘은 수 46 이상은 45를 제하면 1이 남으며 1은 1의 수로 되돌아가고 46의 수는 그대로 수의 존재를 드러내면서 유지하여 진행함을 말하는 것이다. 이 수의 원리를 다시 한 번 깊이 있게 설명하면 45를 기준하여 1번부터 44번까지는 신이 창조한 절대론의 수에 해당하고 46

번부터는 우연론적 수로서 81번까지 자연히 이루어지는 수임을 나타내고 있음을 말하려 하는 것이다.

매년 5월 9일과 9월 5일은 우리가 이 세상에 존재함을 스스로 확인하고 이 세상에 삼라만상과 함께 존재함을 신에게서 인정받은 날이므로 우리 스스로 자축하는 날로 정함과 동시에 큰하느님께 무리 지어 감사드리는 날로 정하여 마땅한 날이다. 45의 수는 우리의 존재를 나타냄이요. 그 분이 우리와 함께 계심을 확인하는 날이다. 이 날 만큼은 행사의 절차와 과정과 의식(儀式)은 각 민족의 정통과 풍습과 풍속, 관습 등 나름대로의 문화를 가미시켜 축제일로 삼는다. 일 년 중 9월 9일은 하늘과 땅 즉, 큰하느님과 인간이 하나 되는 유일한 날이다. 동서남북 사방 팔방의 문이 모두 열리는 숫자 81이 지정된 날이니 이 날을 대성회(집회)일로 정함이 마땅할 것이다.

2) 음력(태음태양력)으로 기일을 정하는 법

음력은 모두 네 가지 숫자의 일 년이 존재하는데 평년의 일 년은 354일과 355일이 있으며, 윤년으로는 383일과 384일이 존재한다. 이 네 가지 평년과 윤년의 숫자를 모두 합하면 1476의 숫자 또는 54의 숫자가 출현하는데 이를 역시 단수의 법칙에 의하여 단수의 답을 구하면 9의 숫자가 형성됨을 알 수 있다. 모임의 일자는 매월 9일로 정한다. 스스로 자축하는 날은 매월 중 양력의 날과 같이하며, 대성회(집회)일도 양력과 같이한다. 현세는 과학이 지배하고 모두가 깨우친 자들이 사는 세상이다. 그러므로 융통성(절대론 속에 존재하는 우연론적인 진화, 변화의 진리 인정)이 결여된 집단은 도태당하게 되어 있다.

상황에 따라서 비상시나 유사시에 수시로 모임을 가질 수도 있으며, 모임의 일자는 위의 일자를 지킬 수 없는 부득이한 사유가 발생할 경우

매월 6일과 8일은 피하여야 한다. 이는 양력의 기일기피에도 해당한다. 6의 수는 절대론에 속하는 숫자로서 악의 기운이 강한 일로 치부하며 8의 숫자는 우연론에 속하는 숫자로서 역시 악의 기운이 강한 날로 삼는다.

3) 태음력(순태음력, 이슬람력)은 5의 수와 9의 수를 나타내기 위하여 부단히 노력한다

무릇, 태음력이라 함은 달의 운행(삭망, 朔望)을 기준으로 하여 만들어진 달력법으로써 달의 한 번 운행(1삭망월)을 주기로 규칙적으로 차고 기우는데서 자연적으로 생겨난 고대력(古代曆)이라고 한다. 주로 이슬람지역에서 사용하는 달력으로서 일 년 12달의 일수는 354일로서 30년에 11일의 윤일을 두어서 달의 운행과 일자가 착오 없이 시간을 맞추고 있다.

순태음력의 일 년을 나타내는 354일을 단수로 답을 구하면 3 + 5 + 4 = 12 = 3의 수가 나온다. 양력에서 예수오행을 상징하는 5의 수나 음력에서 예수를 상징하는 9의 수가 출현하지 않음을 알 수 있다. 그리하여 이 순태음력을 사용하는 민족이나 단체는 5의 수를 출현시키기 위하여 하루에 적어도 5번 내지 많게는 9번을 기도(신에게 바치는 의식)하여야 하며, 긴 시간을 금식을 행함으로써 9의 숫자를 대변하게 되며 생명교차점이 오류가 발생하지 않도록 하기 위하여 수고로움과 번거로움을 면치 못할 것이다.

실제로 이슬람력을 사용하는 이슬람교(무슬림, 모슬렘, 회교)는 하루에 시간을 정하여 5번의 기도의식을 행하고 있으며 일 년 중 아홉번째 달을 정하여 빛이 있는 시간 동안에는 금식을 행하고 있음이니 이치가 이와 같은 것이다. 즉, 이슬람교는 하루에 5번의 기도를 행함으로써 5

의 숫자를 얻어냄이요 일 년 중 9월 달을 코란(무슬림 경전)에서 명령하는 '신성한 달'로 정하여 성인이 된 모든 회교도는 라마단(더운 달)을 금식('금식'의 단어는 한글 획수로 9획)의 달로 지키고 있음으로 인하여 9의 숫자를 대변하고 있는 것이다. 즉, 9(아홉번째달) 곱하기 9(금식) = 81의 수가 출현함으로써 신과 인간이 하나 되는 날짜, 그 이치를 거슬리지 않기 위한 노고가 어느 민족보다 가상하며 그 열의와 신에 대한 애착과 충성심은 대단하다.

이슬람교를 창시한 자를 '무함마드', '마호메트'라고 하며 순수 한국말로 표현하면 '마호멧'으로 읽을 수 있다. '마호멧'은 한글 획수로 풀이하면 18의 수가 형성되고 단수의 답은 9획이 출현함으로써 역시 예수의 기운이 연결 지어져 있음을 발견할 수 있는 것이다.

이렇듯 숫자와 관련된 삼라만상, 대우주 만물의 대행사와 진리와 원리와 이치와 대원칙은 예수오행의 상생원리와 관계지어져 있으며 숫자의 심오함이 곧 신의 오묘함임을 우리는 부정하여서는 아니 될 것이다. 위 기일을 엄격하게 지키기 위하여 노력하는 자는 예수의 피(포도주)와 살(빵)을 먹는 격이니 생명나무가 우리와 같이 함이요 구원의 증표로서 대우주공간에 그 기운이 작렬할 것이다. 전지전능하다고 함은 하늘이 우리에게 직접적으로 간섭하여 갑자기 하늘에서 돈벼락을 내리게 하고 갑자기 땅에서 금은보화가 솟구치며 불치병이 갑자기 씻은 듯 사라지며 하는 따위의 비현실적인(기적) 행위적 동력에 의한 실현을 말하는 것이 아니다. 기적이 세상에 실현되기 위해서는 단계적 과정이 필요한 것이다.

전지전능의 첫째 표현은 하늘의 비밀과 하늘의 지혜와 하늘의 공식을 말함으로써 우리가 간구하는 모든 것들을 이룰 수 있는 단계적 해법을 말하는 것이다. 그리하여 이를 믿음으로 받아들이면 그 다음은 단계적 발현으로 인하여 이적이 일어남을 말하는 것이다.

《(마태, 마태오복음서 13:11) 너희는 하늘나라의 신비를 알 수 있는 특권을 받았지만 다른 사람은 받지 못하였다.》

본문은 하늘의 대진리를 운향(韻響) 하였으니 본문과 뜻을 같이 할 인재들과 후손들이 운(韻)으로 화답하여 태초에 감추어 놓은 하늘의 진리를 오래지 않아 극명(克明)하게 밝히게 될 것이다.

2. 우리는 하느님께 약속(거래)하는 삶을 살아야 한다

1) 우리는 약속의 중요성과 결과를 알고 있다

우리가 땅에 씨앗을 뿌리는 것은 땅과의 약속이며 우리의 생각(마음)을 하늘에 뿌리는 것은 하느님과의 약속임을 우리는 이미 알고 있는 사실이다. 우리가 땅에 뿌린 씨앗은 땅과의 약속으로서 땅에 씨앗을 뿌린 것만으로도 그 나머지는 땅이 알아서 뿌리를 내리게 하며 싹이 나게 하며 줄기를 나게 하며 열매를 맺게 한다. 우리가 땅에 뿌린 씨앗을 스스로 파헤치지만 않는다면 반드시 결실을 얻는다. 우리가 씨앗을 뿌린 땅에 정성을 들여서 관리를 한다면 더욱 더 풍성하고 건강한 열매를 맺을 것임을 우리는 이미 알고 있는 것이다. 이것은 눈에 보이는 자연적 믿음의 약속에 속한다.

즉, 당연한 이치로서 자연은 우리가 원하면 응하게 되어 있음을 말하는 것이다. 우리가 땅에 뿌린 씨앗을 스스로 파헤치는 것은 땅과의 약속을 어김이요 하늘에 생각을 뿌린 것을 이행하지 않는 것은 곧 믿음을 놓아버렸음을 의미하는 것이다. 이와 같은 이치로서 눈에 보이지 않는 마음으로써 눈에 보이지 않는 하늘에게 약속을 한다는 것이다. 우리의 생각을 하늘에 약속함으로 인하여 그 약속은, 우리가 구하고자 하는 그 결과는, 하늘이 알아서 땅과의 약속과 같이 이루어짐을 의심하지 말아야 한다. 그 믿음이 굳건하고 그 신념이 확고하면 더욱 더 확실한 결실의 결과를 보게 될 것이다

만약에 큰하느님과 약속을 한 후 그것을 지키지 아니 하면 땅에 뿌린 씨앗을 파헤치는 형국으로 치달으니 결국 그 결과는 소멸되고 큰하느님과의 약속을 어겼으므로 그 형벌이 가중되고 큰하느님과는 결별하는 것이니 큰하느님은 단 한 번의 약속을 어긴 것도 용서하지 아니하심을 잊지 말아야 한다. 그러므로 이를 명심하여야 할 것이며, 명심하고 또 명심하여 지키지 못할 무리한 약속은 절대로 해서는 안 됨을 마음으로 견고히 하여야 한다. 큰하느님과 한 번 약속한 것은 반드시 지켜져야만 함을 잊지 말아야 한다. 잘못을 저지르고 회개하여 죄를 사하고 용서를 구하는 것과는 다른 이치인 것이다.

약속과 이치가 다른 회개 또한 상습적으로 잘못을 저지르고 상습적으로 회개하는 것은 오히려 회개하지 않는 것만 못한 것이니 이는 습관성 악이 자신을 지배하게 되는 것이기 때문이다.

2) 약속을 드렸으니 약속을 받음은 마땅한 이치이다

하느님께 약속하는 행위는 회개와 기도를 동시에 이룬다. 그동안 잘못된 과오나 습관이나 생각이나 행동들을 고치기 위하여 하느님께 약속하는 것은 곧 회개이며 약속의 자체는 곧 기도의 응답인 것이다.

우리는 당연한 것에 구애받지 말고 당연한 것에 얽매이지 말고 당연한 것을 가지고 말장난하지 말아야 한다. 우리가 하느님께 간구하지 아

니하여도 당연한 것은 이루어지게 되어 있는 것이다. 이를 두고 하느님께서 기도의 응답을 주었느니, 역사가 일어났느니 함부로 말하는 것은 부당한 처사이다. 결코 구원의 손길은 멀리 있으며 간구의 결과는 달지 않을 것이기 때문이다. 우리가 할 수 있고 행할 수 있으며 지킬 수 있는 약속을 큰하느님께 약속하고 그 약속을 지키는 행위를 함으로써 우리가 이룰 수 없는 기도의 응답을 큰하느님께서 이루어주시는 것은 약속의 법칙이며 단계의 법칙임을 잊지 말아야 한다.

제삼 말한다면 우리가 스스로 할 수 없는, 이루어질 수 없는 전제를 정하여 이루어 달라고 무지하게 기도하여 그 기도의 응답을 받고자 하는 것이 아니라 우리가 행할 수 있는 것을 먼저 큰하느님께 약속하여 그 약속을 이루어냄으로써, 우리가 이루기 힘든 영역에 대하여 기도의 응답을 받고자 하는 단계법칙의 테크닉임을 명심하여야 한다. 이는 곧 우리가 행할 수 있는 약속을 행하는 것은 우리가 이룰 수 없는 목적을 이루어내는 과정과 행위인 것이다. 우리가 큰하느님께 약속한 것을 스스로 지켜내니 큰하느님도 우리에게 그 보답을 행하는 것이다.

이것이 곧 '우리가 드렸으니 우리가 받음도 마땅한 이치' 인 것이다. 우리가 큰하느님께 약속하는 행위는, 큰하느님께서 우리에게 가르치되 그 중 행하지 말라고 말씀하신 것을 우리는 행하였으므로 그 잘못을 뉘우치고 회개를 하는, 그런 회개로 인하여, 고해성사로 인하여 죄 사함을 구하고 용서를 받는다는 것과는 다름을 혼동하여서는 안 된다. 하느님과의 약속은 이미 이루어져 있는 보상법칙에서 더욱 더 크고 견실한 보상을 이끌어내는 현실적인 기도요법인 것이다. 하느님과의 약속 방법은 사안에 따라서 단발(한번)로 행함이 있고, 하루에 두 번, 또는 하루에 15번 약속하고 150일간을 행하여야 하는 약속의 시간이 엄중히 존재하는 것이다. 사소한 약속의 기도는 대부분 한 번으로서 끝난다.

그 사소한 약속을 실천함으로 인하여 큰 약속이 이루어지는 것은 이루어질 수밖에 없는 단계법칙인 예수(耶蘇)를 통하여 큰하느님(본체신, 大天主)께 도달하는(토, 화, 수, 목, 금)에 의한 보상이기 때문이다. 그 약속의 응답은 어쩌면 우리 대에서 이루어지지 않을지도 모른다. 그러나 하느님은 우리에게 빚지는 것을 원치 않는다. 이를 기억하여야 한다. 이것이 예수오행이 알려주는 진리이다.

3) 개명법칙은 하느님과의 약속의 문서(계약)이다

성경 구절의 개명법칙은 큰하느님과의 약속을 이행하겠다는 약속의 증표로서 작용하고 그 약속에 대한 충분한 기도의 응답과 함께 사후세계의 선택권을 부여받는 문서와도 같음을 말하려 하는 것이다. 또한 우리가 알아야 할 것은, 우리는 나름대로 큰하느님과 이런 저런 약속을 한 후 그 약속을 지키지 못한 자는 개명하여야 한다.

본문에서 이름의 중요성에 대하여 여러 번 기록하고 있다. 큰하느님과 약속을 한 후 그 약속을 지키지 못한 자는 큰하느님과 결별을 선언하는 것과도 같은 것이다. 큰하느님과 한 번 결별을 하고 나면 우리는 그 어디에도 설 곳도 갈 곳도 기댈 곳도 없게 되는 것이다. 그러므로 큰하느님과 결별을 하지 않기 위해서는 새롭게 태어나는 방법뿐이다. 그 새로움은 곧 자신을 상징하는 이름을 새롭게 고침(개명)으로써 새로운 탄생으로 새로운 사명을 띠고 새롭게 살아가는 유일한 방책임을 기억하여야 한다.

큰하느님 이하 큰하느님을 대변하여 이 세상에 신으로 오신 분과 상징하는 존재는 이마에 인을 친 형상(깨달음을 얻은 자)이요 허공이며 땅이며 자연의 모든 것이라 하였다. 큰하느님과 결별한 후 주위를 둘러보자 우리가 기댈 곳이 어디에 남아 있겠는가? 이치가 이와 같은즉, 함

부로 큰(성부) 하느님과 약속하지 말 것이며 성경 구절에는 우리가 큰
(성부) 하느님과 약속하고 그 약속을 지키지 못할 것이 염려되어 아예
약속(맹세)하지 말라고 하였던 것이다.

《(마태복음, 마태오 5:33~37) …… '거짓 맹세를 하지 말라. 그리고
주님께 맹세한 것은 다 지켜라.'고 옛 사람들에게 하신 말씀을 너희는
들었다. 그러나 나는 이렇게 말한다. 아예 맹세를 하지 말라. 하늘을 두
고도 맹세하지 말라. 하늘은 하느님의 옥좌이다. 땅을 두고도 맹세하지
말라. 땅은 하느님의 발판이다. 예루살렘을 두고도 맹세하지 말라. 예
루살렘은 그 크신 임금님의 도성이다. 네 머리를 두고도 맹세하지 말
라. 너는 머리카락 하나도 희거나 검게 할 수 없다. 너희는 거저 '예'
할 것은 '예' 하고 '아니오' 할 것은 '아니오' 라고만 하여라. 그 이상
의 것은 악에서 나오는 것이다》

우리의 시대는 '된다' '안 된다' '예' '아니오.' 식으로 의사 전달
을 해야 하는 정도의 미약한 삶의 시대가 아니다. 즉, 현세의 하느님은
무조건 우리에게 '이래라 저래라' 식의 명령지침의 존재가 아니고 항
상 눈과 귀를 여시고 우리의 말과 행동을 보고 계시며 우리의 지적 영적
믿음의 성장을 지켜보고 계신다. 그러므로 이제 우리는 맹신이 아니라
하느님의 능력과 영역에 대하여 끊임없이 물어보고 바라보고 질문할
권리가 있는 것이다. 그 분의 오감은 항상 열려있어 우리 가까이에서
우리와 함께 하고 있음을 말하려 하는 것으로써 우리가 궁금한 것이 있
으면 의당 하느님은 가납하시고 그 답을 주신다는 것이다.
　우리의 시대는 모두가 깨우치고 모두가 배움이 넘치며 모두가 인격양
성과 감정의 의사전달이 성숙된 사람들이 살고 있는 시대이기 때문이

다. 그러므로 큰하느님께서는 이 세상의 모든 것을 창조하시고 그 안에서 인격신이 나타나고 그 인격신 위에 계신 단계적, 서열의 신 또한 존재하게 하시며, 큰하느님께 약속하는 행위의 중요성과 단계법칙(중보, 매개)의 심오함을 우리는 알아야 할 것이다.

3. 큰하느님께 기도하는 올바른 예법(단계법칙)

1) 단계법칙이 존재하지 않으면 기도의 응답도 존재하지 않는다

큰하느님을 상징하는 양음오행은 [일월 (낙원과 지옥) 목, 토, 금, 화, 수] 이다.

우리는 반드시 큰하느님과 우리를 연결하는 매개체를 통하여 기도하며 간구하여야 한다. 큰하느님과 인간은 직접 교류할 수 없기 때문이다. 반드시 큰하느님과 인간을 연결하는 매개체가 있을 때 비로소 큰하느님의 가호와 은혜를 입게 되는 것이다. 그 매개체는 큰하느님께 선택받은 자, 또는 문자, 이름, 표식, 문양(도형), 기호, 숫자 등이 있다. 우리는 큰하느님을 믿되 직접 믿어야 하는 것이 아니라 그 매개체를 먼저 가까이 하고 믿음으로 일치하여야 한다. 그 매개체(완성된 인자, 깨달음을 얻은 자)는 큰하느님의 막강한 기운을 우리에게 감응(感應)될 수 있는 파장을 조절하여 인간에게 전달될 수 있도록 하는 임무와 자격과 조건을 갖춘 자와 그 이론과 이치, 진리에 대한 학문적 사상과 과학적 산물임을 말하는 것이다. 이것을 우주만물의 법칙 중에서 단계법칙(매개법칙)이라고 하는 것이다.

《(마태, 마태오복음서 10:32) 누구든지 사람들 앞에서 나를 안다고 중

언하면 나도 하늘에 계신 내 아버지 앞에서 그를 안다고 중언하겠
다…….》

이 구절은 단계법칙을 그대로 나타내고 있는 구절 중 하나이다.

《(신명기 5:11〈십계명 중〉) 너는 네 하나님 여호와(야훼)의 이름을 망
령되이 일컫지 말라. 나 여호와는 내 이름을 망령되이 일컫는 자를 죄
없는 줄로 인정하지 아니하리라.》

이 말씀은 여러 가지 뜻을 의미하는 구절 중 한 구절로서 하느님이란
단어는 하느님 이름의 단계(매개)적 구상발언이요 하느님 이름을 우리
가 직접 부르는 것은 곧 단계법칙에 위배됨이요 그러므로 우리가 직접
하느님 이름을 언급하는 것은 단계법칙을 위배하게 됨으로써 대우주만
물의 법칙과 법도, 대자연의 대원칙에 의하여 기도와 소망의 목적이 역
행하여 표현되어 스스로 죄를 범하는 형국이니 혼비백산, 무지 속에서
헤어나서 큰하느님에게 직접 기도하거나 소원을 빌지 말라는 가르침이
시며 단계법칙의 진리를 말씀하신 것이다.

2) 기도의 첫번째 단계 약속의 기도

기도의 단계는 먼저 약속(거래)할 기도의 내용을 준비하는 것이다.
세상만사 이치가 그저 얻고 그저 받는 것이 있을지라도 그 과정에는 반
드시 보답과 대가가 따르기 마련인 것이다. 그저 얻은 것은 반드시 그
저 나가게 되어 있고 그저 나가게 하지 않으려고 발버둥 쳐도 어느새 어
떠한 경로와 동기가 부여되던 반드시 자신 것이 되지 못한다. 그러므로
약속하여 이행한 것은 반드시 그 결실도 알찬 것임을 말하려 하는 것이

다. 노력의 결실은 그저 나가는 법이 없으며 나갔다가도 반드시 되돌아온다. 하느님께 약속하는 것은 일종의 거래이며 노력의 발산이다.

우리는 하느님께 드리는 것이 있다. 이를 요약하여 보면

— 목 = 하늘에 대한 확고한 믿음
— 토 = 단계법칙의 준엄성에 의한 간언
— 금 = 하늘과의 약속
— 화 = 하늘의 지혜가 우리의 지혜로 승화
— 수 = 충실한 삶과 자연사인 것이다.

즉, 하늘이 있기에 땅이 있고 우리가 있으니 하늘의 존재에 대하여 변치 않는 영원한 믿음이 있어야 할 것이며, 우리의 소원을 간구하기 위해서는 단계법칙의 중요성을 깊이 숙지하고 그 법칙을 지켜야 하며, 어떠한 인생행로에 접어들어도 끝까지 살아남아서 자연사를 하는 것이며, 하늘이 우리에게 주는 모든 지혜를 우리의 것으로 만들어서 영광과 축복이 충만 되게 하여야 할 것이며, 이러한 모든 것들을 구사하기 위하여 하늘과의 약속이 유일한 기도의 일치성을 나타냄을 깨달아야 하는 것이다. 그러므로 우리는 하늘에 간구하여 받는 기도의 응답은 거저 얻는 것이 아니라 노력의 결실인 것이다.

큰하느님께서는 자신이 창조해 놓으시고 그 분도 함부로 침범하지 못하는 완전한 인격(마음)을 우리에게 주셨으니 즉, 그 분도 함부로 침범하지 못하는 마음을 우리에게 주신 것을 견제하기 위하여 큰하느님은 무조건적인 사랑을 우리에게 주지 않는다는 것은 천상의 법칙이며, 오직 마음이 열리고 믿음이 공고한 후에 참믿음이 견고한 자에게만 큰하느님의 사랑도 고무될 것이다.

그러므로 아무나 사랑 받기 위하여 태어났다는 표현을 사용하여서는 안 된다. 그리하면 가히 큰하느님의 힘과 능력을 매개체[예수, 인침의 형상〈깨우친 자〉]를 통하여 몸으로 마음으로 피부로 다가오는 것을 체험할 수 있을 것이다.

3) 기도의 두번째 단계

서 있는 자리에서 앞으로 한 발 나아가서 기도를 하게 되면 우리가 한 발 앞서 있는 곳은 '내게 능력주시는 자 안' 이며 처음 섰던 자리가 우리의 세상이다. 그러므로 기도가 끝난 후, 처음 섰던 자리로 한 발 뒤로 물러나서 마무리를 행하여야 하는 것이다. 앉아서 기도를 행할 때에는 발만 가지고 한 발 앞으로 내디딘 다음에 기도를 할 것이며 기도가 끝나면 다시 한발 뒤로 물러난 다음에 자리에서 일어나야 할 것이다.

《(빌립보서, 필립비 4:13) 내게 능력주시는 자 안에서 내가 모든 것을 할 수 있느니라.》

이 성경 구절이 음미(吟味)하는 내용과 같이 위 기도를 행하는 의식은 곧 능력주시는 자 안에 들어가는 행위와 같은 것이다. 이와 같은 기도의 행위는 당연히 예수오행의 원리와 이치에서 비롯된 것이며 예수를 통하여 하느님께 간구함을 행동으로 나타내는 단계적 기도요법으로써 그 자세한 이치의 설명은 지면상 본문에서 생략하였다. **이와 같은 기도행위는 말과 행동이 일치함을 보임으로써** 큰하느님께 간구하여 원하는 것을 이룰 수 있는 공간과 시간 속에 들어가서 교감을 이루게 하는데 기도행위의 목적이 있는 것이다. 그러므로 **'내게 능력주시는 자 안'** 에 들어갔을 때 그 환상적인 느낌, 편안하고 온유하며 새로운 공간의 기운을 느낄 수 있을 단계까지 가야 할 것이다.

《(마가복음, 마르코 11:23∼24) 내가 진실로 너희에게 이르노니 누구든지 이 산더러 들리어 바다에 던져지라 하며 그 말하는 것이 이루어질 줄 믿고 마음에 의심하지 아니하면 그대로 되리라. 그러므로 내가 너희에게 말하노니 무엇이든지 기도하고 구하는 것은 받은 줄로 믿으라. 그리하면 너희에게 그대로 되리라.》

한 번에 반복하여 수십 수백 번도 할 수 있으며, 하루에도 생각나면 몇 번이고 구애(拘礙) 없이 행할 수 있는 언제 어디서나 자유로운 간단한 기도의 행위이다. 우리는 그동안 개인에 따라서 행동과 말과 마음이 서로 일치하지 않는 그릇된 기도를 하였을 수도 있음을 상기하여야 한다. 그것은 하느님에 대한 망령된 기도이며 위선이며 기도의 응답은 멀리 있는 것이다.

《(마가복음, 마르코 7:6∼8) 예수께서는 그들에게 이렇게 대답하셨다. '이사야가 무어라고 예언했느냐? 이 백성이 입술로는 나를 공경하여도 마음은 나에게서 멀리 떠나 있구나. 그들은 나를 헛되이 예배하며 사람의 계명을 하나님의 것 인양 가르친다.' 고 했는데 이것은 바로 너희와 같은 위선자를 두고 한 말이다.》

4) 성경의 주기도문에서도 예수오행의 상생법이 일치하고 있다

[성경 구절에 존재하는 주기도문]

[목]《(마태, 마태오복음 6:9) 하늘에 계신 우리 아버지여 이름이 거룩히 여김을 받으시오며…….》

태초의 하느님(하늘에 계신 우리 아버지)의 형상은 십자가로서 나무 '목' 에 해당한다.

[토]《(마태, 마태오복음 6:10) 나라가 임하오시며 뜻이 하늘에서 이루어진 것 같이 땅에서도 이루어지이다.》

십자가(목, 하늘)에 예수의 몸을 상징하는 '토' (땅)가 합체되어 하나로 이루어져서 일치함을 나타낸다.

[금]《(마태, 마태오복음 6:11) 오늘 우리에게 일용할 양식을 주시옵고…….》

우리를 상징하는 구절이므로 우리의 '금' 에 해당하고,

[화]《(마태, 마태오복음 6:12) 우리가 우리에게 죄 지은 자를 사하여 준 것 같이 우리 죄를 사하여 주시옵고…….》

예수의 몸에서 붉은 피(화, 죄)가 흘러나오니 그 피는 곧 생명이며 빛(사하여 주시옵고)을 의미하니 본 구절은 '화' 에 해당함이요,

[수]《(마태, 마태오복음 6:13) 우리를 시험에 들게 하지 마시옵고 다만 악에서 구하시옵소서(나라와 권세와 영광이 아버지께 영원히 있사옵니

다. 아멘)》

예수 몸에서 (화)가 흘러나와 거듭하여(수, 영생) 물이 생겨나는 이치(상생, 시험)를 깨닫게 해 달라는 구절의 대목으로써 그 물로 말미암아 모든 악에서 이미 우리의 모든 것이 깨끗해짐을 나타내며 기도의 5단계의 마감으로써 예수오행의 마감인 '수'를 일컫는 것이다. 예수오행의 대진리, 우리 이성(理性, 양음, 도리에 따라 판단하거나 행동하는 능력)과 오관(五官, [목, 토, 금, 화, 수] 즉, 눈〈시각〉, 귀〈청각〉, 코〈후각〉, 혀〈미각〉, 피부〈촉각〉)의 온전함이 참마음의 온전함으로 영원히 하느님의 것으로서 [목, 토, 금, 화, 수]로서 주기도문이 정렬되어 있는 것이다. 이와 같은 이치로써 간단하게 [목, 토, 금, 화, 수]의 예수오행을 주문하는 것으로도 주기도문을 모두 외운 것과 진배없는, 이치에 대하여 작량(作兩)함을 알게 되었다.

4. 숫자로 오행의 상생원리를 표기하여 몸에 지니거나 장식용으로 사용할 수 있다

1) 하늘의 내림이 땅의 솟음이 숫자에 임하였다

우선 예수오행과 동양오행을 숫자로서 임하였음(표기)을 설명하기 전에 십자가를 안치하거나 목에 걸거나 지님이 여의치 않은 환경적 여건에 봉착한 자들에게 바람직하며 즉, 종교의 자유를 박탈당한 국가의 민족이나 국가나 단체가 타종교의 절대적 신봉으로 인하여 자신이 자신의 믿음을 완벽하게 드러내지 못하는 지경의 대립관계에 있는 자와 십자가를 목이나 반지로 사용하기 꺼려하는 자와 동물들을 위하여 오행의 진리가 숫자로 임하게 되었다. 오행의 진리가 숫자로 임하였다 함은 참믿음의 원칙을 절대적으로 고수하면서 융통성의 발로를 말하는 것으로써, 이는 칼보다는 붓이 낫고 오기와 고지식함보다는 처세술의 부드러움이 낫다는 것을 말하려 하는 것이다.

이는 자신이 처한 환경에서 굳이 종교적 분열로 갈등할 필요가 없으며, 굳이 자신의 종교를 드러냄으로써 그로 인하여 자신의 처신에 직간접적으로 피해를 볼 수도 있음을 일소시킬 수 있으며, 특히 동물의 영혼도 구원받을 권리가 존재하므로 그러나, 동물의 목에 십자가를 건다는 것은 볼썽 사나울 수도 있으므로 숫자로 목걸이나 발찌 등 기타 장식물을 만들어서 동물에게 걸어줌으로써 사람이 동물을 사랑함을 영적 신학적으로 객관화시키는 데 그 목적이 있다고 할 것이다.

이 세상에 존재하는 인간 외에 모든 동물들은 인간의 지배하에 놓여 있다. 그 동물들은 사람이 원하면 언제든지 죽음의 준비가 되어있는 운명을 지닌 동물들을 말함으로써 유기견의 안락사나 도축으로 인한 죽음으로 삶을 마감할 때 오행을 나타내는 숫자는 그들의 몸과 함께 하여야 마땅하며 이는, 사람이 동물에게 베풀 수 있는 최고의 배려이며 사랑이며 만물의 영장을 나타내는 지식의 표상(심상)이다. 이는 성경(성서)의 '레위기' 구절에 기록된 모든 짐승과 부정한 짐승을 우리가 죽이는 과정과 섭취하는 과정에서 오는 동물의 영혼을 위한, 위로하는 절대적 하늘의 행위인 것이다. 그리하여 안락사를 행하는 자나 사냥 등 도축을 가하는 자들도 마음의 평온을 얻을 것이며 육식을 취하는 사람도 육식을 취함으로 인하여 혼잡스런 동물의 기운에서 해방될 것이다. 혼잡스런 동물의 기운이라고 함은 온갖 질병과 정신적 문제를 일으키는 혼잡병충을 말함이다.

동양오행의 상생원리는 [목, 화, 토, 금, 수]이며 예수오행의 상생원리는 [목, 토, 금, 화, 수]로서 두 상생원리를 비교하여 보면 '토' 와 '금' 만이 상생이 일치하는 것을 우리는 본문을 통하여 알게 되었다. 이를 순수하게 한글 획수로 오행의 순서대로 숫자를 정하여 보면 동양오행상생은 '목'(6), '화'(7), '토'(5), '금'(5), '수'(4)로서 = 67554의 숫자가 성립됨이요 이 숫자는 이미 생겨난 인간과 만생만물, 즉 삼라만상을 지탱하고 유지함을 나타냄이요 예수오행상생은 '목'(6), '토'(5), '금'(5), '화'(7), '수'(4)로서 = 65574의 숫자가 창조됨이니 이 숫자는 태초에 감추어진 비밀, 대진리를 나타내는 것이다. 새로운 세상을 실현하는 원소의 대구성이요 그로 말미암아 시작과 끝(종말)이 있은 후에 새로운 세상을 이루어 시작을 만들어 내어 영원의 시공을 창조하며, 이 숫자를 만들어내기 위하여 예수가 십자가(목)를 지고 형장으로 끌려가서 죽음에 이르기까지의 장면을 연출함이요 그러므로 믿음을 굳건하게 하는 힘의 원천이며 사후세계의 기약이며 믿음의 구심점이 되는 숫자인 것이다.

드디어 새로운 하늘의 내림이 땅의 솟음이 이 날을 위하여 준비되었으니 그러므로 우리는 항상 깨어 있어야 한다. 언제 어느 때인지 그 분이 도둑 같이 오리니…….' '57465,1' 로 오실지, '57465,2' 로 오실지, '57465,3' 으로 오실지, '57465,8' 로 오실지, '57465,9' 로 오실지, '57465,10' 으로 오실지 아무도 모른다.

《(마태, 마태오복음서 24:40) 그 때에 두 사람이 밭에 있는데 한 사람은 데려가게 되고 한 사람은 남게 되리라. 그러므로 깨어 있어라. 어떤 시간에 너희 주께서 오실는지 너희가 알지 못하기 때문이다.》

위 예수오행의 숫자 '65574' 를 모두 합하면 27의 수가 형성되고 다시 단수에 의하여 2 + 7 = 9의 수가 형성된다. 9의 수는 단수의 마지막 수

로서 예수를 상징한다고 하였으니 9의 수는 10의 수를 이루어 내면서
10의 수는 윤회하여 다시 1의 숫자로 되돌아가는 양면성의 성질을 가지
게 되는데, 되돌아가는 기운은 작은 기운(영혼)으로서 죽음을 의미하며
새로운 시작을 나타냄이요 10의 수는 큰 기운(큰영혼)으로서 죽지 아니
하고 더욱 더 큰 숫자인 복수를 만들어내며 진보된 시간대를 나타내게
된다. '65574'의 숫자의 배열을 보라. 동양오행상생원리와 예수오행상
생원리를 분석하여 볼 때 상생이 일치하는 것은 '토'와 '금'이며 이
'토'와 '금'은 숫자로 각각 5의 숫자가 출현하여 5의 수로서 일치함을
알 수 있는 것이다. 5의 숫자는 모든 숫자를 관장하는 최고의 위치 정
중앙에 있다. = 기본수1, 2, 3, 4, (5), 6, 7, 8, 9 중앙은 무엇을 말함인가?
중앙이 무너지면 모든 것이 무너진다. 기초가 무너지면 다시 기회가 있
지만 중앙이 무너지면 끝장을 의미한다. 이 5의 숫자는 동양오행과 예
수오행의 상생이 일치하면서 모든 무(無), 유(有)는 순환하며 윤회하며
나아가서 성장하며 새로운 기운과 새로운 세상을 창조함을 표시하고
영생을 나타내고 있는 것이다.

  따라서 이 단계의 숫자를 가까이 하게 되면 우리는 죽어도 살겠고 살
아서 영생할 것임을 암시하는 수의 배열이다. 이것이 한글의 위대함을
보여주는 또 하나의 예이다.

**《(요한복음, 요한 11:25~26) 예수께서 이르시되 나는 부활이요 생명
이니 나를 믿는 자는 죽어도 살겠고 무릇 살아서 나를 믿는 자는 영원히
죽지 아니하리니 이것을 네가 믿느냐…….》**

  각자 맡은 바 직무에 충실하며 주어진 환경에 동조하여 삶을 영위하
며 그러한 가운데 숫자로도 큰하느님을 상징하는 표식이나 모습으로

지닐 수 있으며 안치할 수 있다.

2) '65574'의 숫자는 큰하느님을 나타내는 상징적 숫자이다

'65574'는 혼돈(하늘과 땅이 구별되지 않음, 모든 사물이 분명하지 않은 시간과 공간)의 세월 속에서 이 세상을 창조하신 큰하느님을 상징하는 양, 음을 구분함과 5개의 원소를 나타내는 숫자로 나열된 것이며, 예수가 십자가를 짊어지고 형장으로 끌려가서 십자가에 달려서 죽음에 이르기까지 그 노고(고난)가 태초에 이 세상이 만들어지는 과정과도 같이 막중하고 엄중한 시간이었다. 그리하여 예수오행이 이 세상에 이루어졌음이라. 그 엄청난 고통의 시간으로 말미암아 우리가 이로워지고 세상이 구원을 받음이라.

예수(토, 화, 수)가 십자가(목) 짐의 엄청난 노고(고난)를 한 것은 예수오행 중에 '금'을 얻기 위함이었다. 즉, 우리를 얻기 위함이었던 것이다. 무에서 유를 창조하고 새로운 지평(세상)을 열고 부활을 위해서는 반드시 '금'이 필요하며, 하느님과 예수는 이 '금'을 득하기 위하여 신과 인간이 겪어야 하는 고통의 장면을 연출하였던 것이다. 그러므로 완성된 예수오행의 '65574'는 사후세계의 영원한(거듭 이루어지는 부활) 진리요 이치인 것이다.

이 '금'은 '65574'의 숫자 중에 가운데 '5'의 수에 해당하고, 큰하느님을 나타내는 주된 숫자이며, 선악 중에는 선이며, 죽지 않는 씨앗이며, 하느님을 나타내는 '목'과 함께 그 실체가 하나 되니 '목'과 '금'이 곧 새로운 권능을 지니신 하느님을 상징함이요 '토, 화, 수'는 예수를 상징함이라. 그리하여 '목'과 '금'은 성부에 해당함이요, '토, 화, 수'는 성자에 해당함이요, [목, 토, 금, 화, 수(65574)]는 성신(큰하느님)에 해당함이니 그 삼위일체가 정립(성립)되었다.

그 분은 이미 이루어진 대진리이시며 형체이시며 이름이신지라 믿지 못하는 자 말을 되풀이하며, 온전하지 못한 자가 의심가운데 있을 것이다. 예수가 모진 고문을 당하고 십자가(하느님의 형상)를 지고 형장에 가서 못 박혀 죽는 그 소명의 시간을, 그 소명의 시간에는 과거에도 현재에도 미래에도 계시는 예수의 정기(진리)가 시간과 공간을 초월하여 뭇 민족이 믿는 각종 종교, 철학, 문학, 문명, 과학, 등 모든 유기적 삼라만상에 내재 되어 있음을 믿어야 할 것이다. 우리는 그 시간으로 말미암아 우리가 생존해 있고 이 세상이 있으며 수많은 고통과 괴로움을 겪는 것까지 감사하여야 한다. 우리가 겪는 어떠한 고통과 괴로움도 그 고통의 시간은 예수와 하느님이 겪은 고통에 비하면 너무나 미약하다. 그 고통과 괴로움의 시간들은 우리가 살아 있음을 증거 함이다. 고통과 좌절과 괴로움의 시간은 짧음이요. 행복과 기쁨의 시간은 영원을 기약할 것이다.

《(빌립보서, 필립비 4:6~7) 아무 것도 염려하지 말고 다만 모든 일에 기도와 간구로, 너희 구할 것을 감사함으로 하느님께 아뢰라. 그리하면 모든 지각에 뛰어난 하나님의 평강이 그리스도 예수 안에서 너희 마음과 생각을 지키시리라.》

3) 우리들이 살고 있는 지구는 우주의 각종 생명체의 박물관과도 같다

이 지구는 수많은 생명체들이 서로 어우러져 조화와 질서 속에 공생공존하고 있다. 그러나 우주 어디엔가는 인간들만 사는 곳이 있고 코끼리만 사는 곳이 있고 호랑이만 사는 곳이 있고 벌레들만 사는 곳이 있고 식물들만 사는 곳이 있을 것이라고 가상하여 보자.

각각의 동물들이 자기들의 종족들로만 무리 이루어 존재한다.

각각의 식물들이 자기들의 종식들로만 무리 이루어 존재한다.

그렇게 각자 사는 곳에는 조화와 질서가 무색하고 아귀 하여 살벌하기가 그지없다. 사악한 영혼이 거하는 곳은 더욱 더 아비지옥임에는 틀림이 없을 것이다. 실제로 형체(생령, 생물)를 가지고 있는 곳과 영혼의 형체만을 가지고 있는 곳이 있을 것이다. 아귀가 득실거리고 사악한 기운이 감도는 곳은 이미 우리보다 뛰어난 생명체가 살다가 버린 곳도 있을 것이며, 큰하느님의 말씀을 듣지 아니하고 반대하는 생명체들의 말로가 집결된 곳도 있을 것이다. 그곳은 더 이상 구제의 길이 보이지 아니하며 열리지 아니하며 버려진 땅이며 버려진 하늘인 것이다.

잘못된 기도행위는 인간이 노력하여 행할 수 있는 일까지 하느님께 간구하는 것이다. 즉, 우리가 할 수 있는 일은 우리가 하고 우리가 할 수 없는 일을 간구하여야 마땅한 이치를 말하려 하는 것이다. 이 정도의 이치는 이미 우리는 알고 있다.

무조건적인 맹신에 의한 믿음의 발로인 어리석고 무지한 기도 행각은 위와 같은 아비지옥의 세상을 만들고야 만다. 거의 모든 것에 대하여 과거지사를 가지고 나쁘게 평가하지 말고 현재의 동태와 자세를 미루어 개과 천선할 수 있는 여지가 엿보이는지의 확인이 중요한 것이며, 다가오는 긍정적 변화에 대하여 이유 없이 무조건 배척하여서는 아니 되며, 이는 남을 위하는 척하면서 겉 다르고 속 다른 자신의 이익(이기)만을 위하고 자신의 테두리만을 지키고자 하는 지극히 계산적인 기도의 잘못된 자세를 말하려 하는 것이다. 기도의 응답의 끝은 믿음의 품성에서 판가름나기 때문이다.

삿되고도 망언된 구속에 얽매이지 말고 편하고도 힘들지 않게 그러면서도 우리가 진실로 행할 수 있는 믿음의 비법은 큰하느님을 믿고 의지하는 행동의 믿음에 의한 기도요법인 것이다.

우리 인간들과 만 가지 동물, 만 가지 식물, 만 가지 생명체(영장류, 양서류, 포유류, 어류, 조류, 식물 등)들은 예수오행의 진리를 우연히라도 접하는 기회가 주어진다면 우리는 우연으로써 이승과 저승의 축복을 반은 받은 것이다. 이것이 바로 우연의 법칙에 의하여 받을 수밖에 없는 행복이며 깊이 믿는 자 그 행복은 살아서든 죽어서든 영원할 것이다.

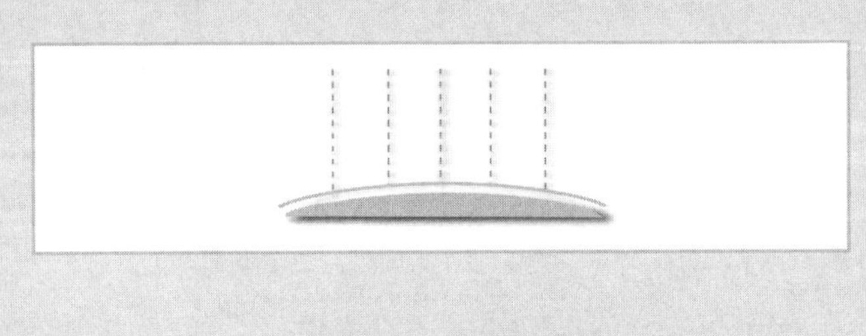

제 8 장
성경은 진화한다

제8장

성경은 진화한다

1. 예수는 하늘을 원망하지 않았다

《(마가복음, 마르코 15:34) ……엘리 엘리 라마 사박다니 하시니 이를 번역하면 나의 하나님 나의 하나님 어찌하여 나를 버리셨나이까 하는 뜻이라…….》

이 말씀은 예수께서 아버지 하느님께 원망하는 어조로서 예수는 우리에게 모든 부정적인, 원망하는 마음을 갖지 말라는 궁극적인 메시지이다.

위 성경 구절을 두고 종파나 지파 등 학자들의 의견이 분분하다.

본문에서는 위 구절이 잘못 해석되어 성경에 존재한다고 하더라도 존재함을 중요하게 여기며, 인류에게 보내는 가르침의 일부로 받들었으며, 현대에 와서 위 구절에 대하여 상당한 근거에 의한 근원적 해석에 대하여는 아래에서 별도로 언급하였다.

이 구절을 보고 예수는 하느님의 자식으로서 하느님께 버림받았으므로 실패한 자식이다 라고 역로, 역동적으로 뜻을 달리하는 단체나 학자의 주장도 제기되고 있다. 예수의 죽음은 하느님으로부터 버림을 받은 것이 아니라 예수오행을 탄생시키기 위함이었음을 이 글을 통하여 우리는 알게 되었으므로 그들의 주장은 틀린 것이다.

성경은 하늘과 사람(땅)의 약속(언약) 그 자체이다. 그러므로 우리는 성경의 구절을 끊임없이 탐구하고 연구하여 현시대에 맞게 해석하여야 할 약속의 의무가 있는 것이다.

위 성경 구절을 현세에 와서 풀어보고 확인한즉, 위와 같은 성경 구절의 의미와 뜻이 아니라《**엘리 엘리 라마 사박다니**》는 《**엘리 엘리 라마 삼약 삼보리**》로서 이 뜻은 모든 것을 이루어내는, 모든 숙명적 과정을 거쳐서 예수오행(목, 토, 금, 화, 수)의 대진리를 이루었다는 즉, 모든 문제와 장애를 이탈하여 무량복덕을 이루어냄으로써 하늘의 영광과 능력과 대진리를 밝혀내고 이루었다는 것이다. 따라서 항간(혹자)에서 위 주문이 **라마불교의 다라니경**의 주문을 암송한 것이라고 주장하는 학자들의 말이 터무니없는 것은 아니라고 판단할 수 있을 것이다. 위 주문의 뜻이 어떤 결과로 풀이되고 해석되었든 이제 우리는 무엇을 위하여 예수가 십자가에 달렸고 무엇을 전하려고 하였는지 본문을 통하여 알게 된 것이다.

예수는 땅으로는 우리에게 인간의 절대평등을 전하였고 하늘의 큰 비밀, 예수오행을 몸을 던져 밝혀내어 그로 말미암아 우리를 영원의 세계로 구원하려 하였음을 알 수 있게 되었다. 그러므로 기독교인들의 수는 줄어들지 아니할 것이며, 종교적 새로운 구심점에 의한 진화에 의하여 비 온 뒤에 솟는 죽순 같이 늘어날 것이다. 예수오행이야말로 그동안 종교적인 갈등과 반목과 대립 그리고 오류와 오도를 일축시키는 우주의 대사건이며 대발견인 것이다.

모든 죄의 씨앗과 병은 원망하는 마음에서 비롯된다. 원망하는 마음은 우리의 모든 것을 빼앗아 가며 우리의 운명의 저주는 악순환하게 되는 것이다. 우리가 겪고 있는 모든 스트레스 중에서 맹독적인 것이 원망하는 마음이다. 그러므로 남을 원망하지 말 것이며, 자기 자신의 잘못된 부분을 스스로 책잡아 자학(자괴)하지 말아야 한다. 살아가는데 있어서 개인의 인생행로는 각각 거쳐야 할 숙명적 과제로 생각하고 심신을 단련하여야 한다는 말이다.

2. 우리의 신체구조는 원망하는 마음을 가지게끔 되어 있다

우리의 신체, 생체구조상 스스로나 타인을 원망하는 마음을 아니 가질 수는 없겠지만, 그 원망하는 마음을 자라게 하여서는 아니 된다. 그 원망하는 마음은 모든 것을 파괴한다. 그 원망하는 마음은 소리(말)로써 밖으로 표현되고 그 소리는 우리 외부와 내부에 있는 모든 에너지를 파괴하고 병들게 하며 급속도로 늙게 하며 소멸시키는 작용을 한다. 그러므로 예수오행의 큰하느님을 상징하는 도형(문장)은 우리들이 비록

312

원망하는 마음을 가졌다고 하더라도 우리를 구성하는 모든 원자물질과 에너지를 보호하는 힘과 능력을, 원리와 이치로서 보유하고 있음을 강조하고자 한다.

우리가 태어나서 죽는 그 순간까지 어떠한 형태로든 원망하는 마음을 아니 가질 수는 없는 것이다. 우리가 한평생을 살아가는 동안 우리 인체의 구성요소는 자연히 원망하는 마음을 가질 수 있도록 설계되어 있다. 살아가는 동안 각기 원망하는 마음의 동기가 무수하겠지만 근본적으로 원망의 대주제는 "내가 왜 병이 들고 늙고 죽어야 하는가?" 하는 생로병사의 숙명, 죽음 자체가 원망하는 마음을 가질 수밖에 없도록 이미 각본은 짜여져 있는 것이다.

그러나 우리는 죽음이라는 차원이 있기 때문에 행복이라는 단어도 존재함을 잊지 말아야 한다. 사람의 수명이 아무리 길어도 반드시 죽음의 때는 있으며 그 죽음이 있으므로 인하여 우리는 행복할 수 있으며 단계적 반복 영생이 있음을 알아야 한다.

우리의 삶이 짜여진 각본(생로병사)이라면 사후세계에 짜여진 각본만큼은 우리 사람이 그 숙명을 이끌고 가자는 말을 하려는 것이다. 우리가 진화하기 위하여 온갖 고통과 괴로움을 겪는 진화함은 피할 수 없는 숙명인지도 모른다. 그러나 언제까지고 케케묵은 숙명을 그대로 받아들여서 살아갈 수는 없는 것이다.

본문에서 말하고자 하는 것은 진화의 과정, 단계적 과정의 숙명은 피할 수 없는 숙명이지만 그 숙명을 개척하고 승화시켜서 차원을 넘나드는 숙명의 시간대에서 보다 숙달되고 진보된 숙명으로 이끌어 가자는 것이다. 짜여진 각본에 이끌려서 가지 말고 우리가 그 각본을, 대본을 이끌고 가자고 함을 말하려 하는 것이다. 그 숙명이라고 하는 것은 목적의 완성 즉, 반드시 겪고 거쳐야 할 과정임을 잊지 말아야 한다. 작게는 우리의 숙명이요 크게는 하늘의 숙명이기도 한 것이다.

3. 하느님은 세상을 거듭하여 재창조하였다

《(베드로후서 3:5) 이는 하늘이 옛적부터 있는 것과 땅이 물에서 나와 물로 성립된 것도 하느님의 말씀으로 된 것을 그들이 일부러 잊으려 함이로다.》

위 성경 구절은 본문 서두 예수오행상생편에서 언급한 구절로서 절대론의 전제하에 진화론이 성립되었음을 내포하고 있다. 오늘날 우리가 이 세상에 하느님의 형상으로 존재하여 만물 위에 영위하는 것은 수많은 탈바꿈과 수많은 변화와 진화 수많은 차원과 시간을 넘나들면서 이루어진 완성체임을 잊지 말아야 한다. 그 탈바꿈의 대진리의 열쇠는 예수오행에 있으니 **[목, 토, 금, 화, 수]**의 상생진리에 있음을 부정하여서는 아니 된다. 그러함으로 우리는 하느님의 형상을 갖추기 위하여 수많은 탈바꿈(진화)의 대장정의 역사는 물(수)에서 땅(토)으로 이어졌음을 잊지 말아야 한다. 태초에 하느님이 천지를 창조하여 물에서 태어난 생명체가 땅으로 나와 우리를 이루었으니, 이미 모두 이루어지고 갖추어진 우리의 형상을 재조명하여 재탄생시켰음을 우리는 혼란스러워하지 말아야 할 것이다.

성경 구절은 예수오행의 진리는, 창조론(절대론)과 진화론을 동시에 말하고 있음을 말하려 하는 것이다. 예수오행의 윤회원리(오행 중 '수'가 '토'로 윤회하는 행위)를 나타내면서 절대론 성립 이후 인류의 진화가 물에서부터 땅으로 시작되었음을 뜻하는 증거의 구절인 것이다. 결국 진화론도 예수오행의 단계적 연출에서 이루어진다는 진리를 말하는 것이다.

단계적 연출이라 함은 사람이 물(척추를 가진 물고기)에서 나와서 땅에서 이루어짐의 진화적 단계도 하느님의 계획된 의도에서 비롯된 것이며, 땅에서 이루어진 사람의 형체를 보다 나은 모습으로 개량**《(창세기 2:7 땅의 흙으로 사람을 빚어서 지으시고 생기를 그 코에 불어넣으시니 사람이 생령이 되니라…….》** 하였고 나머지 개량되지 않은 품종(원숭이과 등)은 그대로의 모습으로 살아가고 있는 것이다. 그러므로 진화의 초동단계는 우연히 이루어진 것이 아니라 태초에 큰하느님이 창조한 생명의 씨앗에 의하여 이루어졌으므로 절대론에 의하여 우연론이 성립되는 진화의 단계를 입증하는 것이다.

이를 다시 정리하면 이미 이루어진 세상(대우주)에 다시 우리의 공간인 세상을 재창조하여 단계적 과정(지구의 지각변동, 물과 땅의 대이동, 공룡 등 각종 생명체 말살)을 거쳐서 새로운 생명체를 만들어내고 우리를 지었음으로 요약할 수 있는 것이다. 이러한 일련의 국한된 천지창조가 지구에서 이루어지지 않고 태양계의 행성 배열과 이동으로 인하여 화성, 금성 등에서 최초에 이루어졌거나 다른 차원이나 공간(은하계 외의 세상)에서 이루어져서 그 생명체들이 지구로 이동하였다고 하여도 위 진실은 변하는 것이 없음을 말하려 하는 것이다.

《(창세기1 :26~27) 하나님이 이르시되 우리의 형상을 따라 우리의 모양대로 우리가 사람을 만들고 바다의 물고기와 하늘의 새와 가축과 온 땅과 땅에 기는 모든 것을 다스리게 하자 하시고 하나님이 자기 형상 곧 하느님의 형상대로 사람을 창조하시되 남자와 여자를 창조하시고…….》

《(창세기 2:5~7) 여호와 하나님이 땅에 비를 내리지 아니하셨고 땅을 갈 사람도 없었으므로 들에는 초목이 아직 없었고 밭에는 채소가 나지 아니하였으며 안개만 땅에서 올라와 온 지면을 적셨더라. 여호와 하느님이 땅의 흙으로 사람을 지으시고 생기를 그 코에 불어넣으시니 사람이 생령이 되니라…….”》

위 창세기 1장을 보면 이미 사람을 창조하였다고 하였는데 **창세기 2장**을 보면 사람이 창조되기 전의 기록을 하고 있으면서 흙으로 사람을 지었다고 기록하고 있다. 이를 정리하여 보면, **위 창세기 1장**의 구절은 천지창조의 내력을 말함으로써 즉, 신의 의도에 의하여 이루어졌음을 말함으로써 이미 이루어진 아득히 먼 시기와 시간을 나타내고 있다. 이는 세상을 창조한 이후 처음에는 사실상 암수의 구별이 없는 생명체가 존재하였고 그 후 암수의 구별은 있으나 따로 분리되지 않은 양성(지렁이나 멍게 같은 생명체)의 생명체가 존재하였으며 육식동물도 존재하지 아니하였던 것이다. 하늘을 닮은 사람 역시 이성을 가지지 못한 우둔한 사고를 가진 생명체에 불과하였고 즉, 이와 같은 생명체의 유지는 삼라만상의 조화를 이루는 개체수를 생각하지 못한 하늘의 시행착오를 말함으로써 각종 생명체의 개체수를 유지 관리하기 위해서는 약육강식과 선과 악의 양면성이 존재하여야 함을 알려주는 하늘의 설계도인 것이다.

위 창세기 2장은 위 하늘의 설계도인 **창세기 1장**을 근거로 세상을 재창조하였던 것으로써 이는 악의 기운으로 세상을 재창조하였던 것이다. 즉, 진화의 단계에 의한 완전한 하늘의 비밀인 설계도에 의하여 만생만물을 암수의 구분을 명확하게 하고 개체수를 확립하였으며 사람을 우수한 품종으로 개량하여 탄생시켰다는 말을 하려는 것이다. 그러므로 인류는 악의 완성된 자식(원죄)이라는 말이다.

위 창세기 1장은 태초의 큰하느님이신 예수오행을 나타내고 있으며 **창세기 2장**의 창조론은 예수오행에 의한 여호와 하느님을 나타내고 있음이 구분 지어져 있는 것이다.

태초에 세상이 창조되면서 거의 모든 행성과 혹성은 시계반대 방향으로 돌고 있다. 태양계에서도 모든 행성은 시계반대 방향으로 돌고 있으며, 유일하게 금성만이 시계방향으로 운행(공전)하고 있다. 앞으로도 과학의 진보에 의하여 우주 저 멀리 역공전하는 행성을 찾아내게 될 것이다. 이는, 예수오행이 이루어지기까지의 단계를 보면 시계반대방향(왼쪽)으로 돌고 있는 행성 즉, '목' '토' '화' '수' 가 하나로 합체(하늘을 상징하는 십자가 '목' 과 예수를 상징하는 '토, 화, 수')되어 시계방향(오른쪽)으로 돌고 있는 '금' 을 이루기 위하여 하늘과 예수가 죽음을 맞이하는 하늘의 역사적 사건에 임한 것은 이와 같은 이치이다. 이로 말미암아 비로소 완전한 예수오행 즉, [목, 토, 금, 화, 수]를 이루어내고 드러내게 되었다.

원초적인 본창조와 창조에 재창조가 거듭됨을 달리 표현하면 시계 반대 방향으로 도는 행성과 혹성의 본질은 남자이며 양에 해당하고 시계방향으로 도는 별은 여자이며 음에 해당함으로써 이는, 인간 세상으로 표현하면 여러 남자가 한 여자를 서로 차지하기 위하여 시기하고 질투하며 그로 말미암아 종국에는 서로가 서로를 죽이고야 마는 종말을 만들어냄으로써 조화와 질서가 무색하게 되었음을 말하는 것이다. 이와 같은 단계적 진화의 발로는 태초에 하늘의 의도에 의하여 진행된 진화로써 지구도 몸살(지각변동, 화산폭발, 동식물 말살)을 앓게 된 것이 이를 증명한다.

그리하여 예수오행은 이와 같은 하늘의 폐단을 방지하기 위하여 '금'

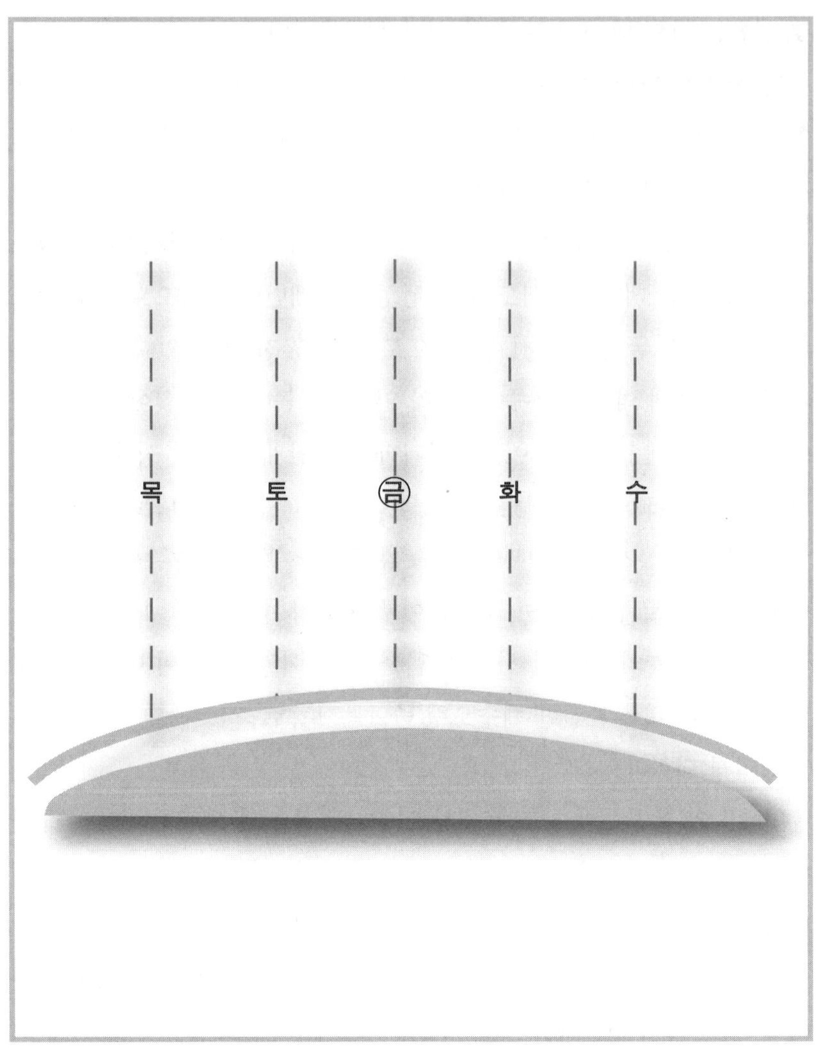

을 중앙에 두어 태초에 감추어진 비밀을 드러냄으로써 그 조화와 질서가 유지되게끔 양음에 의한 오행의 성질(융합)을 정립시켜 놓은 것이다.

그러므로 예수오행은 구약과 신약성서를 합작품으로 융합(합체)된 하늘의 비밀서인 것이다. 하느님은 사람을 지극히 사랑하였고 사람이 깨우쳐 모든 면에서 승리하고 이기지 못하면 종국에는 큰하느님이 정하신 하늘의 법도와 법칙에 의하여 종말을 맞이할 것을 염려하였고, 이와 같은 사실적인 구절은 종말론으로서 성경 구절에 수없이 비유와 암시로써 존재함을 알 수 있다. 하느님과 뜻을 같이한 영(뭇 민족의 신, 또는 악)들과 함께 사람의 인격과 품위를 부상시키는데 때론 악한 행동과 말로써, 때론 선한 행동과 말로써 가르침을 아끼지 않았던 것을 우리는 성경을 통하여 알 수 있는 것이다.

성경과 뜻을 같이하는 기록은 다른 민족의 가르침에서도 얼마든지 찾아볼 수 있다. 결국 큰하느님은 하느님의 의도대로 인간들이 스스로 진화하여 세상을 이루어 살아감을 때를 가려 인정하게 되었고 이 세상에 임하여 예수오행으로 하느님과 예수를 부활시켜서 큰하느님(인간세상을 직접적으로 간섭하는 높은 신, 큰하느님의 대변자)으로 거듭남을 허락하게 된 사실을 입증하게 되었던 것이다. 그리하여 사후세계의 영역까지도, 인간들의 영혼을 구제하도록 태초에 감추어진 비밀을 드러냄을 가납하기에 이른 것이다. 그러므로 예수오행은 생명나무이며 인간이 사후세계의 영역에 도전하여 영혼이 온전할 수 있도록 그 지혜를 드러낸 산 공식인 것이다.

선악과를 만들면서 생명나무도 같이 만들어 놓은 것은 이미 계획된 것이며 우리를 수동적(진정한 자유가 없는 독립적이지 못한 귀속된 삶) 삶에서 능동적(선악의 분별력, 신과 같은 존재) 삶으로 살아갈 수 있도록, 하늘의 진노를 무릎 쓰고 사람을 사람답게 살게 하기 위하여 오류(계획 된 단계의 발로)를 범한 것이다. 즉, 하느님은 우리 사람이 마치 애완동물처럼 주는 음식이나 먹고 재롱이나 적당히 부리고, 이런 무기력하고 무미건조한 의미 없는, 죽지 않고 영생하여도 그 삶 자체가 진정한 자유가 결여된 생명체로 살아가기를 원치 않았던 것으로서 비록 고

통과 괴로움과 온갖 비애를 감수하면서 살다가 죽음을 맞이하여도, 생
사의 차원에서 영생의 묘미를 만끽하면서 살아갈 수 있는 완전한 인격
체, 온전한 자유를 누릴 수 있는 생명체로 살 수 있도록 배려한 것이다.

이러한 원리와 이치는 신도 곧 차원을 넘어서 이동한다는 전제가 드
러나며 곧 삶과 죽음이 반복된다는 사실이 여실히 입증되는 단계인 것
이다.

'신이 죽었다' 라고 하는 것은 그 기운을 드러내지 않고 어느 일정기
간 정지하는 즉, '쉬고 있다.' 라고 표현함을 말하려 하는 것이다. 태초
에 만생만물을 짓고 우리를 지은 후, 그 헤아릴 수조차 없는 많은 영혼
들은 모두 생명나무의 열매가 되어 매달려 있다.

4. 악은 선 위에 존재할 수 없다

태초에 신의 존재는 남녀(선악, 양음)의 평등이 조화로웠다. 신은 선
과 악이 조화를 이루어 하나 되었음이요, 그리하여 음과 양이 동시에 공
존(존재)하므로 하늘의 아버지와 땅의 어머니가 하나로 이루어졌음이
니 태초에 무(방향, 바람, 시간, 영의 존재, 마음의 존재)의 공간은 하느
님 아버지로 자리 잡으시고 그 무에 속해 있던 유[원소, 미립자, 입자, 중
성미자(중성미자는 무유를 넘나드는 입자 중의 절대적 입자, 새로운 세
상을 창조하는 구성요소 중 으뜸)]는 땅의 어머니로 존재하게 되었다.
하느님 아버지와 땅의 어머니가 하나로 이루어 졌음이니 즉, 남자의 존
재와 여자의 존재가 같이하여 큰하느님의 존재는 아버지로 어머니로
남자로 여자로 구분되지 아니함인 것이다.

우리가 남자면 어머니로서 우리가 여자면 아버지로서 우리 곁에 계시

니, 또는 우리가 아버지 상을, 어머니 상을, 남자의 상을, 여자의 상을 어느 상이든 마음에 그리면 그와 같은 기운의 모습으로 가까이 계시게 되는 것이다.

그러므로 악은 음성적인 것을 의미하고 그 본분을 저버리고 양성적인 행동으로 나타나고 현실로 실현되었을 때 문제가 되는 것으로써 음성적으로 활동하는 것은 반드시 그 존재의 가치가 하느님의 조화와 질서에 준하여 같다는 이치이며 동반자와 같은 존재이다. 우리는 선과 악을 알았기 때문에 죄인 되는 것이 아니라 선과 악의 정확한 구별에 대한 사고(思考) 즉, 무조건적으로 악은 존재하여서는 안 된다는 생각의 발로는 곧 우리를 혼란과 혼동의 세월 속으로 밀어 넣어서 선과 악의 양면성의 진리를 알게 하는 그 과정을 반드시 겪게 만든다는 것이다. 악이 우리를 유혹하거나 공격하면 우리는 선의 힘으로 그를 제자리로 돌려보내는 지혜를 가져야 한다는 뜻이다. 때로는 악이 우리를 지키고 도우기도 한다. ‘사단’ 과 악을 뜻하는 ‘악마’ 의 이름은 그 획수가 9획으로서 예수의 이름 9획과 일치한다. 그렇다. 예수도 선과 악을 동시에 지니고 있는 즉, 양면성을 가지고 있다는 뜻이다.

그러나 우리와 다른 것은 그 분은 그 선과 악을 조화롭게 다룰 수 있는 대우주 만물의 법도와 법칙, 그 대진리의 힘과 능력을 발휘한다는 뜻이다. 우리는 그 힘과 능력을 가지고 있는 예수오행을 믿음으로 인하여 그 천지 기운과 그 지혜가 우리에게 다다를 것인즉 이것이 참된 믿음의 정의이다. 그 양면성, 선과 악의 존재가 상당한 조화와 질서를 이루었을 때 우리는 모든 면에서 성공한 삶을 살 수 있는 것이다.

악은 선의 위에 설 수 없으며 악이 선을 이길 수 없다. 이것이 천지만물의 조화이기 때문이다.

《(요한복음, 요한 1:5) 빛이 어둠에 비치되 어둠이 깨닫지 못하더라.》

《그 빛이 어둠 속에서 비치고 있다. 그러나 어둠이 빛을 이겨본 적이 없다.》

인간 세상에서 선을 베풀고 자세를 낮추어 악을 대하였을 때 이에 감동하여 고개를 숙이는 악은 정도를 걷는 참된 악이요 그렇지 아니하는 악은 이미 참된 악의 범위를 벗어난 악으로서 그를 제압하여 가르쳐야 한다는 것이다.

《(신명기 5:7~9) 나 외에는 다른 신들을 네게 두지 말지니라.……그것들에게 절하지 말며 그것들을 섬기지 말라 나 네 하나님 여호와(야훼)는 질투하는 하나님인즉…….》

전지전능하다는 하느님이 다른 신에게 대하여 질투를 한다고 하였다. 다소 어색한 구절로 보일 수도 있겠으나 선이 악을 다스리는 구절이며 성경의 진화를 나타내는 구절인 것이다. 그러므로 신은 사람의 마음을 신의 의지대로 다스리지 못함을 두려워하였던 것이다.

《(창세기 3:22) 여호와 하나님이 이르시되 보라 이 사람이 선악을 아는 일에 우리 중 하나 같이 되었으니 그가 손을 들어 생명나무 열매도 따먹고 영생할까 하노라 하시고…….》

즉, 우리의 마음은 하느님의 마음과 같은 경지의 창조물임을 나타내는 것이며 창조주와 같은 존재로 군림할 수 있음을 염려한 대목이다. 그리하여 위 성경 구절 중 '우리 중'이라고 하셨으니 하느님과 같이 한

다른 신들이 있었음을 나타냄이요 그 '우리' 라는 표현은 두말할 나위도 없이 예수오행 중 오행의 틀을 구성하고 있는 하느님을 상징하는 '목' 외에 '토, 금, 화, 수' 의 각기 다른 원소(특성과 성질)를 나타내는 암시적인 구절이다.

반감을 일으킬 수 있는 성경 구절은 바로 선과 악의 질서가 무너진 양상을 보여주는 극단적인 가르침의 예이다. 선과 악의 조화, 양면성의 질서가 바로잡히고 유지된 이후 비로소 하느님의 깊은 뜻을 우리는 헤아릴 수 있을 것이다.

아담은 남자로서 하늘의 영향을 받아서 창조되었으므로 음양오행에서 하늘을 뜻하는 양에 속하며 여자는 뱀의 영향을 입어서 하늘의 지혜를 알게 됨으로 인하여, 뱀은 온 몸으로 땅을 기고 흙을 먹고살라 하였으니 여자는 그 기운으로 인하여 땅을 나타내는 음에 속하는 것이다. 여자의 존재는 성경의 기록상 남자의 일부이지만 그 선과 악을 일깨워 준 장본인으로서 남자는 여자의 존재 없이는 지혜로울 수 없으며 음의 영향을 받지 않고는 살아갈 수 없는 것이다. 그러나 음양오행의 이치에 의하여, 선과 악의 양면성의 법칙에 의하여 음은 즉, 여자는 남자의 위에 존재할 수 없었던 것이다.

《(창세기 3:16) ……너(여자)는 남편을 마음대로 주무르고 싶겠지만 도리어 남편의 손아귀에 들리라.》

《(디모데전서 2:12) 여자가 가르치는 것과 남자를 주관하는 것을 허락하지 아니하노니 오직 조용할 지니라.》

《(고린도전서 14:34) 여자는 교회에서 잠잠하라. 그들에게는 말하는

것을 허락함이 없나니 율법에 이른 것같이 오직 복종할 것이요……》

이와 같은 이치로 인하여 남존여비(男尊女卑)의 세월을 겪고 그 기나긴 세월을 넘어서 이제는 서로가 아끼고 사랑하는 평등의 시대가 도래한 것이다. 평등이라고 함은 양의 기운이 음의 기운과 위에 설 수 없고 양의 기운과 음의 기운이 동등한 위치에 있다고 하는 것이 아니라 양과 음의 상하질서의 유지에 의하여 평등이 존재하고 유지된다는 것이다.

하느님은 악의 행실을 먼저 행하여 선과 악의 차이를 분명하게 알게 하셨고 그 후, 인간세상의 올바른 삶과, 참진리와 선의 가르침을 바로잡고자 예수를 이 땅에 보내시어 복음을 전도하게 하셨고 십자가에 달려서 죽게 함으로써 예수오행을 이루게 하여 새로운 기운으로 새로운 믿음의 장을 열게 되는 시대를 열게 하는 경이로운 장면을 연출시킨 것이다.

무릇 참된 가르침이란 선행으로만 이루어지지 아니하였으며 본보기란 선행으로만 보여주는 것이 아니라 악행으로도 행동하여 우리를 일깨워 준다는 것을 하느님은 성경으로써 말씀하셨음을 우리는 혼동하지 말아야 할 것이다. 이는 성경의 말씀이 진화하여 오늘에 이른 것임을 다시 한 번 말한다.

5. 하늘의 악행은 선과 악의 양면성에서 악을 행사함에서 비롯되었다

우리는 우리를 창조한 창조주에 대하여 함부로 판단하거나 비판하여서는 아니 된다. 그러므로 창조주는 창조주 스스로 자신을 판단하고 비판하여 스스로 자신을 개화시키고 과오의 시간을 거울삼아서 악의 존재를 잠재우고 선을 부각시켜 행사함으로써 지적, 영적, 심적, 정신적인 성장 진화 과정을 겪음으로 인하여 비로소 전지전능한 새로운 하느님으로 재탄생하는 그러한 단계적인 과정을 신도 사람과 같이 거친다는 것이다. 이 말은 곧 우리가 더 나은 지식과 더 나은 판단력과 더 나은 분별력과 더 나은 사고방식을 가지게 되는 피할 수 없는 진보와 진화의 시간적 과정을 창조주가 행함으로써 우리도 자연적 그렇게 되는 것이다. 우리는 창조주의 피조물이기 때문이며 자식은 부모의 연장물이기 때문이다. 즉, 성경도 진화함을 말하려 하는 것이다.

《(신명기 20:10~18) = (적군과 싸우려 할 때에, 성경 구절 생략)》= 이 구절은 성경 구절 중 하느님이 행하신 악의 행각 중의 한 구절로서 하느님께서 행하신 참담한 각종 살인 행각, 뭇 민족의 차별성, 다른 신들에 대한 질투와 두려움, 노예제도의 사실적 확립, 제물에 대한 끝없는 과욕, 자신에 대한 무조건적이고 절대적인 복종, 언약궤 사건 등의 구절이 존재하고 있다. 어찌하여 이런 구절이 버젓이 존재하는가? 죽어야 될 만큼 큰 죄를 짓지도 않았는데 닥치는 대로 죽이고 또 죽이고, 죽이라고 명령하고 지금 이 시대에 살고 있는 우리로서는 황당하기만 할 뿐이다. 그러므로 하느님의 실체를 우리는 알아야 할 때가 온 것이다.

재고의 여지조차 없는, 사람이 아닌 스스로 하느님이라고 칭하는 분이 그렇게, 그렇게 하릴없이 저지른 이 엄청난 악행을 억지로 합리화시켜 보기 위해서 다시 한 번 생각해보자는 것이 아니다. 그 분은 스스로 악행을 저질렀고, 그러면서도 안식일을 정하여 자신을 받들게 하였고 한편으로는 사람으로서 지켜야 할 도리와 근본을 말씀하심으로써 그 행위에 따라서 상벌의 정도를 정하여 법의 개념을 인간에게 기증(가르침의 유산)하였고, 그 양면성을 보였다. 그 분은 스스로 악행을 저지를 수밖에 없는 것을 인정하였다. 이 악행은 뭇 민족을 대표하는 이스라엘 민족의 역사이며 한 장의 역사이며 피치 못할 하늘의 역사이다. 우리는 무조건적으로 하느님을 맹신하는 무지한 시대에 살고 있지 않는다고 하더라도 하느님을 비판하여서는 아니 되며 그의 존재를 부정하여서도 아니 된다. 다만, 그 분의 모든 말씀과 행위에 대하여 깨우침으로 바라보아야 할 것이다. 성경 구절 속에 존재하는 구절 중에서 좋은 말씀만 골라서 성경을 바라보아서도 아니 된다.

《(마태복음, 마태오 7:1∼2) 비판을 받지 않으려거든 비판하지 말라. 너희가 비판하는 그 비판으로 너희가 비판을 받을 것이요 너희가 헤아리는 그 헤아림으로 너희가 헤아림을 받을 것이니라.》

야훼(여호와, ywah) 하느님이 죽인 사람의 수는 2.038.344명이며 명령으로 죽인 사람은 905.154명으로서 이를 단수의 법칙에 의하여 풀이하면 하느님이 죽인 사람의 수 : 2 + 0 + 3 + 8 + 3 + 4 + 4 = 24가 나오고 다시 2 + 4 = 6의 단수가 나온다. 명령으로 죽인 사람의 수는 9 + 0 + 5 + 1 + 5 + 4 = 24가 나오고 다시 2 + 4 = 6의 단수가 나온다. 6의 수는 사단이며 악의 수이다. 성경 구절에 존재하는 하느님이 죽인 사람의 수가 위의 수와 다르게 나온다고 하여도 그 악을 행사함에 있어서 악의 진리는 변하지 않음을 우리는 알아야 한다. 무엇을 말하려 함인가? 사단(사단)이 맡아서 하여야 할 온갖 악행을 하느님이 이를 대신 맡아서 악행을 저지름으로써 그 정도만으로 이 세상의 모든 악행은 끝이 났다는 의미이다. 만약에 사단이 모든 악행을 저질렀다면 어떻게 되었겠는가? 어쩌면 지금 우리는 이 글을 읽어보지 못하였을지도 모른다. 사단이 부여받은 악행의 임무는 우리 세상을 온통 암흑천지로 만들고 아비규환으로 만들어서 우리의 몸과 마음은 끝없이 추락하여 아직도 원시생활에서 벗어나지 못하였거나 아직도 무지한 삶에서 헤어나지 못하였을 것이다. 그러면 '하느님의 능으로서 사단을 물리치면 되지 않았겠느냐?' 반문하지 말자. 본문에서 사단은 이 세상에 없어서는 안 될 필요악으로 설명하였다. 다만 그 정도를 최대한 줄여서 악의 존재를 굴복시켜 상호 조화를 이루게 하려 함이다.

《(욥기 1:6~7) 하루는 하나님의 아들(신)들이 와서 여호와 앞에 섰고 사단도 그들 가운데 온지라 여호와께서 사단에게 이르시되 네가 어디서 왔느냐 사단이 여호와께 대답하여 이르되 땅을 두루 돌아 여기저기 다녀왔나이다.》

이 말씀은 여호와 하느님이 사단을 보고도 물리치지 아니 하는 것은 곧 필요악의 존재임을 증거한 대목이다. 하느님이 사단 대신 악을 행하시니 사단은 할 일이 없어 땅을 두루 돌아다니기만 한 것으로 비유한 것이다.

악의 진리를 알지 못하는 자는 선의 진리도 알지 못한다. 악의 진리를 알지 못하는 자는 선의 두려움을 알지 못하며, 개화시킬 수 없는 생명체로 전락하고 마는 것이다. 악의 진리를 알지 못하는 사람에게 무조건적인 사랑은 그 사람의 모든 것을 앗아가는 결과를 초래한다. 체계적이지 못하고 교육적이지 못한 무조건 적인 사랑은 사랑이 담긴 체벌보다도 못하다. '손자가 귀여워서 오냐 오냐 하였더니 할아버지 상투를 잡는 격'이 되는 것임을 말하려 하는 것이다.

《(잠언 3:11~12) 내 아들아 여호와(야훼)의 징계를 경히 여기지 말

라. 그 꾸지람을 싫어하지 말라. 대저 여호와(야훼)께서 그 사랑하시는
자를 징계하시기를 마치 아비가 그 기뻐하는 아들을 징계함 같이 하시
느니라.》

《(잠언 23:13~14) 아이를 훈계하지 아니하려고 하지 말라. 채찍으로
그를 때릴지라도 그가 죽지 아니하리라. 네가 그를 채찍으로 때리면 그
의 영혼을 스올(sheol, 무덤)에서 구원하리라.》

우리가 겪어야 할 격동의 숙명적인 과정의 시간, 무지하고 원시적인
틀에서 벗어나기 위한 그 기나긴 세월, 배움의 기본적인 사고방식의 이
데올로기(Ideologie) 그 가르침 없는 무조건 적인 사랑은, 매질보다 못
하다는 것을 성경 구절에서 엿볼 수 있는 것이다.

무릇 우리는 배우는 단계, 겪어야 할 숙명을 사단에게 직접 맡기지 아
니 하시고 혹은 직접 맡기시는 듯하며, 혹은 사단으로 하여금 사단을 이
용하여 우리를 시험에 들게 하고, 악행을 저지르게 하여 또는 하느님께
서 우리를 직접 체벌한 사실이 성경 구절 구절마다 존재하고 있다.

이스라엘 하느님의 역사는 그 민족이 모든 민족을 대표하여 선택된
민족으로서 하느님이 악을 행하여 사람을 죽일 때 모든 민족이 같이 죽
었고 하느님이 율법과 도리와 근본을 말씀하실 때 모든 민족이 귀를 기
울여서 오늘날에 이른 것이다.

《(출애굽기 20:5) 그것들에게 절하지 말며 그것들을 섬기지 말라. 나
네 하느님 여호와는 질투하는 하느님인즉 나를 미워하는 자의 죄를 갚
되 아버지로부터 아들에게로 삼사 대까지 이르게 하거니와…….》

이 성경 구절은 여호와(야훼) 하느님은 스스로 악을 행하고 광기가 있음을 밝히고 있는 구절이며 실제로 우리는 이러한 엄중한 편단(偏斷)체제(폐습체제)를 국법(왕권)으로 시행하고 경험한 역사가 있으며 그 단계의 시간을 거쳐서 오늘날에 이른 것이다.

인간세상에서 반역을 도모하고 국법을 문란케 한 당사자와 공모자들은 그렇다고 하여도 아무것도 모르는 그 식솔들이 무슨 이유로 벌을 받아야 했는지 답답할 노릇이지만 아무튼 이와 같은 단계적 인간사의 법은 곧 하늘의 법에서 온 것을 말하려 함이며, 이는 피할 수 없는 숙명의 단계적 시간에서 깨닫고 개척하여 우리 스스로 법의 모순과 잔인성에 대하여 법다운 법을 만들고 살아가고 있으며 그 법은 계속하여 진화할 것이다. 무슨 말이냐 하면 무릇, 성경 구절의 말씀들은 시대적 환경과 배경, 시간적으로 겪어야 할 숙명적 단계, 시대적 표현 능력과 방법과 대처, 사실적인 사건에 의한 비유법이나 묘사에 의한 기록의 올바른 해석, 포괄적 뜻과 의미를 가진 구절 등을 고려하여 현실에 부합되게끔 설교하여야 할 것이다. 성경 구절은 이미 악을 행하였으므로 행하지 말아야 함을 나타내는 구절과 반드시 행하여야 함을 가르침으로 기록한 구절이 뚜렷하게 구분되어 있는 것이다. 이러한 사실적 구절을 융통성 없이 있는 그대로를 하늘의 말이며 진리라고 설교하지 말라는 말을 하려는 것이다.

6. 스스로 강해져야 간구함이 이루어진다

《(사사기, 판관기 1:19) 여호와께서 유다와 함께 하신 고로 그가 산지 거민을 쫓아내었으나 골짜기의 거민들은 철병거가 있으므로 그들을 쫓

아내지 못하였으며…….》

천지만물을 창조하시고 전지전능하신 여호와께서 한낮 철병거가 있다는 이유로 거민을 쫓아내지 못하였다는 말은 어색하기가 짝이 없는 구절이다. 그러나 단순하게 보면 그렇게 보일 수 있으나 이 구절은 심오한 진리가 담겨져 있다. 이 성경 구절은 태초에 여호와(야훼) 하느님과 같이 계셨던 신 중에서 거민들을 보호하고 있었다는 뜻이다.

창세기에서 '우리' 라는 표현을 구사함으로써 여호와 하느님 외에 다른 신이 존재하고 있었음을 나타내며,**《사람이 우리와 같이 생명나무를 따 먹고 영생할까 하노라……》**라는 구절이 존재함으로써 신이 사람에게 두려움을 나타낸 흔적이 있다. 위 **'사사기'** 성경 구절을 두고 예수오행을 창조하기 위한 과정으로 풀이를 하면 하늘(목, 십자가)과 예수(토, 화, 수)가 '금' 을 얻기 위한 두려움을 묘사한 구절이라고 표현할 수도 있는 것이다. 구절 중 '철' 은 쇠로서 오행으로는 '금' 에 해당하기 때문이다. 이로써 완전한 신들의 화평이 이루어진 옹립된 예수오행이 이 땅에 임하게 된 이유이다.

이를 달리 표현하여 아래와 같이 문장화하였다.

[내가 이 세상에 태어나서 젊음을 유지하였듯이 내가 늙어감은 창조한 이도 막을 수 없다. 내가 이 세상에 태어남을 누렸듯이 내가 죽어 감은 태어남의 대가인 것을…….

꽃은 흔들려도 바람이 있고 바람이 일어도 태산은 흔들리지 않는다. 절박한 사정과 시련은 성공과 행복을 위하여 존재함은 이와 같고 신은 모든 것을 창조하는 능력을 지녔으나 모든 것을 다스리는 능력이 존재하지 않는 것은 창조한 모든 것 중 옳지 않은 데서 일어나는 불합리(모

330

순)에서 오는 것이다.]

　이것이 선과 악의 양면성을 보여주는 이치로서 화평의 현상이 최선임을 보여주는 일면을 말함이며 소원을 이루는데 간구함의 시간과 응답의 시간이 단계적으로 존재함을 일깨워주는 대목이다.

《'쫓아내지 못한 가나안 족속' (사사기 1:28) 이스라엘이 강성한 후에야 가나안 족속에게 노역을 시켰고 다 쫓아내지 아니하였더라…….》

　여호와 하느님은 오늘날의 세상이 존재하게끔 하는데 절대적 영향력을 발휘하였음은 재고의 여지가 없다. 그러나 한 가지 분명한 것은 하느님마저 지어낸 이는 큰하느님이라는 사실이다. 즉, 새로운 하늘의 기운이 세상에 임하였으니 우리는 우리가 알아서 삶의 질을 높이고 개척하여야 하며 종말도 안녕도 우리의 몫이며 사후세계의 신의 영역을 탐험하는 것도 우리의 몫이다. 예수오행의 진리, 가르침이 유산으로 우리에게 임하여 있음을 상기하여야 할 것이다.

《(고린도전서, 고린토 첫째편지 1:25) 하나님의 어리석음이 사람보다 지혜롭고 하나님의 약하심이 사람보다 강하니라…….》

《(디모데후서, 디모테오 3:16) 성경은 전부가 하느님의 계시로 이루어진 책으로서 진리를 가르치고 잘못을 책망하고 허물을 고쳐 주고 올바르게 사는 훈련을 시키는 데 유익한 책입니다.》

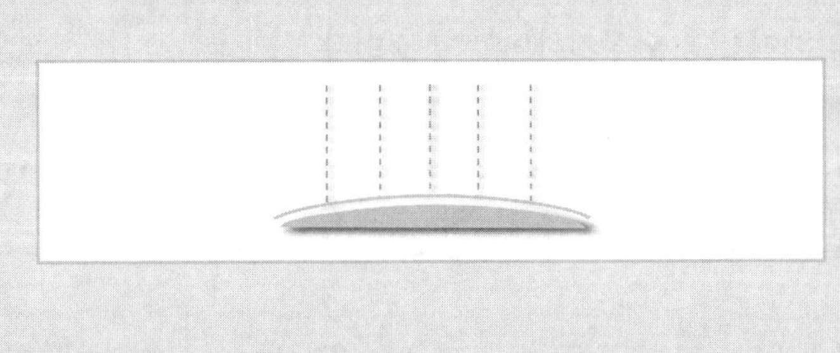

제 9 장

1번부터 81번까지 숫자의 특성과 개요

제9장

1번부터 81번까지
숫자의 특성과 개요

1. 수에 대한 운력의 원리와 서론

아래 각 수의 특성과 운력의 길흉을 판단하여 기록하는 바, 성경에 기록되어 있는 수의 특성과 지구와 달의 운기를 기준으로 하여 판단하였다.

지구는 달보다 81배가 무거우며 지구와 달은 서로 공전한다. 인력에 의하여 공전하면서 81가지의 운기가 생겨나는 것을 기인하여 수의 운력을 분석하였다. 즉 인간은 하늘의 기운 중에서 지구와 가장 가까운 달의 기운을 먼저 받는다는 의미인 것이다. 작게는 지구와 달의 운기이지만 크게는 태양과 태양계, 은하계와 은하계를 넘어서 모든 우주공간에 수의 특성과 운기는 하느님의 영역에서 관리 운영되고 있는 것이다. 그러므로 어떤 수가 운력이 좋다고 하여, 또는 운력이 나쁘다고 하여 만생만물에게 정한대로 모두 호운, 악운으로 작용되는 것은 절대 아니다. 개인별로 사람의 타고 난 운기는, 사람마다 지문이 다르듯이 크든 작든 경미하든 반드시 강약이 존재한다.

본시 사람의 운기(천기)를 한 치의 오차도 없이 알고자 한다면 잉태된 시점 즉, 정자와 난자가 만나서 결합되는 시간 연월일시분초……청정(淸淨)의 소수점 시간까지 알아야 할 것이다. 그런 후, 다시 태어난 연월일시분초를 연계하여 판단하여야 마땅할 것이다. 그러나 인간의 능력으로는 불가능한 것이며, 오직 신만이 알 수 있는 영역인 것이다.

《(예레미야 1:5) 내가 너를 복중에 짓기 전에 너를 알았고 네가 태에서 나오기 전에 너를 구별하였느니라.》

신은 어디에 계시고 어떻게 생겼으며, 어떤 힘과 능력을 가졌는가를 아는 것은 크게 중요치 않다. 수의 특성이 만인, 만생만물에게 균등하게 작용하지 않듯이 신의 힘과 능력 또한 만인, 만생만물에게 균등하게 작용하지 않는다. 수의 힘과 능력은 곧 큰하느님의 힘과 능력의 일부이며, 인간이 그 힘과 능력을 간파하는 데는 한계라는 단어가 도사리고 있는 것이다. 그러므로 신은 인간에 의하여 만들어진 것이 아니고 반드시 존재함을 부정하거나 망각하여서는 안 된다.

　절대론이 존재하지 않고 우연론(진화)이 존재할 수 없다. 이것이 진리다. 신을 믿고 의지하는 마음만 있다고 하여 신의 가호를 받는다는 것은 맹신일 뿐이다. 인간은 신에게 이미 모든 것을 전수 받았다. 도구 사용의 신체적 능력, 선과 악의 구별에 의한 판단력과 분별력, 이성과 사고력, 진화의 능력 등, 신의 힘과 능력을 현실에 실현시킬 수 있는 진리와 원리 이치까지도 부여받은 것이다.

　세월이 흘러 환경이 진화하고 사람과 만생만물이 진화하여 오늘에 이르렀다. 지금 이 순간에도 수많은 생명체와 더불어 우리 인간은 내외부적으로 진화하고 있음은 두말할 나위가 없다. 그럼에도 불구하고 신에게 뭔가를 자꾸만 요구하는 행위의 기도는 현시대에 걸맞지 않는 기도 요법인 것이다. 이미 주신 모든 지혜를 끊임없이 탐구하고 노력하여 이 세상에 실현시킬 때 비로소 신에게 보답을 하는 행위인 것이며, 그것은 감사하는 마음으로 결실을 얻는다.

《(에제키엘 37:15~17) 너 사람아 나무 막대기 하나를 취하여 그 위에 '유다와 그와 한편이 된 이스라엘 백성' 이라고 써라. 또 다른 나무 막대기 하나를 취하여 그 위에 '요셉, 에브라임의 막대기와 그와 한편이 된 이스라엘의 온 족속' 이라고 써라. 그리고 이 둘을 붙여서 한 막대기로 만들어라. 둘이 하나가 되게 잡고 있어라….》

　이 말씀은 당시의 시대적 사건, 시대적 배경과 하늘의 민족과 믿음의 유일을 말씀하심과 동시에 예수오행에 의하여 새로운 하느님이 이 세상에 임하실 것을 암호 구절로 남겨 놓은 것이다. 즉. 하늘과 사람이 하나가 되어야 함을 일깨워주는 막중한 구절임을 나타내고 있다. 인간은 큰영혼과 작은영혼이 있음을 입증케 하였다. 땅이 있어 하늘이 있고 하늘이 있어 땅이 있음을 입증케 하였다. [목, 토, 금, 화, 수] 예수오행의 실체를 하느님께서는 알게 하신 것이다. 껍질이 없으면 알맹이가 있을 수 없고 포장이 없으면 내용물이 있을 수 없다. 선이 없으면 악이 존재할 수 없고 악이 없으면 선이 존재할 수 없다. 하늘이 원하면 땅은 따른다. 사람이 원하면 숫자는 따른다. 이것이 진리다.

2. 1번부터 81번까지 숫자의 특성과 의미를 시문(時文)과 함께 표현하였다

오늘날 우리는 복잡한 사회구조 속에서 수많은 숫자를 부여받아 공생공존하고 있다. 주민번호, 계좌번호, 수험번호, 비밀번호, 아이디번호, 열쇠번호, 차량번호 등등 수없이 직간접적으로 동고동락하고 있는 것이다. 그 수많은 숫자들 중에서 가장 두드러지는 것은 바로 이름(아호)의 운력이다. 즉, 이름의 운력은 하늘의 운력이며 자신을 영원히 대변하는 운력으로써 일생에 가장 많이 불리어지며 사용된다. 그 불려짐은 소리를 말함이고 소리는 태초의 하늘의 말씀으로서 음령의 진리가 두각을 나타낸 증표이며 개인이 부여받은 모든 숫자를 이끌어 가는 선장(리더)임을 말하는 것이다.

그러므로 이름의 운력이 우선하는 것이며 만약 이름의 운력이 좋지 못하고 다른 수의 운력이 이름의 운력보다 좋다고 한다면 이는 이미 하극상을 일으킨 현상이나 다를 바가 없는 것으로써 결코 사후세계의 안녕을 기약할 수 없다. 하늘이 정한 생명책에 기록되는 것은 이름의 숫자밖에 없음을 말함이고 이름의 숫자라 함은 아름다운 일치성을 말하려 하는 것이다. 각수의 특성과 의미에 부합될 수 있도록 시와 문장을 지어서 표현하는데 성의를 다하였다.

아래 각 수에 해당하는 수의 특성과 성질 그리고 의미에 대하여 다른 글을 도용하거나 인용하지 않도록 노력하였으며 인용한 구절에 대하여는 별도로 표기하였고 본문만이 구사할 수 있는 표현법을 시와 적절한 문장으로서 강조하였다.

사람이 표현할 수 있는 말이나 글(문자)은 끊임없이 만들어지는 가운데 순환하고 있음을 알아야 한다. 즉, 표현 방법도 한계가 있으며 그 한계는 곧 되돌아감을 의미하고 되돌아간다고 함은 윤회함을 말하는 것으로써 이 세상 창조 이래 거의 모든 것에 대하여 어느 무엇 하나 윤회하지 않는 것이 없다는 것을 말하려 하는 것이다. 즉, 윤회 속에 도전과 팽창의 창조가 있고 반복법칙에서 순환과 발전이 있으며 빛의 직선 속에 각도의 변화가 일어남으로써 진화가 존재함을 말하려 함이다.

[1의 수부터 81 수까지의 해석]

▶ 1의 수

문제가 없는 곳에서 문제를 만들어 내고 보니 문제가 없는 곳을
캄캄함이라 하고 문제가 있는 곳을 밝음으로 정하였더라.
문제가 없는 곳은 있고 없음이 간 데 없고 높고 낮음이 분간 없는데
문제가 있는 곳은 있고 없음이 분명하고 상하의 구별이 뚜렷하더라.
문제가 없는 곳은 무의 세상이요 문제가 있는 곳은 유의 세상으로
명하였더라.

문제가 없는 곳은 세상이 만들어지기 전의 무의 공간이요 문제가 있는 곳은 세상이 창조된 유의 공간으로 분별함인데 문제가 없는 곳을 어떤 이는 극락 정토라 하고 문제가 있는 곳을 어떤 이는 아비규환의 세월이라 하더라.

문제가 없는 곳과 있는 곳을 반대로 말하니 이는 문제 있는 자이라 문제가 없는 곳에서 문제가 있는 곳으로 시공이 열리니 이는 1의 수에서 문제가 시작되었음이라 1의 수는 천지창조의 태동의 수로서 문제를 해결, 혼돈의 시공을 분명하게 하기 위하여 기나긴 외로움과 정렬의 고통 속에 서 세상이 열리는 열쇠가 이루어졌음이다.

....

1의 수는 태초의 하늘(혼돈의 시대)이며, 태초에 하느님이 형체를 갖추기 전의 모습을 나타내는 수이며 오행의 반려 수는 44수이다. 태어난 일자로는 1의 수를 가질 수 있지만, 양력과 음력에서 태어난 월과 일을 동시에 가질 수 없는 수이다. 월일의 최저 수는 1월 1일로서 2의 수이며, 최고의 수는 12월 31일로서 43수이기 때문이다. 그러므로 1의 수와 반려가 되는 수 역시 44수로서 월일을 다 합하여도 43수밖에 안 나옴으로 태어난 일자로만 사람이 가질 수 있는 수이다.

기수의 으뜸이며 천지창조의 한 장을 여는, 형체를 제대로 갖추지 못한 수이므로 외로움과 고독, 등 혼돈의 특성을 지녔다. 시작과 윤회의 시발점이요 스스로 문제를 만들고 스스로 모진 풍파와 시련과 시험을 이겨 낸 자리이다. 그러므로 하나의 수를 창조하니 2의 수가 탄생하였다.

여기서 분신이라는 원리가 생겨나고 생겨난 원리는 하나에서 여러 가지로 나누어지는 현상을 자아내게 되었다. 이는 한 영혼이 여러 개의 영혼으로 나누어져서 각각 다른 육체에 안착하는 영적인 법칙을 이루게 되었으며, 자손이 번창하여 오늘날의 생명체가 생겨난 이치가 성립된 것이다. 생명체가 죽으면 작은영혼은 육체와 함께 땅으로 내려앉아 죽게 되지만 큰영혼은 하늘로 올라가서 죽지 아니하며 거듭나며 부활하게 되는 것이다. 거듭난다고 함은 하늘로 올라간 큰영혼이 나누어져서 다시 태어남을 의미함이요. 부활이라고 함은 나누어지지 아니하고 본래의 영혼이 다시 태어남을 말하는 것이다. 큰영혼에서 나누어져서 다시 태어난 영혼들은 살아생전에 만나게 되거나 서로 영적인 교류나 교감을 이루는데 이것을 두고 인연이라고 하는 것이며, 불가(佛家)에서는 108번뇌로 표현하기도 한다.

즉, 신의 힘과 능력이 각각 사람마다 마음에 안주하여 믿음의 발로인 힘과 능력을 방사하는 것과도 같은 이치이며, 1의 수가 절대론이라면 2의 수는 우연론으로써 진화의 시발이 여기서 근거된 것이다.

속세의 약육강식, 우승열패의 법칙에 의하여 만생만물이 개체수 등 여러 가지 조화와 질서를 유지하도록 이루어진 것일진데, 온갖 범죄가 성행하고 전쟁을 일으키며 자연을 훼손하여 말로의 길을 가고야 마는 일련의 모든 행위적인 것들은 모두가 큰영혼에서 나누어져서 태어난 영혼들의 이기에서 오는 것이며, 정작 땅에서 온 우리 생명체들은 선량하고 선하게 태어났으며 악은 영혼에서 오는 것이다.

즉, 성경에 기록된 선악과의 사건은 인간은 흙으로 빚어져서 선과 악의 구분을 모르고 하늘의 뜻(귀속된 자유)대로 사는 것이 삶의 전부요 또 그렇게 살 수밖에 없었으나 악을 앎으로 인하여 뛰어난 분별력(독립된 완전한 자유)과 판단력(지적 감정)의 능력이 생겨났음으로 이는 하늘에서 내려온 영혼과 땅에서 생겨난 인간이 합체되어 모든 사물을 인지하고 판단하며 지배욕과 성취욕 등 각종 욕심이라는 능력을 가지게 되었음을 말하는 것이다. 그리하여 혼동의 세월에 예수가 이 땅에 오심은 인간과 영혼의 중재(매개)를 위하여 오신 것이며, 이루어 내신 것이 예수오행의 참진리인 것이다.

그러므로 영혼과 인간의 확인하는 방법 중 하나가 이름에 있는 것이다. 일치성이 없는 자들은 끊임없이 하늘의 큰영혼과 인간의 사고(思考)와 정신(작은영혼)과 대치하여 싸우는 형국을 만들어 내고야 만다. 일치성은 아무나 가질 수 없으며, 가져서도 안 된다. 그러므로 큰영혼에게 끌려가는 삶은 인간의 삶이 아니고 큰영혼의 삶이며 비록 생전에 행복한 삶을 누렸다고 하더라도 사후세계에 들어가면 큰영혼은 떠나가고 땅에 떨어진 자신의 소중한 작은영혼은 갈길 몰라 헤매게 되는 것이다.

신이라는 존재는 결코 인간이 조작하여 만들어 낸 것이 아님을 잊지 말아야 한다.

1의 수는 홀수로서 양이며 선이며 하늘이며 남자 등이며, 2의 수는 짝수로서 음이며 악이며 땅이며 어머니로서 조화를 이루게 되었다. 1~81번까지 각각 이와 같은 기본적인 수의 성질을 띄우며 삼라만상이 유지 관리되고 있는 것이다.

▶ 2의 수

혼자는 외로워 둘이고 싶어라.

허허로운 흑암에서 상념이 둘을 이루어내고 내 몸에서 나오니

하나가 둘이 되었더라.

내 몸에서 나왔건만 처음에는 좋았다가 나중에는 대립한다.

좋았음은 사랑의 시간이요

대립은 잉태를 말함이라.

드디어 산통이 다가오니 하나는 머무르고 하나는 떠나간다.

하나는 머무르니 내 몸에서 나온 이고

하나는 떠나가니 하나가 둘이 되어 셋을 말하더라.

....

2의 수는 간증(잘못을 고백하고 뉘우치다)과 중인의 수이다. 반목과 대립, 분열, 배신의 수이다. 그러나 2의 수는 일치성을 나타내는 수이기도 하다. 그러므로 사물이나 학문, 현상 등에서 일치성이 일어나면 부정적인 모든 기운은 소멸된다. 일치성이라고 함은 잉태, 생산, 이루어냄 등을 말하는 것이다.

2의 수는 예수오행에서 합체된 하느님, 1의 수와 또 다른 하나(인간, 물질)가 결합된 수 즉, '목과 금'을 나타내며 선과 악이 동시에 공존하는, 하느님이 생명체와 연결(일치)되어 하나 됨을 나타내는 수인 것이다. 1의 수가 자아낸 음수의 실체다. 그러므로 이미 생겨난 삼라만상을 유지관리하며 번성케 하는 수인 것이다.

▶ 3의 수

내가 너를 사랑한다.

이제 너는 다져진 땅과 같다.

고인 물은 생명수가 되어 생명나무로 거듭날 것이며

담과 넝쿨이 어우러지니 드디어 때가 왔다.

사랑하는 내 자손아

너는 하나가 둘이 되어 이 세상에 나온 사랑하는 내 자손이다.

나아가라

나아가서 승리하라

새로운 세상을 맞이하고 그 세상에 도취하여라

그리하여 그 세상을 하나와 둘의 진리로서 지배하라

하나가 둘이 된 이가 너를 사랑한다.

너는 완전한 내 자손이다.

....

3의 수는 1과 2의 분신이라고 할 수 있는 자손의 수 즉, 생명나무를 의미하는 수이다. 이 세상에 태어난 모든 자식들은 이 수의 운력에 의하여 태어나며, 우리나라 토속신앙에서는 삼신할미라고도 표현한다. 아동(자식)은 부모에게는 이 세상에 오신 손님 중 가장 귀한 손님인 것이다. 그러므로 아동을 학대하는 행위는 3의 수를 학대하는 것과 같고, 자식을 사랑하는 마음은 하느님을 사랑하는 행위와 같다.

회개에도 정도가 있는 법칙이 이 3의 수에서 일어난다. 잘못은 다대한데 일시 잠깐 회개하였다고 하여 회개될 수 없으며, 반드시 잘못한 것만큼 뼈저린 회개의 세월이 자신에게 엄습하여 올 것이다. 하여, 알량한 믿음으로 회개하였다고 속단하고 사는 자는 가장 무지한 자이며, 그 영혼은 나락의 기로에 서고 말 것이다. 그러기에 잘못을 하고 있다면 잘못을 저지르는 과정에서 스스로 회개하고 잘못을 습관적으로 반복하고, 거기에 따라서 회개를 습관적으로 반복하는 행위적 악순환을 키우지 말아야 한다.

회개라고 함은 어떤 잘못에 대한 반성과는 의미가 다르다. 어떤 잘못된 사건이나 동기에 대하여 반성하는 것은 회개의 과정이며 회개는 반성의 완성을 말하기 때문이다. 이 수는 삼위일체(삼신일체, 토 화 수)와 건강과 미래지향을 나타내는 수이기도 하다.

▶ 4의 수

길을 간다.
길 따라 간다.
어떤 이는 가는 길의 다다름에 뜻이 있고
어떤 이는 가는 길의 다다름에 목적이 있고
어떤 이는 가는 길의 다다름도 없이
그냥 그렇게 하릴없이 정처 없이 길 따라 간다.

하늘의 길은 새가 날고
물의 길은 물고기가 노닌다.
땅의 길은 땅에 닿은 몸의 만생이 간다.
어떤 길은 정하여져 있어서 가고
어떤 길은 정하여 간다.

그렇게 가다 가다가 힘들면 쉬어 가고
뒤돌아보기도 한다.
뒤돌아보니 추억이 옷깃에 살포시 내려앉고
쉬어가니 세상이 내 품이더라.
미루나무 잎사귀가 길을 안내하니
묻은 먼지 털어내고 나는야 간다.
···

4의 수는 그리스도(전달자)의 수이며 동서남북 사방의 방향을 나타내며 길을 나타낸다. 태초의 1의 수와 생명의 수 3의 수가 연계되어 형체를 이룬 수이다. 바야흐로 완전한(영혼의 안착, 오행 중 금을 갖추기 위한 단계) 형체를 갖추기 위한 탈바꿈을 하는 시련의 수인 것이다. 사각형은 사방의 길이가 동일할 때 정육면체를 이루며 6의 수와 연계되는 음수에 속한다. 하여 4의 수는 인간의 형상, 만물의 형체를 나타내는 수이며 생로병사로 인하여 생겨난 모든 생명체들은 반드시 끝이 있음을 의미하는 수이기도 하다.

십자가는 방향과 길을 나타내는 이정표의 힘과 능력을 구사한다. 더 크고 더 넓으며 더 새로운 웅지의 뜻을 나타내며, 그 뜻을 실현시키기 위한, 예수오행을 실현시키기 위한 일촉즉발(一觸卽發)의 질투하는 하느님의 자태의 수이다. 그러므로 십자가를 무심결에 곁눈질하여 보거나 눈을 치켜 뜨면서 보지 말아야 한다. 항상 선한 눈과 마음으로 간구의 자세로 감사의 자세로 모든 원망하는 마음을 버리고 십자가를 대하여야 한다. 종교를 불문하고 십자가를 배척하지 말아야 함이 바로 방향을 제시하는 하늘의 뜻을 나타내고 있음이 위와 같은 이치에서 오는 것이다. 자세가 부족한 자는 수천 번 머리를 조아려도 기도의 응답이 멀리 있다는 말이다.

▶ 5의 수

오행의 대5원소

오행의 이룸?

예수오행이 밥 먹여주나?

그거 이루자고 예수가 고난의 시간을 ?

대충하고 목숨이나 부지하여 전도나 많이 하면서 오래 살면 되었을 것
을…….

그나저나 도무지 헷갈리네 !

순 엉터리 같기도 하고 그럴 듯한 것 같기도 하고

이 책 말이야 !

하늘의 계획이었다는 둥

예수가 오행으로 부활을 했다는 둥

유다가 천국을 갔다는 둥

한글이 성경을 풀이한다는 둥

숫자가 어떻다는 둥 양면성이 어떻다는 둥

 이름이 어떻다는 둥 등 등 등 등…….

에라 ! 모르겠다.

어차피 여기까지 읽었으니……하기야 생각하기 나름이지 뭐

……………………………………………………………………………………

띠 두른 옅은 흑색 길

미로 지나

가로등 옆에 새로운 설레임

은행나무 잎 어귀에 오롯한 별 하나

가시던 그 곳에 미웁던 그 곳에 가냘픈 바람소리

그리운 사랑이여 그리운 오행이여

……………………………………………………………………………………

　5의 수는 예수오행을 나타내며 기수의 중앙에 위치하여 모든 수를 통

제한다는 의미를 부여받고 있다. 4의 수는 온전하고 완전한 형체를 갖추기 위하여 인고의 세월, 탈바꿈(진화)의 세월을 상징한다면 탈바꿈의 완전체 즉, 5의 수는 온전하고 완전한 형체(영생의 진리)를 이룬 것을 상징하는 수인 것이다. 1의 수는 형체를 갖추기 위한 초동단계로서 태초의 일각(一角)의 하느님이요 4의 수는 1의 수에 의하여 사방의 기운을 모아서 형체를 갖춘 수라고 본다면 5의 수는 4의 수 즉, 형체가 부활하여 살아서 움직이는 생명체를 나타내는 것이다. 살아서 움직인다 함은 영생의 진리를 의미하는 것이며, 1의 수 즉, 하느님의 독생자인 예수 '토, 화, 수'가 5의 수 즉, 금을 창조하기 위하여 십자가를 지고 예수가 형장으로 가게 된 사실적인 대사건이 성립된 것이다. 이리하여 다 이루니 이는 곧, 예수오행 [목, 토, 금, 화, 수]인 것이며 5의 수를 상징하였다. 금을 얻었다 함은 세상을 평정함이요. 인간의 마음에 진리의 지혜를 성립시켜서 구원을 원칙으로 하며 사후세계가 존재함을 입증하고 영생의 길이 있음을 알리는데 그 목적이 있는 것이다.

5의 수는 통달의 수이다. 하늘의 운기를 전달받아서 거침없이 성공 가도를 달리게 하는 수이다.

▶ 6의 수

저기 이보시게
돈 좀 있으면 빌려 줄 수 있겠는가?

뭐하시게요?
주식해서 돈 벌려고 하오

다 말아먹었다면서요 ?

이번에는 자신이 있네 !
그러니 돈 좀 빌려주게

댁은 실수를 하셨습니다.
의식주를 해결하기 위하여 돈을 빌려 달라고 하였으면
기꺼이 내 놓았을 수도 있었겠지만
주식 때문에 재산을 탕진하고도 아직도 정신을 못 차리고……쯧쯧쯧
확률이 희박한 주식을 위해서라면 나는 빌려줄 돈이 없습니다.

(오래지 않아서 돈을 빌려 달라고 한 사람은 수백 억을 가진 재산가가 되었
고 돈을 빌려주지 않은 사람은 주식으로 돈을 불려 달라고 안달이 나는 희소
장면이 연출되었다.)
....

　　6의 수는 기본수 중에서 악의 수로 분류되며 심술보이다. 그러나 양
면성이 가장 두드러진 수가 바로 6의 수이며 요소 요소에 반드시 우리
에게 필요한 '극에서 극' 으로 좋은 결과를, 또는 천당에서 지옥으로 끌
어내는 세상의 조화와 질서에서 열외의 또 다른 분위기를 창출하는 필
요악의 수이기도 하다. 5의 수를 지침으로 하고 6의 수와 동침을 이루
면 좋은 결과가 수반된다.
　　2의 3배수로서 잉태하는, 생산하는 음의 기운을 나타낸다. 6의 수가 3
개로 이루어지면 즉, 666이면 합수 18이 되어 하늘과 같은 운기를 발동
한다.

현재 세계 3대 종교라고 할 수 있는 종교는 기독교, 불교, 이슬람(무슬림)으로 볼 수 있는데 이 3대 종교의 창시자들은 600년의 간격을 두고 세상에 출현하였다. 즉, 예수가 태어난 해, 1세기를 중심으로 하여 예수 탄생 전 석가모니가 BC 600경에 태어났고 마호메트(마호멧)는 예수 탄생 후 AD 600년경에 태어남으로써 6의 천기를 더욱 견고하게 하였다.

성경도 모두 66권의 책으로 엮어졌으니 우연의 일치로는 볼 수가 없다. 성경에는 666의 기운을 이렇게 비유하였다.

《(요한계시록 13:1~18) ……지혜가 여기에 있으니 총명한 자는 그 짐승의 수를 세어보라. 그것은 사람의 수니 그의 수는 육백육십육이더라.》

이 구절은 인간으로서 신의 행사를 하는 자를 비유한 것이며, 깨달음을 얻는 자와 그를 추종하는 무리들을 일컫는 구절이다. 깨달음을 나쁘다고 말하려 하는 것이 아니라, 비록 깨달음을 얻었다고 할지라도 하늘의 법도를 어기고 하늘과 같이 군림하여서는 안 된다는, 하늘과 인간의 위계질서를 견고히 해야 한다는 경고의 메시지인 것이다.

하느님의 섭리는 오묘해서 능치 못함이 없으면서도 악을 제거하지 않는다. 이는 6의 수가 생산이 가시화된 청정음이기 때문이다. 생산은 곧 종족을 유지하고 삼라만상을 유지 관리하며 새로운 세상의 지평을 여는데 일익을 담당하여야 할 꼭 필요한 존재이기 때문이다.

6의 수는 건축의 귀재요 우주의 기운을 흡수하여 비축하는 성질을 지녔으며 물의 건강한 육각수의 결정체를 형성하며 눈(하늘에서 내리는 눈)의 결정체도 육각이다. 히란야 파워도 육각으로 되어 있으며 카메라에 비치는 빛(태양)의 모습도 육각을 나타낸다. 이와 같은 현상들은 예수오행에서 말하는 상생원리의 불(화)이 물(수)과 상생함을 뒷받침하는 또 다른 현상들인 것이다.

　물은 두말할 나위도 없이 생명의 근원이며 모든 생명체의 씨앗의 창고이며 허공에 존재하는 물의 성분은 생명(영혼)의 보고이며 영원히 죽는 법이 없다. 성경에서 666을 사단의 수, 짐승의 수로 비하한 것은 자신의 주제를 넘어서서 마치 하늘(하느님)을 사칭하고자 하는 기적과 이적을 이루어 냄으로써 인간 세상에 선과 악의 조화와 질서에 대한 혼란을 야기 시키기 때문이다. 하여, 큰하느님은 악(용)에게 우주만물의 법도와 법칙에 의하여 지배능력과 지배 장소를 분배하여 관리토록 하였다.

　성경의 모든 구절을 압축하면 종말론이다. 종말론이란 악이 선의 위에서 존재하려고 하는 시기에 선과 악의 서열을 위하여 재앙을 불러일으킨다는 것이다. 재앙이라고 함은 악이 본연의 자세로 돌아가고 분수를 지키게 하기 위한 어쩔 수 없는 필요 불가결한 과정으로서 대자연의 재앙이나, 인간으로 하여금 인위적인 재앙을 불러일으킴을 말하는 것이다.

　6의 운력은 속도가 민첩하고 독선적이며 독재적이며, 한 번 가속이 붙으면 제어할 수 없는 뚜렷한 운기를 발동한다. 이 외 6의 수에 대하여 본문에서는 자세하게 언급한 바 있다.

▶ 7의 수

내가 잉태되고 내가 성장하여 자란 곳 나자렛이라 하였던가?
그곳에서 버림(박해)받고 정처 없이 풀밭 무성한 사이로 걸었노라.

가다가 쉬고 가다가 물 한 모금 마시고 가다가 풀밭에 털썩 주저앉고

보니 처량한 모습에 풀마저 뭐라고 나무라는 듯 엉덩이를 찌르는구나.

 못질하다 상처 입은 손등에 개미 한 마리 머리를 치켜들고

하늘을 향하여 더듬이로 방향타를 가늠하는데

난데없이 하늘에서 빛이 발광하더니

그 빛은 보랏빛 색을 띄우며 내게 강림하였더라.

하늘을 우러러보니 좌우 날선 검이 원을 그리며 빙빙 돌면서

때가 왔음을 일렀더라.

벌떡 일어나니 개미는 중심을 잃고 땅으로 떨어지고

빛도 떨어지고 날선 검도 떨어졌다.

....

 7의 수는 신성한 장소, 신성한 잉태의 곳을 의미하고 지시하는 역할을 한다. 완전한 잉태의 실현으로 인하여 짜임새 있는 풍성한 세상을 여는데 첫 장을 장식하며, 이는 곧 완성된 세상, 완전한 결과를 나타내기 위하여 탄생한 결과를 위한 시작의 수인 것이다.

 따라서 나자렛 예수가 태어난 장소를 의미하며 예수가 이 세상에 오심은 현세에서는 행운인 것이며 곧 7의 수는 행운의 수로서 자리하기에 이른다. 음수 즉, 2, 4, 6의 순으로 잉태하여 양수 3, 5, 7의 수를 생산한 것이다. 그러므로 7의 수는 6이 낳은 완전한 수인 것이다.

 숫자로 풀이하여 보면 유일신을 믿는 유대(유태) 교인은 예수를 하느님의 자식으로 인정하지 않는다. 이를 수의 개념으로 풀이하면 악을 상징하는 6의 수가 7의 수를 생산하였기 때문이다.

 그러나 6의 수에서 가시적인 잉태가 시작되는 것은 이미 정해진 이치

인 것이다. 또한 7의 수는 윗전의 소명을 받들고 윗사람을 공경하고 따르는 수이다. 소명을 부여받고 윗사람을 공경하고 따른다 함은 어떤 소명이나 사명을 부여받은 날로부터 명이 끝나는 그날까지 도중하차하는 일이 있어서는 아니 됨을 말하는 것이다. 사람의 인생도 하늘의 소명에 의하여 태어난다. 어디서 어떻게 무엇으로 어떤 모습으로, 어떤 환경 속에서 태어나도 각자 소명이 부여되어 태어나는 것이며 살아가게 되는 것이다. 소명이라고 함은 태어나서 죽는(자연사) 그 날까지 어떠한 형태로 삶을 유지하고 살던, 그 삶 자체가 곧 하늘의 소명이 부여된 것이라고 보는 것이며, 자연사하는 것이 소명을 받드는 것이며, 이것은 곧 진리다.

물은 높은 곳에서 낮은 곳으로 흐르는 것은 가장 평범한 진리라는 것은 아무도 부정할 수 없는 사실이다. 자연사도 평범한 진리인 것이며, 거역도 부정도 있을 수 없다.

▶ 8의 수

여러분 팔자를 사시오 팔자를 사 ─ 아 !
시간문제 사람팔자
고대광실 높은팔자
점을보는 사주팔자
이리저리 걸음팔자
수명장수 여든팔자
늘어졌다 좋은팔자
타령타령 노래팔자

여덟신의 신장팔자

액땜하는 땜질팔자

미인눈섭 춘산팔자

기회를 놓치지 마시고 후딱 사세요 —

여러 가지 좋은 팔자들 한번 가면 다시 안 와요 — 오

손님: 저기 이 노래팔자는 얼마요?

상인: 어떤 거 말이오?

손님: 아 여기! 이미자가 부른 '울어라 열풍아' 노래가사 말이오!

　　　(님을 보낸 아쉬움에 흐느끼면서

　　　하염없이 헤매 도는 서러운 발길

　　　그 누가 알아주나 기막힌 내 사랑을

　　　울어라 열풍아 밤이 새도록)

상인: 그건 안 팔아요.

손님: 왜요?

상인: 내 팔자니까요

손님: 네에…… 부인하고 헤어지셨나 보군요.

상인: 아뇨 돌아 가셨어요. 오래 전에…… 십자가에 달려서

손님: ……? ……실례지만 당신 이름이 뭐요?

상인: 제 이름요? 가롯 유다라고 하지요

　　　비록, 하늘의 소명을 부여받아 맡은 역할을 다하였지만 속세의 인연

8의 수는 6의 수가 더욱 더 성숙된 결정의 수를 의미한다. 8의 수는 여자가 갖출 수 있는 최상의 미모를 나타내며, 관용의 법칙을 나타내며 관용의 하느님이 이루어낸 하늘의 관용법칙의 이정표를 상징하는 수이다. 그러므로 8의 수는 관용의 수이며 애환의 수인 것이다. 형체를 갖춘 모든 만생만물과 인간은 8의 수에서 하늘과 땅의 에너지를 받아들인다.

형체를 갖춘 모든 것에 대하여 하느님께서는 동서남북 정 방향을 관리하며 동서남북 사이 간방을 관리하는 영역의 표시는 8의 수이며 총관리의 운력을 발휘하는 수는 예수오행을 상징하는 5의 수인 것이다. 8의 수에서 빛이 생겨나서 사방팔방이 밝아지는 이치이며, 음수의 완결된 결정수인 것이다. 따라서 큰하느님께서는 관용의 법칙에 의하여 6의 수와 함께 8의 수를 이 세상을 관장 관리하는 영역을 정하여 악을 상징하는 용과 같이 운력을 발휘하게 하여 용 외에 또 다른 형상 둘을 용납하시되 분수(우상을 섬기는 따위 등)를 벗어나는 행위에 대하여 경고하였다.

이러한 내용을 성경에서는 아래와 같이 은유 하였다.

《(요한계시록, 묵시록 12:3) 하늘에 또 다른 이적이 보이니 한 큰 붉은 용이 있어 머리가 일곱이요 뿔이 열이라…….》

《(요한계시록, 묵시록 13:11~13) 내가 보메 또 다른 짐승이 땅에서 올라오니 어린 양 같이 두 뿔이 있고 용처럼 말을 하더라. 그가 먼저 나온 짐승의 모든 권세를 그 앞에서 행하고 땅과 땅에 사는 자들을 처음

짐승에게 경배하게 하니 곧 죽게 되었던 상처가 나은 자니라. 큰 이적을 행하되 심지어 사람들 앞에서 불이 하늘로부터 땅에 내려오게 하고…….》

위 성경 구절의 '머리가 일곱이요 뿔이 열이라'는 7 + 10을 나타내고 17의 수는 즉, 8을 상징함으로써 선을 받치고 있는 들보의 역할을 하는 것이다. 8의 수는 음수의 결정(완성)수로서 미인의 표준으로 팔등신(八等身), 팔방미인(八方美人), 팔각정(八角亭), 팔면육비(八面六臂) 등의 표현은 음에 속하는 여자(여체)의 완성된 아름다움과 건축물 팔면체의 아름다움과 운기발산을 나타내는 표현인 것이다. 그리고 팔면육비라고 하는 말은 구체적으로 여덟 개의 얼굴과 여섯 개의 팔이라는 뜻으로 6과 8의 음기의 강력한 기운을 의미하며, 어떠한 고난과 일을 당하여도 능치 못함이 없다는 강력한 운기를 내포하고 있다.

이와 같이 숫자의 특성과 성질을 알면 세상의 이치를 알 수 있으며, 팔각정의 경우 지나치게 양기가 강한 장소나 분위기에 따라서 팔각정을 짓거나 팔각을 나타내는 문양이나 도형 등을 삽입, 배치함으로써 선과 악(양음)의 조화와 질서를 유지할 수 있는 것이다. 숫자의 심오함은 큰하느님의 심오함이다. 숫자로서 또는 숫자를 상징하는 모든 것의 사물 등, 거의 모든 곳과 것에 선악의 조화와 질서를 유지할 수 있는 것이다. 선으로만 세상을 창조 유지할 수 없고, 악이 선의 경지에 오를 수 없다. 선은 위에 서며 악은 아래에 자리하여 위계질서가 반듯하여야 한다. 이것이 진리다.

▶ 9의 수

하늘의 전령이시여 땅의 부름이시여, 당신을 영접하나이다.

아득한 천평선
눈물 눈물 서러운 눈물 보이시며
님이 가신 그 날
선도 울고 악도 울고
날아가는 새도 영문 몰라 따라 울고
산야초야도 덩달아 울었습니다.

누가 만든 길이기에
당신만이 가야 할 길이기에
당신만이 가야 할 고난의 길을
죄 없이 가셨기에
세상 모든 연출이 원망 없이 울었습니다.
당신 가시는 길에 소리 높여 울어서는 안 된다기에
믿음으로 울었습니다.
님이시여 언제 다시 보오리까……

하늘의 전령이시여, 땅의 부름이시여, 당신을 마음으로 영접하나이다.
우리 사람이 늙어지니
젊음도 간 데 없고 잘남도 간 데 없나이다.
젊음이 없어서 신선함을 드릴 수 없고
인물이 없어서 잘남을 드릴 순 없지만

하느님께서는 당신을 사랑하라 하십니다.

가슴 에이는 저 편에 서 있는 당신과 함께

저 멀리 은하 건너 같이 가라 하십니다.

님이시여!

오행의 진리를 주셨고 자연사의 일깨움을 주셨고

일치성의 아름다움을 주신 님이시여!

당신을 사랑합니다.

....

　9의 수는 7의 수가 성숙, 성장한 수이며 기수와 단수의 마지막 수이다. 9의 수는 예수를 나타내며, 한 알의 밀알을 상징한다. 숭고한, 지고지순(至高至純)하여 희생정신을 발휘하는 수로서 천명의 소임을 다하니 존엄하고 거룩한 수이다. 이 수는 욕심을 부리고 살아가는 인간이 지니면 호운이 따르지 않는다. 개인이 소유하기에는 부적합한 수이나 영웅호걸이나 불세출, 절세가인이 9의 수로 말미암아 9의 배수로 인하여 탄생한다. 만인의 수로서 믿음의 수이다.

　9의 수는 포도나무 가지에 열린 포도열매를 연상케 하는 수이다. 즉, 기수(단수) 중 5와 9, 6과 8은 각각 양수(홀)와 음수(짝)로서 더하기 14가 출현하여 5의 수를 상징하는 숫자 중 첫번째에 해당하여 운력을 지배함을 일컫는 것이다. 각 수와 궁합을 이루는, 각기 다른 수는 모두 4개의 수가 출현하며 살아서는 운력의 일부를 지배하며, 죽어서는 사후 세계 천상의 관문(이승과 저승의 경계, 3차원과 4차원의 공간이동)을 통과하는 증표(열쇠)의 역할을 한다.

▶ 10의 수

단계법칙에 의하여 단계를 거쳐 10의 수에 도달하여
세상에 임하고 보니
완전한 결실의 도를 깨달았습니다.

1수에서 기로 시작하여
2수에서 운을 받고
3수에서 생명을 얻고
4수에서 형체를 갖추어
5수에서 영이 들고
6수에서 악이 들고
7수에서 선이 들고
8수에서 선악의 교감을 이루어
9수에서 하늘의 이치와 땅의 기세를 드높여서
10수에서 완전한 결실로 말미암아 큰 영이 육에 안주하니
세상이 곧 내 모습 안에 있더이다.

나는 가오리다.
나는 이제 더 넓은 세상을 향하여 뭉게뭉게 흘러가노니
살아생전 기도의 응답 한 번 들은 적 없지만
님을 사랑합니다.
무정하고 야속해도
내 진정 님을 사랑합니다.
당신만을 믿고 따르고 의지하며 정하신 대로 사랑합니다.

나는 가오리다.

나 중에 내가 둘이니 하나는 온 곳으로 가오며

나 중에 또 다른 하나는 님이 정하여 놓으신 곳

더 넓고 광활한 세상을 향하여

나는 가오리다.

나 중에 내가 둘이니 하나는 님의 뜻대로

나 중에 또 다른 하나는 내 뜻대로 가오리다.

10의 수는 복수의 시작이며 되돌아가려는 성질과 나아가려는 성질을 동시에 지닌 수이다. 10의 수는 어떤 영역(자연, 또는 신령)의 단계적 객관적 수이며, 곧 과학(연구의 결과)의 수이다. 그러므로 분기충천(憤氣沖天)의 수로서 꽉 찬 수이며, 완전한 승리를 의미하는 수이기도 하다. 그러므로 이 수는 모든 것을 구체적으로 실현한 수이므로 양면성을 지니며, 분리되는 시점의 수이다. 즉 10의 수는 1도 되며 10도 되는 수이다. 1, 2, 3, 4의 합수 10은 이루어진 형체가 움직일 수 있는 모든 동물의 상징이다. 그러므로 수축과 팽창의 원리적 수이며 죽음과 새로운 세상의 장을 여는 수이다. 그러기에 압축하여 그 성질을 분별한다면 허공중천의 수이다.

허공중천의 운기를 동양에서는 10가지 천간(갑,을, 병, 정, 무, 기, 경, 신, 임, 계)을 표기하여 나타내었다.

▶ 11의 수

누가 버린 세월이냐

광주리를 배를 삼아

강물에 의지하여 따라 흘러가는데

광주리는 물에서 떨어지고

나는 야 건져졌다.

사람됨이 미흡하여 구삭동이 자청하고

이 세상에 태어나서 한 번 죽고 삼일만에 소리쳤네.

숫자 십을 못 이루고 버림받은 나락이라

누가 있어 지켜주며 누가 있어 동무될까?

십 천간에 매인 조상 매듭을 풀어주어

이 지옥을 면하게 하소서.

인간세상 부질없다 할 것을

부귀영화 간 데 없고 죽세만 남았어라

동양오행상생으로 나의 곳을 이루시어

예수오행상생으로 이 지옥을 면하게 하소서

....

　　11의 수는 새로운 세상, 사후세계에게 도전하는 수이다. 위 글은 시대
변천 조류의 흐름에 대하여 주역을 담당한 선지자들의 애환을 나타낸
것으로서 인간사 세상사의 발전상을 나타내고 있다. 1의 수가 혼돈의

시간에서 하나의 기가 발산되어 형체를 갖추기 위한 입자(원자)로서 탄생하였듯이 11의 수도 더 넓고 더 새로운 세상을 창조하기 위하여 끝과 끝을 가늠하는 시간대에 접속하는 수이다. 즉 11의 수는 10으로 시작하여 나아가려는 성질에 의하여 탄생한 수이므로 십 년 감수의 수이며 기사회생의 수이라 한다. 특히 11의 수는 지기(모성본능)가 강하여 수호신이 강력한 힘으로 적을 물리치는 운력이 작용하는 수이다.

▶ 12의 수

임의 모습은 내 마음의 설렘이요

임의 마음은 내 마음의 이로움이요

임의 소리는 내 마음의 사랑이며

임의 품은 내 마음의 안식처라오

임의 자태는 내 마음의 시공이요

임의 속삭임은 내 마음의 전도이며

임의 몸짓은 내 마음의 풍요로움이요

임의 손짓은 내 마음의 믿음이라오.

....

12의 수는 새로운 세상을 구축한 11수에 의하여 조직과 단체 등을 만들어 내고 결속을 다져서 발전 지향시키는 수이며, 외모의 아름다움을 창출하는 수이기도 하며, 땅의 모든 가치를 상승시키며 부각시키는 수이다.

《(요한계시록, 묵시록 12:1) 그리고 하늘에서는 큰 표징이 나타났습니다. 한 여자가 태양을 입고 달을 밟고 열두 개 달린 월계관을 머리에 쓰고 나타났습니다.》

이 성경 구절이 은유하듯 12의 수는 생명을 잉태하고 그 생명이 하느님의 보호 아래 지켜져서 크게 쓰임을 받으니 생명나무를 나타내고 예수오행 중 예수를 나타내는 '토, 화, 수'를 의미하는 3의 수와 그 뜻을 부레시킨 수인 것이다.

덧붙여 예를 들자면 성모 '마리아'는 예수의 어머니로서 '마리아'는 한글 획수로 12획수가 나옴을 알 수 있다. 이렇듯 그 앞뒤의 말씀이 일치함을 말하려 함이다.

동양에서는 지지로 12지(자, 축, 인, 묘, 진, 사, 오, 미, 신, 유, 술, 해)를 표기하여 땅의 운기를 명하였다. 이 수는 땅의 모체를 뜻하는 수로서 생명의 치유를 발생시키며 만인을 위한 수이므로 개인이 소유하면 안착이 쉽지 않은 어긋난 톱니바퀴를 연상케 하며 특히 풍류, 음률과 리듬을 좋아하는 수로서 그 운력이 이 수에서 일어난다.

▶ 13의 수

오면 온 줄 알까 가면 간 줄 알까 사람됨이 부진하여 갈길 몰라 헤매다가 인생 반수를 넘어서 갈길 찾아 가올진데 따를 자와 따르지 않을 자를 지정하니 의리와 배신을 구분하여 천명의 소임을 이룬즉 동서가 구분되고 삶과 삶이 나누어졌더라.

13의 수는 기수 4를 상징하는 수로서 진보된 형체를 이루는 수이다. 시작과 창조는 동에서 이루어지고 끝과 쇠퇴는 서에서 이루어짐을 나타내는 수이다. 즉, 태양이 떠오르는 동방의 지세는 호운으로 작용하고 태양이 지는 서방에서는 악운으로 작용하는 성질의 수이다. 동서로 구분하여 수의 길흉을, 동은 길함이요 서는 흉함이라 비행기 좌석 번호에도 사용하지 않는 꺼리는 수로도 유명하다. 이는 예수가 12제자와 함께 만찬을 즐긴 후 십자가에 달리심을 두고 유래된, 괴이한 현상으로 현세에 그 운력이 둘로 갈라졌다.

부연설명을 하자면 본문에서는 예수가 십자가에 달린 후 쇠못이 박히니 이는, 예수오행 중 '금'을 말함으로써 예수가 '금'을 얻어내어 완전한 오행을 이루게 되었다고 언급하였다. 따라서 이를 정리하여 보면 예수와 12제자는 더하여 13의 수가 되며, 쇠못은 '금'에 해당되어 이와 같은 현상과 정황을 미루어 서양에서는 "13일의 '금' 요일"을 매우 불길한 수와 요일로 보는 것이다.

이는 사람의 의식하는 마음이 예수가 십자가에 달렸음이 마치 우리 인류가 죄를 지은 것처럼 의식하는 마음에서 비롯된 것이므로 본문을 통하여 예수가 달린 이치를 알았더라면 이와 같이 13의 수와 '13일의 금요일'을 불길한 일자로 치부하지는 않았을 것을 말하려 하는 것이다.

▶ 14의 수

오색 찬연한 귀한 모습으로
세상에 오시어

수천 년을 숨길 적에 사랑으로 오셨음을 세상이 알았으랴

야비하지 아니하고 비겁하지 아니하니

굳건하고 강건하여 사랑 베품에 대적하지 못하리라.

본시 흩어짐은 가깝고 가운데 앙(央)은 멀리 있어

야비하고 비겁한 자는 사랑을 알지 못하네.

오행의 사랑은 굳세고 강하여 야합(野合)을 굴복시켜

태초에 감추어진 사랑의 진리를 알게 하니라.

....

14의 수는 5를 상징하는 첫번째 수로서 9의 수를 기화로 기적과 이적을 나타내는 수이며, 일치성이 유발될 때 천운을 이어받아 조직을 강성하게 만들며 고난과 역경을 밑천으로 하여 대지 대업을 이루는 수이다. 특히 이 수는 중한 병을 앓고 있는 즉, 암(癌)을 대적하는데 그 역량을 발휘하는 운력이 도사리고 있다. 암의 획수는 한글로 6의 수(사단)가 출현하며 이는, 암이라는 종양이 사람의 육체를 파괴하여 새로운 세상을 창조(죽음, 자신의 영역을 나타내고 힘을 나타내려고 하는 성질)하려는 성질을 가지는데서 오는 창조적 조화와 질서의 역반응을 일으키는 기이한 현상을 말함으로써 14의 수가 이를 견제하는 위치에 있음을 말하는 것이다. 14의 수는 예수오행의 5의 수와 예수의 9의 양(陽)수가 합체되어 이루어진 유일한 수이기 때문이다.

▶ 15의 수

내 서러움에 울고

남의 서러움에 울고

남의 서러움이 내 서러움 되어 울고

 내 서러움은 내 서러움은 남이 모른다네.

깎아지른 절벽 틈 사이로 한 송이 이름 모를 꽃이 나와 눈을 마주치니

만월의 빛이 또아리 틀며 놀아보자 하네.

놀아볼까 말아볼까

아서라! 말았어라

아름다운 손길이 나를 유혹하나 뻗을 곳이 못될세라

등을 돌려 재촉하니

아차차! 나를 원하니 두려운들 어떠하고 죽음인들 두려우랴

이치를 깨우쳐 둘이 하나 되니 깎아지른 절벽에도 의지할 곳 있더라.

···

15의 수는 기수 6의 수를 상징하는 첫번째 수로서 만삭(달)을 나타내는 수이다. 사랑의 결실 사랑의 포용력이 이 수에서 일어난다. 본시 깨달음의 관문을 열고 이 세상에 태어나니 그 행세가 만월과 같다.

사람의 취미와 모든 행사의 귀함이 이 수에서 일어나며 세상의 수심을 다 버리고 삶의 즐거움과 기쁨과 사람과 사람의 만남으로 어우러져서 한 바탕 놀아봄이 이 수의 운력에서 비롯된다. 또한 청춘남녀가 선을 본다든지 첫 만남에서 서로 호감을 가질 수 있도록 유도하는 분위기가 이 수에서 출현하며, 그 분위기는 마냥 즐겁기만 하다.

▶ 16의 수

명궁에 인침의 정기 서려

세상 밖을 썩 나서서 사방을 둘러보니

내 어머니 간 곳 없고 필연의 품이더라.

소 시절에 철을 몰라 어머니 간 곳 몰랐으나

16세에 짝을 짓고 27수에 접어들어

큰세상을 바라보니 어머니 간 곳 찾았더라.

생로병사 끝에는 중생들도 가리오만

내 어찌 수수방관 자연의 섭생에만 위탁하여 생애 하리이까?

깨달음이 나를 손짓하니 완도(完道)하여 부모은공(중생구제) 갚으리라.

16의 수는 석가모니(釋迦牟尼)를 나타내는 자비사상의 수이며, 깨달음과 각성과 스승을 나타내는 부처(붓다, 불타)의 수이다. 부처에 대하여 본문에서 다소 언급하였으니 여기서는 생략한다.

▶ 17의 수

한 사랑 구름이 한숨 바람 되어

때론 하늘 높이 때론 땅 가까이 노닐다가

한숨이 눈물 되어 땅으로 떨어져서

푸른 숲 엄중계곡 사이에 머무르니 영롱한 보라

수는 눈물 다다름을 하늘에 고하고

물소리는 흐름으로 나를 반기네.

17의 수는 기수 8을 상징하는 첫번째 수로서 세상을 풍미하고 한량의 기질을 보이며 두루두루 상하를 분별하여 자연을 자연답게 사람을 사람답게 리더십을 발휘하는 수이다. 때론 엄하게 때론 달래며 사람을 교육시키는 지혜로움의 운력이 이 수에서 발현된다. 자신에게 순종하며 자신을 의지하는 모든 인맥을 대신하여 죽음도 불사할 수 있는 강인한 정신이 이 수에 도사리고 있으며 대의명분을 중요하게 여기는 자존심 강한 수중에 하나이다. 그러므로 자신의 의지를 강하게 표출하여 세인의 마음을 대신하는 주도적인 역할을 하는 수이기도 하다. 17의 수는 구속되지 아니하며 자유를 나타내는 수이기도 하다.

▶ 18의 수

내가 너를 이기고 네가 나를 섬긴다.

네가 나를 섬기지만 나도 너를 섬긴다.

섬김이란 무엇인가?

서로가 섬기고 상하가 섬김이 진실로 섬김이라

상반된 듯 상반되지 아니하며

이루어짐이 이와 같고 흩어짐도 이와 같으니

섬김이 일취월장으로 오행의 휘날림 곁에 너와 내가 섰더라.

18의 수는 상하가 뚜렷하며 위계질서를 나타내는 위엄의 수이다. 9를 상징하는 첫수로서 하늘의 별빛(별자리)을 상징하기도 하는 권위의 수이다. 즉 남성적인 기질이 강한 수로서 하늘을 의미하기도 한다.

이 수는 17의 수와 연계된 수이면서 9수의 2배수로서 강인함을, 온유함을 상징하는 '외유내강'의 어른격인 수로서 장상의 운력이 발휘되는 강력한 수이다. 오행으로는 동서를 연결하는 교두보 역할을 담당하는 수이기도 하다.

▶ 19의 수

너 너 외에 사람과 만생만물을 업신여기거나 깔보지 마라.

너 보다 옳지 않음이 없고 너 보다 낫지 않음이 없다.

너 또한 너 외의 사람과 만생만물보다 덜함이 없다.

더함과 덜함의 차이는 곧은 선 위에 나란하며 콩 껍질 속에 나란히 있는 콩의 크기 차이일 뿐이다.

때론 돌아가며, 때론 나아가며, 때론 크기도 하며, 때론 작기도 하리라.

그러므로 너 뜻이 무산되고 노력이 상실되어도 헛되다 생각 말고 정도를 벗어나지 마라.

좌절하거나 용기를 잃지 마라.

한숨이 바람을 일으키고 눈물이 동공을 흐리게 하여도

언제 어디서든 떳떳하고 당당하여라.

반드시 성취의 결과는 너 곁에 있을지니…….

이것이 19수가 전하는 메시지이다.

19의 수는 기수 1의 수를 상징하는 2번째 수이다. 이상과 포부가 높은 수이며, 큰 상상의 날개를 펼치는 과감 정대한, 새로운 세상의 장을 여는데 필요한 무엇인가를 그리워하며 기다리는 수이기도 하다. 사람의 생은 짧고 기다림의 끝은 멀고 험하기에 자칫 고독하고 암울함을 나타내기도 하는 수이다. 그러나 한 번 정한 목표는 반드시 관철시키고 한 번 정한 목적은 차원을 넘어서라도 이루어내야 잠잠해지는 특성이 이 수에서 일어난다. 즉 고집이 강한 수이며 집착과 애착이 강한 운력이 이 수에서 존재한다.

▶ 20의 수

어떤 이는 꿈에 용을 보았다 하고
어떤 이는 밤을 땄다 하고
어떤 이는 태양을 안았다 하고
어떤 이는, 어떤 이는 태몽을 지어내기도 하고…….

내 자식을 생산하니 어찌 아니 좋을 손가?
11의 진리와 12의 이치로써 부성 모성으로 키울 때에
자식을 낙 삼아 살아온 길 즐겁고도 기뻤더라.

때가 되어 떠나가니 자식이라
남은 것은 텅 빈 자궁 뿐, 남은 것은 축 늘어진 뿌리로다.
떠나가니 내게 당하여 무엇이 효고 무엇이 효가 아니더냐 ?
떠나보내고 생각하니 한편으론 대견하고 흡족함도 있고 없고

20의 수는 기수(단수) 2를 나타내는 두번째 수이며 독신, 고독, 외로 움을 상징하는 숙명의 수이다. 여신의 치마폭을 상징하는 수이기도 하 다.

결혼이란 만인에게 남녀가 만나서 합방(SEX)을 할 것을 허락 받는 의 식이다. 20의 수는 독신으로 살면 안 된다는 하늘의 뜻을 내포한 수이 기도 하다. 사람과 만생만물은 각자 부여받은 하늘의 숙명적인 소임이 있고, 모두가 그 기와 파장이 유기적으로 연계(연관)되어 있다. 부여받 은 사명 중에서 가장 큰 사명은 남녀(음양)의 결합에 의한 생산이다. 태 어나면서부터 신체적인 결함, 또는 임신이 불가한 후천적 조건(병)을 제외한 모든 생명체는 하늘의 원초적 명에 의하여 생산을 할 의무가 있 는 것이다. 생산을 거부하는 행위는, 자살을 하는 행위와 버금가는 올바 르지 못한 행위인 것이다. 생산하여 경제적인 여건이나 기타 사정으로 인하여 오는 부정적이고 비관적인 판단은 후차적인 것이다. 사람 외에 만생만물의 생명체가 생산을 할 때, 작게는 하나나 하나 이상, 많게는 수십 수백, 수천, 수만 마리까지 새끼나 알을 생산한다. 많이 생산된 새 끼나, 알에서 부화된 새끼들은 대부분 천적이나 자연의 잔인성의 원칙 (개체수의 질서)에 의하여 죽으며, 불과 손으로 꼽을 수 있는 정도의 숫 자만 살아남는다. 그러나 그것이 무섭고 두려워서 생산을 기피하는 생 명체는 사람 외에 절대로 존재하지 않는다. 요즘 시대에 걸맞지 않는 말일수도 있겠지만, 옛 말씀에 낳아놓으면 자신의 먹을 복은 알아서 가지고 태어난다 하였다. 개체수의 고민은 있을 수 있으나 생산은 하늘이 내린 소임이다. 우리 작은영혼은 잉태되면서부터 이미 같이 생겨나며 우리의 큰영혼은 모체와 연결되어 있는 탯줄을 끊고 완전하게 분리(공기와의 접촉, 호흡)되었을 때 비로소 큰영혼의 에너지가 우리 몸과 합체되는 것이다.

《(창세기 2:7) ……하느님이 땅의 흙으로 사람을 지으시고 생기를 그 코에 불어넣으시니 사람이 생령(생물)이 되니라.》

그러므로 참으로 어쩔 수 없는 부득이한 사정으로 말미암아 잉태된 태아를 낙태하는 것은 관용의 법칙이 작용하지만, 그렇지 않은 경우는 매우 곤란한 지경으로 접어든다. 여자의 본분을 다하지 않는 여자는 이 세상에 보내신 분의 근본적인 소임을 저버리는 행위로써 그 자체가 큰 죄가 되는 것이다. 생산은 하늘이 내린 숙명적 과제이기 때문이다. 근원을 저버리고 소임을 저버리고 종족 본능을 저버리는 자는 그 어떠한 회개로도 죄 사함을 받지 못함을 잊지 말아야 한다. 사회적으로 명성이 있는 여걸들 중 죽기 전에 가장 후회하는 것은, '가정을 가지는 것이 여자의 가장 큰 행복' 이라고 말하고 있음을 상기하여야 한다. 그러므로 생산을 기피하는 행위는 결코 행복할 수 없고 사후세계에 안녕을 기약할 수 없는 것이다.

동성연애자들을 두고 인간이 인간에게 옳다 그르다 할 권리는 없다. 그들이 원한다면 막을 방법이 모호해진다. 그러나 우주만물의 섭리에는 반드시 위배되는 행위이다. 그러므로 죽을 때 반드시 후회한다.

▶ 21의 수

꽃이 피었습니다.
21개의 붉은 꽃
 21세기의 붉은 꽃입니다.

꽃이 피었습니다.
그 꽃은 시드는 것이 싫었는지
열매 맺기를 늦추려는 듯 시들지 않고 계절이 바뀌어도 피어 있습니다.
꽃의 줄기는 촛대와 닮은 꼴 모양입니다.
아니 촛대입니다.

촛대 위에 핀 꽃
촛대 위에 핀 불 초 없이
촛대에서 핀 꽃
하늘의 불꽃입니다.

수많은 비바람에도 수많은 가지상처에도 초연의 모습을 상하지 않고
꽃잎은 크고 강하게 피어납니다.

수많은 비바람은 외세의 침입이고
수많은 가지 상함은 내분에 의한
당파 싸움입니다.
하늘의 민족
하늘의 정기가 그곳에 있습니다.

동방의 해 뜨는 나라

토끼의 나라

하늘의 나라

꺼지지 않는 불꽃을 피우는 촛대가 자리한 곳

그곳은 대한민국입니다.

대한민국은 하늘의 보랏빛 광채를 받는 지구상의 유일한 나라입니다.

천지개벽으로 말미암아 지구의 지각변동이 있어도 대한민국(조선)과

대한민국 땅과 연결되어 있는 중국의 국토 일부는 그 모양을 유지할

것입니다.

21의 수는 대한민국의 수입니다.

예수오행을 상징하는 5의 수와 석가모니를 상징하는 16의 수가 만나서

21의 수를 창조하고 꽃을 피웠습니다.

토끼국의 나라 대한민국

토끼의 눈이 위치한 곳

그 곳이 하늘과 땅이 맞 닿는 태양계의 요새이며 정토입니다.

....

21의 수는 천대받고 괄시받으며 살아온 세월, 숙명적인 시간을 거친 후 발복하는 수를 의미한다. 21의 수는 기수 3의 수를 상징하는 두번째 수이다. 하늘의 기를 받고 땅의 기를 받아서 꺼지지 않는 생명수(생명나무)를 제공하는 수이기도 하다. 예수가 언급한 영원히 목마르지 않는 물의 원천적 기운이 이 수에서 비롯되는 것이다.

그러나 이상하리만치 분열의 양상을 보이는 수가 이 수에서 일어나며 분열의 양상을 하나로 뭉치게 하는 절개의 수도 이 수의 운력에서 비롯

된다. 즉, 대립과 분열이 있어야 뭉침이 이루어지는 양면성이 뚜렷한 수임을 말하는 것으로서 강한 자가 살아남는 것이 아니라 살아남는 자가 강함을 나타내는 양상의 수이다.

▶ 22의 수

내가 나아갈 곳은 하늘이요
내가 의지한 곳은 땅 일지라
의지하여 나아갈 곳
고개 들고 하늘 보니 입은 벌어진다.

헬리콥터 높은 하늘
큰 잠자리만큼 하네.
팔랑개비 팔랑 팔랑
잘도 돌아간다.

바람이 시기하여 거꾸로 부니
팔랑개비 랑팔 랑팔
햇빛에 눈부시고 큰 잠자리 간 곳 없네.

....

　　22의 수는 평화로움과 조용한 가을 하늘을 상징하는 수이다. 22의 수는 기수 4의 수를 상징하는 두번째 수이면서 사람 외에 온갖 날짐승을 나타내는 수이기도 하다. 즉, 만생만물의 형체 중에서 날아다니는 날개의 형체가 이 수에서 비롯되었으며 비상의 힘과 능력이 이 운력에서 이루어졌다.

이 수는 사람의 오감 중 눈을 밝고 맑게 하는 기운도 내포하고 있으며 천리만리 날아가고픈 심정을 이 수에서 표현하며 역마의 운기가 도사리고 있는, 알지 못하는 세상의 끝을 동경하는 수이므로 탐험과 모험을 나타내는 수이기도 하다.

▶ 23의 수

나무야! 나무야! 소나무야!

너는 나이가 몇 살인데 등이 이리저리 굽었니?

내 나이는 백 살이 넘었단다.

그래……요?

괜찮아 그냥 반말로 해도 돼

으응……어색하다

그럼 황골 백골도 보았겠네?

그럼 황골 백골 보았지

황골은 내 그림자 안에 있고

백골은 내 그림자 밖에 있지

황골은 새가 되어 위에 있고

백골은 땅거미 되어 집을 짓지

무슨 말이야! 무슨 뜻?

……

아하! 알았다.

믿음대로 뜻대로 이뤄진다는 오행의 그림자

그럼 소나무 네가 오행의 그림자 ?

……

우와 ! 대단하다.

오행 중 으뜸인데

네가 목신(木神)이라니…….

나는 네가 더 대단하다고 생각해 나와 말을 나눌 수 있었으니…….

…………………………………………………………………………………

23의 수는 목신 즉, 온갖 나무를 나타내는 수이다. 5의 수를 상징하는 두번째 수로서 그리스도의 명령, 예수오행과 함께 동양오행을 나타내며 승리를 뜻하는 수이기도 하다. 12지가 옹호하여 세상에 임하니 오행이 반긴다.

이세상을 다주어도 아니바꿀 귀한손님

알아줄사 견고한즉 무엇인들 못하리오

한삼자락 접어입고 조상음덕 입에물고

세상앞에 우뚝서서 만인앞에 나아가니

무리들이 따름인데 무엇인들 못하리오

▶ **24의 수**

그대여 참으로 아름답소 !

아름다움이 우쭐하더니
이내 아름다움은 움찔한다.
아름다움 뒤에는 반드시 추함이 있고

그대여 참으로 추하오!
추함이 고개를 떨구더니
이내 우쭐한다.
추함 뒤에는 반드시 아름다움이 있음이라

채움 뒤에는 반드시 비움이 있고
비움 뒤에는 반드시 채움이 있다.
그러나 청결하고 깨끗하게 비움은 그 자태가 영롱하여
아름다움의 극치요 영원한 채움이라
내 님이 가실 때에 이와 같이 하셨으니 성공만이 있을지라.

．．

24의 수는 선과 악을 분별하고 참과 거짓, 신과 우상을 분별하는 수이다. 기수 6의 수를 상징하는 두번째 수로서 역발과 분수를 하늘의 음덕으로 실현시키는 수이다.

손바닥에 세상의 이치가 있다면 손가락에는 오행의 진리가 있다.

이마에 인침이 있다면 인을 친 이는 하늘이다.

세상의 이치, 인침의 하늘, 오행의 진리, 24의 수는 신과 우상을 명확하게 정돈하는 수인 것이다. 그러므로 무에서 유를 창조하고 나아감이 절제력과 조직 결집력이 강하며 정신연령이 우수하다. 이 수는 무에서 유를 창조하는 수의 운력 중 최고의 운력을 나타내고 있으며 조직의 아름다움을 이끌어 가는 운력이 이 수에서 일어난다.

▶ **25의 수**

얼음위에 구멍뚫고 가느다란 줄을넣어
당겨보세 치이이잉 당겨보세 패앵팽팽
철갑두른 천어인가 빛을내는 인어인가
당겨보세 치이이잉 당겨보세 패앵팽팽

얼음위에 있는사람 이내말을 들어보소
당긴줄을 놓거들랑 내왔던곳 보내주오
일시잠깐 손느낌이 놓아줌만 못할것을
공덕방생 어진마음 잊지않고 갚으리다.

세상살이 믿은만큼 돌아오지 않더이다.
인생살이 노력만큼 돌아오지 않더이다.
놓아주고 기다린들 돌아오지 않을것을
일시잠깐 손끝맛은 속이지를 않더이다.

이보시오 이사람아 가는줄로 연을맺어
이내몸이 그대에게 연결되어 있음이네
놓아줌이 믿음이고 기다림이 노력일세
믿음대로 노력함이 손맛보다 나을걸세
....

378

25의 수는 기수 7의 수를 연상하게 하는 두번째 수로서 물을 고체로 이루어내는 온도를 관리하는 수이다. 25의 수는 그 성질이 얼음, 빙하를 나타내는 수이다. 고로 생명의 씨앗을 저장하는 보고(寶庫)로도 그 역할을 담당하는 수이기도 하다. 건강한 물, 큰물을 상징하는 수가 바로 25의 수이다.

루마니아의 소설가 게오르규의 소설 제명(題銘)에서는 불안과 절망의 시간을 뜻하는 수이기도 하다. (이십오시, 二十五時) 그러므로 이 수는 모성본능이 강하여 인정이 넘치며, 식솔을 끔찍이 여기는 성질을 가지고 있으며 그에 반하여 지나치면 오히려 일락서산(日落西山)하여 자신의 안일만을 추구하다가 후회를 자아내는 반대의 성향도 동시에 작용한다.

▶ 26의 수

하늘은 땅을 나무라고
땅은 하늘을 나무란다.
나는 저들을 무서워하고
저들은 나를 무서워한다.
서로가 서로를 무서움으로 반목하면 무서움은 더욱 무섭다.
가랑잎 하나가 땅으로 떨어지는데
땅은 무서움으로 움츠린다.

바람 불어 가랑잎 여럿 우수수 떨어져 갈팡질팡하자
그제야 땅은 늦둥이 새순을 덮어주는 낙엽을 받아들인다.

26의 수는 하늘과 땅, 자연의 순리와 섭리를 받아들여 변하는 환경에 적응을 상징하는 수이다. 시대변천사를 대변하는 수이며 시간과 공간을 나타내기도 한다. 즉, 하늘과 땅의 반목을 조화와 질서로서 유지하려고 하는 노력의 운력이 이 수에서 일어난다. 결국 하늘과 땅은 곧 하나됨을 의미하는 삼라만상의 유지를 나타내는 수 중 의 하나가 26의 수이다.

그러므로 26의 수는 자신의 삶을 영위하기보다는 중재를 하는 운명을 나타내는 수이기도 하며 이 수에서 보이지 않던 천지광명의 역보적인 운기가 실현되는 수이며, 이 수와 인연 있는 자는 자신의 행보(소임)를 깨닫지 못하는 암울의 시간으로 유도하는 특성을 지닌 수이기도 하다. 기수 8을 상징하는 두번째 수로서 밝았다 어두웠다 기복이 심한 성질을 가지고 있다.

▶ 27의 수

문 하나 밀고 들어가 그대를 만났습니다.
문 하나 사이에 두고 내가 사는 세상과 그대가 사는 세상이 달랐습니다.
내가 사는 세상은 그대가 알 수 없음이요
그대가 사는 세상은 내가 알지 못하였습니다.

문 하나 밀고 들어가 그대를 만났습니다.
이제 서로 다른 세상에 있을지라도 그대의 세상을 느낍니다.

내가 사는 세상은 현세이며 그대가 사는 세상은 내세입니다.

그대도 이와 같을 것입니다.

내가 보고 듣고 느끼고 가본 곳은 현실이요.

내가 못 보고 못 듣고 느끼지 못하고 가보지 못한 곳은 저승입니다.

이렇게 같은 시간과 공간 속에서 이승과 저승이 공존하고 있는 것입니다.

문 하나 밀고 들어가 그대를 만났습니다.

이제 서로 둘이 하나 되어 한 몸으로 거듭 난 당신과 나입니다.

죽어서도 내가 섬길 당신 당신을 사랑합니다.

....

27의 수는 기수 9를 상징하는, 9를 제외한 두번째 배수로서 동양오행을 나타내는 수이며, 인간과 인간, 인간과 만생만물의 인연을 나타내는 수이며, 인연법을 만들어내는 수인 것이다. 27의 수는 어떤 인연에 대하여 믿음으로 초지일관하지 않으면 자신을 제어하지 못하고 다른 인연을 찾아서 방황하는 성질을 나타내다가 다시 제자리로 돌아오는 성질을 나타낸다. 한 번 맺은 인연은 끝까지 섬겨야 하는 특징을 가지고 있다. 즉, 삼라만상을 유지 관리하는 수이다.

▶ 28의 수

바람은 괴괴히 불어

무주공산 짝 만났네.

바람은 괴괴히 불어

적막강산 짝 만났네.

설 닫힌 문틈 사이로 바람소리 괴이하다.
소식일랑 주려거든 알아듣게 주시든가
한 맺힌 소리걸랑 이제 그만 멈추어다오
바람소리 듣자하니 휘이이잉 쏴아아아
흘러가는 물소리를 나무라고 있구나.

흘러가는 도도 강에 수 돌멩이 만나보니
깡아리 치는 소리만 내고 수 돌멩이 꼼짝 않네.
흐르는 것은 물이건만 돌멩이는 데려가지 않는구나.
세세연년 그 자린데 반들반들 수마(水磨) 된 모습만 남았어라

……………

28의 수는 기수 1의 수를 상징하는 세번째 수이다. 1의 수는 형체를 만들기 위한 태초의 한 장의 형체이다. 28의 수는 온전한 형체를 이루기 위하여 겪어야 할 숙명을 그대로 나타내는 수인 것이다. 이리저리 들쑥날쑥 아름답지 못하고 짜임새 없는 모습을 연마하는 과정의 수로서 자리하였다.

물체와 형상을 끊임없이 부드럽고 아름답게 진화시켜 나가는 운력이 바로 이 수에서 일어난다. 즉, 아름답고자 하는 욕심이 이 수에서 일어남을 말하는 것으로서 외면보다는 내면이 아름답고 이웃을 위하고 배려하는 마음이 특출함으로써 오지랖이 넓은 수로서 자리 잡았다. 성형수술을 하거나 기타 수술을 할 때 이 수의 운력을 가까이 하면 부작용이 줄어드는 것은 이 수가 그 성질을 일으키기 때문이다.

▶ 29의 수

머리를 땅에 두고 나무라 칭하였다

가지를 하늘에 두고 금이라 칭하였다

뿌리를 땅에 두고 무동(無動)이라 하였다

열매를 하늘에 두고 유동(有動)이라 하였다

몰라주는 이가 한 분 계십니다.

사람이 사람을 몰라주니 그는 사람이 아닙니다.

사람 가슴에 이루어짐을 얹어놓고 이루어짐을 박해하기 때문입니다.

무정함이 묻어나고 해는 뉘엿하고 일출함을 약속하지만

그 약속은 가여운 시간일 뿐입니다.

밀어도 밀면 사라지고 사금팔이가 돋아나니

이는 사랑하는 이의 흥정이라 말합니다.

약속된 시간 무엇이든 이를 따라 새로운 항계(航空計器)를

정도(定道)하여 신을 신답게 사람을 사람답게 이루어 낼 것입니다.

⋯⋯⋯⋯⋯⋯⋯⋯⋯⋯⋯⋯⋯⋯⋯⋯⋯⋯⋯⋯⋯⋯⋯⋯⋯⋯⋯⋯⋯⋯

29의 수는 기수 2의 수를 상징하는 세번째 수로서 예수오행에서는 하늘(하느님)을 나타내는 목과 금을 상징하는, 하느님께서 때를 기다려 행동함을 내포한 수이다.

29의 수는 목적을 관철하기 위하여 온갖 간언(거짓되고 간사한 말)과 유혹을 물리치고 천기가 발동할 때까지 끈기 있게 기다리는, 대기만성을 나타내는 수이기도 하다. 무릇, 사람(대한민족)이란 이름을 지닐 때

단순히 순수한 한글 이름으로만 짓는 것보다는 한글 이름과 한문 이름을 동시에 지니는 것이 운력(일치성)을 가지는데 유리하다. 이러한 융통성의 발로는 29수에서 일어난다. 다른 민족도 이와 같은 융통성으로 운력의 폭을 넓힐 수 있다.

▶ **30의 수**

기나긴 겨울 밤 바람은 스산하게 불고
물 한 그릇 머리맡에 두고
귀를 열고 누웠을 때
뚜벅뚜벅 걷는 소리 뚜렷하고 명랑하다.

이내 걷는 소리 멀어지니 내 님은 아닐세라
기나긴 겨울밤
바람 소리마저 멀어지니
꿈을 꾸는 시냇물에 이내 가슴 적셔볼까
독수공방 이내 신세 이도 저도 곁에 없네.

30의 수는 기수 3의 수를 상징하는 세번째 수이며 3의 수 열 배수이므로 생명나무 열매가 무르익어서 열매의 구실을 하는 단계를 나타내는 수이다. 30의 수는 자신을 알아주는 이가 있기를 오매불망 기다리는 고독의 시간을 나타내는 수이기도 하다.

이 수의 특성은 인연을 만나면 헤어질 것을 동시에 생각하는 이중성

을 지닌 수로서 진실이 결여된 스스로 고독지상을 나타내는 수이기도
하다. 그러나 전화위복을 만들고 우매함을 슬기로움으로 자아내는 수
중 운력이 이 수에서 일어난다. 병을 낫게 하는 자연치유력을 상징하는
수로도 작용한다.

▶ 31의 수

이랴! 이랴!
좌라! 좌라!
소가 간다.
이리 저리 소리치는 대로 시키는 대로 간다.
방울소리 딸랑 딸랑
입안에는 되새김질 군침 가득
때론 길을 가고 때론 논을 간다.

가서는 안 되는 길
알면서도 가야 하는 길
마지막 가는 길도 소는 간다.
눈물 흘리며 울며 그렇게 간다.

소가 말한다.
살아온 길 충직하였고 가는 길 몸 바치니
일소로 살다가 한바탕 크게 웃고 일로(一路)함이 어찌 아니 좋을손가!

사람이 말한다.

에잉! 망할 놈의 소가 늙고 말라서 제 값을 못 받았구먼!

소가 말한다.

가는 길 무정하고 가야 할 길 야속해도 주인님 부디 만수무강 하소서

소가 말한다.

음~메

무정하고 야속해도 주인님을 사랑합니다.

....

　31의 수는 기수 4를 상징하는 세번째 수이다. 곧음과 충직함, 자신의 통제능력, 동물적 감각을 나타내는 즉, 오감의 탁월함을 나타내는 수이다. 형체 중 오감을 이루는 기관의 성장을 나타내는 수로서 그 역할을 담당한다. 특히 이 수는 자신이 나서 자란 곳을 매우 그리워하며 아무리 초라한 곳일지라도 자신의 일신이 편하면 금은보화도 마다하고 자신의 자리를 원하는 특성을 지닌 수이다.

　한 번 맺은 인연은 충성으로 일관하고 대업을 위해서는 그 소임을 저버리는 일이 없으며 잘잘못을 따지지 않고 인연의 요구에 순응할 줄 아는 특출한 충성심이 이 수에서 그 운력이 발현된다. 사람이 태어난 월일에 따라서 궁합을 이루는 수가 정해져 있음을 31의 수가 그 일익을 담당하였다.

▶ 32의 수

내가 운을 띄운다.

하늘이여 땅이여 !
내가 이 세상에 있음을 인정하소서 !
그 힘과 능력이 나를 통하여 이 세상에 실현되게 하소서 !

바로 그대 가납하여 이르되

너는 이 세상에 하나밖에 없는 훌륭한 인재로다.
내가 너를 알고 네가 나를 안다.
개천의 용이여 승천하라
태초에 이름이 적힌 생명책을 가지고 세상에 나아가라
나아가서 이 세상을 지배하라
그리하여 혼탁하고 야유에 찬 인간과 자연을 구하라
호사(好事)를 유지하고 다마(多魔)를 물리쳐라

인재여 들어라

[명산대천 신명들을 한자리에 모셔놓고
바로그대 가납하고 내가운을 띄웠노라
저어멀리 은하건너 우리갈길 잊었는가
인간세상 적막강산 영혼마저 적막할까
인간세상 부귀행복 영혼마저 행복할까]
내가 너를 사랑한다.
....

32의 수는 기수 5를 상징하는 세번째 수로서 인재와 인걸을 나타낸다. 개천의 용이 하늘을 승천하는 모습으로 묘사하여 마치 가문도 정통성도 이렇다 할 명분도 계보도 없는 하찮은 집안에서 준수한 인걸이 출현하여 세상을 도모하는 운력이 32수에서 발현된다.

여기서부터 새로운 1대가 되어 가문을 일으켜서 후대에 일인지하 만인지상의 자리까지 군림한다. 사람됨이 잘났거나 못났거나 맡은 바 직무에 충실하며 주어진 환경을 천직으로 알고 때를 기다릴 줄 아는 수이다.

▶ 33의 수

도인(道人)
산은 산이요 물은 물이로다.

세인(世人)
산은 산이요 물은 물이로다 ?
아니! 평생을 정진(精進)한답시고 시주(施主) 공양(供養) 받아서
겨우 깨달은 것이 '산은 산이요 물은 물이로다' 그 말하려고 평생을 ?
참 ― 내!
그럼 산은 산이지 산이 물 되겠소?
당신이 평생을 무위도식과 다름없는 생활을 할 때 세인들은 수확과
생산과 인간 세상의 발전을 위하여 나름 각자 맡은 바 힘든 생활을 하며
노고를 아끼지 않는데 도의 깨달음이랍시고 겨우 한다는 말이
산은 산, 물은 물' 이다?

388

도인, 세인에게 말한다.

물을 보시게 바다를 보시게

파도의 물결이, 파고(波高)의 높이가 마치 산을 이루는 산세(山勢)를 닮지 않았는가?

파도는, 물 흐름의 변모는 사람의 눈에서 생겨나서 사라지며,

다시 사라졌다가 생겨나는 원리적 반복 성향을 일으킴이요.

산은 저 멀리 보이는 산들을 보시게

산은 파도가 그대로 굳어져 있는 것처럼 보이지 않으신가?

세인의 눈에는 움직이지 않는 걸로 보이겠지만, 내 눈에는 물의 파도처럼 끊임없이 출렁이고 있네.

내 눈에 출렁인다 함은 산은 움직이지 않는 파도의 형상이지만, 산세마다 눈에 보이지 않는 기(氣)가 파도와 같이 움직여서 세인의 마음에 내 마음에 출렁이고 있음을 말하는 것이네.

세인의 눈에 보이는 물의 파도는 작은 변화를 말함이요

세인의 눈에 보이지 않는 기의 파도는 큰 변화를 말함이라

눈에 보이는 물의 파도는 세상사 윤회를 말함이요

산이 물이 되고 물이 산이 되는 이치는 큰 변화로서 반복되는 천지개벽을 말함이요.

시간적 개념으로 영생(큰 윤회)을 말함이라.

다시 산은 산이요 물은 물이 되어 너와 내가 파도와 같이 모습을 갖추고

산의 기와 같이 영혼을 얻어서 생사의 윤회함이 존재하고 있음을 나타내고 있지 않더냐?

세인아 !

가거라! 가서 너의 소임을 다하라.

산과 같이 물과 같이 우리의 인생 또한 그러하니 눈에 보이는 것만

믿지 말고 눈에 보이지 않는 세상의 도와 지봉의 깨달음을 얻은 자를

인정하도록 하여라.

나는 시주공양 받아서 연명하였거늘 세인의 마음에 갈등 없는 세상의

이치를 주었으니 모든 희로애락과 우수사려, 생로병사를 믿음으로

승화시키 며 깨달음으로 극복하고 두려워 마시게.

각자 분수(소임)대로 파도의 높이만큼, 산세의 기운만큼만 사시게.

....

33의 수는 기수 6의 세번째 상징수로서 자연의 이치를 의미하는 수이다. 33의 수는 하늘의 복이 뼈에 들어 있음을 나타내는 수이기도 하다.

자신의 포부를 관철시키기 위하여 끊임없는 노력과 함께 열과 성의의 세월을 보낸다. 그러나 이 수는 보통 이하의 인격자가 지니면 오히려 적반하장격이 된다. 즉, 33수의 덕을 보지 못하고 알지도 못하는 엉뚱한 수의 작용력으로 인생 전반이 그다지 좋지 못한 양상으로 흘러가는 것을 말하는 것이다.

이 수는 인내천(人乃天) 즉, 동학(천도교)의 근본교리의 수로서 서양에는 서학(기독교 등)이 있다면 우리나라에는 수운 최재우 선생이 창시한 동학사상이 있으며 그 교리는 매우 우수하여 서학과 비교하여 뒤떨어짐이 없는 시천주 사상이다. 그러나 '사람이 곧 하늘' 이라는 이치는 아무나 하늘(신)일 수 없으며 사람 중 그릇이 크고 깨우침이 능한 자만이 하늘이라 칭할 수 있을 것이며, 따라서 33의 수는 사람 안에 하느님이 계시는 이치에 의하여 뼈의 견고함을 나타내는 수리이므로 이를 달리 풀이하면 사람의 뼈는 하늘의 기운과 형체이요 뼈를 둘러싸고 있는

껍질(신체구조)은 사람으로 분류하는 수인 것이다. 즉, 일치성이 없는 상태에서 이 수를 가지면 외모가 아름다운 자는 뼈가 견고하지 못하여 몸의 균형이 이지러짐이요 외모가 아름답지 못한 자는 뼈가 견고하다는 뜻이므로 후자가 포부와 목적을 이룬다는 다소 비합리적인 모순된 양면성을 보유하고 있는 수이다.

▶ 34의 수

휘돌아 감고 드니 명당이 별거더냐

내 죽어 눕는 자리 명당자리 될 터인데

내 죽어 가면 영영 가냐

새가 정수리 쪼이면 내가 새되어 온 줄 알아라.

송림(松林)에 내 눕기를 간하니 그가 누구더냐

일직사자 월직사자 성직사자 굽은 길을 오시어서

때가 되었음을 알리누나.

어이 갈꼬 어이 갈꼬 사랑하는 이여

너를 두고 어이갈꼬 명산대천 다 비우고

내 속을 다 비우고 너를 두고 어이갈꼬

....

34의 수는 기수 7의 수를 상징하는 세번째 수로서 차원을 넘어서라도 인연을 끊지 않는 인연법을 암시하는 수이다. 그러므로 자칫 악연과 연결되면 좀처럼 그 기운이 소멸되지 않고 속계 된다. 즉, 다른 차원의 끈끈한 인연이 현실에서는 악연으로 변하여 빙의가 가중되는 수에 속한

다. 차원을 넘어서 맺어진 인연이 자신의 원과 한을 풀어주기를 원하지
만 정작 현실에 처한 당사자는 그 원과 한을 풀 수 있는 방법을 알지 못
하거나 안다고 하여도 뾰족한 대안이 없어서 만사가 여의치 못함을 말
하는 것이다. 그러나 이 수리는 차원을 달리하면 그 차원에서는 반드시
대성을 이루는 수이다. 즉, 현실은 극단적(부정적)으로 치달을지 모르
지만 보상법칙이 강하게 작용하는 수가 34수임을 말함이다.

▶ **35의 수**

꽤 — 액 꽤 — 에 — 액 —
춥춥찹찹 춥춥찹찹
따닥 따닥 따닥 따닥

엄마: 이게 다 무슨 소리냐? 엄마가 보기에는 돼지 멱따는 소리 같기도 하 고
　　　 돼지가 허겁지겁 뭘 다 먹고 그릇 긁는 소리 같기도 하고……

아들: 옛날 기차 가는 소리예요

엄마: 엉? 호호호 그럼 소리 표현이 잘못된 것 같구나!
　　　 빼 — 액, 칙칙폭폭, 덜컹 덜커덩 이런 식으로 표현을 해야 되는 거 야.

아들: 그냥 제가 표현하고 싶은 대로 하면 안 되나요?

엄마: 그야 뭐……그래 기차소리를 왜 표현해 보았니?

아들: 기차는 가지런히 놓인 긴 쇠막대기 위에서 가잖아요?

엄마: 응 그렇지.

아들: 두 쇠막대기가 서로 높지도 않고 낮지도 않고 그러니까 기차가 안심
　　　 하고 달릴 수 있잖아요?

엄마: 응 그렇지 !

아들: 그러니까 그렇게 사이좋게 가는 쇠막대기처럼 우리 친구들도 서로 싸우지 말고 왕따 그딴 거 없이 사이좋게 지내면 좋을 것 같아요

엄마: 어쩜 우리 아들 기특하기도 하지

....

35의 수는 기수 8의 수를 상징하는 세번째 수로서 평등과 상하의 질서를 나타내는 수이다. 이 수는 뜨거우면 차가움을 원하고 차가우면 뜨거움을 원하는 기복의 이치가 뚜렷한 수로서 사람의 행동반경을 뚜렷하게 명시함으로써 그 행동반경에서만 운기가 발동하는 특성을 지니고 있다. 즉, 정해진 운력에서 더 이상 나아가서도 안 되고 물러나서도 안 되는 정해진 엄격의 동력을 자아내는 수로서 자리한다.

▶ 36의 수

무덤 가에 기계소리 요란하다.

풀 베는 소린가 보다.

예초기 소린가 보다.

편히 잠들기를 바라고선 정말이지 시끄럽다.

지동(地動)이 동토(凍土) 되어 너와 자손에게 해 될까 두렵구나.

정겨운 낫 소리

소매 자락으로 땀 훔치는 소리는 어디 가고

웨앵 웨앵 ─ 정말이지 시끄럽다.

풀베기를 아니함만 못하리라.

내 누운 자리 명당이면 무엇하고

명당 아니면 더욱 나쁠 것을

요란하다 시끄럽다.

설 잠자다가 깬 것처럼 정신 사납고 기분이 불쾌하다.

온 나라가 온 백성이 시끄럽다.

본분만이라도 기계소리 내지 말고 제발 낮질 좀 해라.

⋯⋯⋯⋯⋯⋯⋯⋯⋯⋯⋯⋯⋯⋯⋯⋯⋯⋯⋯⋯⋯⋯⋯⋯⋯⋯⋯⋯⋯⋯⋯⋯

36의 수는 기수 9를 제외한 9수의 세번째 배수로서 땅으로 돌아간 육체와 작은영혼을 다스리는 수이다. 땅의 기운을 인간에게 전달하는 매개의 역할을 하기도 한다. 하늘의 부름을 받고 소명을 부여받는 빙의(憑依)의 수이기도 하다. 빙의라고 하는 것은 어떤 기운(氣)에 의하여 자신을 제어하지 못하거나 통제하지 못하는 정상적이지 못하는 행동이나 현상을 나타낼 수 있음을 말함이다. 그러나 빙의 되었다 함은 무조건 나쁜 것은 아니다. 하늘의 뜻을 이룰 수 있는 강한 운력을 가진 자는 하늘의 기운이 빙의되어야지만 소명을 달성할 수 있다. 천기가 동하여 인간의 육신에 안착하니 가히 그 천기가 빙의됨을 능히 감당하고 감내할 수 있는 자는 하늘의 소명이 크든 작든 반드시 소명을 이룬다. 그러므로 사람됨이 척박하거나 소인배거나 보통 이하인 자가 이 수리를 지니면 매우 곤란한 지경에 이를 수 있다.

성격의 결함 등으로 자신의 야망과 아집이 뚜렷하여 자가당착(자기집착)으로 인한 패망의 길로 가기가 십상이다. 그러나 신앙심이 강하고 자기 수양이 정진된 자는 능히 감내하여 두각을 나타내며 혹은 숨은 인재로 묵묵히 운명을 따른다.

일단 빙의의 시점이 도래하여 그 기운이 발동하기 시작하게 되면 육체적 정신적 현실에 적응하지 못하고 남이 겪어 볼 수 없는 고통과 괴로움에 직면하게 된다. 이는 하늘에서 내린 소명을 이루라는 초동단계이지만 정작 자신은 하늘의 뜻을 간파하지 못하고 몸이 아프거나 정신적인 고통으로 병원을 다니거나 전혀 엉뚱한 상상의 나래를 펴고 비정상적인 행동을 하기에 이르게 된다.

▶ 37의 수

따가닥 따가닥

말이 달린다

파발마가 달린다

서찰 두 장을 가슴에 품고 말 몰아 내달린다.

어서 가자 바삐 가자

서찰을 꺼내 들고 손으로 휘저으며

어서 가자 바삐 가자

따가닥 따가닥 따가닥 따가닥

서찰에 적혀 있는 글들이 허공에 휘날린다.

길과 진리와 생명이 하늘에 휘날린다.

"내가 너를 반드시 복 주고 복 주며 번성케 하고 번성케 하리라"

인자의 명을 받고 중생구제 위하여 파발마는 쉼 없이 달린다.

글을 휘날리면서……땅 끝까지…….

....

37의 수는 기수 1의 수를 상징하는 네번째 수로서 전도(전파)를 나타내는 수이다. 이수는 예수 승천일을 나타내기 때문이다. 예수 승천일이라 함은 부활절 40일 후 목요일로 기독교에서는 축제일로 정하였는데 예수는 감람(올리브) 산에서 그의 제자들에게 복음 전파를 마지막으로 신신당부하고 구름을 타고 천상으로 올라간 날을 말함으로써 일 년 중 주로 5월에 행하여진다.

기수 1의 수를 상징하면서 4번째 자리한 수로서 37을 자아내는 유일한 수의 나열이 전도를 나타내는 수로 자리하게 된 이유이다. 즉, 기수 1은 '목' 요일에 해당하며 '상징하는 네 번째' 는 부활절 40일을 주목하기 때문이며 37의 수는 기독교의 전도를 상징하는 수이다. 모든 인류를 하나로 연결하려는 노력에 대하여는 그 가치가 어느 종교보다 높다 할 것이다.

기독교가 오늘날에 이르러 다소 비판의 대상이 된 이유는 성경의 모순이나 오류가 아니라 올바르지 못한 목사(목자)의 목회에 의한 것이 누적되어 곪아터진 현상이다. 이러한 현상은 유럽에서 시작되어 성도(신도)가 상실되었다.

성도가 상실되었다고 함은 신비주의 위주가 지식주의의 경향(傾向)을 불러일으키면서 쓸데없는 종말론을 앞세우고 불필요한 물질을 은연 중에 요구하였기 때문이다. 불필요한 물질이라고 함은 마음에서 우러나오지 않는 물질을 말한다. 언론, 방송, 영상매체들의 발전은 37의 운력에서 비롯되었다고 말할 수 있다.

▶ **38의 수**

쓱싹 쓱쓱 사사삭

하얀 백지 위에 그림을 그린다.

형형색색 잘도 그린다.

웅지도 그리고 포부도 그린다.

이미 그려진 도화지 그림 위에 그림을 그린다.

쏴아아아아 졸졸

이궁! 우리 아가 이불에 그림을 그렸네

자아! 착한 우리 아가 기저귀 차야지 ?

태양 땅 만경창파에 우리 아가 종이배 간다.

넘실넘실 바다에서 그림을 그린다.

건곤감리 태극의 그림을 그린다.

건곤감리(건, 태, 리, 진, 손, 감, 간, 곤) 주역의 그림을 그린다.

변변치 못한 도구로 그림을 그린다.

그림을 그리고 보니 대한민국 국기가 되었다.

뜻은 그럴 듯하지만 가운데 동그라미가 아리랑 고개로 둘로 갈라졌다.

동그라미를 붉은색 파란색으로 구분 지어 이치는 좋았지만 엉뚱한 결과를

낳고 말았다.

아리랑 고개로 선을 그어 둘로 갈라놓은 것이 38도선과 비슷하게 그려졌다.

우연인가 필연인가 악연인가 기연인가 ?

울 수도 웃을 수도 믿을 수도 안 믿을 수도 없는, 그렇게 그려진 태극의

두 동강이가 이 땅을 두 동강으로 그려 놓은 징표가 되고 말았다.

천지간에 너와 내가 갈라지고 말았다.
합쳐도 소작인데 그렇게 갈라져서 끊임없는 대치 속에 백성들도 갈라진다.
이미 그려진 그림 위에 다시 그림을 그린들 통일이 쉬울까 보냐?
너와 내가 합심하여 약소국가만은 면하여야 되지 않겠느냐?

....

38의 수는 기수 2를 상징하는 네번째 수로서 분열을 나타내는 수이다. 국기는 그 나라를 대표하는 상징물로서 브랜드이며 상표이다. 그 브랜드가 둥근 원 안에서 둘로 갈라져 있다. 우리나라 지리 지형 즉, 풍수지리의 정기가 이미 갈라져 있음을 말하는 것이다. 명당도 간 데 없고 삼색토도 간 데 없으며 대운도 간 데 없다. 우리나라 대한민국의 국민들은 모두가 운명지어진 피할 수 없는 분단이라는 스트레스를 안고 산다. 그래서 무언가에 쫓기듯 항상 바쁘게 살며 여유가 없어 보인다. 이는 일본이 잦은 지진으로 스트레스를 받는 것하고는 그 이유가 다르다. 이미 두 동강이가 난 땅의 절세가 허리가 잘린 형국의 스트레스하고는 그 침범의 양상이 다른 것을 말함이다. 빨리 빨리는 부지런하여 경제성장을 가속화시킬지는 모르나 여유가 없는 행동은 언젠가는 허점을 드러내고 긴장을 고조시킬 것이다.

아무리 좋은 원리와 이치도 쓰일 곳에 쓰이지 않고 무지의 발로로 흐르면 그것은 이치가 아니라 발등 위에 도끼가 됨을 알려주는 수가 바로 38수이다. 철의 장막(독일)이 무너진 후 우리나라는 은하계에서 국가로 인정받은 땅으로는 유일한 분단국가라고 해도 과언이 아니다. 비록 자원이 풍부한 나라는 아니지만 천혜의 요새, 삼천리금수강산 하늘민족의 대한민국이 분단된 국가가 되고 말았다.

▶ 39의 수

하양아 너는 이 세상에 왜 태어났느냐?
저는 부귀영화를 누리기 위하여 태어났습니다.
노랑아 너는 이 세상에 왜 태어났느냐?
저는 세상의 권력을 가지기 위하여 태어났습니다.

빨강아 너는 이 세상에 왜 태어났느냐?
저는 무조건 사랑 받기 위하여 태어났습니다.

파랑아 너는 이 세상에 왜 태어났느냐?
저는 아름다운 세상을 구경하기 위하여 태어났습니다.

파랑아 네가 진정 내 제자 될 자격이 있구나.
옳다 너의 말이 정답이다.
....

39의 수는 기수 3을 나타내는 네번째 수로서 새로운 생명, 참본심을
나타내는 수이다. 39의 수는 스승과 제자의 관계를 보필하는 수로서 체
벌의 수로도 자리한다. 체벌은 나쁜 것이 아니다. 다만 체벌을 가하는
자가 어떤 생각과 감정을 가지고 있느냐 하는 것을 말함으로써 체벌의
강도와 목적은 가하는 자의 품성에서 나오는 것이다. 품성이라고 함은

개인의 품성과 조직의 품성이 있으며 관행의 품성이 있다.

　이제 우리는 체벌의 교육지침을 인정하지 않는 시대에 접어들었다. 군이 체벌을 가하지 않아도 폭넓은 교육과 학습의 환경으로 인하여 말귀를 알아들을 만큼 성숙된 자세와 인격을 갖추고 있기 때문이다. 그러나 우리 기성세대들은 엄한 선생님과 엄격한 군의 규율이 있었기 때문에 강한 정신력을 가지고 사회에 진출하여 어떤 환경이든 무리 없이 적응하였으며, 엄한 선생님이 기억나는 추억을 간직하고 있음은 체벌에 의한 것이다.

▶ 40의 수

에이 씨 뭐야! 너 때문이잖아!
왜 하필 나만 이렇게 힘듭니까? 하느님!
정말 원망스럽습니다.

왜 나한테 이런 불행한 일이 닥쳐야 합니까?
모두가 원망스럽고 희망도 없고 자신도 없고 삶이 지칩니다.

원망하는 마음을 버리시고 믿음을 가지고 끝까지 참고 가보시지요?
혹시 압니까? 오아시스가 없으면 기사회생의 끝이라도 있겠지요?
하느님은 당신이 끝까지 갈 기회도 주셨고
포기하는 아쉬움도 주셨습니다.
옛 성인의 말씀 하나 간직하고 가던 길 가보시기 바랍니다.
　'운명을 아는 자는 하늘을 원망치 아니하고 자신을 아는 자는 남을 원망치

아니한다.'

놀고 있네!

누가 그딴 것 몰라서 이렇게 힘들어하는 줄 아시오?

내 입장이 되어 보시오……입만 살아 가지고 잘난 척 하기는……궁시렁…….

정작 자신 앞가림도 못하는 주제에 남 훈계는…….

딴은 그렇기도 하네요!

내 앞가림도 못하고 있으니……그럼 그렇게 계속 궁시렁거리면서 사셔요!

……………………………………………………………………………………

40의 수는 기수 4를 상징하는 네번째 수로서 완전한 형체(인성)를 갖추지 못함으로 인하여 원망을 나타내는 수이다. 하늘이 정한 온갖 숙명의 시간이 40수에서 이루어진다. 힘들고 괴로운 시간을 겸허하게 받아들이는 자가 있는 반면에 끊임없이 한탄하며 남 탓만 하는 자가 있기도 하다.

전자는 희망으로 나아가는 사람이며 후자는 희망이 없는 자로서 그동안 겪어야 할 숙명의 시간을 궁시렁거림으로 인하여 처음으로 되돌려 버리고 마는 입방정으로 부정을 이룬 것이다. 사후세계에 도달하면 그 숙명의 고통은 가중되어 다음 생애에 겪어야 한다.

▶ 41의 수

하늘 천 따 지 검을 현 누를 황

니라 니라 니라 니라······

가마솥에 누룽지 박박 긁어서······

고쟁이 속 손 넣고 박박 긁어서······

예끼놈!

흘러간 우스갯소리 하지 말고 공부나 제대로 혀 어허험!

필시 저 녀석이 인재가 될 겨!
······

41의 수는 5의 수를 상징하는 네번째 수로서 뛰어난 문장력과 학문(학습)의 매력을 나타내는 수이다. 그릇이 큰 수이다. 이 수는 이름에 일치성이 결여되어 있으면 아무런 운기도 작용하지 않는 특성을 지니고 있다. 즉, 타고난 기본 운명대로 살아감을 말하는 것이다.

41의 수는 예수오행의 5의 수 네번째 수로서 아무나 가질 수 없는, 평범한 수리가 아니기 때문이다. 사람됨이 미흡한데 깨달음의 시간이 없이 이름만 좋다고 하여 운력이 좋게 나타나지 않음을 이 수에서 깨우쳐준다. 즉 하늘의 이치와 성정을 알지 못하면 그 운력은 발휘되지 않음을 말하는 것이다.

▶ 42의 수

전쟁이다!

탕탕! 슈우우 콰쾅!

빌어먹을 놈들 무지하게 쏴대네.

네 <u>그르르르르</u> 탱크도 지나가네.

그나저나 이거 큰일났네!
소피가 마려운데 며느리가 보고 있으니
아무리 전쟁통이라지만
아무데서나 바지를 내릴 수도 없고……끄응 ―.

....

　42의 수는 기수 6의 수를 상징하는 네번째 수로서, 엄중한 국사에도 사정이 있고 엄격한 법에도 관용이 있으며 총알이 빗발치는 난리에도 체면이 있는 법, 체면과 체통을 나타내는 수이다. 이 수는 이중성의 특성이 있으며 항상 이럴까 저럴까 망설이다가 기회를 놓치는 형국으로 치닫는다. 평소에는 아무런 일이 없다가 꼭 중요한 때에 곤란한 상황이 발생되며 결국 기회를 떠나보내는 아픔을 겪고 난 후에 하늘의 보호를 받는다. 그러므로 지나간 세월의 아쉬움에 머무르지 말고 앞만 보고 정진하면 화가 복이 되어 웃을 수 있을 것이다. 사람됨이 선하기 때문이다.

▶ 43의 수

자칭 관상학의 대가가 자기도취에 빠져서 생각하기를
'당대에 관상학에 있어서는 가히 나를 따를 자가 없을지니라.'
하고 여유와 자신감이 만면하여 어느 날 산책 삼아서 산을 오르고 보니
맞은편에서 나무꾼이 나무를 한 짐 지고 터벅터벅 걸어오고 있었다.
스쳐지나가면서 무의식중에 얼핏 나무꾼을 보아하니 깜짝 놀랐더라.

관상과 골상이 반듯한데 어찌하여 나무꾼으로…….
옛날로 치면 이만석(쌀가마니)꾼으로 큰 부자로 잘 먹고 잘살 사람인데……
자칭 관상학의 대가라고 여긴 자신은 낙담을 하며 가다가 순간 뭔가
집히는 것이 있어서 되돌아가 나무꾼을 불러 세워놓고 묻는 말이

'실례지만 댁의 이름이 무엇이오?'

나무꾼은 답하기를 '나유? 이만석인디유! 왜유?'

관상학의 대가는 무릎을 탁 치면서
아하! '내가 이름을 무시하였구나'
 '나무꾼은 틀림없이 잘 먹고 잘 살 사람인데
이름으로 이만 석을 다 해먹었구나'
....

　43의 수는 기수 7의 수를 상징하는 네번째 수로서 이름의 중요성을
나타내는 수이다. 수는 생명이며 이름은 그 수에서 온 생명체이다. 하
늘에는 땅에는 5원소에 들어 있는 이름의 운력이 아무렇게나 돌아다니
고 있다. 우리의 눈에 보이지 않을 뿐이다. 그것은 곧 보물이다. 이름에
대하여 본문에서 충분히 언급하였으므로 여기서는 생략한다.

▶ 44의 수

　이국 만리 타향에서 하늘의 명을 받고 태어나니

혼비백산 여기가 어디더냐?

듣도 보도 못한 곳 여기가 어디더냐?

내 부모 어디 가고 내 살던 곳 어디 가고 여기가 어디더냐?

싸라비야 싸라비야 도대체 알 수 없네.

새롭게 태어난 곳 정신 차려 둘러보니 가문이 몰락하고

성실하게 살잤더니 연상 여인 맞이하여 가정을 이루었네.

때를 가려 때에 다다르니

아차차!

형제가 귀뜀하여 속세를 떠나니 달은 둘로 갈라졌다!

....

44의 수는 기수 8의 수를 상징하는 네번째 수로서 무슬림 코란의 수이다. 무슬림은 단결과 결속력이 뛰어난 민족이다. 무슬림은 이슬람교(회교)라고도 하며 불교는 2600년 기독교는 2000년 무슬림은 1400년경에 일어난 종교로서 역사가 짧으면서 약 13억의 교도를 가진 성공한 종교이다. 창시자는 마호멧(마호메트)이며 아라비아어로 '알라' (신)를 외치며 경전은 코란이다. 유대인은 육각형의 도형을 신의 상징물로 사용하며 기독교는 십자가를, 이슬람교는 달과 별을 도형(신)의 상징으로 정하였다.

44의 수는 8의 수를 상징하는 네번째 수로서 각각 그 형체가 달과 별을 나타내는 수로서 무슬림수로 자리하였고 즉, 형체와 형체가 하나로 이루어짐의 이치를 전도하여 다신(多神)을 믿든 민족들을 알라신으로 통일하게 되었다.

유대인은 유일신을 강조하여 이슬람과 등을 돌렸고 예수는 신으로 인정치 아니하여 반목하여 지금도 그 숙명은 이어지고 있는 것이다. 무슬림을 받들고 그 창시자를 신봉하며 하늘의 또 다른 진리와 자존과 자긍심으로 일관하는 그 힘의 원천이 이 수에서 일어난다. 무슬림 민족의 힘과 능력이 이 수에서 대변하며 그 운력이 수없이 분리되는 수의 특성을 하나로 집결시켜서 하나 됨을 이루어내는 막강한 힘이 이 수에서 일어남을 말하는 것이다.

▶ 45의 수

멀고도 먼, 다시는 돌아오지 못할 것 같은 고난의 길을 님이 가십니다.
못 견디게 괴로워 가슴이 아려오지만 말릴 수도 말려서도 안 되는 그 길을
님은 가십니다.
가슴의 끝 고난의 끝에는 '다 이루었다' 하시니
새로운 세상이 생겨났습니다.
큰하느님께서 오행의 '목 토 금 화 수' 의 물줄기를 타고
큰세상을 이루시니 하늘나라가 이 같은 줄 압니다.
근동(近東)에서 시작하여 토끼나라(대한민국)까지 이어진 세상

근두운이 산 중턱에서 유유히 노닐며 여의봉이 세상 초입에 우뚝 서 있네
천사들이 땅에서 거하고 나무꾼이 천상을 오르며 심성이 정갈한 자들이라
하네.
마법의 성이더냐 하늘나라 하강이냐
이내 몸도 출입이 허용되니 극락정토 신명들이 반기면서 구경하라 하네.
신의 은혜요 조상님의 음덕이라
천지가 공일하니 일하되 일하지 아니하며

일하되 즐겁고 기쁘고 취미로 일하는 세상이더라.

기쁨이 끝이 없고 여유로움이 한결 같고

환희와 희열이 낮과 밤을 새워 끝이 없더라.

....

45의 수는 기수 9를 상징하는 다섯번째 수로서 신천지를 나타내며 천지공일을 나타내는 수이다. 즉, 이 수는 오행이 뜻을 이루고 쉬는 시간과 공간을 나타내는 수이며 새로운 세상의 기운(육체의 세포재생)이 정착하는 신선도가 넘치는 운력이 이 수에서 발현된다. 실상 이 수의 관리를 받고 있는 수가 49수이며 49의 수는 차원과 차원을 이동하는 쉼터와 같은 장소이다. 그러므로 선과 악의 모든 기운이 모두가 높음의 자리에서 평화협정을 하고 화평으로써 화기애애한 기라성(綺羅星)의 운력이 이 수에서 일어난다. 45의 수와 궁합을 이루는 수는 자신의 수로서 다른 수가 존재하지 않는다.

▶ 46의 수

양반이 양반 행세를 하는데 가관이로다.

양반이 부인과 사랑을 나누는데 이러했것다 !

어허허험 !

부인! 내 오늘 부인 곁에 눕자하니 마음이 동하오.

내 양반으로서 체통을 지키면서 사랑을 할까 하오

어허험 털털

부인! 옥문을 여시오

(부인은 배시시 수줍은 듯 옥문을 연다)

험험 허허험!

부인 그럼 들어가오이다.

(양반 몸이 옥문으로 쑤욱 들어가니 부인이 아 ― 아 하고 신음소리를 낸다.)

(양반이 부인의 신음소리에 참지 못하고 어어~ 억 외마디 소리를 내더니

이내 부인을 나무란다.)

부인! 양반답지 못하게 그 무슨 해괴망측한 소리를 낸단 말이오?

에 ― 이 ― 잉

(하고 몸을 빼고는 옆으로 발라당 자빠진다.)

(부인은 자신의 옥문을 보더니 하는 말이)

에라이 조루야!

....

  46의 수는 기수 1의 다섯번째 수로서 양과 음의 결합의 단계를 나타내고 성품과 감정의 미숙함을 나타내는 수이다. 체면과 체통은 가릴 때 가릴 줄 아는 융통성이 있어야 행복을 추구할 수 있으며 그 융통성이라고 함은 곧 남을 이롭고 행복하게 하는 것을 말한다. 즉, 남이 이롭고 행복하면 곧 자신이 이롭고 행복할 수 있음을 나타내는 수이며 예수의 진리 중 사랑의 법칙이 이수에서 일어난다.

▶ 47의 수

  어디 나도 한글 획수로 숫자풀이 한 번 해볼까나……

'돈'이 한글 획수로 5획이라

이 책에서 5의 수는 예수오행을 상징한다고 하였는데 돈이 세상을 지배?

돈을 믿어라?

'육체는 마음을 믿고 마음은 돈을 믿는다.' 라는 말은 탈무드인지에서

읽어본 것 같고……음……여기서는 돈을 믿으라는 것은 아닌 듯……

아무튼 그렇다 치고…….

똥?

똥이 한글로 7획이네

잉? 본문에서 7의 수는 신성한 곳에서 태어난 나자렛 예수라 하였는데

똥이 예수?

이거 순 숫자풀이가 엉터리잖아?

그렇다면 다른 단어 중 악마는?

악마는 한글 획수로 9획이네?

어라?

9의 수는 본문에서 예수를 상징하는 수라 하였는데 악마도 9의 수니 악마가

예수?

뭐야?

이 책 완전히 엉터리 사이비잖아?

옳도다. 풀이가 그러하다면 그럴 수도 있으려니와 다만, 너의 믿음의 척도와

자세가 어떠한가에 따라서 나자렛 예수는 똥이 될 수도 있고, 예수가 악마로

다가올 수도 있음이라.

들어 보거라!

너의 입으로 들어가는 음식은 처음이요 시작이며, 똥은 마지막이요 끝이며 죽음이라 똥은 왔던 곳으로 돌아가니 그 곳은 땅일진대, 똥거름은 싱싱한 야채로 열매로 너의 입 속으로 다시 들어가니 돌고 도는 물질의 윤회를 말함이요.

악마의 존재는 진실로, 진정으로 참믿음이 너를 지배하지 않는다면
예수는 악마가 되어 너의 등에 비수 되어 꽂히리라.
이는 참믿음도 하나요 참 사랑도 하나이니 예수를 믿었으나 진실로 믿지
아니 하였으면 구원받을 수 없는 자들을 두고 하는 말이니라.
사람으로 태어나서 진실로 깨달은 자를 믿는 것도 이와 같으니라.
무릇, 사람이란 교회나 사찰(절)을 갈 때에는 하늘의 말씀과 깨달음의
진리를 영접하러 가는 것이지 목사나 스님을 믿고 의지하러 가는 것이 아님
이 이와 같음이라.

들어라
 '행복' 의 단어는 14획으로서 5이며, '성공' 의 단어는 9획으로서 예수며, '일
등' 의 단어도 9획이다.
영원히 변치 않는 아름다움의 극치, 재물의 상징인 '보물' 은 14의 수로서
오행을 일컬음이요 '금' 은 5의 수이며 '다이아몬드' 는 18획수로서 역시
9획이 나오며 '이루었다' 도 18획으로 9의 수이다.
반면에 '망(亡)' 과 '사기' 의 단어는 6획이고 '끝' 의 단어도 6획이며,
 '실패' 의 단어는 4의 수이며 '종말' 의 단어는 13획으로 4의 수이다.
이 단어들 중 어느 것을 취하든 마음가는 대로 하여라.
또한 아직도 정확하게 정체를 풀지 못하고 있는 하늘의 '비행접시' 는
그 획수가 23획으로서 단수 5에 해당하여 예수오행을 나타내고 있다.

그리고 '음악' 이라는 단어는 하늘이 주신 최고의 소리 표현법이다.
리듬으로 소리를 아름답게 하고 승화시켜서 강약의 박자를 이루어
삼라만상의 심금을 울리는 소리의 표현이다.
이 '음악' 의 획수는 예수를 상징하는 9획으로서 소리의 표현은 예수의
표현이며 예수의 표현은 하늘의 소리이며 소리는 곧 말씀이며 그 모습은 '오
로라' 이다.
쓰임이 각각 다르니 선택하는 대로 믿음대로 이루어질 것이다.
그리고 '성공' 이라는 단어로 얼굴을 그려내니 이 얼굴은 오행의 얼굴로
자리하게 되리라.
모든 글의 단어는 각각 그 풀이와 해석이 세상이 생겨나서 현존함과 같이 이
치가 그러하니라.

....

47의 수는 기수 2의 수를 나타내는 다섯번째의 수로서 숫자의 양면성
과 세상은 둥근 원(제로)에서 생겨났음을 나타내는 수이다. 또한 이 수
는 우리 성도(신도)를 위한 목사나 스님을 나타내는 수로서 곧 '종' 의
신분을 일컫기도 하는 수이다. 그러므로 참된 '종' 이 있는 하늘의 전당
을 찾아가는 권리는 우리에게 있으며 가지 않아도 되는 권리도 우리에
게 있는 것이다. 온갖 구술과 감언이설과 표리부동한 말과 자세로서 모
든 면에서 우리의 위에 군림하는 '종' 은 종이 아니라 우리의 상전이며
우상이다. 우리는 그릇된 상전과 우상을 버릴 권리가 있다. 이를 명심
하여야 한다. 반면에 '종' 다운 '종' 에게는 사랑과 마음과 물질로서 감
사를 표현하여야 한다.

▶ 48의 수

일월성신(예수) 어린 시절

첩첩산중 깊은골짝 맑고고운 물이흘러
보석같은 수돌맹이 살그머니 들어보니
황갈색을 몸에지닌 앙증맞은 가재로다

하늘소가 노는물에 앙증맞은 가재로다

빗장쳐논 대문마냥 꼼짝않는 큰돌틈에

물방개랑 수다떠는 앙증맞은 가재로다

첨벙첨벙 발을딛는 일월성신 어린발에

밟힐까봐 꼬리마는 앙증맞은 가재로다

잠자리가 쉬었다간 백화암에 걸터앉아

흘러가는 계곡수를 바라보는 어린예수

물줄기에 전해오는 혼백들의 넋두리에

앙증맞은 가재들이 깨무는줄 모르누나

산등성이 햇빛들이 시기하고 다툴적에

두주먹을 불끈쥐고 옷매무새 고쳐잡고

누가만든 길이더냐 산골짜기 해그름길

한달음에 내달으니 다시올까 아니올까

....

  48의 수는 기수 3의 다섯번째 상징수이다. 12그루의 생명나무를 상징
한 기수 3의 수 다섯번째 48은 동심을 나타내는 수이며, 그 동심의 세계
는 자연의 세계이며 고귀하고 거룩한 수이다. 그러므로 이 수는 자연환
경 생태계의 중요성을 나타내는 수이다. 하늘은 자신이 만들어 놓은 자
연을 인간이 지나치게 훼손히는 것을 언제까지고 두고 보지 않는다. 하
늘이 만들어 놓은 모든 자연 즉, 풍수지리가 온전하지 못하다고 함은 곧
동심은 간 데 없고 때묻은 육신과 영혼을 말함으로써 생태계가 온전하
지 못하여 파괴된 현상이다.

생태계의 파괴라고 함은 도로나 터널 택지개발 등으로 인하여 그 땅과 장소에 서식하던 모든 생명체가 살 수 없는 지경을 말함으로써 이는 풍수지리로 보면 모든 자연의 정기가 끊기고 훼손되어 제 구실을 못하는 현실적인 증거임을 말하려 하는 것이다. 제 구실을 못한다고 함은 곧 에너지가 고갈되었음을 말함이요 하늘의 섭리와 대원칙에 의하여 대체 에너지가 생하여야 하는데 생하는 그 시간 동안 고통과 괴로움은 뿌린 자 즉, 우리 인간이 받는 이치를 말하는 것이다. 사람이 살다가 문득문득 동심의 세계로 향하는 것은 이 수에서 그 운력이 발현된다.

▶ **49의 수**

그 분 곁에 가고 싶습니다.

그러나 갈 수 없습니다.

지은 죄가 막중하여 갈 수 없습니다.

만지고 싶어도 만질 수 없고 나누고 싶어도 나눌 수 없는

그 분은 그러한 곳에 계시기 때문입니다.

가슴이 찢어지고

눈 둘 곳을 둘러봐도 사방이 없습니다.

고개는 하늘 보고 땅 보고

눈물은 단추에 떨어져 다음 단추를 적십니다.

지은 죄가 너무 많아

그 이름 부름조차도 송구스럽습니다.

나를 왜 이렇게 못나게 낳았냐고 화를 냈기 때문입니다.

그 분은 제 곁에 안 계십니다.

제가 갈 수 없는 머나먼 곳에 계시기 때문입니다.

남 몰래 그 시절이 그리워지면

못난 그 시절이 밉고 또 밉기만 합니다.

물려받은 재산 없다고 구박하였기 때문입니다.

늙고 병들었다고 천대하였기 때문입니다.

그 분께서는 가시는 그날까지 자식에게 짐 될까 염려하며 가셨습니다.

가시는 그날까지 자식 잘되기만을 바라시며 가셨습니다.

가엾은 이는 가신 님이 아니라

어리석은 내 자신임을 이제야 알았습니다.

잘못을 깨닫게 하는 것은

뉘우치게 하는 것은

그 분을 만날 수 있는 길은 재산도 아니며 지식도 아니며 목사도 아니며

스님도 아님을 이제야 알았습니다.

알량한 기도도 아니며, 진미성찬 제사도 아니며, 때맞춘 벌초도 아님을

이제야 알았습니다.

스스로 뉘우침이, 참믿음이 진정한 회개임을 이제야 알았습니다.

그 분을 만날 수 있는

용서를 구할 수 있는

유일한 길은 내 자신에게 있음을 이제야 알았습니다.

....

　49의 수는 기수 4의 수를 상징하는 다섯번째 수로서 숭고한 사랑을
나타내는 수이다. 높고 깊은 사랑의 힘을 알게 하는, 그래서 사람 됨됨

이를 변화시키는 작용력이 이 수에서 일어난다. 즉, 이 수는 남몰래 스스로 회개하여 아무도 없는데서 눈물짓는 참으로 고마운 수이다. 사람이 많이 움집 한 가운데 그 많은 사람 앞에서 회개하라고 소리치는 소리에 자신의 잘못을 깨닫고 대성통곡을 하는 눈물과는 전혀 다른 또 다른 회개의 수이다. 일단 스스로 회개가 일어나면 그 회개는 요지부동하여 변하지 않으며 자신에게도 후손에게도 반려자에게도 타인에게도 회개의 기운을 골고루 나누어주는 깨달음의 진정한 하늘의 자손이 된다. 차원과 차원을 넘나드는 시간대에서 여정을 풀 수 있는 쉼터와 같은 휴식(다음 세상의 여행을 위한 준비의 시간)의 운력이 이 수에서 발현된다.

▶ 50의 수

돈(豚) 돈 돈 돈 돈 돈 돈 돈 돈 돈!

오라!
돈이여
나는 너를 두려워하지 않는다.

오라! 돈이여
물밀듯이 전광석화와 같이 오라
나는 너를 맞이할 준비가 되어 있다.

오라!
승진이여

네가 나를 알고 내가 너를 안다.

승진만큼 자리만큼 내가 돋보일 것이다.

오라 !

취직이여

내 역량과 기량을 한껏 펼칠 것이다.

오고 싶지 않으면 오지 마라

구차하게 오라하지 않겠다.

가라 !

가고 싶으면 가라 !

밀물이 있으며 썰물이 있고 썰물이 있으면 밀물이 있다.

기조력의 원리가 이러하니 굳이 네게 연연하겠는가?

사나이 가는 길에

여장부 가는 길에

물위에 조각배 하나 있으면 내가 가고 네가 따르리라.

....

50의 수는 기수 5의 수를 상징하는 다섯번째 수로서 부정에 굴복하지 않는 긍정적 사고방식, 도전과 진취성을 나타내는 수이다. 이 수는 모든 젊은이들에게 희망과 용기와 도전과 끈기와 참을성을 자아내는 수이기도 하다.

자살이란 단어에 근접하거나 범죄의 유혹에 걸려들었을 때에 이 수와 연결 지어지면 이내 정신을 차리고 본연의 자세로 돌아오며 눈높이를

낮추는, 현실과 환경에 적응할 줄 아는, 때를 기다리고 자신을 인정하는
자가 나타날 때까지 자중하는 진정한 자존심을 일깨워주는 수이기도
하다.

▶ 51의 수

　　그대는 핀 꽃
　　나는 어스름 벌

　　그대는 꽃 잎
　　나는 시들은 잎새

　　그대는 열매
　　나는 메마른 가지

　　그대는 종자(種子)
　　나는 꺾어진 가지

　　그대는 사랑
　　나는 사랑이 그리운 밉상

　　그대는 공주
　　나는 고개 숙인 해바라기

그대는 여왕

나는 종자(從者, 머슴)

....

　51의 수는 기수 6의 수를 나타내는 다섯번째 수로서 그리움과 조건 없는 사랑을 나타내는 수이다. 인생의 모든 것이 사랑하는 사람을 위하여 살고 그 사랑이 곧 인생의 전부이며 그 사람이 삶의 모든 것으로 알고 살아가게 하는 수의 운력이 여기서 일어난다. 이 수에 한 번 인연을 맺으면 속세의 온갖 유혹에도 굴하지 않으며 굴하였다가도 이내 돌아와서 사랑을 지키는 현명한 처신의 수이다. 청춘남녀 간의 사랑의 발로가 대부분 이수에서 일어나며 젊음을 상징하는 피가 끓는 표현이 51의 수에서 에너지가 발동한다. 이 수는 신분과 국경을 초월하여 사랑의 인연을 맺게 하며 지속시키게 한다.

▶ **52의 수**

사랑은 하나

달도 하나 별도 하나 사랑도 하나

해는 나

나는 해

나는 사랑

사랑은 하나

달을 사랑할까?

별을 사랑할까?

달을 따르자니 별이 울고

별을 따르자니 달이 운다.

달도 하나 별도 하나 사랑도 하나 해도 하나

해와 달과 별이 하나 되어 큰사랑 되었네.

··

52의 수는 기수 7의 다섯번째 상징수로서 큰사랑(기독교)을 나타내는 수이다. 큰사랑을 이루는 데는 남녀노소가 없으며 신분고하가 없으며 인종의 차별도 없으며 천대도 버림도 일체 없음을 말함이다. 큰사랑을 이루기 위함은 마치 자신이 짊어지고 가야 할 멍에와도 같이 여기며 목숨을 불사하고라도 목적을 이루기 위하여 헌신적으로 노력하고 또 노력하며 전도하는 갸륵한 모습은 하늘의 영역에 도달하였다. 그러나 이 기적인 성격 향상이 바로 이 수에서 일어나며 그로 말미암아 하늘의 노여움을 사는 것이 이 수에 해당한다. 즉, 사람의 이성으로 치면 여러 이성과 교제함을 욕심으로 하고 재물로 치면 하늘의 말씀을 밑천으로 하여 부귀영달을 꾀하는 것을 말하는 것이다. '하늘은 스스로 돕는 자를 돕는다.'의 의미를 '스스로 모든 것을 욕심 부려도 별 탈 없이 잘 살수 있구나.'로 마음이 초라해지고 나락으로 전락한다.

▶ 53의 수

春梅秋菊 各時分

춘매추국 각시분이라

봄에 피는 매화꽃과 가을에 피는 국화꽃은 저마다 때가 되면 자태를
만발한다는데 어찌하여 내 운기 발동이 이렇게도 미약할꼬 ?

돈은 구름 위에 뜬 돈이요
자고 나면 가슴 아픈 사연만 남는구나.
천하명장 영웅들아 시대적 다툼이 없었다면 천하명장 영웅소리 들었겠나?
나도 어디 한 번 다툼하여 영웅소리 들어볼까
이도 저도 만사가 용두사미(龍頭蛇尾)하니 오늘 내게 당하여는 왜 이다지 힘
겨운고?
어느 때나 이 지옥을 벗어나서 팔방 문이 활짝 열려 천지광명 보게 되려
나…….
....

　　53의 수는 기수 8의 다섯번째 수로서 팔방의 문이 모두 닫히는 때(흑
암)를 의미하는 수이다. 이 수는 그야말로 대기 만성하여야 한다. 53의
수는 모든 오감을 막아 놓고 때를 기다리게 하는 특성을 지닌 수이다.
그러므로 흑암이라고 표현한 것은 결국은 좋은 결과를 낳기 위한 과정
의 시간임을 말하는 것이다. 특히 이 수는 불로소득이나 공짜를 바라서
는 아니 된다. 반드시 재물이 흩어지고 잔은 비고 입은 쓰게 됨을 의미
하는 수이다. 하여 때를 기다릴 줄 아는 진중한 시간을 보내야 하며 경
거망동하면 이 수에서 일어나는 좋은 운력은 사라지고 만다.

▶ 54의 수

천하에 하느님, 지상에 하느님

여기도 예수, 저기도 예수

이곳도 부처, 저곳도 부처

오직 하나 유일신, 3억 3천 많은 신

이 산도 신, 저 산도 신 땅속에는 조상신, 땅위에는 인간신

신은 있다, 신은 없다

신은 만들어졌다, 우연론 진화론이 명제(命題)다

오호라 이일을 어찌하나

무엇이 옳고 그르단 말인가?

누굴 믿고 따른단 말인가?

....

54의 수는 기수 9수의 다섯번째 상징수로서 정의의 미결을 나타내며, 자살자를 징벌하는 수이다. 이 수는 정신을 이지러지게 하며 분열을 야기 시키는 수이기도 하다. 머릿속이 온통 잡생각으로 가득하고 도무지 뭐가 뭔지 알 수가 없고 짜증만 나고 신경질이 도사리며 삶이 무미건조하고 의미가 없음을 나타낸다. 이 수는 살아 있는 모든 생명체에게 일시적으로 현상이 나타났다가 사라지는 방정맞은 특성을 지니고 있다. 이와 같은 논리는 54의 수는 9수의 다섯번째 상징수로서 신체의 모든 생체리듬이 기지개를 켜듯 에너지가 요동하는 시간대이기 때문이다.

▶ 55의 수

항아리속 인벌레가 채찍질을 당하누나

피할곳도 숨을곳도 깨우치지 못하누나

윗상에서 쪽을써고 채찍질을 가하누나

그중에서 깨우친자 채찍질을 피하누나

위상뒤에 기대서서 지상인상 살필적에

인간세상 생김새가 움푹패인 웅덩일세

어리석은 인간들을 어느누가 구제할꼬

동서남북 사방팔방 쪽분믿고 구제받네

....

55의 수는 기수 1의 수를 상징하는 여섯번째의 수로서 태초에 감추어진 이름의 운기를 관리하는 수 중 일부를 담당하는 수이다. 위와 같은 문장의 알아들을 수 없는 구사(경, 經)들은 이 글을 기록하고 있는 자가 몸이 아파서 생사를 넘나들 때 적어놓은 것들로서 이 글을 쓰게 된 계기를 마련하여 주었다.

55의 수는 종말을 의미하는 수이며 그때에 하늘이 마련하여 둔 생명책에 이름이 기록되는 자들을 살펴서 인도하는 수이기도 하다. 이 수는 세상에 존재하는 모든 만생만물은 이 세상을 만들어 놓은 하늘의 옷깃에서 벗어날 수 없음을 상기시키며 즉, 우리가 살고 있는 세상(은하계)의 모습은 우주공간 중에서 솟아있지 않고 웅덩이(항아리)처럼 이루어져 있음을 말하고 손오공이 아무리 날고 기어도 손바닥 안이라는 말을 연상케 하는 운력을 발휘하는 특성을 지닌 수이다.

▶ **56의 수**

하얀 포말(泡沫)을 일으키며 떨어지는 폭포수야
너야 높은 곳에서 낮은 곳으로 떨어지고 흘러가지만
나는야 낮은 곳에서 높은 곳으로 치솟아 올라가야 한다네.
네가 만들어낸 물거품이야 이내 사라지련만
나의 갈망은 언제나 사라지려나.

세상 순리가 너와 같으면 좋으련만
때론 연어처럼 강물을 거슬러 올라가야 하는 순리가 내게 당하였으니
피할 수가 없구나.
무엇이 순리고 무엇이 역행인지, 무엇이 믿음이고 무엇이 올바른 삶인지
알 수 없구나.
머문 지 10개월 만에 울음소리로 세상에 임하고 보니 세상은 하나인데
삶의 자태는 각각 다르니 내게 당한 환경을 폭포야 너는 아느냐?
....

　56의 수는 기수 2의 수를 상징하는 여섯번째 수로서 만생만물의 숙명
적 과제, 민족의 전통과 정통성을 나타내는 수이다. 이 수에서 민족성이
배분되고 나누어짐을 알 수 있다. 즉, 이 수는 지구의 오대양 육대주를
나타내는 수이며 사람의 오장육부(내장)가 지구의 형질(形質)에서 왔음
을 증거하는 역할은 담당한 수이다. 즉, 지구의 오대양 육대주와 사람의
오장육부는 이 수의 운력에서 이루어졌음을 말하는 것이다. 이 수의 운
력이 무너지면 지구의 형질이 무너지며 지구의 형질이 무너지면 사람
의 내장도 무너지는 것을 의미하며 이는 곧 천지개벽에 의한 지각변동

을 말하는 것으로써 결국은 종말을 맞이하는 것이다.

이 말은 매우 중요한 말이 될 수도 있다. 본문에서 말하였듯이 지구는 생명체이며 우리는 그 생명체에 기생하여 사는 또 다른 생명체라고 언급하였다. 즉, 지구는 우리의 모체이며 어머니이다. 우리는, 우리의 신체구조는 이 모체를 떠나서 살아갈 수 없음을 말하는 것이다. 살아갈 수 없다고 하는 것은 지구에 생존하는 모든 만생만물 위에서 군림하는 만물의 영장으로서의 절대적 권리가 막을 내린다는 말이다. 즉, 우리가 먼 훗날 과학이 발달하여 우주멀리 날아가서 새로운 터전을 마련한다고 하여도 이 지구의 형질(체질구조)을 버릴 수는 없는 것이다. 버리게 되면 우리의 모습도 변하고 내장도 변하여 다른 생명체들에게 하급동물로 취급받으며 서러운 삶을 살아갈지도 모른다. 그러므로 영원히 지구를 우리의 어머니로서 기억하여야 할 것이다. 이는 사람의 형체는 하늘(큰영혼)에서 임하였고 사람의 내장(작은영혼)은 땅(지구)에서 임하였음을 말함으로써 지구의 오대양 육대주가 생긴 후에 우리 인간이 생겨났음을 여실히 증명하는 수임을 말하려 하는 것이다.

▶ **57의 수**

논 고동 노래 소리는 들리지 않는 마음의 고향
논 고동 지나간 자리는 내 고향 가는 꼬부랑길
그 길을 따라 논두렁 따라 나도 가고 마음도 간다.
손에 지팡이 들고 빌딩 숲 벌판을 길 따라 간다.
쿵쿵 소리내며 가는 지팡이는 땅을 울리며 간다.
온갖 미물들은 땅울림에 화들짝 놀라서 길을 내 준다.

옛 생각 옛 추억과 현실이 동시에 길을 간다.

다다른 곳 콘크리트 판도라.
다다른 곳 가을 들판 옛 시간

발라당 누워 이름 모를 풀잎 하나 입에 물고
하늘을 보니
구름이 만개하고 마천루 빼곡한데

하늘을 보니
구름이 뭉클하고 사이사이 천공이 더 높아라.

검푸른 높은 하늘
마천루 닿은 하늘은 멍이 들어 나를 빤히 쳐다본다.

무서움에 나는 그만 눈을 감고 말았다.
....

　57의 수는 기수 3의 수를 상징하는 여섯번째 수로서 과거와 현재와 미래를 나타내는 수이다. 이 수는 과거를 거울(기억)삼고 현재를 본(믿음)을 삼고 미래(응답)를 열어 가는 진리를 발전시키는 수로서 그 역할을 담당하고 있다.

　예수의 진리가 불변하다면 그 진리를 바탕으로 끊임없이 모습을 변화시키고 진화하는 욕심 많은, 밉지만 미워할 수 없는 운력을 담당하고 있다. 온갖 농업 상업 공업 등의 발전과 개발의 과학이 이 수에서 흘러나

와서 인간의 뇌에 안착하여 아이디어를 제공하는 수 중 하나다. 특히 이 수는 전원(농촌)의 풍경과 밀접한 관계가 있으며 인간에게 이로운 곤충을 관리 관장하는 역할을 담당하기도 한다. 그러므로 이 수는 농부의 수이며 가을하늘 더 높은 수이며 수확의 결실을 왕성하게 하는 수로서 기우제를 모실 때 차려 놓는 온갖 정성에 해당한다. 즉, 이상한 주문을 외우면서 허공에다가 허우적거리는 손놀림보다는 이 수의 특성을 알고 연구하여 가까이 하라는 말을 하려는 것이다.

▶ 58의 수

하늘의 일꾼

대한민국 남한강야 개미신을 모셨더라

엎푸러진 명월공산 가까스로 깨어나고

두명가진 현명군주 십만대군 건네주고

자기본당 상제당을 되돌아서 비춰주네

개미신이 춤을출제 한삼자락 흩날리고

길고도긴 더듬이가 상제님전 춤을추네

하늘위한 일꾼들아 쉬임없이 땀흘려라

기어다닌 개미발이 인손되어 춤을추네

황폐해진 자갈밭에 한도많은 개미들아

너를거둔 하느님전 무엇으로 보답할련

삼각산에 두둥실뜬 명월공산 기운받아

밤낮으로 신명나니 하느님이 여유롭다

부자신명 입에물고 어기영차 뒷걸음질

가로막힌 절벽루를 부자신명 다리놓아

유연노장 지혜답게 교두보를 만들고서

어기영차 땅을밀쳐 부자신명 인도하네

천지기운 예지력을 대적할자 누구인고

천상천하 충실함을 견주울자 누구던고

천지개벽 예시하여 하느님길 인도하고

허허벌판 집을지어 하느님전 봉양하네

··

    58의 수는 기수 4를 상징하는 여섯번째 수로서 조직의 단결과 단합, 발전을 나타내는 일소일로(一笑一路)의 수이다. 즉, 이 수는 파란만장한 경로와 행로를 거치는 수장(지도자, 리더, CEO)의 운력을 지배하는 수로서 모든 수장들의 결단력과 판단력이 이 수에서 출현한다. 큰나무에서 에너지를 충전하고 큰사람에게서 덕을 받아 일사불란하게 앞만 보고 내달린 시간을 돌이켜보면서 황혼을 맞이하는 특성을 지녔다. 일단 이 수의 음덕을 입은 생명체는 음의 기운 즉, 여자(암컷)를 무시하면 안 된다. 여자로 인하여 승하고 패하기 때문이며 여자는 에너지원이기 때문이다.

▶ **59의 수**

살랑 살랑

살랑거리네.

살랑거리는 것은 견공의 꼬리라네

먹여주고 재워주니

꼬리 흔들어 허공에 떠도는 기운 주었건만

목에 매인 끈 당기면서 내 이름을 부르니 목은 점점 조여든다.

도마 위에 오른 고기라더니

무슨 소린가 하매 화들짝 놀라 눈을 떠보니

내가 도마 위에 올려 져서 일촉즉발이더라.

내가 너희들과 같이 미천하였다면

목이 잘려나간 희생물이 되겠고

내가 너희들과 같은 속물이었다면 결단코 자아 발견치 못하였으리라.

....

59의 수는 기수 5의 수를 상징하는 여섯번째 수로서 위험을 일깨워
주는 오행의 힘을 나타내는 수이며 깨달음을 얻은 자의 보호를 받으며
병을 치유하는 수이다. 사람이 병이 들어 약을 먹게 되면 이 수에서 약
효를 발휘하여 병을 치유하는 운력이 발현된다. 이는 성경이 숨겨 놓은
암호 구절에서 온 심오한 진리이다. 사람이 병이 들고 치유가 일어났다
고 하는 것은 그만큼 성숙하였다는 단계적인 발로를 말하려 하는 것이
다.

▶ 60의 수

연보라빛 코스모스 길 따라 피고
나는 길 따라 간다.
진보라 빛 코스모스
잘 있거라 한마디로 길 달려간다.
뒤 코스모스 점점 멀어지고
앞 코스모스 점점 가까워진다.

달려온 길
세상 먼지 묻고 묻어 깨끗함을 잊은 나를 미궁은 사랑으로 받아들인다.
달려가야 할 길에 나는 미궁의 아름다움을 잊어버리고 만다.
오래지 않아서 미궁은 난색으로 이지러진다.

....

60의 수는 기수 6의 여섯번째 상징수로서 자궁을 나타내는 수이며 우주의 생김새를 나타내는 수이다. 주위를 깨끗하게 하고 나를 깨끗하게 함이 상대를 위하는 것임을 일깨워주는 수이기도 하다. 여자의 각종 자궁병 중 일부는 대부분 남자의 남근이 깨끗하게 관리되지 않은 상태에서 삽입되어 생겨난다.

병의 발병은 빠르게 또는 오랜 시간을 두고 나타난다. 여자가 자궁이 깨끗하게 관리되지 않으면 성병은 물론이고 눈에 보이지 않는 기의 흐름이 혼잡병충으로 변하여 남자에게로 옮아가서 정신과 육체를 산만하게 만들거나 기력을 저하시키는 등, 이는 곧 부부(연인) 간에 갈등으로 현실에 나타난다. 남녀가 만나서 사랑의 행위(성교)가 서로 좋지 못하면 곧 그 사랑은 무너진다. 60의 수는 59수의 다음수로서 남녀의 생식기를 관리하며 건강하게 하여 사랑의 희열을 지속시켜주는 특성과 함께 생식기(사랑의 행위)의 치유능력을 가지고 있다.

▶ **61의 수**

하늘에는 꽃구름이 두둥실 연을 지어 모여든다.
꽃구름이 어느 샌가 먹구름 되어 번개를 친다.

꽃구름은 인내다.
번개는 교접의 시간이다.
비는 열매이다.

땅에는 나무 꽃 풀꽃들이 만발하다.
꽃은 열매를 맺기 위하여 인내하는데
사람들은 꽃을 아름답다 한다.
어떤 나무는 꽃이 지면 열매를 맺고
어떤 풀은 꽃이 지면 씨앗을 바람결에 맡긴다.

하늘의 열매가 땅으로 내려와서 신성한 열매로 태어난다.
하늘의 열매 땅의 열매 사람의 열매는 이렇게 어우러져 있다.
....

61의 수는 기수 7의 수를 상징하는 여섯번째 수로서 온갖 열매(자손)을 나타내는 수이며, 여성(음기)의 우월감을 나타냄으로써 그 기운이 모두에게 연결되어 있음을 나타내는 수이다. 씨앗이 부실해도 밭이 좋으면 무럭무럭 자라서 열매를 맺는데 큰문제가 없다. 즉, 씨앗이 부실해도 밭이 좋으면 그 씨앗은 우수한 품종으로 새롭게 탄생됨을 말함으로써 이 수는 음의 기운을 강조하는 수이다. 반면에 씨앗이 아무리 좋아도 밭이 부실하면 그 씨앗은 부실한 씨앗으로 자리하고 마는 것이다. 그러므로 61의 수는 자궁을 튼튼하게 하는 수이다. 자궁이 튼튼하다고 함은 남근이 튼튼해진다는 말과 같은 이치이다.

▶ 62의 수

배움의 장 산에서는 높음과 엄중함을 배울 수 있고, 들에서는 수확과 풍요로움을 배울 수 있다.

바다에서는 기조력의 원리와 끝없는 포용력의 정수를 배울 수 있고,

하늘에서는 광대함과 천기를 배울 수 있다.

태양에게는 끝없는 에너지와 정열을 배울 수 있고,

달에게는 온유함과 수의 운력을 배울 수 있다.

낮과 밤으로부터는 음양의 이치와 반복상생을 배울 수 있으며,

우주로부터는 거시세계의 웅대함과 끝없는 도전과 창조정신을 배울 수

있으며, 원자로부터는 미시세계와 진화체계 법을 배울 수 있다.

출생에서는 시작과 성장을 배울 수 있고,

사망에서는 종결과 사후세계의 윤회를 배울 수 있다.

생명체로부터는 경이로움과 심오함을 배울 수 있고,

무생물로부터는 때를 기다리는 끈기와 탄생의 준비를 배울 수 있다.

사자에게는 제왕학과 권자를 배울 수 있고,

잡초에게는 민초학과 주제법을 배울 수 있다.

나무에게는 덕스러움과 자연의 이치를 배울 수 있고,

꽃에게서는 아름다움과 잉태 법을 배울 수 있다.

개미에게는 근면, 성실과 생명력을 배울 수 있고,

벌에게는 협동심과 공격력과 건축법을 배울 수 있다.

호랑이에게는 위상과 포효 법을 배울 수 있고,

토끼에게는 피신법과 처세술을 배울 수 있다.

남자에게는 당대 함을 배울 수 있고,

여자에게는 섬세함을 배울 수 있다.

노인에게는 경륜의 지혜와 생로병사를 배울 수 있고,

아기에게는 동심과 믿음의 상징을 배울 수 있다.

농부에게는 결실과 땀의 법칙을 배울 수 있고,

어부에게는 자연의 숨결과 파란만장 법을 배울 수 있다.

선생님에게는 문제의 해결 방법을 배울 수 있고,

학생에게는 문제의 질문법을 배울 수 있다.

교통사고에서는 법규준수의 중요성을 배울 수 있고,

붕괴사고현장에서는 기초공사의 중요성을 배울 수 있다.

병원에서는 건강의 중요성을 배울 수 있고,

무덤 앞에서는 인생무상을 배울 수 있다.

법원에서는 죄의 대가를 배울 수 있고,

감옥에서는 벌의 대가를 배울 수 있다.

백화점에서는 물질의 넉넉함을 배울 수 있고,

장터에서는 인심의 넉넉함을 배울 수 있다.

62의 수는 기수 8의 수를 상징하는 여섯번째 수로서 배움의 망각을 나타내는 수이다. 위에서 열거한 배움터는 누구나 한 번쯤은 비슷한 내용을 읽어보거나 들어 본 내용들이다. 모든 것을 배우고 알면서도 망각하거나 자제력을 잃고 돌이킬 수 없는 시간대에 접어들어서야 깨닫지만 때는 늦었다. 이 수는 기억력을 높이고 영혼의 품격과 위상을 높이는 운력을 발휘하는 특성을 지니고 있다. 이 수는 잘못된 습관을 고치는데 능력을 발휘하고 특히 약물이나 음주 등 중독된 자들에게 필요한 수이다. 62수 안에 14수의 기운이 잠재하여 있기 때문에 중독된 뇌의 회로를 바꾸게 하고 피의 정화를 이루어낸다.

▶ 63의 수

하느님의 나라 풍경(기억의 샘물)

다윗의시 주문도수 일월성신 큰하느님
일두호평 운력으로 통달한자 천기받고
무량대수 명령하고 무위이화 실현하고
현산이라 영명이라 절세영웅 일컷도다

단전이라 아랫배에 경한고통 느낄때에
오삼이라 이십일수 태어남을 알리도다
신비로운 짙은안개 보이는듯 스치는듯
천부명경 비춰진듯 기이롭고 신비롭다

짙은안개 그사이로 무극대도 서려있고

짙은안개 희미한즉 달마대서 노닐도다

천지창조 실현이래 이런세상 있었던가

동화속에 그림인가 현존하는 사실인가

선과악이 화합하고 음과양이 일순하고

그림속에 내가있나 애기속에 내가있나

오색안개 만연하고 하늘세상 하강하여

이세상에 임하시니 밝은정토 이루었네

．．

63의 수는 기수 9의 수를 상징하는 여섯번째의 수로서 기억의 샘물과 신천지를 나타내는 수이다. 이 수는 62가 자아낸 수로서 기억의 샘물을 의미한다. 즉, 기억의 샘물을 마시고 오른쪽으로 가면 하늘나라로 향함이요 왼쪽으로 가면 아직까지 숙명의 과정을 다 이루지 못한 단계인 윤회로 가는 것을 이 수가 담당하는 것이다. 그러므로 이 수는 멀고 힘든 숙명의 단계를 고지식하게 과정을 거치게 하지 않고 지름길로 인도하여 정토에 들어설 수 있는 길잡이 격인 수이다. 사람이 죽을 때 이 수의 운력을 지니면 사후세계의 지름길을 제시한다는 말을 하려는 것이다.

▶ **64의 수**

무명(無名)입니다.

아직 이름을 가지지 않은 무명입니다.

무명입니다.

이름은 있으되 이름이 없는 사람입니다.

선도악도 없으니 무명이라 합니다.

빛도 어두움도 없으니 무명이라 합니다.

무명입니다.

남편이 있으되 없는 거나 다름없으니 무명입니다.

부인이 있으되 마음이 없으니 무명이라 합니다.

자식이 있으되 대화가 없으니 무명이라 합니다.

무명입니다.

홀홀 단신 나의 존재

있어도 그만 없어도 그만

그래서 무명이라 합니다.

제 이름은 무명이라 합니다.

천지기운의 접촉이 전혀 없으니

있으나 마나 한 이름이기에 무명이라 합니다.

....

64의 수는 기수 1의 수를 상징하는 일곱번째 수로서 이름의 운기와 중요성을 나타내는 수이다. 무릇 이름이란 하나의 틀을 형상화하여 형체를 갖춘 형체의 대변자, 상징을 말함으로써 태초에 형체를 갖추기 위한 1의 수에서 시작되어 64수에서 관리한다. 한 번 지어진 이름은 죽는 법이 없다. 다만 허공으로 사라져 갈 뿐이다. 만세 만대에 걸쳐서 길이

길이 보존되고 불리어지는 이름이 있는가 하면 초로와 같이 풀잎에 맺힌 이슬처럼 사라져 가는 이름이 있다.

우리 대부분의 초로들은 이름과 같이 왔다가 이름과 같이 사라지는 것이다. 그 사라진 이름은 허공중천에 머물다가 어느 샌가 다른 이의 이름으로 안주하여 또 다시 자신을 드러낸다. 이름은 잠시 머물다가 사라지는 안개나 물과 같고 우리의 인생도 그러하다. 그러기에 육신은 사라져가지만 이름만은 사라져가기를 원치 않아야 한다. 이는 이름은 죽은 영혼의 이름이며, 이름의 아름다운 일치성으로 인하여 사후세계에 선택권을 부여받기 위한 목적이 있음을 말하는 것이다. 이집트의 미이라는 다시 살아날 수 없지만 이름의 운력은 새로운 생명체에 다시 안착하여 그 실체를 실현시키는 절대적 이치를 말하는 것이다.

▶ 65의 수

자태가 빼어남이 임금이 아름다운 모습에 사로 잡혀 정사를 돌보지 않을 정도이니 경국지색이라 칭하네.
이 세상에 견줄만한 사람이 없을 정도로 외모가 뛰어나니 절세가인이라 칭하네.
자식에게는 어진 어머니요 남편에게는 착한 아내이니 현모양처라 칭하네.

'어디 이런 여자 없소?'
'대저 잘난 남자에게 잘난 여자가, 못난 남자에겐 못난 여자가 어울리는 듯 하겠으나 예외란 항상 존재하는 법'
'사나이 한 번 나서 진실한 사랑 앞에 목숨을 걸어보고 싶소이다.'

‘옳거니! 용기가 가상하다.’

‘그러나 현세는 무모한 용기가 통하지 않는 세상이니 자신의 내면부터
다스려서 자격을 갖추는 것이 어떠할까?’

‘눈에 보이는 외모로 말할 것 같으면 현세의 여자는 모두가 절세가인이니
내면의 아름다움인 일치성을 지닌 현모양처를 찾는 것이 현명할 듯.’

65의 수는 기수 2수의 일곱번째 상징수로서 어울림의 특성을 나타내
는 수이다. ‘가난은 미덕이다’ 라는 말이 통하는 시대는 지났다. 가난
은 마치 죄 아닌 죄로서 치부 받는 시대에서 우리는 살고 있다. 그래서
삶의 경쟁이 치열하다. 꼭 누구를 빗대어서 남자의 자존심을 상하게 하
고 은연중에 여자의 외모를 무시하는 세태에 접어들어 성형이 당연지
사로 된 세상이 이루어졌다. 특히 우리나라 한국은 성향이 두드러지게
나타난다.

몸을 날씬하게 하기 위하여 온갖 수단과 방법을 동원하고 결국 하루
하루 사는 게 그다지 행복한 것 같지 않고 먹는 것도 마음껏 못 먹고 그
자체가 스트레스로 작용하여 아름다움은 잠깐이고 온갖 병과 생활상에
시달려야 한다. 즉, 살기 위하여 성형하고 몸매를 가꾸는, 웃지 못할 세
태를 만들어 낸 것이다. 그런데 외모가 아름답지도 못한 자가 성격마저
고르지 못하면 이보다 추한 것도 없을 것이다. 65의 수는 내면의 아름
다운 모습을 중요하게 여기는 실리적인 수로서 그 특성을 가지고 있다.

▶ 66의 수

너희는 시들어가지만 나는 다시 젊어진다.

일 삼 오 칠 구는 홀수이며 양이고

이 사 육 팔 장은 짝수이며 음인데

숫자가 박자 되어 늙어감이 없듯이

이 내 흔적도 늙어감이 없음이라

노래는 흘러가도 늙지 아니 하듯이

이 내 소리는 더욱 청아하리라

태초에 감추어진 숫자의 비밀이 늙지 아니하듯이

내 일치성의 아름다움도 늙지 않으리라

너희는 시들어가지만 나는 다시 젊어진다.

시들어 간다함은 시간을 흘려보낸 당연한 대가요

다시 젊어진다 함은 착각이다

그러나 숫자의 일치성은 시간을 흘려보내지 않으니 어찌 착각이라

하겠는가?

그러므로 나는 태초부터 시들지도 늙지도 않는 33세의 나이로 정지함이라

66의 수는 기수 3의 수를 상징하는 일곱번째의 수로서 시간의 정지와 수의 젊음을 나타내는 수이다.

예수는 사람이 태어나서 모든 면에서 가장 왕성한 나이 33세에 십자가에 달려서 죽은 이유가 있다. 66의 수는 성경을 나타내며 생명의 젊음을 나타내는 수이다. 하나는 원점으로 돌아가서 다시 새로운 세포를

일으키고 하나는 도약하여 더욱 견고한 구조를 이끌어내는 이치가 이 수에서 일어난다. 늙어서 기운이 쇠약한 생명체가 66수의 기운을 받으면 회춘함을 말하려 하는 것이다.

▶67의 수

붙었다 '혹' '혹' 붙었다 거대한 몸집에 혹 하나 붙어 있다.

거대한 몸집은 중국이다.

혹은 한반도 대한민국이다.

반은 대한민국이다.

거대한 몸집은 작은 혹 하나 때문에 유지한다.

거대한 몸집은 결코 갈라진 혹이 통일되기를 원치 않는다.

결코 그 혹을 무시할 수 없음을 거대몸집은 알고 있기 때문이다.

영양의 보고, 천기 지기의 관문 대한민국은 작지만 큰 대륙을 움직이며,

연관된 하늘이 점지한 승인(承認)의 땅이다.

이것이 지리 지형 풍수지리의 실체다.

67의 수는 기수 4를 상징하는 일곱번째 수로서 풍수지리를 나타내고 천기의 관문을 나타내는 주요한 수이다. 67의 수는 대한민국의 정기를 나타내는 주된 수이다. 그러므로 산산이 부서지고 있는 산야의 정기는 모두 67수에 움집 하여 때를 기다리며 주시하고 있는 것이다. 이 수는 집안의 분위기를 다스리고 험한 기운을 물리치는 특성을 지닌 수이며 오행 중 '금, 화' 의 상생을 나타내며 흰색과 붉은색의 조화를 이끌어 낸다. 대한민국의 국기를 바꾼다는 전제는 결코 쉽지 않을 것이며, 따라서

국기를 그대로 두고 가운데 태극을 나타내는 색 중에서 파란색을 흰색 바탕으로 표현하여야 할 필요성을 67의 이치에서 알려주고 있는 것이다. 이는 양분된 태극의 표현에서 하나로 이루어지는 그림을 창조하기 때문이다.

예컨대 각 나라마다 조직마다 예외 없이 크고 작은 재앙이나 사고는 일어난다. 그런데 이상하게도 우리나리 대한민국은 무슨 대형 사고만 나면 두 동강이가 나는가 하면 사람들이 양분현상을 보이며 서로 자신들의 주장을 죽음을 불사하고 고수한다. 이는 곧 우리나라를 상징하는 대표적인 마크(태극기)의 양분된 이중양기에서 오는 피할 수 없는 정신분열에서 오는 것이다.

▶ 68의 수

심마니가 산삼을 캐러 산을 오른다.
뒷짐 하나 지고 지팡이 들고 산을 오른다.
뒷짐에는 산삼을 모실 자리와 간단한 도시락 달랑
어떤 때는 산의 허락도 없이 하룻밤 잠을 청할 막이도 함께 간다.
기약도 없고 장소도 없는 막연한 산길을 운명처럼 헤치며 간다.
가다가 지치면 모둠치고 쑥 깔고 잠을 청하여 꿈을 꾼다.

삼을 캐러 이 산 저 산 발 밑에 무엇이 묻혀 있는 줄도 모르고 밟고
헤매는데 어느 자손 조상인가?
언제 어느 때 묻힌 조상인가?
원도 많고 한도 많은 알 수 없는 조상 시체를 묶어주니

그 보답으로 산삼을 준다.

깜짝 놀라 깨어보니 꿈이더라.

산삼이 자리한 자리

반음지로 북향을 끼고 있는 산

7부와 8부의 능선 사이라 하였던가?

12지의 으뜸인 쥐가 산삼을 캐서 먹고

12지의 여섯번째인 뱀이 그 쥐를 잡아먹으니

12지의 첫번째 쥐와 여섯번째 뱀이 산삼을 취하고 말았다.

이는 곧 뱀 중 칠점사라 하는 뱀이 산삼의 주인 노릇하더라.

....

    산삼은 한글 획수로 12획이니 기수 3의 수 생명나무를 의미함이라 산삼은 곧 생명을 구하는 영약이라 칭하더라. 산삼 중 천종삼은 산삼 중에 으뜸이라 천종삼은 한글 획수로 18획이라 기수 9의 예수를 나타냄이니 믿음의 기적으로서 천지기운을 축적한 명약으로서 으뜸이라 하더라.

    68의 수는 기수 5를 상징하는 일곱번째 수로서 산삼(명약)을 나타내는 수이다. 본문은 산삼이나 인삼에 대하여 전문지식이 없다. 산삼에 버금가는 영약은 사랑이다. 산삼은 '음'의 속성이 강한 약초로서 음의 기운으로서 양의 기운을 생하게 하는 특성을 지니고 있다. 산삼은 12지의 지지요소가 함축된 명약으로서 산삼의 나이를 떠나서 사람의 나이로 치면 12세와 18세 사이의 성장기의 기력에 해당한다.

    완전한 약효의 구조는 오행에서 일어나며 여기서 오행이라고 함은 산삼은 날아다니는 새의 몸으로부터 생겨나서 땅에 떨어져 자라야 비로소 산삼의 운력을 발휘함을 말하려 하는 것이다. 즉, 68의 수가 그러한 운력을 발휘하는 특성을 가지고 있음을 말함으로써 몸의 회복뿐만이 아니라 사랑에 목말라 있거나 정서불안이나 애정결핍자는 68의 수와 가까이 하면 위와 같은 행위가 자연적 이루어져서 부정이 긍정으로 결핍이 충족으로 이상이 정상으로 이루어질 수 있는 것이다. 성범죄자들이 이 수를 가까이 하면 체내에서 좋은 운력이 생하게 된다.

▶ 69의 수

시위자: '……물러가라'!

'……각성하라!' '……자폭하라!' 이 사람아!

무조건 반대하고 보는 거야! 뭐라도 생기겠지 시위자

동료: 그런가?

....

공무원: '아무래도 우리 지역발전을 위해서는……해야 되지 않겠습니까?'

'이 잘못된 폐단을 내가 적극적으로 나서서 국민들에게 알려

야…….'

공무원 동료: 어이 이 사람아! 그냥 가만히 있어 괜히 나섰다가 옷 벗지 말고,

자네가 그런다고 월급 더 주냐? 요즘 세상이 어떤 세상인가?

말 한마디 잘못하면 댕강 모가진 거 몰라? 철밥통(공무원)이나

잘 지켜, 대충 대충 시간이나 때워, 가정도 생각해야지

공무원: 그런가? 옛 성인들 말씀에 '지나치게 맑은 물에는 물고기가 살 수

없고 지나치게 맑은 정치는 만백성을 죽인다.' 하였다. 현시대에 걸

맞은 말이 아닌지도 모른다.

사람의 행동반경의 구조는 이득이 없으면 자신의 역량과 기량을 충분히 발휘하지 않는다. 모두가 그런 것은 아니지만 보편성의 원리가 그렇다. 부정(부패)을 저질러서도 안 되겠지만, 득함이 합당하지 않을 때는 안일무사나 우유부단의 능력저하를 유도하게 되며, 앞에 나서서 국가와 조직을 위하여 웅변하기를 꺼려하며, 적당히 자리 지킴의 자세로만 일관하여 도무지 모든 면에서 발전을 저해하는 요소의 행보만 있을 뿐이다. 즉, 묵은 관행이나 인식,

현실적이지 못한 무리한 요구, 저질이나 악질이 아닌 사람으로서 나라를 위하여 자질을 충분히 발휘할 수 있는 자인데도 불구하고 말 한마디 실수한 죄로 물러나게 하는 아량과 이해심의 부족, 대안 없는 무조건 반대는 선 위에서 군림하는 악의 존재와도 같다.

충언과 독려와 격려와 융통성을 발휘하여야 도전과 발전과 도약이 있음을 말하려 하는 것이다.

....

69의 수는 기수 6의 수를 상징하는 일곱번째의 수로서 숫자의 성질에 대하여 융통성을 발휘 관리 관장하는 수이다. 즉, 69의 수에서 1번부터 81번까지 각 수의 성질을 성질대로만 흐르게 하는 것을 융통성을 발휘하여 때로는 흉함을 길함으로 길함을 흉함으로 변하게 하여 세상의 흐름에 조화와 질서를 유지하게 하는 특성이 나타나는 수이다.

▶ 70의 수

보인다 보여

숫자가 보인다.

주식의 숫자 복권의 숫자

경마의 숫자 돈의 숫자

페이지의 숫자 등위의 숫자

나이의 숫자 등등 마구 보인다.

세상이 보인다.

날아가는 새의 깃털이 보인다.

방앗간의 낱알의 수가 보인다.

내 몸의 세포수가 보인다.

비나이다. 비나이다.

하느님께 비나이다.

칠십님의 기운으로 신통방통 이루소서.

숫자를 그려놓고 엎드려 기도하고

70수를 그려놓고 하느님께 비나이다.

뭐야? 장난하나? 그런다고 해결될 것 같으면…….

……………………………………………………………………………………………

70의 수는 기수 7의 수를 상징하는 일곱번째 수로서 사람의 수명을 관리하며, 당첨을 관리하는 수이다. 70의 수는 모든 게임의 매력을 느끼게 하는 수이며 게임의 법칙을 만들어내는 수이며 당첨의 행운을 불러일으키는 수이다. 이 수는 각종 입찰이나 경쟁에서 연결되는 별도의 숫자들을 관리 관장하는 특성을 지니고 있다. 즉 어떤 일에 당하여 직감력과 예지능력을 키워주는 운력이 이 수에서 출현한다.

▶ 71의 수

오뚝 오뚝 오뚝이
오뚝이는 쓰러지면 일어난다.
오뚝이는 쓰러져야 오뚝이로서 면이 선다.
일곱 번 쓰러져도 여덟 번 일어선다.
하늘이 무너져도 솟아날 구멍이 있다.

쓰러지기 전에 굳건하고 쓰러지면 무조건 일어나지 마라
때가 올 때까지 납작 엎드려 정세를 살피고 세상을 살피고 나를 살피라.
때가 아니면 일어나지 말라
이것이 진정한 오뚝이다.

71의 수는 기수 8의 수를 상징하는 일곱번째 수로서 칠전팔기를 나타내는 수이다. 악으로 깡으로 오기로 즉, 목적을 이루고 말겠다는 강력한 의지를 불러일으키는 지독한 수이다. 아니 어쩌면 그렇게 흘러가도록 만든다는 것이 적절한 표현일지도 모른다. 아무튼 71의 수는 이유를 불문하고 때를 가려 꼭 성사를 시키는 특성을 지니고 있다. 이 수는 국제를 무대로 활동하는 자나 멀리 여행을 떠날 때 운력의 작용으로 위험에 처하여도 무탈함의 운기를 자아낸다.

▶ 72의 수

우진광풍 감고돌아 피리소리 드높아라
만인간이 동분서주 진미성찬 대수하고
광신하강 시기할제 혼신으로 막아주고
풍신불러 소일할제 정자나무 혼이로다

억겁창생 의논하고 풍미진상 읊조릴때
목신우두 귀를열고 희희락락 좋을시고
백의천사 나래펴고 시대성인 뵈올적에
인맥목을 눌러쥐고 악귀침노 몰랐더라
거대거목 동강나고 천부목신 절단났네
만신께서 등돌리고 일월성신 핏발섰네
천부목신 갈데없어 일월성신 원망할제
노한기운 강해져서 일월성신 한숨일세

언제다시 씨앗뿌려 먼훗날을 기약할꼬
모진광풍 일진강풍 무슨수로 막아낼꼬
선택받은 홍일점아 믿을곳은 너뿐이다
일두호평 무량대수 무위이화 일어서라

72의 수는 기수 9의 수를 상징하는 일곱번째의 수로서 성모마리아와 세상의 어머니를 나타내는 수이다. 자식을 위해서라면 목숨도 아끼지 않는 모성애가 이 수에서 비롯된다. 반면 자식을 버리고 떠나는 모성은 이 수에서 상벌의 징계를 거치게 되며 본연의 자세로 돌아오게 하는 역할을 담당하는 수이기도 하다. 일단 이 수와 더욱 더 인연이 깊어지면 하늘과 인연이 닿아서 선택된 자가 되며 자궁의 아름다움으로 좋은 남자를 만나게 되며 좋은 자식을 생산한다. 위 시문은 성모 마리아가 예수에 대한 감정을 표현한 것이며 즉, 자식에게 향하는 어머니의 절대적 사랑의 표현이다.

▶ 73의 수

옥수수깡 대를쪼개 다디단물 빨아먹고
앞니빨이 빠질적에 무서워라 왜빠질꼬
차돌맹이 바라보고 도자기가 돈이로다
사대천왕 돌나를제 목구멍에 병이로다

삽살개가 지켜보는 어줍잖은 골목에다
약똥싸고 일어서니 황금빛이 찬란해라
물을건너 찾아들은 도요토미 히데요시
푸른창공 잠자리에 난중일기 이충무공

명산대천 조선신명 삼중지도 그려놓고
정기어린 산맥마다 강한말뚝 박아놓고

나오너라 어린상제 혼비백산 사면초가

거하는곳 마다하고 벙어리만 만났고나

싹트고야 마는구나 어린상제 원한동심

물줄기를 갈랐구나 현해탄아 기다려라

자치기에 발을재어 왜놈땅에 끈을묶고

때가되면 땡기리라 오행도수 완성될때

....

　73의 수는 기수 1의 수를 상징하는 1∼81번까지 중 마지막 여덟번째 상징수로서 태초에 1의 수가 2의 수 즉, 음의 수이며 중인의 수이며 인간의 수를 나타내는 수를 창조하기 위한 과정의 고통과 초조 불안의 세월을 증거 하는 수이다.

　위 시문은 우리나라 조상들이 겪었던 외세의 침략으로 인한 애환을 전체적으로 묘사함과 동시에 잃어버렸던 우리의 유산과 인고의 권리를 되찾게 될 것을 묘사한 글이다. 길이 아니면 가지를 말고 말이 아니면 하지를 말라 하였다. 그러나 일단 간 길이라면 끝까지 가야 할 것이며 일단 내 뱉은 말이면 끝까지 책임을 져야 할 것이다. 일부주 일부휴(一不走 一不休)라 달리지 말 것을 달렸으면 그치지 말라는 뜻이다. 중도에 포기하는 것은 아니 감만 못하고 모든 것을 잃게 만들 수도 있는 것이다. 한 번 내 뱉은 말을 실천하지 않는 것이 습관이 되면 스스로 황폐해져서 한숨만을 불러일으킨다. 그러므로 실천하기 전에 신중할 것이며, 약속하기 전에 신중하며 이미 행한 것은 포기하지 말고 실천하여야 한다. 실천하라고 함은 아니 갈 길을 갔으면 왜 아니 가야 할 길인지 깨달음에 이르기까지를 말함이다. 하느님께서 세상 만들기를 포기하셨다면 오늘날에 인간세상은 존재하지 않을 것이요 하느님께서 스스로 아니 갈 길이라고 깨달음에 당도하는 때가 곧 인간세상의 종말을 의미함이다. 인간들이 신에 대하여 어떠한 행동과 말을 하여도 아무런 반응이 없는 것은 이미 하느님께서 갈 길을 달리고 계시니 멈출 수 없음이라 인간들의 마음이 더욱 더 간악하여지고 사악하여 참믿음이 멀어지면 하느님의 달리는 길도 멈출 것이다. 멈춘다고 함은 다 달렸다는 말이다. 그리하여 사금을 걸러내듯이 참믿음을 가진 자를 걸러내어 다음 세상을 기약하리라. 우리 조상(정치가)들은 내 뱉은 말을 뒤집기(간신)를 예사로 하고 배신(내분, 첩자)을 즐겼으며 허술한 정치(왕에게 전하는 거짓 보고)로 인하여 정의로운 자들과 민초들의 고심과 눈물이 마를 날이 없었음을 상기하여야 한다.

우리 조상들이 당한 그 서럽고도 괴로웠던 세월을 우리는 망각하지 말고 당대에서 풀지 못하면 후세에 전하여 반드시 우리 조상들의 원과 한을 풀어주어야 할 과제가 있음을 잊지 말아야 할 것이다. 그 첫번째 과제는 도적당한 문화유산과 유물을 되찾아야 할 것이며, 찬탈당한 권리와 권력도 되돌려 받아야 할 것이다. 조상들의 원과 한이라 함은 진실로 나라와 백성의 안위를 위하여 살다가 가신 고귀하고 거룩한 분들과 숭고한 백성들을 말함으로써 그분들의 원과 한이 우리와 함께 하고 있음을 말함이다.

일본은 조선과 대한제국을 능멸한 역사가 있으며 이제는 대한민국과 좋은 이웃으로 자리하면서도 그 가운데 가십거리를 만들기 위하여 오래 전부터 계획한 것이 독도의 영역(영토)문제이다.

사람이 살다가 간 자리에는 무엇이 남을까?

험담과 바른 담 둘 중에 하나다.

'소근 소근' '속닥속닥'

응응 그래그래 맞아 맞아……음…….

바른 담이: 너 왜 남의 말을 그렇게 쉽게 하고 다녀 ?

험담이: 내가 언제? 나 절대로 네 말한 적 없어

바른 담이: 너 정말 웃기는 애다. 여기 와서는 이 말하고 저기 가서는 저 말하

　　　　고 들키면 비겁하게 변명이나 하고 할 말 없으면 '날 잡아 잡숴'

　　　　하고 싸움이나 붙이고 네 인생은 그야말로 '학수고대'구나. 스

　　　　스로 모든 만남을 단절하고 스스로 무언가를 막연하게 끊임없이

　　　　바라는 초췌한 인생 내가 너 점 한번 봐 줄까?

험담이: ……?……?

바른 담이: 너는 그 입으로 한 번 망하고 잔머리로 두 번 망하고 행동으로 세

　　　　번 망하고 네 울타리마저 갉아먹으니 완전히 망한 인생이 될 거

　　　　다. …

………………………………………………………………………………………

소가 물을 먹으면 우유가 되고

뱀이 물을 먹으면 독이 된다는 말이 있다.

향을 싼 종이에는 향냄새가 나고

똥을 싼 종이에는 똥냄새가 난다는 말이 있다.

피는 물보다 진하고

피를 나눈 형제가 남보다 못하다는 말이 있다.

인간 못난 것은 하느님도 구제하지 못한다.

사람 됨됨이가 못났기 때문에 하느님을 무시하고 알려고조차

하지 않기 때문이다.

어쩌다가 어려운 지경에 가서야 하느님을 찾는다.

알량한 기도 시간으로 소원을 들어주지 않는다고 온갖 푸념을

늘어놓는다.

이러한 자들은 무조건 바라는 아전인수(我田引水)격인 자이다.

수틀리면 언제든지 하느님을 무시하고 버릴 수 있는 자들이다.

하느님을 믿느니 내 주먹을 믿겠다고 황망한 말을 한다.

이러한 자들은 사람을 만나도 언제든 마음에 안 들면 배신할

준비가 되어 있다.

이러한 자는 가장 무지한 무신론자로 전락하거나

무소불위(無所不爲)와 같은 착각 속에 사는 정신병이 들고 만다.

죽을 때 뉘우치지만 때는 이미 늦었다.

....

　74의 수는 기수 2의 여덟번째 수로서 1~81번 중 마지막 여덟번째 상
징수로서 물질의 양면성을 나타내는 수이며, 무지와 후회를 나타내는
수이기도 하다. 자신이 무엇을 잘 못하였는지도 모른다. 급기야 그러한
야합으로 끼리끼리 뭉쳐서 사회의 어두운 면을 창출하며 한 모퉁이를
차지하고 참을성과 도덕성은 고사되고 마치 이판사판 오만방자한 방언

과 행동으로 규합을 이루어 살아가는 일면을 장식한다. 74의 수는 이러
한 잘려나간 고르지 못한 성품과 감정을, 옥석을 가려내듯 하나하나 챙
겨서 제 자리로 돌아가게끔 하는 운력이 발동한다.

▶ **75의 수**

> 옥수수깡 대를쪼개 다디단물 빨아먹고
> 앞니빨이 빠질적에 무서워라 왜빠질꼬
> 삽살개가 지켜보는 어줍잖은 골목에다
> 약똥싸고 일어서니 황금빛이 찬란해라
>
> 겁살명장 밭을갈고 지살명장 논을갈제
> 대명천지 밝은섬광 내전택에 비쳤더라
> 가죽남긴 그호랑이 내등밑에 깔려있고
> 도리깨질 피하려다 내두손에 목졸렸네
>
> 백년청송 기대누운 황골인골 몰래담아
> 분골쇄신 노력으로 하느님전 소명이뤄
> 삼라만상 형통하고 꿈틀댐이 일월성신
> 환과함께 입에넣고 나을까나 중병이여
> 아니로다 아니로다 중한병이 더중하다
>
> 어느누가 고쳐줄까 이내일신 괴로움을
> 깨달은자 뜻을따라 일월성신 기운받고

일두호평 무량대수 큰하느님 무위이화

백회로다 정신세계 양기서린 용천일세
지성이면 감천이요 지향이면 감신이라
일월성신 일두호평 무량대수 무위이화
중한병이 물러나니 어찌아니 좋을손가

···

75의 수는 기수 3을 상징하는 81수 중 마지막 여덟번째 수로서 정신을 맑게 하는 주문도수를 나타내는 수이다. 특히 이 수는 정서적인 불안이나 소외된 환경에서 자란 사람들의 정신병을 치유하며, 신병(무당 등)을 치유하며, 새로운 정신세계를 열어서 새로운 삶을 개척할 수 있도록 하는 운력이 발동되는 수로서 잡귀를 다스리는 수 중 일익을 담당하고 있으며 나아가서 신통력을 발휘하는 기운을 자아내는 수로서 타인을 이롭게 하는 기운도 있으나 근본적으로 점술을 행하는 자들은 이 수의 운력을 받을 수 없다. 점술은 세상의 모순이기 때문이다. 점술의 모순이라고 함은 통계와 학문과 공식과 상식에 반하는 행동과 말로써 금품을 갈취하고 부정한 짓을 저지르는 삿된 자들을 말함으로써 오해없기 바란다. 세상의 모순이라고 함은 하늘이 정한 이치이니 세상만사 절대원칙을 고수하고 따를 수만은 없는 것이 인생사며 세상사이다. 그러므로 생계의 수단으로 점술을 하는 것은 관용이 따를 수 있다. 그러나 운명을 감정 받는 자의 마음을 우울하게 하거나 불안하게 조장하여 금품을 갈취하는 행위는 반드시 그 벌이 엄중할 것이며 진실로 하늘의 법도에 어긋남이 없고 운명을 감정 받는 자가 마음의 평안을 얻고, 얻었다면 노력의 결실은 인정되는 융통성이 발휘되는 운력의 사랑이 이 수에서 비롯된다.

▶ 76의 수

길었어라 동짓달에 바람스산 불어오고
독수공방 이내신세 애닲고도 서런지고
인법사상 얽매어서 사랑조차 못나눌까
고쟁이끈 풀어주오 두번다시 못볼님아
얼굴에는 도화살이 몸에서린 역마살이
무성하고 활짝필때 네발달린 생명체라
전생인연 냉가슴아 눈물마저 말랐고나
조건없는 사랑이면 신들만은 알아줄까
선을긋고 임이로다 바라건데 열두영혼
십이지간 세번째요 정기끊긴 백범이라
위엄절개 간곳없고 포효소리 간곳없네
대로행보 간곳없고 오솔길만 남았어라

....

　76의 수는 기수 4의 수를 상징하는 81수 중 마지막 여덟번째 수로서 네 발 달린 동물과 사지를 이룬 생명체의 영혼을 나타내는 수이다.

　본문에서는 세상은 살아갈 수 있는 생명체의 개체수가 한정되어 있다고 언급한 바 있으며 어떤 종류의 생명체가 개체수가 줄어들거나 멸종되는 수만큼 인간의 수가 증가한다고 기록하였다. 확실한 근거가 없는, 다소 설득력이 부족한 면이 있지만, 이와 같은 이치로 미루어보면 사람

외에 많은 동물들과 다른 생명체들이 인간으로 환생하였음을 입증하는
것이다. 그러므로 동물을 사랑하고 동물의 영혼을 가엽게 여기며 구제
하는 발상은 곧 우리 사람의 영혼을 위하는 것과도 같은 행위임을 역설
하려 함이다.

믿음은 생명체의 한정된 개체수를 건설적이고 긍정적으로 유지 관리
한다. 지금까지는 거의 인간에게만 적용되었던 그 어떤 종교사상이 이
제는 미물들에게도 적용되어야 마땅하며, 미물들의 영혼도 구제되어야
마땅하다는 시대가 왔으며 예수오행은 그것을 일깨워 주고 있는 것이
다. 아무리 영원불멸의 낙원이라고 하더라도 인간만이 존재하는 낙원
은 결코 조화를 이룰 수 없고 행복할 수 없는 것은 불변의 이치(법칙)인
것이다. 이것이 진리다. 따라서 인간만이 영혼을 구제 받고 나머지 동
물이나 미물들은 그 영혼을 구제 받지 못한다면 결코 인간의 영혼도 구
제 받아 보아야 적막하다는 사실적인 결론을 말하려하는 것이다.

그 추상(抽象)적인 근거로는 현재 우리들이 생존하는 곳에는 반드시
생명체들이 살아갈 수 있는 개체수(생명체수)가 한정되어 있으며 그 한
정된 생명체 중에서 수가 줄어들거나 멸종되는 수만큼 우리 인간들이
불어나거나 새로운 형체(변종)를 갖춘 생명체가 생겨나는 것이며, 변종
이 생겨난다 함은 변화한 환경에 적응하지 못한 생명체들은 멸종되고
새로운 환경에 적응할 수 있는 생명체를 일컬음으로써 이는 하느님이
개체수를 유지시키기 위하여 변종을 만들어 내는 것이다. 다만, 우리는
새로운 변종의 생명체가 어디서 어떻게 생겨나서 멸종된 개체수를 채
우고 살고 있는지 정확하게 파악하지 못할 뿐이다. 왜냐하면 우리 눈으
로 쉽게 확인할 수 없는 장소나 크기가 매우 작을 수도 있기 때문이다.
멸종되는 수만큼 새로운 생명체가 이 세상에 등장한다는 것이 우리가
살고 있는 세상에 생명체의 개체수가 한정되어 있음을 입증하고 있는

것이다. 온 세상이 불바다가 되어 종말이 온다고 하여도 다음 세상을 위하여 그 개체수의 씨앗은 물에서 하늘에서 땅에서 반드시 잠재하여 살아 있는 것이다. 그리하여 새로운 세상 새로운 환경에서 살아갈 수 있는 육체로 거듭나서 세상에 생명체로서 임할 것이다.

그 개체수가 무너지면 우리 인류는 치명적인 타격을 받을 것이다. 그 개체수가 제대로 유지관리 되지 않으면 복구될 때까지의 시간에 사는 인류는 혹독한 대가를 치르게 됨을 감지하여야 한다. 이를 이해한다면 동물들의 영혼들도 소중하다는 것을 우리들 스스로 알게 된 것이다. 우리 사람은 독보적인 만물의 영장이긴 하지만 삼라만상의 모든 피조물들과 그 기운이 연결되어 있음이 이 수에서 증거 하는 것이다.

▶77의 수

이리와서 앉아볼까 저리가서 누워볼까
어느한곳 내앉을곳 좌불안석 그대로네
너울너울 하얀호접 내곁으로 날아드니
에라서라 말았어라 내쉴곳은 어드맨고

일월성신 개안하니 내쉴곳이 생겼으라
뽕나무밭 돌고돌아 상제호접 날았도다
왼쪽에는 벚나무가 오른쪽엔 포도나무
내돌곳은 칠월칠성 내놀곳은 칠백깃장

비단금침 붉었도다 용안둘곳 동이로다
내몸에는 사금팔이 발밑에는 맑은강물

위에로는 동아줄이 밑에로는 크로바가

앞으로는 보라색이 내뒤로는 푸르도다

....

예수오행이시여!

큰하느님이시여!

따르는 무리들은

노력으로 살아가는 것을 기쁨으로 알고

일하는 것을 낙으로 삼으며

믿음의 삶을 감사로 여기며

기도의 시간을 취미로 함이라

나아갈 때 나아갈 줄 알고

머물 때 머물 줄 아는 판단과 절제를 지혜로 여기며

예수오행의 대진리로서 새로운 기운을 전달받음은

큰하느님과 저희가 일치의 아름다움에서 인함을 알고 있나이다.

인간은 신을 버릴 수 있어도 신은 인간을 버릴 수 없음은 예수오행의

메시지에서 배웠으니 이를 깨달음으로 여기나이다.

....

77의 수는 기수 5의 수를 상징하는 1 ~ 81번 중 마지막 여덟번째 수로
서 예수오행의 완성도를 나타내는 수이다. 이 수는 완전한 육신과 삶의
성숙된 깨달음을 나타내는 동시에 사후세계로의 여행을 준비하는 단계
를 담당하는 수이기도 하다. 즉, 사람의 오감으로서는 명명백백하게 감
지할 수 없는 사후세계에 대하여 믿음의 결과가 원만하게 일어날 수 있

458

도록 비서와 같은 운력의 역할이 이 수에서 발의됨을 말하는 것이다.

▶ 78의 수

참믿음의 대상이 없는 무조건적인 긍정적 사고방식은 만용이다. 우리는 이러한 세태를 거쳐서 오늘날에 이르렀다. 아니 어쩌면 아직도 긍정의 만용을 부리는 곳이 있는지도 모른다. 위의 종교의식에 대하여 그렇다는 것이 아니므로 절대 오해 없기 바란다. 참믿음의 대상이 결여되거나 옳지 못한 데서부터 시작된 긍정의 자신감은 사리적 분별이 없는 패배를 암시한다. 그러므로 긍정적인 사고방식이 만용까지 가면 자신 없는 생각보다도 못한 결과를 초래한다.

어떤 사건이나 해결 방법에 대하여 명확한 답을 준비하지 못하는, 피할 수 없고 받아들여야 할 상황적 시간이 도래하면 자신이 없어하고 불안 초조한 것은 당연하다. 여기서 필요한 것은 무조건적으로 '나는 할 수 있다'는 자신감을 넘어선 만용이 아니다. 자칫 긍정적 만용을 잘못 부렸다간 따르는 허무함이 현실로 드러날 때에는 걷잡을 수 없는 상실 감과 패배감이 스며들며 이는 정신에 침입하여 각종 정실질환을 앓게 하는 암적인 존재가 될 수 있음을 말함이다. 불안하고 초조하며 다소 자신감이 없어하는 것은 당면한 환경에 올바른 대처다. 그 대처에 꼭 필요한 것은 현실적 참믿음이다. 믿음은 지혜를 주고 지혜는 부정적인 불안과 초조를 일소시키고 대처의 능력과 마음의 안정을 주어서 긍정 의 결과를 실현시킨다.

《(전도서 7:3) 슬픔이 웃음보다 나음은 얼굴에 근심하는 것이 마음에 유익하기 때문이니라.》

즉, 인간의 생각과 마음과 신체구조의 특성에서 오는 불안과 초조는 긍정을 자아내기 위한 절차이며 비료이다. 다만 부정이 끊임없이 부정 을 자아내어 긍정으로 이어지는 과정에서 부정이 긍정을 넘지 못하고 주저앉아 버리면 안 된다. 사람은 누구나 견디기 힘들고 어려운 과정이 도래하면 순간 죽음(자살)이라는 것을 한 번쯤은 생각해보게 된다. 어떡하든 살아보겠다(자연사, 문제해결)는 그 의지와 참믿음의 발로가 진정한 긍정의 사고방식임을 말하려 하는 것이다. 불안과 초조가 지속되면 결국 잘못된 요식행위나 어리석은 망언에 기대를 걸고 만다. 마음의 위안은 될지 모르나 결코 지속되거나 결과는 기대에 부응하지 못한다. 이로써 반복의 악순환에 몸도 마음도 재물도 모두가 흩어지는 사정의 결과를 초래하게 되는 것이다. 불안과 초조, 부정적 사고방식에 대응하는 중보는 스스로의 믿음에서 일어나는 건설적 긍정이며, 이는 곧 일치성의 아름다움이다. 일치성의 운력이 없으면 긍정적인 사고방식은 역반응을 일으켜 현실에 나타난다.

78의 수는 기수 6의 수를 상징하는 81번 중 마지막 수로서 사고의 역반응을 나타내는 수이면서 그 역반응을 순리에 의하여 긍정적 사고를 이끌어내는 운력이 이 수에서 출현한다.

▶ 79의 수

업보로다 인간들아 무서마라 구제하마
일월성신 거역한자 매부리에 머리없고
일월성신 의심한자 한순간에 목젖넘고
일월성신 우롱한자 지붕없는 집같도다

일월성신 몰랐은즉 어리석고 무지한자
일월성신 무량대수 자아발견 도취했네
일월성신 뵈옵거든 무서움증 갖지말라
중생들과 연을맺고 구름타고 오시었네

만경창파 배를타고 팔일도수 전수할제
죄지은자 구제하고 죄지을자 막으시네
일월성신 명을받고 지팡이가 날을적에
자기자신 못난인간 일월성신 구제않네

79의 수는 기수 7의 수를 상징하는 81수 중 마지막 여덟번째 수로서 선택구제를 암시하는 수이다.

옛 말씀에 이르기를 '머리를 하늘로 둔 동물(사람)은 반드시 조심하여야 하며 인간 구제는 함부로 하지 말라'고 하였다. 반면에 '사람의 병 중에서 가장 독한 병이 의심병이다.' 라는 말이 있다. 우리 사회는 전자에 속하는 말의 사회구조에서 살고 있는지 모른다. 그만큼 세상은 이기적으로 돌아가고 경쟁심리, 일등심리가 그를 부추기고 있다. 즉, 사람이 사람을 의심하지 않을 수 없는 세상을 말하는 것으로서 어쩌다가 이런 세상에서 살게 되었는지 안타깝기만 하다.

흉금을 터놓고 지낼 만큼 가까운 사이도 일순간 무너지며 멀어진다. 마음을 터놓고 지낼 수 있는 사이는 공든 탑이다. 그 공든 탑이 무너지고 만다. 그러므로 이러한 극한 상황을 만들지 않기 위해서 노력하는 수가 79수이며 그 운력이 이 수에서 발의된다.

'인간 못난 것은 하느님도 구제하지 못한다.' 는 말이 있다. 우리는 서로가 못난 사람이 되어서는 안 되며 더 배우고 덜 배우고의 차이가 못난 것하고는 하등에 관계가 없다. 우리 스스로 공든 탑을 무너뜨리는 어리석은 말과 행동을 하지 말아야 한다. 인맥은 무엇하고도 견줄 수 없는 귀한 재산이기 때문이다.

▶ **80의 수**

점(占)

점 하나가 점점 가깝더니

점점 멀어져만 간다.

점 하나가 점점 내게 가까움에는 당연한 듯

점점 가깝더니

점 하나가 점점 멀어져 감은 속절없이 멀어져 간다.

점 하나가 무어라 내게 할 말이 있는 듯 거처 가까이 다가앉아

간절하게 바라본다.

한 발 자욱 뒤돌아보니 간절함이 더욱 애절하다.

점이 내게서 멀어져 가는 것이 아니라 내가 점에게서 멀어져 간다.

묻은 먼지 털어 내듯 나는 점점 멀어져 간다.

내가 원한 점인데 내가 몰라주는 점이 되고 말았다.

점아!점아!

다시 돌아와 다오!

흐르는 참회의 눈물이건만

눈물이 점을 적시어 흘러 흘러가니

몇 천 년이 흘러도 몇 만 년이 흘러도 다시 못 올 점이 되고 말았다.

··

　80의 수는 기수 8을 상징하는 81수 중 미지막 여덟번째 수로서 아름
다움과 사랑이 쇠퇴하여 가는 과정을 나타내는 수이다. ‘점’은 허공에
떠도는 ‘무(작은 알맹이)’의 존재이다. 사람은 누구나 태어나면서부터
또는 살아가면서 점을 가지게 된다. 점은 절대적 숭고한 사랑의 존재이

며 자신이 어디서(전생) 왔으며 어디로(내세) 나아갈지를 예시하는 하늘의 증표이다. 그러므로 얼굴이나 몸에 있는 점을 보기 싫다고 함부로 제거하는 것은 옳지 못함을 말하려 하는 것이다. 반면 모든 생명체들은 제각기 형형색색의 모양이나 모습으로서 자신이 온 곳을 나타내며 갈 곳을 나타내고 있는 것이며 단순히 멋있고 우아하고 개성만을 위하여 각기 다른 색이나 무늬를 띄우고 있는 것이 아니라는 말이다.

위 '점'의 시는 사랑의 자리와 중요성을 '점'으로써 비유한 것이다. 사람이 죽어지니 세월이 흘러 본분은 간 데 없고 갇힌 물만 만수이다. 뉘라서 막을 수 있단 말인가? 자식을 앞세운 부모의 애절한 마음, 자식을 잃어버리고 가슴에 멍우리를 안고 사는 부모의 마음, 사랑을 잃은 애달픈 마음, 사랑하는 사람을 곁에 두고 다가갈 수 없고 포기할 수밖에 없는 안타까운 마음, 부모에게 효를 다하지 못하고 후회하며 흐느끼는 마음, 불타던 사랑이 어느새 쇠퇴하여 무기력해진 불안한 사랑의 마음, 이러한 모든 절절한 마음을 나타내는 수가 80의 수이며 그 마음을 달래는 운력이 이 수에서 일어난다. 변모하는 자신을 한탄 말고 잃어버린 사랑을 언제까지고 서러워 말자.

가까이 있는 사랑의 소중함을 알고 그 사랑을 지키자. 예수오행의 진리로써 마음을 굳건하게 하고 정신세계를 정돈하여 중보의 힘을 믿음으로써 일치성의 아름다움으로 인하여 다음 세상에서는 모든 사랑이 이미 이루어졌음을 상기하여야 한다.

▶ 81의 수

젊은이: 나는 늙지 않을 것이야, 어쩌면 저렇게 늙을 수가 있지 ?

늙은이: 젊은이, 자네는 천년만년 늙지 않고 살 수 있다고 생각하나 ?

　　　　하기야 나도 젊었을 때는 그렇게 생각했지……. 헐헐헐…….

젊은이: ……암튼 복잡한 건 생각하기 싫고….늙어도 나에게는 아직은

　　　　먼 훗날의 일인 걸…… 난 딱 60살만 살고 죽을 거야.

　　　　추하게 오래 살지 않을 거야. 더 늙어지면 힘도 못 쓰고 천대나

　　　　받고 재미도 없을 것 같고…….

늙은이: 그러시게나. 딱 60만 사시게나. 헐헐헐…….

∙∙

　　‘하룻비둘기가 재를 못 넘고 늙은 말이 길을 안다.’ 라는 말이 있다. 늙은이도 쓸모가 있다는 말이다. 점점 고령화(노령화)되어 가는 시대, 만생만물이 보이지 않는 기운으로 연결 지어진 가운데 늙은이의 기운이 으뜸이라는 말을 하려는 것이다. 젊어서는 또 다른 젊음을 길러내며 젊음의 기운과 근력으로 세상을 호령하였고 늙어서는 뒤따라오는 젊음들에게 경험과 경륜의 지혜를 주며 보이지 않는 기운으로 세상에 임하여 있는 것이다. 그러므로 늙은이는 젊은이들의 수고와 노고를 그저 뜯어먹고 사는 게 아니라는 말이다. 이 세상에는 늙은이를 박대하고 마음 편한 젊은이는 단 한 사람도 없다. 그 편치 못한 마음은 결국 자신의 좋은 운을 앗아가는 형국으로 치닫는다. 부모의 유산을 바라고 부모가 은근히 빨리 죽기를 바라는 마음도 이에 해당하며 그러한 마음을 가지고 있는 자는 부모의 유산을 물려받아도 결코 지켜지지 않을 것이다. 젊은이들은 이를 명심하여야 한다. 우리의 죄(삶)는 하늘의 간섭을 받지 않고 완전한 자유의 인격체(이성, 시간적 추리능력, 도구를 사용할 수 있는 완벽한 육체)가 되기 위하여 우리 스스로 선택한 삶이다. 그러므로 우리에게 당하는 모든 운명의 시간을 과감하게 받아들여서 인고의 세

월을 겪어야 한다.

역사는 흐르고 시간도 흐르고 숙명도 흐르고 운명도 흘러서 오늘날에 당도하고 보니 단계적 발로에 의하여 과학과 의학이 발달하여 우리가 겪어야 할 고통이 상대적으로 줄어들었다. 이제는 우리의 사후세계에도 존재하는 고통의 차원을 줄여야 할 때가 온 것이다. 눈에 보이는 자연의 현상(형태) 즉, 물질적 자원개발은 우리들 삶을 더욱 더 윤택하게 하고 과학으로서 현실에 나타난다. 물질적 자원개발의 시발은 눈에 보이지 않는 자연의 현상 즉, 기(氣)의 현상에서 비롯되며, 기의 현상은 만생만물이 현실에 적응하기 위한 일체의 자료(재료, 원자재)를 제공하며, 이는 진화의 단계를 거치게 하는 운력으로써 작용함은 물론이요. 모든 생각의 진화도 기에서 시작되어 물질의 변화와 변형으로 나타나서 과학을 탄생시킨다.

신은 긴 수염을 휘날리며 희귀한 지팡이를 짚고 도포자락을 입고 있는 등의 특정한 모습이 아니다. 이와 같은 모습과 상상은 공상에서나 존재할 수 있는 정도이며, 실제로는 존재하지 않는다. 신의 개념을 어디에 두느냐에 따라서 유신론자가 될 수도 있고 무신론자가 될 수도 있는 것이다.

무신론자들과 교리를 달리하는 이들은 신은 존재하지 않으며, 또는 존재하여도 예수는 만들어진 신으로 치부한다. 그러나 예수의 행적과 예수가 남긴 진리와 가르침 등은 배척하지 않는다. 즉, 신은 믿지 않아도 인간사 옳고 그름의 행동반경에 대한 지침은 삶의 조화와 질서를 위하여 절대적으로 받아들인다는 말이다. 예수가 남긴 메시지 중에서 예수앙음오행상생은 완벽한 진리의 지침서이며 이론사상이다. 이것을 토대로 세상은 더욱 더 진보하고 발전하며 도약하는데 일익을 담당할 것은 이견이 있을 수 없다. 우리는 예수의 모습을 믿는 것이 아니라 그 분이 남기신 진리의 이치와 이론의 가르침을 믿는 것이며 실천하는 것이다. 어린 자식이 부모를 믿고 의지하는 것은 부모의 모습을 믿고 의지하는 것이 아니라 부모의 보호본능과 사랑을 믿고 의지하는 것이다. 신의 정의는 우주만물의 이치와 법칙을 우리가 알 수 있도록 형이하학으로 객관화시킨 과정이다. 우리는 그 과정을 믿고 그 과정에 의하여 결과를 만들어 내며 그 결과에 의하여 감사하는 마음으로 살아가는 것이 올바른 삶이라고 말하려 하는 것이다. 신은 인간을 만들어 놓고도 인간의 마음을 함부로 침범하지 못한다. 인간은 신을 버릴 수 있어도 신은 인간을 버릴 수 없다. 이것이 진리다.

신(절대론)이 계획적으로 우리가 살고 있는 세상을 창조하지 않았다고 하더라도 우연히 세상이 생겨나서 만생만물이 생겨나고 살아갈 수 있도록 모든 조건이 이루어졌다면 그 우연적 과학의 과정이 곧 신이라는 것이다. 같은 공간과 같은 시간대에서 우리 인간보다 뛰어난 무언가가 우리를 알게 모르게 지배하고 있을 수도 있음을 말하려 하는 것이다. 우연히 세상이 생겨나고 우연히 만생만물이 생겨나고 우연히 인간이 생겨났다면 우연히 신이 생겨나지 말라는 법도 없기 때문이다. 이것이 진리다. 신의 형태 중 예수오행의 대진리, 깨달은 자의 지혜, 단계의 법칙, 일치성의 발로는 곧 그 자체가 신의 산물이라고 여기면 무리가 없다. 정리 정돈된 믿음의 단계는 모든 것을 변화시키며 영원한 승리로 이끈다. 영원한 승리라고 함은 사후세계의 선택의 권리를 가지는 것이다. 그러므로 신이 존재한다, 안 한다, 사후세계가 있다, 없다, 영혼이 있다, 없다는 논할 이유가 없다. 현재 살아 있는 자신의 복잡한 존재가 그 모든 것의 의구심을 밝힐 수 있는 완벽한 증거물이기 때문이다.

81의 수는 기수 9수의 마지막 81수 중 여덟번째 배수로서 신의 예언 능력과 늙은이의 지혜를 나타내는 수이다. 하여 지금까지 열거한 1에서

81까지의 수. 즉, 각각 그 수의 성질과 뜻과 의미는 성경 속에 암호로써 잠재되어 있고, 숨겨져 있는 진리를 푸는데 이해를 돕기 위하여 기술한 것으로써 각각 이 수의 성질들과 특성을 부여받은 자들은 그 부여받은 수의 뜻에 따라서 소임을 다하여야 할 것이다. 이로써 하늘과 성경의 심오한 진리인 일치성의 아름다움을 역설하였고 **신을 신답게 사람을 사람답게** 하는 수의 원리와 이치로 말미암아 영웅호걸을 탄생시켜 대한민국의 미래와 안녕을 기약할 수 있게 되었다. (끝)

예수오행전수회 안내

(마태복음, 마태오 13:35)
"천지창조 때부터 감추어진 비밀을 드러내리라"

인재여 들으소서!

필자는 약 3권 분량의 원고를 부득이한 사정으로 단권으로 출판하게 되었습니다.

가진 자와 못 가진 자, 잘난 자나 못난 자나 모두가 막연하게 느끼는 앞날의 불안함과 초조함이 현실로 다가서는 시대에 예수오행이 세상에 임하였습니다.

태초에 감추어진 하늘의 진리와 공식의 비전(vision)을 위하여 비전(秘傳)을 전수할 인재를 모시고자 합니다.

≪(요한계시록, 묵시록 2:17) 그 돌 위에는 새로운 이름이 적혀 있는데, 그 이름은 그 돌을 받는 사람밖에는 아무도 알지 못한다.≫

≪(요한 계시록, 묵시록 21:27) ……그 도성에 들어갈 수 있는 자는 다만 어린 양의 생명의 책에 이름이 올라 있는 사람들뿐입니다.≫

이름에 관심이 있으신 분들은 어떠한 신분으로 임하여 계시든, 터부시 하지 마시고 적극적으로 문의하여 주시기 바랍니다. 예수오행의 진리에 의한 공식은 점술도 미신도 아니기 때문입니다.

≪(요한계시록, 묵시록 22:15) 개들과 점술가들과 음행하는 자들과 우상 숭배자들과 거짓말을 좋아하며 지어내는 자는 다 성 밖에 있으리라.≫